협동학습 토의·토론

초등수학교육을 혁신하다

4·5·6학년 수학

이상우 지음

Σ 시그마프레스

협동학습 토의 · 토론

초등수학교육을 혁신하다 (4·5·6학년 수학)

발행일 | 2020년 7월 15일 1쇄 발행

지은이 | 이상우
발행인 | 강학경
발행처 | ㈜시그마프레스
디자인 | 고유진
편   집 | 김은실

등록번호 | 제10-2642호
주소 | 서울특별시 영등포구 양평로 22길 21 선유도코오롱디지털타워 A401~402호
전자우편 | sigma@spress.co.kr
홈페이지 | http://www.sigmapress.co.kr
전화 | (02)323-4845, (02)2062-5184~8
팩스 | (02)323-4197

ISBN | 979-11-6226-275-7

* 책값은 뒤표지에 있습니다.
* 이 도서의 국립중앙도서관 출판예정도서목록(CIP)은 서지정보유통지원시스템 홈페이지
  (http://seoji.nl.go.kr)와 국가자료종합목록 구축시스템(http://kolis-net.nl.go.kr)에서
  이용하실 수 있습니다.(CIP제어번호 : CIP2020027667)

머리말

초등 수학 교육의 혁신
협동학습 토의토론이 답이다.

근래 초등 수학 교육의 중요한 목표 가운데 하나는 수학적 추론을 바탕으로 한
수학적 의사소통능력 신장에 있다.

필자는 교직에 발을 들인 이후로 호혜적 배움과 나눔의 실현, 학생들의 학습능력 및 의사소통능력 신장, 학업
성취도 향상을 위해 협동학습을 교실에 적극 끌어들여 활용하였다. 특히 수업 측면에서는 수학교과와 접목을
적극적으로 시도하였고 이를 위해 수학교과 연구도 10년 가까이 병행해오고 있는 중이다.[1] 이 과정에서 확실하
게 느낀 점 한 가지가 있다면 수학 수업은 협동학습 토의토론과 궁합이 매우 잘 맞는다는 것이다. 수학 수업에
는 협동학습 토의토론이 '딱'이라는 말이다. 왜냐하면 수학 수업에서 수학적 추론을 바탕으로 한 수학적 의사
소통능력 신장은 근래 수학 교육의 가장 중요한 목표 중 하나이기 때문이다. 의사소통에 기반을 둔 협동학습
토의토론이 수학교과와 어떤 측면에서 잘 연결되고 있는지 다섯 가지만 살펴보면 다음과 같다.

초등 수학 교육 혁신에 협동학습 토의토론이 '딱'인 이유

첫째, 의사소통에 기반을 둔 협동학습 토의토론은 학생들의 수학적 개념 및 원리 등에 대한 이해 정도(이해 수준
및 상태, 오개념, 난개념 등)를 고스란히 드러내 준다.

둘째, 의사소통에 기반을 둔 협동학습 토의토론은 학생들의 개념, 원리 등에 대한 기억 및 이해에 긍정적인 영향
을 주어 배움과 잘 연결된다.

---

1 협동학습은 1996년 발령 이후 지금까지, 수학 교육과 협동학습 토의토론의 접목은 2008년 이후 지금까지 꾸준히 연구, 실천해오
고 있는 중이다. 이 과정에서 살아 있는 협동학습 1권(2009), 살아 있는 협동학습 2권(2015), 협동학습 교사를 바꾸다(2012), 협동학습으로
토의토론 달인 되기(2011), 5학년 수학 수업 협동학습으로 디자인한다(2016), 6학년 수학 수업 협동학습으로 디자인한다(2018), 초등수학 분
수 이렇게 가르쳐라(2019)와 같은 서적들을 꾸준히 집필하였다.

셋째, 의사소통에 기반을 둔 협동학습 토의토론은 수학적 현상에 대한 깊이 있는 토의토론을 가능하게 해 주어 한 차원 더 깊이 있는 수학 수업의 장으로 학생들을 인도해 준다.

넷째, 의사소통에 기반을 둔 협동학습 토의토론은 수학적 용어 습득 및 개념, 원리 이해를 바탕으로 이루어져 학생들의 수학적 의사소통능력 신장을 가능하게 해 준다.

다섯째, 의사소통에 기반을 둔 협동학습 토의토론은 학생들의 사회적 기술과 관련된 역량 향상을 도와준다.

첫째, 의사소통에 기반을 둔 협동학습 토의토론은 학생들의 수학적 개념 및 원리 등에 대한 이해 정도(이해 수준 및 상태, 오개념, 난개념 등)를 고스란히 드러내 준다.

협동학습 토의토론 수학 수업 속에서 자연스럽게 드러나는 의사소통은 학생들이 학습하고 있는 것들에 대한 현재 이해 수준 및 상태, 어떤 부분에서 오개념이 형성되어 있는지, 어떤 부분에서 난개념이 형성되어 있는지 등에 대한 정보를 있는 그대로 드러내 준다. 그리고 이 정보들은 교사로 하여금 이후의 수업 진행을 무엇으로 어떻게 해야 할지에 대한 판단 및 결정을 내릴 수 있도록 해 주고 다음 차시 수업 설계에도 큰 영향을 주게 된다. 또한 학생들로 하여금 자신이 무엇을 알고 있고 무엇을 모르고 있는지에 대하여 스스로 깨달을 수 있도록 해 주어(메타인지) 스스로 배움, 협동적 배움이 자연스럽게 일어날 수 있도록 해 준다.

둘째, 의사소통에 기반을 둔 협동학습 토의토론은 학생들의 개념, 원리 등에 대한 기억 및 이해에 긍정적인 영향을 주어 배움과 잘 연결된다.

무엇인가에 대하여 말을 하고 들으면서 이해한다는 것은 주제와 관련된 정보가 없이는 불가능하다. 왜냐하면 의사소통 과정은 관련된 정보를 얼마나 풍부하게 기억하고 이해하고 있는지를 드러내는 일이기 때문이다. 같은 맥락에서 수업시간에 학생들은 의사소통을 경험하면서 자신의 머릿속에 저장되어 있는 수많은 정보들을 소환하여 사용한다. 그 결과 의사소통 과정에 더 적극적인 학생일수록 용어, 개념, 원리 등의 기억 및 이해가 능동적 배움으로 직결될 수밖에 없으며 의사소통 역량은 더 잘 작동하게 되어 학업 성취 향상으로 이어지는 긍정적 효과를 보게 된다.

셋째, 의사소통에 기반을 둔 협동학습 토의토론은 수학적 현상에 대한 깊이 있는 토의토론을 가능하게 해 주어 한 차원 더 깊이 있는 수학 수업의 장으로 학생들을 인도해 준다.

사람들은 어떤 상황에서든 특정 주제에 대해 이야기를 나누다 보면 자신이 잘 몰랐던 부분이나 잘못 알고 있는 부분을 스스로 바로잡을 수 있게 된다. 같은 맥락에서 학생들도 수업 시간에 수학적 현상에 대하여 서로 이야기를 나누다 보면 자연스럽게 질 높은 수학적 배움의 장으로 빠져들게 된다. 서로를 통해 배우는 과정에 바로 의사소통이 있고 그것을 돕는 소통의 틀이 바로 협동학습 토의토론이라고 한다면 이 지점에서 '서로를 통해 배운다'는 협동학습 토의토론의 가장 큰 장점이 드러나게 된다.[2]

---

2 의사소통 과정에서 자신이 알고 있는 것과 모르고 있는 것 사이의 갭이 줄어들면서 학생 개인의 개념 및 원리 이해가 좀 더 명확해

넷째, 의사소통에 기반을 둔 협동학습 토의토론은 수학적 용어 습득 및 개념, 원리 이해를 바탕으로 이루어져 학생들의 수학적 의사소통능력 신장을 가능하게 해 준다.

지식이라는 것은 사회적 산물임에 분명하다. 지식이라는 것은 사회적 과정[3]에 의해 생산된 것이고, 그것을 얻는 바람직한 방법 또한 사회적이어야 한다. 여기에서 말하는 '사회적'이라는 것이 바로 의사소통 활동 및 과정을 가리키는 것이라고 한다면 협동학습 토의토론은 자연스럽게 '사회적'이라는 현상을 만들어 주어 학생들 스스로가 자연스럽게 배움에 도달할 수 있도록 해 준다. 그래서일까, 협동학습 토의토론을 기본으로 하는 필자의 교실에서 수학시간만큼은 늘 수학적 용어와 개념, 원리가 자연스럽게 대화 속에 살아 숨을 쉬는 교실이 만들어진다.

다섯째, 의사소통에 기반을 둔 협동학습 토의토론은 학생들의 사회적 기술과 관련된 역량 향상을 도와준다.

협동학습은 타인과 상호작용을 바탕으로 한 관계를 매우 중요하게 생각한다. 이런 이유 때문에 많은 실천가들이 협동학습의 성패를 좌우하는 가장 핵심 요소로 '사회적 기술'을 꼽기도 한다. 특히 사회적 기술이 잘 뒷받침된 협동학습 토의토론 수학 수업은 다른 학생들의 생각에 대한 존중과 배려가 담긴 말하기 능력, 다른 학생들이 자신의 생각을 정리하고 말하기까지 기다리고 인내하는 말하기 능력, 타인의 생각을 잘 듣지 않으면 의사소통 과정에 함께 할 수 없다는 생각에 기반을 둔 경청 및 공감하며 말하기 능력, 주어진 공동의 과제를 해결하는 과정에서 얻게 되는 협동적 의사소통능력 등을 함께 신장시킬 수 있다는 점에서 시사하는 바가 매우 크다 할 수 있다.

지금까지 언급해 온 다섯 가지 이유에 대하여 일리가 있다고 여기거나 동의를 한다면 이후에 언급하는 이야기들을 꼼꼼하게 살펴보면서 여러분들의 교실에 본격적으로 적용하기 위한 준비와 실천적 노력을 차근차근 해 나가기 바란다.

"교실은 학생들이 수학적 토의토론이라는 문화를 만들어 내는 곳이다."

끝으로 위와 같은 믿음을 가지고 꾸준히 실천해 온 나의 노력들이 또 한 번의 결실을 맺을 수 있도록 도움을 주신 주변의 많은 분들, 특히 나의 아내 정해영 님과 아들 이동현, 딸 이성경, 그리고 늘 지켜봐 주시는 아버지 이정식 님, 하늘나라에서 지켜보고 계실 어머니 이선덕 님, 어떤 원고를 들고 가도 흔쾌히 출판을 허락해 주신 (주)시그마프레스 출판사 대표 강학경 님, 원고를 살펴보고 수정하고 편집해 주시는 편집부 여러분들께 진심으로 감사의 마음을 전하는 바이다.

2019년 1월 1일 여덟 번째 집필을 시작하여
2019년 11월에 마무리를 하며
서울은빛초등학교 교사 이상우

지기 때문이다.

3 지식-언어를 매개로 한 사회적 상호작용을 가리킨다. 특히 수학이라는 분야는 사회적 과정을 통해 오랜 세월 동안 다듬어지고 쌓아올려진 훌륭한 문화유산이라는 사실을 잊어서는 안 된다.

차례

초등 협동학습 토의토론 수학과 마주하기

제1장

초등 협동학습 토의토론 수학 사례와의

첫 만남

협동학습 토의토론 수학은 '꼭 이렇게 해야만 한다.'라고 말할 수 있는 공식적인 활동이 아니다. 하지만 초등학생을 대상으로 협동학습 토의토론 수학 수업을 진행하다 보면 많은 경우 꼭 거치게 되는 공통적인 활동과 과정이 존재한다는 것을 느끼게 된다. 따라서 협동학습 토의토론 수학 수업이 무엇이고 어떻게 진행되는 것인지를 이해하기 위해서는 다음과 같은 수업 사례를 먼저 읽어 보는 것이 도움이 될 것이라 판단하여 실제로 필자의 교실에서 이루어진 수업 과정을 제시해 보고자 한다.

 5학년 과정 〈분수의 덧셈과 뺄셈〉 학습을 위한 출발점 상황 점검하기1

수학 5-1	4. 분수의 덧셈과 뺄셈 출발점 상황 점검-워밍업	서울 초등학교 5학년 반 번 이름 :

워밍업 1. $\frac{2}{4}+\frac{1}{4}$은 얼마인가?

확장질문 1.1 왜 분모는 그대로 두고 분자끼리만 더할까?

확장질문 1.2 이렇게 하면 안 될까?

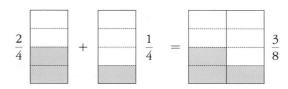

$$\frac{2}{4} + \frac{1}{4} = \frac{3}{8}$$

동분모 분수의 덧셈과 뺄셈에 대한 기초가 제대로 잡혀 있지 않았거나 4학년 과정에서 학습한 핵심 개념, 원리를 대부분 잊었을 것이라는 생각을 가지고 위와 같은 수업을 디자인하였다. 예상은 맞아떨어졌다. 출발점 상황 점검을 1시간으로 마무리할까 생각하다가 2시간으로 늘려서 잡은 것도 바로 이런 우려 때문이었다.

우선 $\frac{3}{4}$은 어떤 뜻이냐는 질문으로 수업을 열었다. 손을 든 학생 한 명을 지목하여 발표를 시켜보았더니 "1을 4등분 한 것 중 3개입니다."라는 대답이 나왔다. 더 이상 다른 의견은 없었다. "$\frac{1}{4}$이 3개인 분수"라는 대답은 한 명도 없었다. 일단은 그렇게 넘어갔다. 이어서 $\frac{2}{4}+\frac{1}{4}$은 얼마인가를 물었더니 바로 $\frac{3}{4}$이라는 답변이 나왔다. 왜 $\frac{3}{4}$이 되었는지 설명해 보라고 하였더니 분자끼리 더하면 된다는 답변이 돌아왔다. 그래서 확장질문 1.1 '왜 분모는 그대로 두고 분자끼리만 더할까?(분모끼리도 더하면 안 되는 것일까?)'를 바로 제시하고 답을 들어보고자 하였지만 의미 있는 답변은 나오지 않았다. 어떤 학생은 이런 답변을 하였다. "분모는 더하면 안 되는 것이니까요. 학원에서 분자만 더하는 것이라고 알려 주었습니다. 학원에서 그런 것은 안 가르쳐주었습니다." 이런 대답이 나올 때면 굉장히 속이 상하고 마음이 씁쓸하다. 이런 대답밖에 할 수 없는 이유는 분자 및 분모의 의미와 그 속에 담긴 정보가 무엇인지를 의미하는지, 그리고 단위분수 개념 및 그 역할에 대한 명확한 이해가 없었기 때문일 것이라 생각되었다.

필자는 "$\frac{3}{4}$은 무엇을 의미하는가?"라는 질문으로부터 분수의 의미와 단위분수의 개념 및 역할에 대하여 처음부터 다시 지도하고자 마음을 먹었다. 칠판에 아래와 같은 그림을 먼저 제시하면서 설명을 이어나갔다.

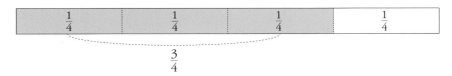

위의 그림에서 보는 바와 같이 전체 1을 똑같이 4등분하였을 때 그 한 조각을 $\frac{1}{4}$이라고 한다면 $\frac{3}{4}$은 그 $\frac{1}{4}$이 3개 있는 것이라는 사실을 확실히 알려 주면서 분수의 개념부터 명확히 하였다. 그리고 여기에서 $\frac{1}{4}$과 같이 똑같이 나누어진 1조각을 단위분수라고 한다는 것도 다시 한 번 짚어주었다. 그랬더니 학생들은 곧바로 받아들이기 시작하였다. 사실 단위분수 명칭과 개념은 3학년에서 공부했던 것인데도 제대로 강조된 적이 없어서 모두 소홀히 다루었던 것이라 여겨졌다. 어찌 되었든 "$\frac{4}{5}$는 $\frac{1}{5}$이 4개인 분수입니다."와 같은 답변이 술술 나오기 시작하였다. 이제야 단위분수를 기초로 하여 분수의 개념을 깨닫기 시작하는 것 같았다.

이제 막 깨닫기 시작한 분수의 개념을 바탕으로 동분모 분수끼리의 덧셈 원리 이해를 돕기 위해 아래와 같은 질문을 제시하고 협동학습 토의토론 과정에 들어갔다. 이런 질문을 던지자마자 학생들은 필자가 미리 예상한 대로 갑자기 혼란 속으로 빠져들기 시작하였다. 분명히 식으로 풀 때는 답이 $\frac{3}{4}$이었는데 그림으로 보니까 $\frac{3}{8}$도 맞는 것처럼 다가왔기 때문이었다.

$$\frac{2}{4} \quad + \quad \frac{1}{4} \quad = \quad \frac{3}{8}$$

교사 이 질문에 대한 답이 맞는지 틀리는지 생각해 보고 그 이유까지 공책에 먼저 정리해 보도록 하겠습니다. 반드시 그림으로 설명할 수 있어야 합니다. 충분히 시간을 가지고 깊이 있게 생각해 보기 바랍니다. 그리고 자신의 생각이 정리된 사람은 자리에서 일어서기 바랍니다.

학생 주어진 시간 동안 자신의 생각을 정리하여 공책에 기록한다. 생각이 정리된 학생은 자리에서 일어난다. 대부분 학생들이 자리에서 일어서게 되면 모둠별로 토의토론 활동에 들어간다.

교사 모든 모둠이 토의토론을 마치고 자리에 앉은 것을 보니까 모둠별로 생각이 어느 정도 정리가 된 것 같습니다. 그러면 모둠별로 정리된 의견들을 발표로 이어가 보도록 하겠습니다. 먼저 김○○이 발표해 보도록 하겠습니다.

협동학습 토의토론 수학 1단계

자신의 생각 열기(Ⓞpen)
주어진 질문에 대하여 충분한 시간을 가지고 혼자만의 생각을 정리하는 시간이다.

모두 일어서서 나누기 구조 활동 적용 단계

1단계 : 혼자 생각하기
2단계 : 자신의 생각이 정리된 사람은 자리에서 일어서기
3단계 : 모둠원들이 모두 일어서면 돌아가며 말하기 활동을 통해 한 번씩 자신의 생각을 발표한다.
4단계 : 모둠원들의 생각에 대하여 자유롭게 토의 토의토론을 진행한다.
5단계 : 모둠원들의 생각이 정리 또는 합의에 도달하면 모두가 자리에 앉는다.
6단계 : 모둠에서 정리 또는 합의된 의견을 학급 전체와 공유한다.

필자의 교실 사례 : 모두 일어서서 나누기 활동

학생 김○○ 저희 모둠에서는 $\frac{3}{8}$이 맞다고 정리하였습니다. 그림에서 보는 것처럼 $\frac{2}{4}+\frac{1}{4}$을 하게 되면 전체 8칸 중 3칸이 색칠되어지기 때문입니다.

교사 그렇군요. 그러면 이○○ 모둠은 김○○ 모둠의 의견에 동의하나요?

학생 이○○ 동의하지 않습니다. 왜냐하면 $\frac{2}{4}+\frac{1}{4}=\frac{3}{4}$인데 $\frac{3}{8}$이라고 했기 때문입니다.

교사 그렇군요. 그렇다면 이○○ 모둠에서는 $\frac{3}{8}$이 아니라 $\frac{3}{4}$이 된다는 것을 그림으로 어떻게 설명할 수 있는지요?

협동학습 토의토론 수학 2단계

타인과 생각 공유하기(Ⓢharing)
각자 정리한 생각을 모둠원 또는 학급 전체와 자유롭게 공유하면서 토의토론하는 과정이다. 모둠원들과 공유하면서 생각을 정리하거나 합의에 이르게 되면 소집단 토의토론, 학급 전체와 토의토론하면서 생각을 정리하거나 합의에 이르게 되면 대집단 토의토론이 되는 것이다.

학생 이○○   저희 모둠에서는 답은 알겠는데 왜 $\frac{3}{4}$이 되는지에 대해서 그림으로 설명하기가 어려웠습니다.

교사   처음 발표했던 김○○ 모둠원들은 어떻게 생각하나요?

학생 최○○ (처음 발표했던 김○○과 같은 모둠원)   이○○가 $\frac{2}{4}+\frac{1}{4}=\frac{3}{4}$이라고 발표한 것을 듣고 보니 저희 모둠 생각에 틀린 부분이 있다는 것은 알겠습니다. 그런데 그림으로 어떻게 $\frac{2}{4}+\frac{1}{4}=\frac{3}{4}$이 되는지에 대해서는 아직 생각이 잘 떠오르지 않습니다.

교사   다른 사람들은 어떻게 생각하나요?

학생   저희들도 $\frac{2}{4}+\frac{1}{4}=\frac{3}{4}$이라는 것은 알겠는데 그림으로는 어떻게 설명해야 하는지 아직 생각이 떠오르지 않았습니다.

교사   그렇군요. 그러니까 수직선과 같은 것으로 해결할 수는 있겠는데 그림으로는 어떻게 해결하고 설명해야 하는지를 잘 모르겠다는 것이지요?

학생   네.

교사   그렇다면 앞서서 선생님과 함께 알아본 단위분수 개념을 그림으로 해결하기와 연결 지어 보면 어떨까요? 잠깐 생각할 시간을 줄게요. 다시 자신의 생각을 공책에 정리해 보기 바랍니다.

학생   각자 자신의 생각을 정리한다.

교사   (학생들이 생각을 정리하는 동안 교실을 돌아보면서 의미 있는 생각을 정리한 학생이 있는지 살펴본다. 필요하다면 그 학생을 먼저 지목하여 발표할 수 있게 한다.)

교사   어느 정도 정리되었으면 자신의 짝과 서로의 생각을 교환하여 말하기를 시작해 봅니다.

학생   짝과 번갈아 말하기 활동을 진행한다.

교사   짝과 이야기를 나누었지요? 그렇다면 먼저 홍○○가 먼저 발표해 보도록 하겠습니다.

학생 홍○○   제 짝은 $\frac{1}{4}$ 2개와 $\frac{1}{4}$ 1개를 더하니까 $\frac{1}{4}$이 3개가 되어서 $\frac{3}{4}$이 된다고 말했습니다. 그런데 저는 $\frac{2}{4}$에 $\frac{1}{4}$을 옮겨서 붙이면 $\frac{3}{4}$이 된다고 생각하였습니다.

교사   홍○○가 한 말을 칠판에 그림으로 그려가면서 자세히 설명해 줄 수 있나요?

학생 홍○○   칠판에 아래와 같은 그림을 그리고 한 번 더 설명한다.

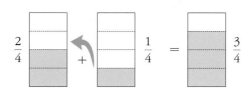

교사   두 사람의 생각에 대하여 여러분들은 어떤 생각을 갖는지요? 두 사람 생각은 다른 것인지 아니면 같은 것인지, 혹은 다른 생각이 있는지요?

학생 임○○   두 사람 생각은 같은 것이라 생각합니다. 왜냐하면 두 사람 설명에 모두 $\frac{1}{4}$ 2개는 $\frac{2}{4}$라고 표시되어 있고, 홍○○의 짝은 $\frac{1}{4}$ 1개를 더한다는 것을 홍○○는 $\frac{1}{4}$을 $\frac{2}{4}$쪽으로 옮겨 붙인다고 말했지만 두 가지 생각은 결국 같은 생각이라는 것이 그림 속에도 나타나기 때문입니다. 결론적으로 답은 $\frac{3}{4}$이 맞습니다.

교사   그렇군요. 다른 사람들은 임○○의 생각에 동의하나요?

학생   네.

교사   그렇다면 처음 그림으로 돌아가서 왜 $\frac{3}{8}$이라고 답을 하면 안 되는 것일까요? 왜 분모는 더하면 안 되는 것일까요?

학생   (잠시 침묵이 흐른다. 답을 찾지 못하는 것 같은 표정이 눈에 띈다.)

교사   분모는 무엇을 뜻하는 것인지, 분모는 어떤 정보를 담고 있는지에 대하여 생각해 보기 바랍니다. 그리고 물병을 예로 들어 생각해 보기 바랍니다. 힌트입니다.

학생 윤○○   (잠시 생각할 시간을 가진 뒤에 손을 들어 발표 의사를 밝힌다.) 분모는 원래 전체 1을 몇 등분하였는가를 나타내는 것입니다. 그런데 분모를 더하게 되면 더하기 전에 등분했던 것과 숫자가 달라지기 때문에 더하면 안 되는 것입니다.

교사   덧셈을 하기 전에 분모는 4였는데 더하고 나면 분모가 8이 되어서 처음과 달라지기 때문에 분모를 더하면 안 된다는 말인 것이지요? 그런데 다른 사람들은 이 말의 뜻이 잘 이해가 되나요? 좀 더 이해하기 쉽게 설명할 수는 없는 것일까요?

학생 윤○○   예를 들어 설명하면 이렇습니다. 2개의 물병이 있는데 1개의 물병에는 물이 $\frac{2}{4}$만큼 들어 있고, 다른 1개의 물병에는 물이 $\frac{1}{4}$만큼 들어 있다고 할 때 두 물병의 물을 합하게 되면 물병 안의 물만 합쳐지는 것이지 물병까지 합쳐지는 것이 아니잖아요. 처음의 그림에서 $\frac{3}{8}$이 된 것은 마치 물병도 합쳐진 것처럼 그려져 있어서 잘못된 것이라 할 수 있습니다. 여기에서 물 1병의 크기는 처음에 있었던 크기와 같아야 하고, 두 물병의 물을 합친 뒤에도 물병 1병의 크기가 바뀌어서는 안 됩니다. 그래서 분모를 더하면 안 되는 것입니다.

학생   와, 이제 알겠습니다. 그런 것이구나. 아~하 !!

교사   좋습니다. 윤○○가 아주 정확히 설명을 해 주었습니다. 다른 사람들도 윤○○가 설명한 것에 대하여 잘 이해하였나요? 들은 것을 이해한 대로 누가 다시 한 번 설명해 볼까요? 최○○이 발표해 볼까요?

학생 최○○   2개의 물병 속에 물을 합하면 1개의 물병에 물을 다른 1개 물병에 옮겨 담는 것과 같은 것이기 때문에 더하기 전과 더하고 난 뒤의 물병 크기는 변하지 않는 것처럼 두 분수를 더할 때는 분모는 더해서는 안 되는 것입니다.

위의 사례는 학생들이 분모가 다른 분수의 덧셈과 뺄셈을 학습하기 전에 이전 학년에서 배운 내용을 다시 한

협동학습 토의토론 수학 4단계

**타인의 생각에 동참하기
(Ⓟarticipation)**

토의토론은 자신의 생각과 타인의 생각을 함께 고민하고 비교해 보면서 타인의 생각에 언어적·논리적 반응을 보이는 활동이 중심이 된다. 협동학습에서는 이를 '참여·소통'이라고 말하는데, 소집단 내 구조의 적용활동을 통해 자연스럽게 이루어진다고 보면 틀림이 없다.

협동학습 토의토론 수학 5단계

자신의 생각에 깊이 더하기(Ⓟlus)

자신의 생각이나 의견에 이해의 깊이를 더하여 주어진 상황에 대한 논리적인 추론을 보다 확실하게 펼쳐나가는 것을 말한다. 이 단계가 잘 마무리된다면 학생들은 보다 확실한 이해 수준에 도달하게 될 가능성이 높아진다.

번 점검해 보는 차원에서 진행했던 실제 수업 사례이다. 이렇게 진행했던 이유는 수학이라는 교과 특성상 체계성이 매우 강한 학문이라서 이전 단계의 이해를 확실히 해야만 다음 단계를 이해하는 데 훨씬 더 큰 도움이 되기 때문이기도 하고 오랜 시간 수학 교과를 연구해 오면서 어떤 지점에서 학생들에게 오개념, 난개념이 형성되어 있는지를 경험적으로 알고 있었기 때문이기도 하였다. 또한 이 문제를 해결하는 과정에서 일방적인 설명보다 학생들 간에 일어나는 생각의 충돌을 이용, 그 차이점을 이해하고 간극을 메우기 위해 서로의 생각을 공유하면서 토의토론하는 활동이 학생들의 배움과 개념 이해에 훨씬 더 많은 도움이 된다는 것을 확신하였기 때문이기도 하다.

모든 협동학습 토의토론 수학 수업이 위와 같이 이루어져야 할 필요는 없겠지만 협동학습 토의토론 수학 수업은 어떻게 이루어지고 있으며 각 단계별로 이루어지는 활동들이 어떤 상황에서 어떻게 활용되어야 하는지를 이해하는 데는 조금이나마 도움이 되었을 것이라 생각된다. 이후에 전개되는 내용을 통해 협동학습 토의토론 수학 수업에 대하여 좀 더 자세히 이해하고 자신의 것을 만들어나갈 것을 희망한다.

제2장

초등 협동학습 토의토론 수학의
5단계(O-S-Li-P-P)

필자는 20년 가까이 협동학습을 교실에 본격적으로 적용해왔다. 그 과정 속에서 협동학습을 수학 교육과 접목시켜 연구한 것도 10년을 넘어서고 있다. 그러면서 제일 많이 느낀 점 한 가지를 꼽으라고 한다면 머뭇거림 없이 자신 있게 다음과 같이 말할 수 있다.

"적어도 수학시간만큼은 교실에서 학생들의 목소리가 넘쳐나기 시작하였다."

협동학습과 수학 교육을 연결 지으면서 토의토론이라는 맥락에서 수학 교육을 접근하기 시작하였는데 협동학습 토의토론 수학 수업을 진행할수록 그 과정에는 확실한 체계가 존재한다는 것을 느끼게 되었다. 그래서 협동학습 토의토론 수학 수업을 꾸준히 진행해 오면서 탐구하고 깨닫게 된 것들을 나 자신만의 언어로 조금씩 정리해 오다가 누군가에게 분명히 도움이 될지도 모른다는 생각에 이렇게 한 권의 책 속에 담게 되었다.

제2장에서는 협동학습 토의토론 수학 수업에 존재하는 체계는 무엇이고, 그 내용은 어떤 것인지, 그 체계를 실제 수업에 어떻게 적용해야 하는지 등에 대하여 자세히 소개해 보고자 한다.

초등 협동학습 토의토론 수학의 5단계 : O-S-Li-P-P

협동학습 토의토론 수학 수업은 단답형 질문과 답변이 왕성하게 오고가는 수업을 말하는 것이 아니라 개념과 원리의 탐구 및 발견, 깊이 있는 수학적 사고, 질 높은 수학적 의사소통을 동반한 협동적 문제해결 등이 수업 내용과 잘 융합된 수업을 말한다. 질 높은 수학적 의사소통을 기반으로 한 협동학습 토의토론 수학 수업은 대체적으로 다음과 같은 단계를 거치면서 진행되고 있다는 점에서 매우 독특하다고 말할 수 있다.

1단계 : 자신의 생각 열기(**O**pen)
2단계 : 타인과 생각 공유하기(**S**haring)
3단계 : 타인의 생각 경청하기(**Li**sten)
4단계 : 타인의 생각에 동참하기(**P**articipation)
5단계 : 자신의 생각에 깊이 더하기(**P**lus)

1단계_자신의 생각 열기(Open) : 마음으로 말하기

주어진 질문에 대하여 충분한 시간을 가지고 혼자만의 생각을 정리(마음으로 말하기-내면과의 대화)하는 시간이다. 토의토론 활동은 참여를 기본 전제로 한다. 참여를 위해서는 자기만의 생각과 사고가 필요하다. 토의토론의 장에 앉아 있다고 하여 참여를 한다고 말할 수는 없다. 자신만의 생각과 사고 없이 앉아 듣기만 하는 것은 참여가 아니라 물리적 공간만 차지하고 있는 '출석'의 의미밖에 지니지 못한다. 따라서 협동학습 토의토론 수학 수업에서 학생들을 참여로 이끌 수 있는 가장 좋은 방법은 바로 '자신만의 생각과 수학적 추론'을 가질 수 있도록 충분한 시간을 주는 일이다.

1단계 : 자신의 생각열기를 위한 레시피

1. 충분한 시간이 주어지는 동안 학생은 자신의 생각을 공책에 정리하도록 한다.[1]
2. 토의토론 과정에서 생각의 변화가 나타나면 지우고 다시 쓰지 말고 다른 색깔 펜으로 밑줄을 긋고 어떻게 자기 생각의 변화가 일어났는지 추가하여 기록한다. 이는 자신의 반성적 사고 과정을 소중하게 여기도록 하기 위함이다.
3. 생각의 수정을 경험하면서 틀렸다는 것에 대한 부담을 줄여나가게 되고 오답 또는 오개념을 말하거나 기록하고 수정하는 과정 속에서 본인 스스로 '사고하고 있음'을 깨닫게 된다.
4. 이렇게 정리하고 나서 발표를 하면 발표가 훨씬 간결하고 논리적으로 이루어질 수 있다.
5. 필요 시 기록한 내용을 보고 발표할 수 있게 한다.
6. 공책에 자신의 생각을 기록하는 것 자체가 1차 발표(마음으로 말하기)인 셈이라는 사실을 학생들도 깨달을 수 있도록 한다.
7. 자신의 생각을 갖고 기록하는 순간 사고는 보다 정교해지고 그 폭과 깊이는 훨씬 넓고 깊어진다는 것을 깨달을 수 있다.

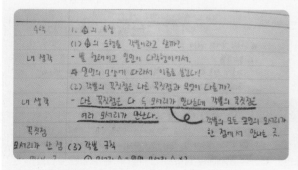

필자가 지도했던 학생의 공책 사례 1

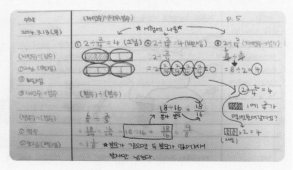

필자가 지도했던 학생의 공책 사례 2

---

1 수업 중 무엇인가를 스스로 기록한다는 것은 그 수업에서 주인이 되었다는 것을 의미한다. 그리고 공부하고 있는 내용과 관련된 기억을 떠올려 자신만의 언어로 정리한다는 것은 그것을 완전히 자신의 것으로 만들기 위한 자기주도적인 노력이라 말할 수 있다.

2단계_타인과 생각 공유하기(Sharing)

필자는 협동학습을 실천하면서 자신의 생각을 공책에 기록하는 행위를 1차 발표라 하고, 타인과 공유하며 말하는 행위를 2차 발표라 구분하여 지도하고 있는데 '2단계 타인과 생각 공유하기'는 바로 2차 발표에 해당되는 활동이라 할 수 있다. 2단계 활동을 할 때 모둠원들과 수학적 추론이나 정보를 공유하면서 생각을 정리 또는 합의에 이르게 되면 소집단 토의토론, 학급 전체와 수학적 추론이나 정보를 공유하면서 생각을 정리 또는 합의에 이르게 되면 대집단 토의토론이 된다.

2단계 : 타인과 생각 공유하기를 위한 레시피

1. 협동학습 토의토론 수학교실에서 모든 학생들은 완전하든 불완전하든, 전부이든 일부이든 자신이 이해한 만큼 자신만의 언어로 생각을 정리하고 다른 사람들과 씩씩하게 공유할 수 있도록 분위기를 조성한다.
2. 틀릴까 걱정하지 않아도 되는 교실, 틀려도 괜찮은 교실을 만들어 나가야 한다. 이런 교실이 만들어지면 누구나 자신 있게 본인의 생각을 말할 수 있게 되고 비로소 학생들의 목소리가 들리기 시작하며 학생들의 목소리에 살아있는 기운이 넘치게 된다.
3. 오답에 대한 교사의 관점이 바뀌어야 한다. 학생이 오답을 말한다는 것은 바로 사고하고 있다는 증거이기 때문에 칭찬을 가장 먼저 해 주어야 한다. 다만 어떤 지점에서 오개념이 형성되었는지, 어떤 부분에서 난개념이 형성되었는지를 주의 깊게 관찰하면서 추가적인 토의토론이 이어질 수 있도록 해야 한다.
4. 오답을 곧바로 토의토론거리로 만들기 위한 노하우가 필요하다. 왜냐하면 한 명의 오답이 곧 여러 명에게 오개념이 형성되어 있음을 알리는 중요한 단서가 될 가능성이 높고, 그 오답과 관련하여 모두 함께 참여하는 토의토론 활동이 정확한 개념이해로 이끌어갈 가능성이 높기 때문이다.
5. 소집단 토의토론의 경우 협동학습 구조를 적용하면 매우 유용하다. 특히 짝과 번갈아 말하기(짝 토의토론), 모둠원과 돌아가며 말하기(모둠 토의토론), 모둠원끼리 모두 일어서서 나누기(모둠 토의토론) 활동만 적재적소에 잘 활용해도 훌륭한 협동학습 토의토론 수학 수업을 만들 수 있다.

돌아가며 말하기(모둠 토의토론)	번갈아 말하기(짝 토의토론)

필자의 교실 사례

1. 교사가 질문을 제시한다.
2. 각자 질문과 관련된 생각을 정리하여 공책에 기록한다.
3. 모둠 내에서 번호순으로 (1번, 2번, 3번, 4번) 돌아가며 자신의 생각을 나눈다.(여러 번 돌아가며 토의토론 활동을 한다. 첫 번째는 돌아가며 말하고 두 번째부터는 순서에 상관없이 토의토론 활동을 해도 좋다.)
4. 토의토론한 내용을 전체와 공유한다.

필자의 교실 사례

1. 교사가 질문을 제시한다.
2. 각자 질문과 관련된 생각을 정리하여 공책에 기록한다.
3. 모둠 내에서 짝을 정해 번갈아가며 자신의 생각을 반복적으로 나누면서 토의토론한다.
4. 토의토론한 내용을 전체와 공유한다.

3단계_타인의 생각 경청하기(Listen)

토의토론의 핵심은 말하기에 있는 것이 아니라 듣기에 있다. 왜냐하면 정과 반이 만나 합에 이르는 과정이 토의토론(들은 내용을 통해 이해의 폭을 넓히고 개념 형성 및 배움의 목표에 도달하는 과정이 바로 토의토론 수학)이라고 할 때 주어진 상황에 대한 생각과 추론을 공유하면서 자신의 생각을 조정해야만 합에 도달할 수 있기 때문이다. 따라서 타인의 발표를 경청하여 듣고 이해하려는 노력이 뒷받침되지 않는다면 토의토론 활동은 그 목적을 잃어버리게 된다.

한편 협동학습 구조를 적용한 소집단 토의토론은 3~5단계 활동이 자연스럽게 이루어지고 있다고 봐도 무리가 없다. 다만 모둠 내에서 생각이 정리되거나 합의에 도달하게 되면 다시 대집단 활동으로 토의토론 활동의 범위를 넓혀 3~5단계를 다시 한 번 거치게 된다는 것만 다를 뿐이다.

3단계 : 타인의 생각 경청하기를 위한 레시피

1. 타인의 생각을 경청할 때 가능하면 공책에 메모하며 듣는 습관을 가질 수 있도록 지도한다.
2. 특히 대집단 토의토론 활동을 하면서 자신의 생각을 말할 때 가능하면 앞서서 발표한 사람의 생각을 짧게 간추려 말하게 한 뒤 자신의 의견을 덧붙이는 방식으로 말할 수 있게 하는 것이 좋다.
3. 모둠 내에서 짝끼리 번갈아 말하기 활동을 한 뒤 대집단 활동으로 확장시킬 때 발표 차례가 오면 그 학생은 먼저 짝의 생각을 정리하여 발표한 뒤 자신의 의견을 덧붙이는 방식으로 말할 수 있게 하는 것이 좋다.
4. 다른 학생이 발표한 내용에 대하여 잘 알아듣지 못했거나 이해가 되지 않는 부분이 있다면 추가 설명, 반복 설명을 반드시 부탁할 수 있도록 지도한다.
5. 타인의 발표를 경청하여 듣고 있는지에 대하여 무작위로 학생을 지목하여 들은 내용들을 다시 말해 보도록 하는 것이 방법일 수 있다.

4단계_타인의 생각에 동참하기(Participation)

토의토론 활동은 자신의 생각과 타인의 생각을 함께 고민하고 비교해 보면서 타인의 생각에 반응을 보이는 것이다. 여기서 말하는 '반응'이란 타인의 수학적 추론을 이해하고 받아들일 수 있음에 대하여 자신만의 이유를 들어 말하기, 타인의 수학적 추론에 대하여 이해가 되지 않는 부분에 대하여 보충 또는 추가 설명을 요청하는 말하기 등을 가리킨다.

4단계 활동은 토의토론 수업의 가장 중요한 과정이라 말할 수 있는데 효과적으로 이루어지기만 한다면 토의토론 수업 목표에 확실히 도달할 수 있다는 점에서 교사는 매우 큰 관심을 가지고 신중하게 접근, 진행, 지도해 나가야 한다.

4단계 : 타인의 생각에 동참하기를 위한 레시피

1. 다른 학생의 발표가 잘 이해되지 않거나 애매모호한 점이 있을 때에는 시간이 촉박하거나 여유가 없더라도 그냥 넘어가지 않도록 반드시 짚고 넘어갈 수 있게 한다.[2]
2. 다른 학생의 발표 또는 현재 이루어지고 있는 토의토론 내용을 잘 이해하고 있는지, 동의 또는 동의하지 않는지, 다른 생각이 있는지 등에 대하여 수시로 점검해 보는 것도 하나의 방법일 수 있다.
3. 자체적인 규칙 또는 아이디어를 개발하여 가능한 모든 학생들이 자신의 생각을 발표할 수 있게 한다. (무작위로 학생을 지목하여 타인의 생각에 동참할 수 있도록 수시로 점검한다.)
4. 토의토론 과정에서 틀린 의견과 다른 의견을 구분하여 접근할 수 있도록 하되 가능하면 옳고 그름의 관점보다는 다름의 관점으로 접근할 수 있도록 지도한다.

필자 교실의 발표자 뽑기 스틱

5단계_자신의 생각에 깊이 더하기(Plus)

자신의 생각이나 의견에 이해의 깊이를 더하여 주어진 상황에 대한 논리적인 추론을 보다 확실하게 펼쳐나가는 것을 말한다. 이 단계가 잘 마무리된다면 학생들은 보다 확실한 이해 수준에 도달하게 될 가능성이 높아진다. 따라서 교사는 이 단계에 도달하게 되면 학생들이 끊임없이 자신의 추론을 논리적으로 이어나갈 수 있도록 이끌어 나가야 한다.

5단계 : 자신의 생각에 깊이 더하기를 위한 레시피

1. 학생들이 왜 그런 생각을 하게 되었는지 설명하는 활동에 익숙해질 수 있도록 끊임없이 질문을 한다.
2. 자신의 생각이나 수학적 추론에 대하여 자신이 이해한 대로 자신만의 언어로 다양한 예를 들어 발표할 수 있도록 끊임없이 자극한다.
3. 자신의 생각에 대하여 보완하거나 보충할 것이 있는지를 살펴 언제나 누구든지 보태서 말하기 활동을 할 수 있도록 교실 분위기를 만들어 나간다.
4. 4단계와 5단계의 경우 두 단계 사이에 반드시 위계성이 존재한다고 볼 필요는 없다. (3단계까지는 순서적, 절차적 의미가 강하지만 4단계와 5단계 사이에는 그런 의미가 없다고 봐도 무방하다.)
5. 학생에게서 오개념이 발견되었을 때 적극 활용하면 스스로 오개념을 수정해 나갈 수 있도록 도울 수 있다.

---

2 이 부분을 소홀히 다루게 되면 학생들은 토의토론에 적극적으로 참여하려는 마음을 갖기 어려울 뿐만 아니라 타인의 생각에 대한 이해에 장애가 발생하거나 학생들과 교사 모두 타인의 생각을 진심으로 알고 싶어 한다는 믿음을 주지 못할 가능성이 높아져 토의토론 수업은 실패로 돌아갈 수밖에 없게 된다.

어떤 문제든 그것을 해결하기 위해서 우리들이 가장 먼저 하는 일은 그 상황을 어떻게 헤쳐 나갈 것인가에 대한 자신과의 대화이다. 그리고 그 대화의 결과는 누구에게도 의존하지 않고 오직 자신의 힘으로 만들어 낸 잠정적인 해답이라 할 수 있다. 수학적 문제 상황에서는 자신이 갖고 있는 모든 지적 자산을 총 동원하여 고민한 끝에 얻어낸 최선의 생각이자 입장이고 선택인 것이 곧 자기 나름의 생각이라 말할 수 있는 것이다.

이 시점에서 학생들이 절대로 오해하지 말아야 할 점, 생각을 바꾸어야 할 점은 자기 나름의 생각이 곧 정답을 말하는 것이 아니라는 점이다. 그렇기 때문에 때로는 엉뚱해도 좋고 오답일 수도 있고 주관적일 수도 있고 핵심으로부터 벗어날 수도 있다는 것을 학생들이 명확히 인식할 수 있도록 교사가 최대한 신경을 써야 한다.

협동학습 토의토론 수학을 통한 수학 수업의 혁신과 자신의 생각 열기

많은 사람들이 지식 암기 중심 수업의 종말을 이야기하고 있다. 그래서일까 현장의 수업도 많이 변하고 있다. 그리고 그 방향성은 핵심 역량에 맞추어져 있다. 소위 말해서 미래 사회가 요구하는 역량을 기를 수 있는 방향으로 바뀌어가고 있다는 것이다. 좀 더 쉽게 표현하자면 학습자 스스로 탐구하여 알아가는 방향으로의 전환을 가리킨다고 할 수 있다. 이 방향성을 수학 교육과 연결 지어 생각해 보면 현재까지와 같은 문제 풀이 중심, 답 내기 중심, 반복 훈련과 암기 중심의 수학은 더 이상 가치가 없다고 말할 수 있을 것이다. 이제 수학 수업은 바뀌어야 한다.

> 바람직한 수학 수업(수학 수업을 혁신한다는 것)이란 자신이 갖고 있는 지적 자산을 활용하여 수학적 개념과 원리를 탐구하는 과정이며, 그를 통해 수학적 지식을 발견하고 관련된 생활 속 문제를 해결할 수 있게 하는 과정이라 말할 수 있다. 그리고 그 과정에서 함께 하는 학생들 간의 수학적 의사소통, 소위 말해 토의토론이라는 것은 매우 중요한 가치를 지닌다.

그런데 이런 수학 수업이 가능하려면 학생 스스로가 자기 나름의 생각을 갖고 있어야만 한다는 대전제로부터 출발할 수밖에 없다는 것을 깨닫게 된다. 왜냐하면 자기 나름의 생각이 없다면 수업 속에서 의사소통을 통한 능동적 탐구와 이해가 아니라 수동적 기억과 암기만이 존재하기 때문이다. 결론은 이렇다.

바람직한 수학 수업 혁신의 출발점이자 원동력은
바로 자신의 생각 열기에 있다는 것
그리고 그 중심에 바로 협동학습 토의토론 수학이 있다는 것

학생을 참여로 이끄는 가장 좋은 수학 수업 혁신 방법은 자신의 생각 열기

자신의 생각을 갖고 있지 않은 학생 치고 수업 속으로 적극 빠져드는 학생은 그리 많지 않다. 거꾸로 자신의 생각을 갖고 있는 학생 치고 수업으로부터 멀어져가려는 학생 또한 그리 많지 않다. 교실에 들어와 앉아 있다고 하여 모두 수업에 참여하는 것은 아니다. 분명히 출석과 참여의 의미는 다르다. 이것을 가르는 가장 손쉬운 기준은 바로 자신만의 생각을 갖고 있는지 여부다.

 학생이 수학 수업 시간에 자신의 생각을 열게 되면 그 순간부터 자신의 입장을 갖게 된다. 그리고 이어서 타인의 생각과 입장에 관심을 갖게 된다. 이를 위해서는 타인의 말을 경청할 수밖에 없게 된다. 단순히 듣는 것이 아니라 비판적으로 사고하며 듣게 되고 자연스럽게 자신의 생각과 비교하는 단계까지 이르게 된다. 이 과정에서 수학적 오개념, 난개념이 자연스럽게 해소된다. 그러나 자신의 생각을 열지 않으면 던져지는 생각들을 맹목적으로 듣게 되고 의심 없이 받아들일 수밖에 없게 된다.

학생이 자신의 생각을 열 수 있게 하는 손쉬운 수학 수업 혁신 방안

이에 대하여 너무 어렵게 생각할 필요는 없다. 지금까지 교사들이 해왔던 것에서 조금만 관점을 바꾸면 된다.

(1) 질문을 던지고 바로 답변을 바라지 말자.

학생들로 하여금 교사가 던진 질문에 대하여 충분히 생각할 시간을 주는 것이 좋다. 질문 후 바로 손들어 답변하게 만들면 극히 일부의 학생, 늘 손드는 학생만 사고하고 말하게 된다. 어찌 보면 이것은 생각을 열지 못하는 학생의 잘못이 아니라 학생 스스로 자신의 생각을 열지 못하게 만드는 교사의 잘못이 더 크다고 말할 수 있다.

(2) 자신의 생각을 열어 기록하게 하자.

질문을 던진 후 어떤 식으로든 머릿속에 맴도는 자신의 생각을 정리하여 기록하고 메모하게 해야 한다. 그것이 곧 1차 발표이자 자신의 생각 열기라고 필자는 주장하는 바이다. 이 단계에서 가장 중요한 것은 '자기 나름의 생각'이 곧 정답이 아니라는 점, 틀려도 괜찮다는 것, 오답을 통해 자신의 오개념을 바로잡아 더 정확한 개념과 원리를 탐구할 수 있다는 것 등을 학생들이 이해할 수 있도록 교사가 돕는 일이다. 또한 오답이든 핵심에서 벗어난 답이든 상관없이 모두 최선을 다해 기록할 수 있도록 해야 한다는 것, 그것을 발표할 수 있도록 해야 한다는 것, 어떤 생각이든 다 수용되는 교실이라는 것을 학생들이 경험적으로 깨달아 나갈 수 있도록 교사가 교실 분위기를 만들어가야 한다는 것이다.

(3) 말로만 발표한다는 생각을 버리자.

발표, 곧 모두(소집단 내, 전체 집단 속)와의 공유는 말로만 이루어진다는 생각에서 벗어날 필요가 있다. 모둠 칠판 등을 통해 자신의 기록을 정리하여 모두에게 글로써 보여 주는 것도 발표의 한 가지 방법일 수 있다. 이 방법은 자신의 생각 열기 및 기록을 효과적으로 도와주고 보다 빠른 시간 내에 많은 학생들이 자신의 생각과 타인의 생각을 교류할 수 있도록 도와준다. 아울러 그 과정에서 학생들은 타인의 생각과 자신의 생각을 비교, 분석해 보면서 자연스럽게 자신의 생각을 변화, 발전시켜 나가게 된다. 그 과정에 바로 협동학습 토의토론 수학이 있다. 수학 수업의 혁신이 있다.

(4) 간단한 방식으로라도 표현하게 하라.

교사가 질문을 던진 후에는 간단한 방식으로라도 학생 전원이 자신의 생각을 표현할 수 있도록 해야 한다. 예를 들자면 신호등 카드 등을 활용하여 찬성, 반대, 중립으로 생각을 표현하게 하거나 ○, × 카드 등을 활용하여 자신의 입장을 표현하게 할 수도 있다. (교사가 판정하지 않기) 이 경우 각 입장별로 학생 수를 헤아려 기록해 두고, 그 수의 변화가 어떻게 일어나는지, 어떻게 생각이 바뀌었는지 등을 학생 스스로 느낄 수 있도록 하는 것이 좋다. 필요 시 그렇게 생각하게 된 까닭을 물어 모두와 공유할 수 있도록 하면 더 좋은 활동이 될 수 있다.

(5) 모두 일어서게 하라.

자신의 생각을 정리하였으면 일단 모두 일어서게 하고, 한 사람 한 사람 발표를 해 나가도록 하되 듣는 학생들은 자신의 생각과 발표자의 생각이 같거나 비슷할 경우 함께 자리에 앉도록 하면 된다. ○, × 카드, 신호등 카드, 모두 일어서게 하는 활동은 학생들로 하여금 어떤 입장에든 서 있게 해 주고, 이 상황에서 타인의 생각을 귀 담아 듣게 하여 자신의 생각을 비판적으로 검토할 수 있게 해 준다.

　다른 방식으로는 질문을 던진 후에 처음부터 모두 일어서게 한 뒤 생각을 정리하고 기록한 학생만 자리에 앉도록 할 수도 있다. 아래 예시를 참고하기 바란다.

교사 발문　자, 모두 자리에서 일어서도록 합니다. (학생 모두 일어섬) 아래와 같이 색칠된 부분은 각이라 할 수 있나요? 자신의 생각을 정리하여 기록한 사람은 자리에 앉도록 합니다. (생각을 정리한 학생은 자리에 앉는다. 모두 자리에 앉을 때까지 충분한 시간을 준다.)

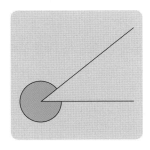

교사 발문 자, 모두 자리에 앉았네요. 그렇다면 이 부분이 각이라고 생각하는 사람부터 손 들어 봅시다. 다음으로 각이 아니라고 생각하는 사람 손 들어 봅시다.

- 각이라고 생각한 학생 수 : 9명
- 각이 아니라고 생각한 학생 수 : 14명

교사 발문 자, 이렇게 의견이 다르네요. 그렇다면 각자의 생각을 발표해 보면서 정리해 봅시다. 먼저 모둠원들과 말하기 카드를 활용하여 토의토론해 보도록 합니다. 그런 뒤 모둠 의견을 정리하여 발표해 보도록 하겠습니다.(학생들끼리 토의토론 실시)

교사 발문 모둠 내에서 정리된 의견을 모둠 칠판에 기록하여 칠판 앞에 게시해 보도록 하겠습니다.(정리된 의견을 모둠 칠판에 기록하여 칠판 앞에 게시)

위와 같은 과정을 통해서 나온 학생들의 의견을 종합하여 교사가 간략히 정리한다.

- 각이 맞다 : 두 선분으로 만들어졌다.
- 각이 아니다 : 뾰족해야만 한다. 180° 보다 커서 아니다. 각은 안쪽만 맞다.

이렇게 두 생각이 충돌하는 과정에서 한 학생의 결정적인 주장이 나오자 갑자기 의견 수가 기울어지기 시작하였다.

학생 발표 두 선분 중 한 선분이 이렇게 움직여 회전하게 되면 처음에는 뾰족했던 안쪽 부분이 더 크게 벌어져 이렇게 크게 벌어지게 됩니다. 그러니 이것도 각이라 말할 수 있습니다. 처음에는 안쪽 부분처럼 작았지만 점점 크게 벌어질수록 거꾸로 바깥부분처럼 큰 각이 만들어집니다.

교사 좋습니다. 이 학생의 발표를 듣고 생각이 어떻게 바뀌었는지 알아보도록 하겠습니다.(각자의 생각을 표현하게 하고 수를 헤아린다.)

- 각이라고 생각한 학생 수 : 23명
- 각이 아니라고 생각한 학생 수 : 0명

교사 와우, 모두 각이라고 생각이 바뀌었네요. 좋습니다. 여러분들이 생각이 맞습니다. 이것도 각이라 할 수 있습니다. ○○○의 설명이 아주 좋았습니다. 그렇다면 다시 한 번 모두 자리에서 일어서기 바랍니다.(학생 모두 자리에서 일어남) 이것도 각이라 할 수 있나요? 자신의 생각이 정리되면 자리에 앉도록 합니다.

교사 지금부터 거수로 알아보도록 하겠습니다.(거수하게 하여 수를 기록한다.)

- 각이라고 생각한 학생 수 : 18명

• 각이 아니라고 생각한 학생 수 : 5명

이에 대해서도 위에서와 똑같은 토의토론 과정을 거치도록 한다. 결국 학생들은 이 상황도 각이라는 사실을 증명해 내고 모두가 각에 대한 이해의 폭과 깊이를 넓혀 나가게 된다. 필자는 실제로 위와 같은 수업을 진행했던 경험을 갖고 있다. 아래는 이를 위해 제작하여 제시했던 조작활동 자료 사례이다.

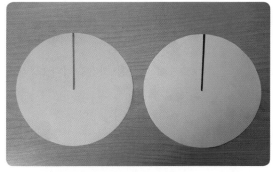

• 원 모양의 서로 다른 색깔 색종이 두 장 각각 반지름에 해당되는 부분만큼씩만 자른다.
• 자른 부분을 서로 엇갈려 끼우면 아래와 같은 모습이 만들어진다.
• 두 장 중 한 장을 회전시키면 한 가지 색깔로 표현되는 각은 커지고, 다른 색깔로 표현되는 각은 점점 작아진다.
• 이를 통해 각의 이해를 도울 수 있다.
• 파란색 부분을 각이라 생각하면 된다.

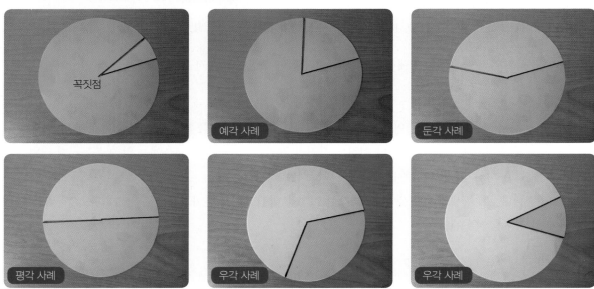

자신의 생각과 타인의 생각의 만남, 수학 수업이 바뀌었다. 배움이 커졌다.

협동학습 토의토론 수학의 핵심은 곧 자신의 생각과 타인의 생각이 만나 생각의 충돌이 일어날 수 있는 상황을 일부러 만들어 나간다는 것에 있다. 모두의 생각이 동일하다면 토의토론은 결코 일어나지 않는다. 하지만 모두의 생각이 같지 않거나 서로 모순된, 대립되는 생각이 만난다면 그 순간에 배움을 전제로 한 생각의 충돌이 일어나게 되는데 이는 매우 고무적인 상황이라 할 수 있다.

토의토론을 통한 배움이 일어나기 위해서는 어떤 식으로는 오답을 포함한 다양한 생각의 대립이 존재해야 한다. 그러나 학생들의 생각으로부터 이런 상황이 만들어지지 않는다면 교사는 자신의 경험을 통해 알아낸 오개념, 학생들의 생각과 대립되거나 모순되는 상황을 의도적으로 만들어 제시해야만 한다. 이 경우 교사가 제시하는 상황을 필자는 핵심 발문, 미션 과제라 이름을 붙였다.

협동학습 토의토론 수학을 통한 수업 혁신, 미션 과제와 핵심 발문에서 출발

미션 과제와 핵심 발문은 학생들로 하여금 흥미와 호기심을 갖게 하고, '한 번 해 볼 만하다. 나, 저것에 대해 알고 싶다.'는 도전 의식을 갖게 하며 '어라? 이상한데? 신기한데? 저게 뭘까? 처음 보는 장면인데? 왜 그럴까? 내가 지금까지 알고 있었던 것이 잘못된 것인가? 그럴 리가 없는데? 저런 점들은 지금껏 생각해 본 적이 없는데?' 하는 심리적 흔들림(자신이 갖고 있었던 지식, 신념 등을 부정해 버리는 순간, 상황, 정보와 마주하였을 때 주로 경험하게 됨)이 일어나도록 만들어 준다. 이런 상황이 만들어지면 학생들은 그에 대한 해명, 해결을 하지 않으면 견딜 수 없게 된다.(심리적으로 균형이 흐트러지면 누구라도 이를 바로잡기 위해 노력할 수밖에 없게 된다.) 그런데 교사가 이런 과제나 발문을 만들기 위해서는 해당 영역, 분야에 대한 깊이 있는 전문적 지식을 쌓아야만 하며 학생들이 어떤 부분, 어느 지점에서 오개념, 난개념을 형성하고 있는지 등에 대하여 잘 알고 있어야 한다. 특히 학생들에게서 발견되는 오개념은 핵심 발문, 미션 과제를 만들어 내는 중요한 자료가 되기도 한다.

제3장

초등 협동학습 토의토론 수학을 위한
학생의 사회적 기술

사회적 기술이란 인간관계를 맺어 나가는 데 필요한 전반적인 기술로 집단에서 서로 간의 생활을 원활하게 하기 위해서 이루어지는 의사소통이나 규칙 혹은 약속에 따르는 행동양식을 말한다. 사회적 기술이 떨어질 경우 집단은 많은 갈등을 경험하게 되는데, 개인주의적이거나 어떤 문제 또는 갈등을 타인에게 미루는 일이 보통이며 자신의 실수를 먼저 인정하려 들지 않는 일이 가장 빈번하다. 이는 함께 활동하려는 마음의 부재와 함께 사회적 기술(협동기술=다 함께 잘 사는 기술)이 부족하기 때문인데, 이를 극복하기 위해서는 적극적인 사회적 기술의 지도가 요구된다.

단계별 사회적 기술[1]

기초 단계	기본 단계	발전 단계
▶ 자리에 머물러 있기	▶ 점검하기	▶ 사람이 아니라 의견 비판
▶ 발표지 쳐다보기	▶ 질문하기	▶ 사람이 아니라 행동 묘사
▶ 모둠 과제 완성 돕기	▶ 타인을 인정하기	▶ 관점 채택하기
▶ 자료 공유하기	▶ 의사소통 기능 사용하기	▶ 바꾸어 말하기
▶ 아이디어 공유하기	▶ '내 생각에는' 용어 사용하기	▶ 문제 해결하기
▶ 차례 지키기	▶ 적극적으로 듣기	▶ 합의하기
▶ 이름 불러 주기	▶ 재진술하기	▶ 요약하기
▶ 작은 목소리로 말하기	▶ 칭찬하기	▶ 의견 구별하기
▶ 과제에 집중하기		▶ 정당하게 반대하기

---

1 정문성, 협동학습의 이해와 실천(교육과학사, 2002), p.105.

주요 사회적 기술[2]

주요 사회적 기술	사회적 기술의 부족으로 인한 문제 상황
감정적 대응 억제하기	말다툼, 폭력, 싸움 등
토의하기(합리적 의사결정)	언쟁과 불화, 의견 충돌, 말다툼, 싸움 등
역할 분담하기	책임 회피 및 의사 독점, 무임승차, 봉 효과, 일벌레 등
서로 도움 주고받기	무관심, 불신, 의욕 상실, 갈등, 열등과 우월감 등
적극적 듣기(경청)	무시하기, 무관심, 이해 부족, 오해 등
수용적 자세(상대방 의견 존중)	무시하기, 싸움, 갈등, 폭력, 말다툼, 의견 충돌 등
의견만 비판하기	사람을 비판함으로 인한 갈등과 다툼, 감정 악화 등
칭찬과 격려 아끼지 않기	무관심, 경쟁, 열등감과 우월감, 의욕 상실 등
차이점 존중하기	우월감과 열등감, 부정적인 인식, 무시하기 등
문제 및 해결방안 공유하기	방해하기, 무관심, 도움 주고받기 거부 등

① 갈등 해결 기술의 지도

우리 모두의 일상 속에서 갈등은 늘 상존한다. 교실도 마찬가지다. 하지만 일상과 다르게 교실에서의 갈등 상황은 보는 시각에 따라 매우 달라진다. 왜냐하면 교실 속에서의 갈등은 곧 "교육"의 기회이기 때문이다. 따라서 다음의 세 가지만 꼭 기억한다면 갈등 해결에 큰 도움이 될 것이다.

> 하나. 교실 속에서 일어나는 갈등은 피해야 할 것이 아니라 좋은 교육의 기회
> 둘. 갈등 없는 학급은 둘 중에 하나-최선이거나 최악!
> 셋. 갈등이 발생하면 그에 대한 면밀한 분석이 먼저! (특히 원인 분석)

교실에서 발생하는 갈등의 원인을 보면 주로 다음과 같다.

갈등 상황에서 학생들이 흔히 보이는 말과 행동[3]

상대방의 말을 경청하지 않기	상대방에 대한 감정적 대응
다른 사람의 실수는 크게 부풀리고, 자신의 실수는 은폐 또는 축소하기	문제와 그것에 대한 해결방안을 공유하지 않기
상황에 대하여 모든 것을 남 탓으로 돌리기(다른 사람 핑계 대기)	이기적이고 책임감이 없고, 나태하고 게으른 행동하기

(계속)

---

2 Vanston Show, 공동체를 세우는 협동학습(디모데, 2007), p.360.
3 Vanston Show, 공동체를 세우는 협동학습(디모데, 2007), pp.82~91.

다른 사람의 생각을 수용해도 전혀 손해 보는 일이 없음에도 자신의 말만 옳다고 주장하기	목표의식이 없어서 활동에 적극적으로 활동하지 않기
역할분담 하지 않기	

위와 같은 갈등을 분석해 보면 다음과 같이 세 가지로 분류된다.

갈등의 세 가지 유형[4]

자원의 갈등	여러 사람이 원하는 것에 대하여 공급이 부족할 때 생기는 갈등(교사의 관심, 각종 도구의 사용, 다양한 자료, 친구 관계 등). 일반적으로 해결이 쉽다. 학교생활에서 흔히 접할 수 있다.
필요에 의한 욕구의 갈등	학생들도 성인들과 같이 기본적으로 심리적인 욕구들을 가지고 있다. (힘, 우정과 집단에의 소속감, 자존감, 성취감 등) 이 경우는 이유가 명확하지 않은 경우가 많아 자원의 갈등에 비하여 해결이 어렵다.
가치의 갈등	우리가 가장 친밀하게 느끼고 있는 신념으로 인한 갈등(종교적, 정치적, 문화적, 가족, 목표 등)

위에서와 같은 갈등을 잘 이겨내기 위해서는 다음과 같은 기술이 필요하다.[5]

갈등 해결 기술(STOPHAC)	설명
나누기(Share)	자료나 자원을 나누는 일
차례 지키기(Take turns)	질서, 차례 지키는 일
외부의 도움 받기(Outside help)	당사자의 힘으로 해결하기 힘든 갈등일 때 도움 받기
보류(Postpone)	일단 그 상황의 갈등을 다음으로 미루기
유머(Humor)	그 상황에서 한 걸음 물러나서 재미있는 면을 보기
회피(Avoid)	서로 관여할 만큼 중요하지 않은 갈등은 피하기
타협(Compromise)	윈-윈의 방법, 서로 조금씩 양보하기

----

4 Vanston Show, 공동체를 세우는 협동학습(디모데, 2007), p.360.

5 Vanston Show, 공동체를 세우는 협동학습(디모데, 2007), pp.82~91.

② 기본적인 토의토론 훈련(말하기 훈련)

학년 초부터 다음과 같이 3단계로 나누어 꾸준히 지도하도록 하는 것이 좋다.

기초 단계	발전 단계	정착 단계
▶ 한 사람 한 사람이 간단한 이야기를 할 수 있도록 지도한다. (1분 말하기, 3분 말하기, 5분 말하기 등) ▶ 매일 자기의 일상생활 경험을 바탕으로 짝끼리 또는 모둠원들과 번갈아가며 혹은 돌아가며 이야기를 주고받도록 한다. ▶ 발전적 단계로 학습 문제와 관련하여 대화하는 방법도 지도한다.	▶ 상대의 말과 관계가 있는 화제를 골라 대화가 끊기지 않고 이어지도록 지도한다. ▶ 특정 아동 혼자서 의사진행을 독차지하지 않고 순서를 정하여 번갈아가며 혹은 돌아가며 이야기를 주고받도록 한다. ▶ 어느 정도 익숙해지면 순서 없이 말하기 카드를 활용하여 꼭 필요한 말만, 다른 사람들과 공평한 기회를 가지면서 말할 수 있도록 한다.	▶ 하나의 주제(주로 수업 속에서의 과제)를 중심으로 서로 대화가 끊임없이 이어지도록 지도한다. ▶ 들으면서 자기의 생각을 비교, 분석, 정리하고, 들을 때 또는 말할 때 메모를 하는 습관을 갖도록 지도한다. ▶ 이유나 근거를 들어 자기 의견을 말하도록 지도한다.

지금까지 살펴본 내용들은 주로 소집단 내에서 협동학습 활동을 할 때 필요한 사회적 기술이라 말할 수 있는데 특정 시간에만 지도할 것이 아니라 학년 초부터 일상생활 전반(모든 교과목 수업 시간 및 생활지도 시간)을 통해 꾸준히 강조하고 반복하여 지도할 수 있도록 해야 한다. 지도가 잘 이루어진다면 대집단 토의토론 활동에서도 학생들의 사회적 기술은 효과적으로 작동하게 될 것이다. 물론 협동학습 수학 토의토론에서의 대집단 토의토론은 교사가 주도하게 되는 데 이어지는 장에서 살펴볼 교사의 사회적 기술이 잘 발휘된다면 학생들의 사회적 기술 발현은 소집단 활동을 할 때보다 큰 어려움이 없을 것이라 사료된다.

사회적 기술과 관련하여 좀 더 많은 내용을 알아보고자 한다면 필자의 저서 **살아 있는 협동학습 1권**(시그마프레스, 2009), **협동학습으로 토의토론 달인 되기**(시그마프레스, 2011), **협동학습 살아있네**(시그마프레스, 2020)를 참고하기 바란다.

제4장

초등 협동학습 토의토론 수학을 위한

생각의 **고삐 풀기**

모든 토의토론 활동을 해 나가면서 해결해야 할 난제 가운데 하나가 생각의 고삐를 풀어내는 일(창조적이고 유연한 사고하기, 타인의 생각이나 의견에 대하여 수용적인 태도를 갖도록 하기, 자유롭게 생각하고 말하기)이다. 이 일이 중요한 이유는 다음과 같은 모습을 보이는 학생들이 많기 때문이다.[1]

- 생각이나 의견을 내놓기 전에 스스로가 먼저 어떤 판단을 내리게 되고, 그로 인하여 발표에 자신감을 잃어버리는 일이 많아지게 된다.
- 타인의 생각이나 의견을 들을 때, 우선적으로 '옳음'과 '그름', '나쁜 생각'과 '좋은 생각', '틀린 생각'과 '맞는 생각'으로 어떤 기준에 따라 판단이나 분류부터 하려 하다 보니 발표하는 사람은 부담스런 마음이 먼저 앞서게 된다. (자신에게 돌아올 비난이나 비판에 대한 두려움을 가질 수밖에 없는 일이다.)

그러다 보니 아이들은 토의토론을 하자고 하면 침묵으로 일관하는 현상을 보일 수밖에 없게 되었다. 타인의 생각이나 의견을 어떤 기준에 따라 판단하고 분류하기 이전에 먼저 타인의 입장을 적극 수용할 수 있는 방향으로 교실의 분위기가 개선되지 않는다면 토의토론 수업은 매우 어려울 수밖에 없는 일이다. 따라서 이를 개선하기 위한 교사와 학생 모두의 꾸준한 노력이 필요한데, 필자는 다음과 같은 활동들을 학생들이 자주 경험하도록 하여 그들의 "생각의 고삐"를 푸는 일에 도움을 주고 있다.

---

1 발표란 누군가의 솔직한 생각이나 느낌, 주장을 말하는 행위다. 그런데 이 행위가 학교 현장에서는 '정답을 말하는 행위'로 잘못 인식되어 있어 어려움이 많다. 질문에 따라 다양한 생각이 존재하는 질문, 자신의 생각이나 느낌만 있어도 되는 질문 등도 매우 많지만 이런 질문에서조차 발표에 어려움을 느끼는 학생들이 많은데 수시로 "맞고 틀리고가 중요한 것이 아니다. 자신이 생각한 것을 있는 그대로 말하고 쓰면 된다."는 말을 강조하고 반복적으로 안내하여 학생들로 하여금 용기를 내어 발표할 수 있도록 도와주어야 한다. 또한 정답이 있는 질문에 대해서도 오답을 말하는 학생은 발표 행위 자체만으로 적극 칭찬을 해 주고, 한 명의 오답을 통해 또 다른 학생들에게 형성되어 있을 수 있는 오개념을 수정하는 과정을 거치면서 오답을 말한 학생이 다른 친구들의 생각까지 바로잡을 수 있는 훌륭한 배움의 기회를 주었다는 점에서 한 번 더 칭찬을 해 주게 되면 학생들이 발표에 대한 부담감을 조금씩 내려놓을 수 있게 된다.

활동 1 : 꼬리에 꼬리를 무는 이야기

🕐 필요한 시간

약 5분 ~ 10분

⚙️ 진행 방법

모둠원끼리 돌아가면서 혹은 두 사람씩 짝을 지어 번갈아가며 한 구절 혹은 한 문장씩 이야기를 이어가는 활동이다. (예 : A 일단, B 냄비에, A 물을, B 3컵, A 붓고, B 고추장을, A 5스푼, B 풀어준 다음, A 물이, B 끓을 때까지, A 기다렸다가, B 물이, A 끓으면, B 떡을, A 넣고 ― ― ― ―.)

📝 활동 팁

① 처음 시작할 때, 교사가 모두에게 한 구절 혹은 한 문장을 불러주면(예 : "옛날에 어느 노인이 살고 있었는데"라고 먼저 교사가 시작을 해 주면) 그다음부터 학생들이 이어갈 수 있도록 해도 되고, 그냥 주제나 방향성만을 알려준(예 : "맛있게 떡볶이 요리를 하기", "사냥꾼과 오리", "즐거운 놀이 공원" 등) 후 순서에 따라 계속 돌아가며(번갈아가며) 이야기를 이어나갈 수 있도록 하면 된다.

② 말로 이어나가도 좋고, '절대로 말하지 않기'라는 규칙을 만든 후에 종이 위에 글로 써 나가도 좋다.

③ 진행은 최대한 빠르게 하도록 한다. 서로 시선을 마주하며 경청하도록 하고, 상대방이 잘 들을 수 있도록 또렷하게 말하도록 한다.

④ 이야기가 끝을 맺을 때까지 또는 약속된 시간이 다 될 때까지 계속된다.

⑤ 한 번 활동이 끝나면 서로 평가를 해 보도록 한다. (예 : 말할 때 머뭇거리지 않았는가? 머뭇거렸다면 왜 그랬는가?)

⑥ 평가를 한 후 다시 게임을 해 보도록 한다. 할 때마다 머릿속에 가장 먼저 떠오르는 것을 무조건 내뱉도록 한다. 상대방의 말이 우습거나 낯설거나 독창적이지 않더라도 따뜻한 웃음과 표정으로 받아들이도록 한다. 그리고 게임이 끝날 때마다 다시 평가를 하도록 한다. (이런 활동은 한 번으로 끝나는 것이 아니라 꾸준히 실천·반복되어야 한다.)

⚗️ 주의할 점

① 말을 할 때 거침없이 이어가도록 안내하고 익숙해지도록 한다. (말을 하기 전에 머뭇거렸다는 것은 두뇌 속에서 검열 장치가 작동되었다는 것을 뜻한다. 검열 장치가 작동되기 전에 떠오르는 말들을 막힘없이 내놓을 수 있도록 한다.)

② "음 ~", "어 ~"와 같은 소리를 내며 생각할 시간을 주어서는 안 된다.

③ 말로 활동을 할 때, 상대방의 말을 잘 듣지 못했더라도 "뭐라고 ~" 하는 식으로 되묻지 않도록 한다. (물론 이런 일이 발생하지 않도록 경청하며 듣는 자세를 갖도록 한다.) 그냥 들은 대로 상대방의 말을 추측하여 계속 이어나가도록 한다.

④ 말이 되는가, 되지 않는가에 관심을 갖지 말도록 한다. 그래서는 활동의 의미가 사라질 수 있다.

⑤ 물론 아무리 "거침없이 말을 해도 좋다."고는 해도 교육적 활동임을 잊지 않도록 한다. (너무 거친 말, 욕설, 음란한 이야기, 입에 담지 못할 말 등은 금지)

🌱 활동 후 생각해 볼 점

① 활동의 속도가 빨라지면서 어떤 일이 벌어졌는가?

② 활동의 속도가 빨라지면서 어떤 느낌이 들었는가?

③ 활동을 하면서 느꼈던 긍정적인 점은 무엇인가?

④ 활동을 하면서 느꼈던 부정적인 점은 무엇인가?

⑤ 두뇌 속에서 작동되는 검열 장치는 "생각의 고삐"를 푸는 데 도움이 되는가?

🎓 이 활동이 가지는 의의

① '상대방은 어떤 말이라도 내뱉을 수 있다'는 사실을 사전에 인지하고 배려하도록 해 준다.

② 상대방의 말을 판단과 비판 없이 일단은 "그래. 네가 생각을 말했구나."하고 받아들이도록 해 준다.

③ 자기 생각을 어떤 틀 안에 가두고 있는 "생각의 고삐"를 풀어 버릴 수 있도록 해 준다.

④ "생각의 고삐"를 풀고 여유를 갖게 되면 어떤 일이 벌어지게 되는가를 이해할 수 있도록 해 준다. (특히 대안을 모색해 나가는 토의토론 활동에서 꼭 필요)

|||||| 활동 2 : 생각 상자 열기

⏰ 필요한 시간

약 10분

⚙️ 진행 방법

적당한 크기의 상자 2개를 준비('비타 500' 음료 상자 정도의 크기면 충분)한 후 교사가 상자에서 무엇인가 계속해서 빠르게 꺼내는 동작을 하면 학생들이 그 물건의 이름을 말하도록 한다.(실제로 상자 안에는 아무것도 없지만 있다고 상상하여 활동을 한다.)

① 상자 1에는 독창적인 물건만 들어 있다고 가정을 하고 활동을 한다.

② 상자 2에는 독창적이지 않은 물건만 들어 있다고 가정을 하고 활동을 한다.

③ 하다 보면 상자 1에서는 두뇌 활동이 자꾸만 멈추어 버리게 된다. 그렇다고 하여 당황스러워하지 않도록 한다.

④ 상자 2에서는 활동이 비교적 오랜 시간 지속된다. 따라서 활동이 멈출 때까지 최대한 빠르게, 많이 꺼낼 수 있도록 한다.

⑤ 활동이 끝나면 상자 1 활동과 상자 2 활동을 하면서 어떤 생각과 느낌이 들었는지 충분히 나눌 수 있도록 한다. (이 활동을 반복한다.)

📝 활동 팁

① 학생들이 볼 수 있는 상자의 면에 상자의 이름을 크게 써 붙이면 좋다.

② 상자에서 꺼낼 때 교사가 '마임' 활동을 함께 해 나가면서 어떤 동작이나 표정을 지어 보이면 아이들은 사고의 폭을 더 넓혀 나갈 수 있다.

③ 활동을 하면서 드는 느낌이나 생각을 잘 새겨 두도록 강조한다.

🧪 주의할 점

① 아무런 대답이 나오지 않는다고 하여 기다려 주지 말아야 한다. 바로 답변이 나오지 않으면 또 다른 물건을 끄집어 내는 동작을 보여 주어야 한다. 그래야만 먼저 사고에서 벗어날 수 있다.

② 활동 중 어떤 답이 나오더라도 받아들이려는 교사의 자세가 필요하다.

③ 어떤 활동을 하더라도 장난스런 활동은 하지 않도록 지도할 필요가 있다.

④ 교사는 학생들의 생각을 판단과 비판 없이(독창적인가, 그렇지 않은가) 받아들이면서 "좋았어 ! 다음 !"이라고 외치며 계속 넘어가도록 한다.

🌱 활동 후 생각해 볼 점

① 상자 1 활동을 하면서 어떤 생각과 느낌이 들었는가?

② 상자 2 활동을 하면서 어떤 생각과 느낌이 들었는가?

③ 상자 1 활동에서 나온 것들이 과연 독창적이라 할 수 있는 것인가?

④ 상자 2 활동에서 나온 것들이 혹시 놀랄 만큼 독창적인 것은 없었는가?

⑤ '독창적인 것'이라는 말이 생각 상자를 여는 데 도움이 되었는가?

🎓 이 활동이 가지는 의의

① "사람은 누구나 어떤 생각이든지 밖으로 꺼낼 수 있다."는 사실을 인지하고 배려하도록 해 준다.

② 자기 생각을 어떤 틀(독창적이어야 한다는 틀) 안에 가두고 있는 "생각의 고삐"를 풀어 버릴 수 있도록 해

준다.

③ "생각의 고삐"를 풀고 여유를 갖게 되면 어떤 일이 벌어지게 되는가를 이해할 수 있도록 해 준다.(독창적인 것이 아닐 것 같지만 나중에 보면 놀랄 만큼 독창적인 것일 수 있다는 것, 그 반대인 경우도 있을 수 있다는 것)

④ 독창적이라는 것에 초점을 맞추지 않을 때 우리는 훨씬 더 많은 생각을 해 낼 수 있다는 것, 그리고 그 과정에서 훨씬 더 많은 일들이 이루어진다는 것을 깨닫도록 해 준다.(특히 대안을 모색해 나가는 토의토론 활동에서 꼭 필요)

활동 3 : 참 다행이야!

🕐 필요한 시간

약 10분

⚙ 진행 방법

교사는 미리 활동지(A4용지를 8등분한 정도의 크기)에 부정적인 상황이나 사건을 적어 두도록 한다.(한 장에 한 가지씩 적도록 하되, 너무 어렵거나 복잡한 상황을 적지 않도록 한다.)

예 이런, 컴퓨터가 또 망가졌잖아!, 내일 여행가기로 했는데 갑자기 태풍이 온다네!, 어이쿠, 물건을 사려는데 지갑이 없네!

① 교사는 활동지를 2~3회 접은 뒤 작은 상자에 넣어 흔든 뒤, 한 장을 뽑은 뒤, 내용을 살피도록 한다.

② 아무 학생이나 지목하여 쪽지에 적힌 내용을 있는 그대로, 읽어나간다.

③ 학생은 선생님이 읽은 내용에 대하여 반드시 "참 다행이야! 왜냐하면 ~ ~이기 때문이거든."이라고 답변(이유 포함)을 하도록 한다. "당연하지", "훌륭해"와 같은 말로 시작을 해도 좋다.

예 교사 어이쿠, 물건을 사려는데 지갑이 없네!

학생 참 다행이야. 이것은 꼭 필요한 것이 아니라 생각했었는데, 지갑이 없으니 그만큼 돈을 아낄 수가 있게 되었잖아.

④ 위의 1번, 2번, 3번 활동을 계속 반복해 나간다.

⑤ 한 번 뽑았던 활동지는 다시 접어서 상자에 넣은 뒤, 섞은 상태에서 다시 활동지를 뽑아서 새로운 학생에게 이야기를 읽어 주도록 한다.(같은 것이 또 나올 수 있다.)

📝 활동 팁

① 보다 많은 학생들의 이야기를 들어 보는 차원에서 교사가 학급 전체 학생들을 대상으로 진행하는 것이 더 좋다.(물론 모둠별로 해도 별 무리는 없겠지만.) 이럴 경우 2단계에서 뽑은 활동지를 학생들 모두에게 읽어 준 뒤, 무작위로 학생을 한 명씩 여러 명을 지목하여 답변을 들어 보도록 하면 된다.(이때 생각할 시간을 약간 주어도 좋겠다.)

② 학생들의 답변에 대하여 나머지 학생들이 반응을 적극적으로 보일 수 있도록 분위기를 조성한다.(때로는 반응 정도에 따라서 칭찬 박수, 상점이나 칭찬 티켓 등을 주는 것도 방법일 수 있겠다. 이럴 경우는 신중하게 하도록 한다.)

③ 되도록 오래 생각한 후 답변이 나오지 않도록 시간제한을 두는 것이 좋다. 실제 상황은 우리들에게 오랜 시간을 주지 않기 때문이다.(3~5초 정도)

④ 먼저 뽑았던 활동지는 상자 안에 넣지 않고 진행할 수도 있다. 이럴 경우 시간이 충분하다면 상자 속에 활동지가 한 장도 없을 때까지 진행하는 것도 좋을 것이라 생각된다.

🧪 주의할 점

① 학생들이 대답을 할 때는 부정적인 말, 반박하는 말이 나오지 않도록 한다.

② 너무 오래 고민하거나 생각하여 답변하지 않도록 한다. 이를 위해서는 수용적인 분위기를 만들어 나가는 것이 좋다. 또한 어떤 답변이 나오더라도 적극적으로 칭찬해 주는 학생들이 반응이 필요하다.(다만 장난스런 활동이 되지 않도록 할 필요성은 있다.)

③ 특이한 것, 독창적인 것, 재미있는 답변을 찾으려고 노력하지 않도록 유도한다. 그냥 머리에 떠오르는 긍정적인 생각(다행이네!)을 자연스럽게 말하도록 한다.

④ 활동을 하면서 어떤 생각이나 느낌이 드는지를 잘 기억해 두도록 한다.

🌱 활동 후 생각해 볼 점

① 나쁜 일에서 좋은 점을 찾기란 어떠한가?

② 나쁜 일에서 좋은 점을 찾았을 때의 기분은 어떠했는가?

③ 왜 그런 느낌을 갖게 되는가?

④ 이 활동을 통해서 우리가 가져야 할 자세는 어떤 것이 있겠는가?

🎓 이 활동이 가지는 의의

① "사람은 누구나 실생활에서 부정적인 상황에 놓일 수 있다."는 사실을 인지하고, 그 속에서 어떻게 대처하는 것이 좋은지를 생각하도록 해 준다.

② 우리의 삶 속에서 순수한 기쁨, 순수한 절망이란 거의 없다는 것, 그렇기 때문에 아무리 힘들고 어려운 상황 속에서도 한 줄기 빛은 있기 마련인 것, 아무리 좋은 일이 있더라도 그와 함께 좋지 않은 일이 따라오기

마련인 것이라는 것을 깨닫도록 해 준다.

③ "생각의 고삐"를 풀고 여유를 갖도록 하되, 되도록 긍정적인 자세로 문제를 해결해 나가다 보면 분명히 길은 있다는 것, 그를 통해 우리들의 삶이 많이 바뀔 수도 있다는 것을 깨닫도록 해 준다. (특히 문제 상황을 맞이하여 그 해결방안을 모색해 나가는 토의토론 활동에서 꼭 필요)

④ 어떤 사건이나 일에 대하여 그를 바라보는 시각이 얼마나 중요한 것인가를 깨닫도록 해 준다.

활동 4 : 적극적으로 듣기

언어를 매개로한 상호작용 활동을 하면서 우리 학생들이 제일 못하는 것 한 가지만 꼽으라면 필자는 '경청하기'를 꼽는다. 일반적으로 학생들을 보면 자기 말만 하고 타인의 말을 듣지 않거나 상대가 이야기를 하면 말의 핵심을 찾아 이해하거나 공감하는 힘이 많이 떨어진다. 또한 상대가 이야기할 때 자꾸만 불필요한 이야기를 덧붙이거나 끼어들기를 하여 활동을 방해하기도 한다. 이런 이유 때문에 수업시간이 매우 소란스럽고 과제 완성도나 이해 또는 배움의 수준이 많이 떨어지는 상황을 종종 경험하게 된다. 이를 극복하기 위해서는 타인이 이야기를 할 때 끝까지 아무 말도 하지 않고 들어 주기, 앞에서 말한 학생의 의견을 다시 말한 후 자기 의견 말하기, 공책에 메모하며 듣기, 반대 혹은 다른 의견이 있을 때는 한 사람이 말을 마치고 난 후 이야기하기, 차례 지켜 말하기, 상대방의 발표 가운데 핵심만 뽑아 말하기, 자신의 생각이 부족할 때 상대방의 이야기를 듣고 자신의 것으로 받아들여 발표하기 등과 같은 활동의 꾸준한 지도가 필요하다.

제5장

초등 협동학습 토의토론 수학을 위한
단계별 교사의 사회적 기술과 적용

여기서 말하는 협동학습 토의토론 수학을 위한 교사의 사회적 기술이란 주로 대집단 토의토론 과정에서 교사가 학생들의 생각이나 의견을 끌어내고 학생들 간의 생각을 연결해 주면서 수학적 의사소통과 추론 활동이 원활하게 이루어질 수 있도록 돕는 말하기 기술에만 국한시킨다는 것을 먼저 밝힌다.[1]

협동학습 구조를 활용한 소집단 토의토론 과정에서 학생 상호 간의 의사소통은 앞의 제4장에서 다룬 바와 같이 모둠 주도로 이루어진다. 하지만 모둠 내에서 이루어진 의사소통 결과를 공유하거나 교사가 학생 모두에게 던진 질문에 대한 생각이나 수학적 추론을 공유하는 과정 또는 어떤 학생의 생각이나 수학적 추론에 대한 동의 여부 및 그에 대한 근거를 들어 설명하기 활동, 수업 속에서 다루고 있는 내용, 개념, 원리 등에 대한 이해 여부를 확인하는 과정은 대집단 토의토론 활동에 속할 뿐만 아니라 그 과정은 주로 교사가 주도를 하게 되는 경우가 많다. 그리고 이 과정에서 학생들의 생각을 끌어내기 위한 교사의 사회적 기술은 매우 중요한 역할을 한다. 따라서 교사는 각 단계에 맞는 사회적 기술에 익숙해질 수 있도록 노력하지 않으면 안 된다.

---

1 교사의 사회적 기술은 생활지도를 할 때, 상담을 할 때, 일상 속에서 대화를 나눌 때, 수업 상황 속에서 대화를 할 때 등 교사가 처한 상황에 따라 매우 다양하게 나타난다. 여기에서 이 모든 것을 다루어 정리하기에는 무리가 따르기 때문에 협동학습 수학 토의토론과 관련된 범주로 그 범위를 한정하여 정리해 보고자 하였다.

단계별 교사의 사회적 기술 적용 이전 유의 사항

1. 교사가 단계별로 다양한 사회적 기술을 사용하는 이유에 대하여 학생들이 그 의도를 충분히 이해할 수 있도록 수시로, 반복적으로 설명하고 알려야 한다.

2. 학생 스스로 자신의 생각이나 수학적 추론을 정리하고 발표를 한다는 것이 어떤 의미를 갖는지, 그것이 자신의 배움과 수학적 원리 및 개념 이해에 얼마나 중요한 것인지, 수학적 의사소통이 얼마나 중요하고 가치가 있는 일인지 등에 대하여 이해할 수 있도록 충분히 설명하고 알려야 한다.

3. 교사가 단계별 말하기 기술에 익숙해질 수 있도록 순차적으로, 차근차근 적용할 수 있도록 한다. (각 단계별 사회적 기술을 능숙하게 사용할 수 있는 역량을 갖추기도 전에 1단계부터 5단계까지 한꺼번에 적용하려고 하면 각 단계마다 필요한 사회적 기술을 적재적소에 발휘가 수가 없어서 오히려 대집단 토의토론의 효과가 미미할 수밖에 없는 결과를 보게 될 수도 있다. 따라서 1단계에 익숙해지면 2단계까지 적극 활용하고, 2단계까지 익숙해지면 3단계까지 - - -. 이렇게 차근차근 확장시켜서 자신의 것으로 확실히 만들어 나가야 한다.

4. 각 단계에 맞게 효과적으로 교사가 말하기 기술을 활용할 수 있을 때까지 꾸준히 반복, 집중, 적용하려는 노력이 요구된다.(특히 잘 안 되는 단계에 집중하여 익숙해지도록 노력해야 한다.)

5. 교사는 학생들이 충분한 시간을 가지고 자신의 생각이나 수학적 추론을 정리하고 밝히는 일이 얼마나 중요한 일인지에 대하여 확실히 깨닫고 있어야 한다.

6. 협동학습 수학 토의토론의 목적은 토의토론 역량 기르기 또는 토의토론 기술 익히기나 문제 해결 그 자체에 있는 것이 아니라 ① 학생들의 배움 ② 학생 스스로 자신의 생각을 다양한 방법(말, 글, 시각적 표현 등)으로 표현할 수 있는 수학적 의사소통 능력 기르기 ③ 서로 다른 생각의 충돌을 통해 상황에 대한 인식 및 이해와 통찰력 배양 ④ 토의토론을 통해 다양한 생각과 사고에 접근할 수 있는 기회 제공에 있음을 교사가 명확히 인지하고 있어야 한다.

1단계_자신의 생각 열기(Open) : 마음으로 말하기

■ **1단계 사회적 기술**

① **충분히 생각할 시간 갖기(Wait)**

"주어진 상황(질문)에 대하여 먼저 자신의 생각을 정리하기 바랍니다."

① 소집단 토의토론이든 대집단 토의토론이든 주어진 상황이나 질문에 대하여 자신만의 생각이나 수학적 추론을 자신만의 언어로 정리할 수 있도록 충분한 시간을 갖는 일은 매우 중요 : 2단계 타인과 생각 공유하기 과정에서 자신감이 부족하거나 소극적인 학생은 기록한 것을 그대로 발표로 연결 지을 수 있게 하기

② 학생들이 수업에 주인이 되느냐 그렇지 못하느냐를 결정짓는 중요한 요소

③ 교사는 질문을 던진 후에 학생 스스로 질문에 대한 생각이나 수학적 추론을 펼칠 수 있는 시간을 충분히 주기(질문 후 바로 손을 들게 하지 않기, 질문 후 곧바로 손을 들어 발표하고자 하는 학생에게 발표시키지 않기 ⇨ 토의토론의 효율성 향상, 공정한 발표 기회 제공, 참여 기회 확대, 이해와 배움으로 연결)

④ 충분한 시간이란 어느 정도의 시간인지 경험을 통해 익히기

▶ 습관적으로 타이머 띄어놓지 않기 : 시간의 틀 안에 학생들을 가두는 행위(시간이 얼마 남지 않으면 심리적인 압박이 가해져 생각이 더 안 떠오를 뿐만 아니라 어느 순간이 되면 사고를 아예 멈추게 됨)

▶ 충분한 시간을 준다고 한 뒤 학생들의 모습을 관찰하면서 언제 사고하는 활동을 멈추도록 할지에 대하여 감각적으로 결정을 내리기

▶ 생각을 끝낸 학생들은 주변을 두리번거리거나 주위 사람들과 말하는 활동을 점점 늘려감, 그 결과 교실 소음이 점점 높아지게 되고 불필요한 행동을 하는 학생들의 수가 점점 많아지게 됨 ⇨ 이 정도 순간이 되면 생각할 시간이 끝나간다는 것을 1차로 공지(**"약 ○분 정도만 더 주도록 하겠습니다."**)

▶ 주어진 시간이 지나면 생각할 시간을 끝내고 다음 활동으로 넘어갈 수 있도록 함

▶ 소수의 학생들이 생각을 미처 정리하지 못하였다고 하여 더 시간을 주게 되면 오히려 먼저 생각을 정리한 수많은 학생들이 불필요한 시간을 보낼 수 있도록 방치하는 결과를 초래할 수도 있음

▶ 생각을 충분히 정리하지 못한 소수의 학생들은 다음에 이어지는 과정 속에서 생각을 정리하고 마무리할 수 있도록 하되 자신에게 발표 기회가 주어지면 정리한 만큼까지만 있는 그대로 발표할 수 있도록 지도하는 것이 좋음(**"지금까지 생각하여 정리한 것까지만 있는 그대로 발표해 주세요."**)

▶ 생각이 잘 떠오르지 않는 경우에는 주변의 친구들에게 도움을 요청하여(**"무엇을 잘 모르겠는지, 어떤 점이 이해가 되지 않는지에 대하여 모둠원들에게 도움을 받아 생각을 정리해도 좋습니다."**) 생각을 정리할 수 있도록 하는 것이 좋음

▶ 전혀 생각을 정리하지 못한 학생들에게는 다른 학생들의 생각을 귀 기울여 들은 뒤 자신이 제일 공감할 수 있는 학생의 발표 내용을 자신의 것으로 받아들여 이해한 대로 공책에 정리하여 두게끔 지도를 하는 것이 좋음(**"다른 친구들의 발표를 잘 들으면서 제일 공감이 가는 의견을 자신이 이해하고 받아들인 대로 공책에 적어두면 좋습니다. 그런 뒤에 발표할 기회를 얻게 되면 적어 놓은 것을 그대로 발표하면 됩니다."**)

② 공책에 생각이나 수학적 추론 정리하기 : 1차 발표

"자신의 생각은 반드시 공책에 1차로 발표해 두기 바랍니다."

① 충분한 시간 안에 자신의 생각을 정리하여 공책에 기록하는 시간까지 포함시키기 : 공책에 기록하는 행위 자체가 1차 발표

② 학생들이 자신의 생각을 공책에 기록하는 순간 수학적 추론은 보다 정교해지고 이해의 폭과 깊이는 깊어짐

③ 자신의 생각이나 수학적 추론에 부족함 또는 오류가 발생하였을 때 새롭게 알게 된 사실이나 내용 또는 잘못 생각했던 것에 대한 수정 사항을 먼저 기록했던 내용 아래에 덧붙여 기록하게 하기(생각의 변화 과정을 알 수 있음, 자신의 반성적 사고 과정을 소중하게 여길 수 있음, 틀렸다는 것에 대한 부담을 줄여나갈 수 있음 : **"자신의 생각에 변화가 생기면 먼저 기록한 내용을 지우지 말고 다른 색깔 펜으로 먼저 쓴 내용 아래 덧붙여 기록해 주세요."**)

④ 특히 수학 시간에 학생들이 오답을 말하거나 기록한다는 것은 그들이 분명히 '사고하고 있다'는 증거라는 사실을 잊지 않기

2단계_타인과 생각 공유하기(Sharing)

■ 2단계 사회적 기술

① 전체 앞에서 발표하기(2차 발표)

"친구들(선생님)에게 자신의 생각을 있는 그대로 말해 주기 바랍니다."

① 대집단 토의토론을 할 때(2차 발표) 가장 흔하게 사용할 수 있는 교사의 사회적 기술이라 할 수 있음

② 자신의 생각이 충분하지 않을 경우 2차 발표를 위해 짝이나 모둠원에게 도움을 구하여 생각을 정리해도 좋음

③ 손을 들어 발표 의사를 밝히는 학생을 먼저 지목하기보다 무작위로 학생을 뽑아 발표할 수 있도록 하는 것이 더 좋을 수 있음

② 기다려 주기(Pass)

"아직 생각이 정리되지 않았으면 다른 사람의 생각을 먼저 들은 뒤에
다시 한 번 발표 기회를 주도록 하겠습니다."

① 미처 생각을 하지 못하였을 때, 아무리 생각해도 생각이 나지 않거나 좋은 아이디어가 떠오르지 않을 때, 주어진 문제에 대한 판단이 서지 않았을 때 등에 해당된다고 볼 수 있음

② 이런 경우에 해당된 학생의 답변을 계속 기다려 줄 수는 없는 일 ⇨ '패스'제도 활용하기 ⇨ 나름대로의 약속과 규칙이 필요

[규칙 1] 패스는 활동 과정 속에서 자주 사용하지 않도록 하기

[규칙 2] 패스는 발표 면제권이 아니라는 것을 명확히 인지할 수 있게 하기

[규칙 3] 패스를 사용했을 때는 다른 사람이 발표하는 것을 경청하도록 하고, 몇 사람이 발표한 후에 반드시 패스를 사용한 사람에게 발표 기회를 다시 넘긴다는 것을 인지할 수 있도록 하기

[규칙 4] 다른 사람들의 의견을 잘 듣고 다른 사람의 의견 가운데서 자신이 판단해 볼 때 좋다고 생각하는 점이나 동의하는 점을 기억해 두었다가 나중에 자신의 차례에서 다른 사람의 의견에 동의하듯이 말하는 정도라도 참여하도록 하기(**"나는 철수가 말한 것처럼 분모를 통분할 때 꼭 최소공배수로 통분하는 것보다 분모의 곱으로 통분하는 것이 더 좋다고 생각합니다. 왜냐하면 최소공배수를 구하는 데 시간이 더 걸리기 때문입니다."**)

③ 소집단 토의토론 후 전체 앞에서 발표하기(서로 발표 돕기)

"모둠 내에서 짝끼리 번갈아(돌아가며) 말하기 활동을 한 후에 생각을 정리하여
전체 발표로 이어가도록 하겠습니다. ⇨ 짝(모둠원)과 이야기 나눈 것에 대하여
들은 대로 이야기해 보겠습니까?"

① 대집단 토론 전 소집단 내에서 의견을 나누거나 대집단 토의토론 도중에 학생 모두에게 좀 더 생각이 필요한 질문을 추가로 하였을 경우에 해당됨

② 질문을 한 후 충분한 시간을 주었지만 자신의 생각을 발표하고자 손을 들은 학생 수가 극소수일 경우 먼저 모둠 내에서 1차적으로 의사소통 과정을 거친 후 무작위로 학생을 뽑아 발표를 할 수 있도록 하고자 할 경우에도 해당됨

③ 먼저 짝과 생각을 공유함으로써 보다 확실하게 생각을 정리할 기회를 갖게 되고, 짝 앞에서 먼저 발표할 기회를 갖게 됨으로써 보다 많은 사람 앞에서 발표할 때 자신감을 가질 수 있는 계기가 됨

④ 이 활동 후에 전체 발표를 할 때는 아래와 같이 실시하는 것이 좋음

▶ 자신의 생각을 발표하는 것이 아니라 짝이 발표한 내용을 대신 발표하게 함으로써 발표력과 듣는 능력 및 태도까지 향상시킬 수 있게 됨(자신이 생각을 발표하는 것보다 훨씬 쉽게 느낄 수 있음)

▶ 짝의 생각을 먼저 말하게 하고 나서 자신의 생각을 이어서 함께 발표하게 함으로써 서로의 생각을 비교, 대조할 수 있는 계기가 되기도 함(**"제 짝은 두 개의 막대 중 하나는 2등분, 다른 하나는 4등분 된 것이 다르다는 것을 관찰했다고 하였는데 저는 짝과 똑같은 생각을 하였고 두 개의 막대의 크기는 달라지지 않았다는 것을 더 관찰하여 알게 되었습니다."**)

⑤ 발표에 부담을 많이 느끼는 학생을 발표에 참여시키고자 할 때 유용함

⑥ 이 활동의 경우 시간을 너무 많이 주지 않도록 하는 것이 중요(2~3분이면 됨)

④ 학생의 말 이끌어내기(Door opener)

"선생님이 잘 알아듣지 못하였어요. 다시 한 번 말해 줄래요?
그다음은 어떻게 되나요?"

① 학생이 말한 내용이 잘 이해되지 않거나 대답이 너무 짧고 간단하여 생각을 정확히 읽을 수 없을 경우에 해당됨

② 발표를 듣는 학생들과 교사 모두가 발표하는 학생의 생각을 좀 더 알고 싶어 한다는 생각, 진심으로 이해하고 싶어 한다는 생각과 느낌이 들도록 다가가기

③ 발표하는 학생의 발표가 틀렸거나 잘못된 점이 있어서 이렇게 질문하는 것이 아니라 발표를 도와주기 위한 것이라는 사실을 명확히 하기

⑤ 교사가 재진술하여 정리하기(내용 확인 및 이해의 표현)

"최○○의 말은 …이라는 것이 맞는지요?"

① 학생이 말한 내용이 너무 길고 복잡하여 어려워서 정확히 이해하지 못하였거나 알아듣지 못하여 그것에 대한 확인이 필요하다고 판단될 경우 또는 핵심만 정리할 필요가 있다고 판단될 때 해당됨

② 학생의 생각이나 수학적 추론을 좀 더 명확히 하기 위함(현재 공부하고 있는 내용과 연결시켜 주어 학생의 발표에 의미를 실어 주기 위함 ⇨ 원하는 답변과 조금 거리가 있더라도 그 의미를 충분히 살려 현재 공부하고 있는 내용과 관련지어 해석을 내려 줄 필요가 있음)

③ 이를 통해 학생의 생각과 추론, 토의토론 활동을 더 활발하게 이끌어 나갈 수 있게 됨

④ 듣는 학생과 교사 모두에게 발표 내용을 한 번 더 생각하고 확실히 이해할 수 있는 기회가 됨

⑤ 발표를 한 학생에게는 의미 있는 답변이었다는 피드백을 받는 감정을 갖게 만들어 인정받았다는 느낌과 함께 자신감도 갖게 해 줌

⑥ 교사가 아니라 특정 학생을 지목하여 재진술하게 하는 방법도 있음

6 교사가 특정 학생에게 먼저 발표 부탁하기

> **"김○○가 친구들에게 도움이 될 만한 생각을 갖고 있는데**
> **친구들 앞에서 먼저 발표를 해 볼 수 있을까요? 부탁해요."**

① 모둠 토의토론 중 교사가 돌아다니면서 학생들의 이야기에 귀를 기울이다가 의미 있는 대화 내용 또는 수학적 추론을 듣거나 알게 되었을 경우에 해당됨

② 전체 공유가 필요한 토의토론 내용 또는 의미심장한 내용을 담고 있는 수학적 추론이나 의견이 있을 경우에 해당됨

③ 해당 학생에게 발표 여부를 묻고 미리 부탁하기

7 발표 스틱(이름표 스틱) 활용하기

> **"발표 스틱(이름표 스틱)을 뽑아 나오는 이름의 학생이 발표를 하도록 하겠습니다."**

① 누구나 발표를 할 수 있도록 하기 위함(공평한 발표 및 참여 기회 제공)

② 특정 학생(늘 손을 들고 발표하는 학생)에게 발표가 편중되지 않도록 함

③ 언제 발표 기회가 찾아올지 모른다는 생각 ⇨ 발표에 대비하여 항상 자신의 생각을 확실히 정리하고 기록하는 태도를 기를 수 있도록 하기 위함

④ 발표를 통해 자신이 알고 있는 것이 무엇이고 모르고 있는 것이 무엇인지를 깨달을 수 있도록 돕기 위함(말을 해야 비로소 깨달을 수 있는 것이기 때문)

⑤ 때로는 모르는 것을 모른다고 말하는 학생을 칭찬해 줄 필요도 있음(이것도 대단한 용기) ⇨ '패스'제도 활용 강조

⑥ 어떤 발표를 하더라도 수용하고 긍정으로 칭찬으로 이끌어 줄 수 있도록 함(특히 부족하거나 서투른 표현을 하는 학생들)

3단계_타인의 생각 경청하기(Listen)

■ 3단계 사회적 기술

① 메모하면서 듣기

> **"다른 사람이 발표할 때는 중요한 내용을 기록하며 듣도록 합니다."**

① 듣기 ⇨ 이해와 배움으로 연결시키는 것이 목적

② 토의토론(의사소통)의 중심은 말하기보다 듣기에 있음을 이해시키는 것이 목적

③ 토의토론 ⇨ 타인의 생각에 가까이 다가가는 행위 ⇨ 듣고 기록하는 것이 핵심

④ 미처 기록을 하지 못하였을 경우 **"다시 한 번 말해 주세요!"**라고 부탁을 할 수 있도록 하기

⑤ 중요한 내용의 경우 잘 듣고 기록하였는지 확인 발표하기

② 발표 내용에 대한 이해 여부 묻기(다시 말하기)

> **"짝과 이야기 나눈 것을 들은 대로 이야기해 볼까요?**
> **박○○가 말한 것(앞서 발표한 학생이 말한 것)을 들은 대로 다시 말해 볼 사람 있나요?**
> **앞서 발표한 학생이 말한 것을 이해하고 들은 대로 먼저 말하고 자기 의견을 말해 주세요.**
> **지금까지 나온 이야기들에 대하여 누가 한 번 정리하여 말해 볼까요?**
> **방금 들은 말을 자신의 짝(모둠원과 돌아가며)과 번갈아 말해 보도록 합니다."**

① 다른 학생이 발표한 내용에 대해 이해 여부를 확인하기 위함 ⇨ 토의토론에 집중, 토의토론의 효율성 높이기 위함 ⇨ 이해와 배움으로 연결짓기

② 산만하거나 잘 듣지 않는 학생을 찾아내기 위함이 아님을 이해시키기

③ 타인의 발표를 듣고 자신이 이해한 만큼 자신의 언어로 바꾸어 말하는 과정은 공부하는 내용에 대한 이해, 개념 형성, 수학적 추론 능력 발달에 큰 도움

④ 타인의 생각이나 수학적 추론이 듣는 학생들의 내용 이해, 개념 형성에 매우 중요하다고 판단될 때 활용

⑤ 질문을 받은 A학생이 다시 말하기 활동에 어려움을 느끼면 있는 그대로 수용하되 다른 학생에게 다시 말하기 활동을 하게 한 뒤 다시 A학생에게로 돌아와 다시 말하기 활동을 할 수 있게 하기

⑥ 중요한 내용일 경우 1~2명에게만 다시 말하기 질문을 하지 말고 5~6명 이상에게 계속 같은 질문을 할 수 있도록 하기

4단계_타인의 생각에 동참하기(Participation)

■ 4단계 사회적 기술

① 타인의 발표에 대한 동의 여부와 근거 말하기

> **"최○○의 발표에 대하여 어떻게 생각하나요?**
> **(동의하나요? 동의하지 않나요? 다른 생각이나 의견이 있나요? 수정할 부분이 있나요?)**
> **그렇게 생각하는 이유는 무엇인지 근거를 들어 말해 봅시다."**

① 한 학생의 발표에 대하여 다른 학생들의 이목을 집중시키고 발표한 내용을 정확히 이해하였는지 여부를 확인함으로써 수학 토의토론의 효율성(내용이나 원리 이해, 배움)을 증대시키고자 할 때 사용함

필자 교실의 신호등 카드

② 학생들의 발표 내용 가운데 보완이나 보충(특히 난개념이 발생하였을 때), 수정(특히 오개념이 발생하였을 때), 확산적 사고(다양한 관점, 폭넓은 사고, 열린 생각이 필요한 부분)가 필요한 때 사용하기도 함

③ 반론을 제시할 경우 사람에 대한 반대가 아니라 생각이나 수학적 추론에 대한 다른 의견임을 명확히 하기

④ 신호등 카드를 함께 활용하면 쉽게 동의 여부를 알아볼 수 있음(㉠ 신호등 카드는 주로 '신호등 토의토론'을 할 때 의사표현을 위한 도구로 활용됨 ㉡ 찬성의 경우는 녹색 카드를, 반대의 경우는 빨간색 카드를, 찬성도 반대도 아닌 중립의 경우에는 노란색 카드를 들어 표현하도록 함 ㉢ 개인별로 3장의 카드를 모두 갖고 활동을 할 수 있도록 함 ㉣ 앞에 앉은 사람도 뒤에 앉은 사람도 어떤 방향에서 바라보든지 카드를 들고 있는 사람의 의사를 확인할 수 있도록 신호등 카드 앞면과 뒷면이 모두 같은 색이 되도록 함 ㉤ 오래 사용, 보관할 수 있도록 하기 위해 코팅하여 만드는 것이 좋음)

② 타인의 의견에 보충하기

> **"누가 이 의견에 자신의 생각을 더해 볼까요?(보충해 볼까요?) 누가 다른 예를 들어 한 번 설명해 볼까요?**
> **다른 방법으로 해결한 사람이 있나요? 이○○의 도움 요청에 응답할 사람이 누구일까요?"**

① 학생들의 다양한 생각을 충분히 공유할 수 있도록 돕고자 할 때 또는 한 학생이 발표 도중 잘 이해가 되지

않는 점을 토로하며 도움을 요청하는 학생이 발생하였을 때 사용(학생들의 다양한 생각들을 정리하고 도움 주고받기)

② 다른 학생이 발표한 생각이나 수학적 추론에 집중할 수 있도록 해 줌

③ 질문 토스(Toss – 학생의 질문을 타 학생과 연결시키기)

"민○○의 질문에 대하여 박○○는 어떻게 생각하나요?

이 질문에 대한 박○○의 생각은 어떠한가요?(무엇인가요?)

민○○의 질문에 대하여 답변을 대신 해 줄 수 있는 사람 있나요? 그 이유는 무엇인가요?"

① 한 학생의 질문에 대하여 교사가 곧바로 대답을 하지 않으면서 다른 학생들의 이목을 집중시키고 그 질문과 관련하여 다른 학생들이 생각에 동참할 수 있도록 유도하고자 할 때 사용(필요 시 교사가 정리 또는 보완해 주기)

② 타인의 생각을 구하기에 앞서 질문한 학생의 의견을 먼저 말해 보도록 한 뒤 다른 학생의 의견을 들어 보는 것도 좋은 방법(**"선생님 또는 다른 친구들이 어떻게 생각하는지가 중요한 것이 아닌 것 같습니다. 이 질문에 대해 박○○이 어떻게 생각을 갖고 있는지가 더 중요한 것 같습니다. 이에 대한 박○○의 생각은 무엇인가요?"**)

③ 다른 학생들이 생각에 동참하였을 때 질문한 학생의 궁금함이 해결되었는지 확인하는 활동이 필수(**"민○○의 궁금함이 잘 해결되었나요?"**)

④ 앞서 발표한 두 사람 의견에 대한 공통점과 차이점 찾기

"앞서 발표한 두 사람 의견에서 공통점과 차이점이 무엇인지 찾아봅시다.

(같은 부분은 무엇이고 다른 부분은 무엇인가요?)"

① 여러 학생들의 발표를 들으면서 생각을 정리해 나갈 때 공통점, 차이점을 알아보면서 확산적 사고 또는 수렴적 사고로 이끌어 가고자 할 때 사용

② 다른 사람들의 생각을 들으면서 종합적으로 사고하고 정리하는 역량을 향상시킬 수 있음(비교, 대조, 분석, 종합 등의 사고력과 관련)

5단계_자신의 생각에 깊이 더하기(Plus)

■ **5단계 사회적 기술**

① 생각에 대한 근거 요청하기

> **"그렇게 생각하는 이유나 근거는 무엇인가요? 그렇게 생각하게 된 경험이나 계기가 있었나요?**
>
> **그런 답이 나오게 된 과정을 설명할 수 있나요? 지금의 생각을 어떻게 증명할 수 있나요?**
>
> **그 생각을 좀 더 자세히, 구체적으로 예를 들어 다시 설명을 해 볼까요?"**

① 오답을 말하거나(오개념 수정이 필요할 때) 예상 밖의 답변이 나오거나 좀 더 자세한 설명 또는 보충이 필요한 경우에 해당됨(생각에 대한 근거나 이유 요청)

② 단서 제공하기(문제 해결의 Key, Clue)

> **"이 문제(부분)의 해결을 위해서 …와 같은 것을 생각해 보면 좋습니다."**

① 학생들이 문제 해결 과정에서 난관(난개념)에 부딪혔거나 과제 해결 속도가 더딜 때 교사가 약간의 힌트를 제공하여 어려움을 극복하도록 돕고자 할 경우
② 대집단 토의토론의 경우 전체의 이목을 집중시키고 짧게 핵심어만 전달
③ 소집단 토의토론의 경우 각 모둠에서 힌트를 잘 이해하고 받아갈 수 있는 학생 1명씩 교사 앞으로 나오게 하여 전달(교사가 직접 모둠 토의토론을 관찰하면서 문제 해결의 단서가 필요한 모둠에만 전달할 수도 있음)

③ 세련된 언어로 정리 부탁하기

> **"지금까지 한 말들을 알기 쉽게 정리하여 한 번 더 설명해 볼까요?**
>
> **핵심만 잘 간추려서 다시 한 번 말해 볼까요?"**

① 한 학생의 발표나 수학적 추론이 복잡하고 두서가 없어서 핵심만 간추려서 정리할 필요가 있을 경우에 해당됨
② 핵심이나 요점만 간추려 봄으로써 관심을 집중하여 깊이 파고 들어가야 할 부분이 무엇인지 스스로 짚어 나갈 수 있도록 돕는 기술

④ 비교, 대조, 분류, 분석하기

> **"비교, 대조, 분류, 분석하여 말해 볼까요?**
>
> **앞서 말한 것과 지금 말한 것은 어떤 관계가 있는지(어떻게 연결되는지) 설명해 보세요."**

① 비교(공통점)와 대조(차이점) : 하나의 대상과 성질이 다른 또 다른 대상을 끌어다가 설명하면서 비교, 대조하여 특징을 보다 명확히 드러내면 좋을 경우에 해당

② 분류 : 기준을 정하고 그에 따라 나누어 정리하면 좋은 경우에 해당(여러 개의 대상을 가져와 정리)

③ 분석 : 복잡한 것을 요소나 성질에 따라 쪼개고 나누어 정리하면 좋은 경우에 해당(하나의 대상을 여러 요소나 성질에 따라 쪼개어 정리)

④ 비교, 대조, 분류, 분석을 통해 설명하면 말하는 이, 듣는 이 모두의 이해에 도움이 됨

⑤ 관점이나 문제 해결 방법(문제 해결 전략) 바꾸기

> **"…의 관점에서 바라본다면 생각이 어떻게 바뀔까요?**
>
> **…와 같은 근거를 바탕으로 다시 생각을 해 볼까요? …이라는 측면에서 다시 생각을 해 본다면?**
>
> **…와 같은 방법을 사용해서 문제를 해결한다면?"**

① 문제 상황을 바라보는 시각 자체를 바꾸어야만 문제 해결의 실마리를 찾을 수 있는 경우 또는 문제 해결 방법(문제 해결 전략)을 바꾸어야만 보다 체계적이면서도 용이하게 문제를 해결할 수 있는 경우에 해당

② 다양한 문제 해결 전략 : 표 만들기, 단순화하기, 그림으로 해결하기, 거꾸로 해결하기(뒤에서부터), 예상 및 확인, 규칙 찾기 및 규칙 세우기, 식 세우기, 관점 바꾸기(생각이나 사고의 고착화에서 벗어나기 : 예를 들자면 6개의 성냥개비로 정삼각형 4개를 만들고자 할 때 평면적 사고로는 절대 만들 수가 없음. 입체적 사고를 하여 삼각뿔−정사면체로 만들면 문제를 해결할 수 있음. 고정관념에서 벗어나는 것이 핵심)

1단계 (Open)	▶ 충분히 생각할 시간 갖기(Wait) : "주어진 상황(질문)에 대하여 먼저 자신의 생각을 정리하기 바랍니다." ▶ 공책에 생각이나 수학적 추론 정리하기(1차 발표) : "자신의 생각은 반드시 공책에 1차로 발표해 두기 바랍니다."
2단계 (Sharing)	▶ 전체 앞에서 발표하기(2차 발표) : "친구들(선생님)에게 자신의 생각을 있는 그대로 말해 주기 바랍니다." ▶ 기다려 주기(Pass) : "아직 생각이 정리 안 되었으면 다른 사람의 생각을 먼저 들은 뒤에 다시 한 번 발표 기회를 주도록 하겠습니다." ▶ 소집단 토의토론 후 전체 앞에서 발표하기(서로 발표 돕기) : "모둠 내에서 짝끼리 번갈아 말하기 활동을 한 후에 생각을 정리하여 전체 발표로 이어가도록 하겠습니다. ⇨ 짝과 이야기 나눈 것에 대하여 들은 대로 이야기해 보겠습니까?" ▶ 학생의 말 이끌어 내기(Door opener) : "선생님이 잘 알아듣지 못했어요. 다시 한 번 말해 줄래요? 그 다음은 어떻게 되나요?" ▶ 교사가 재진술하여 정리하기(내용 확인 및 이해의 표현) : "최○○의 말은 …이라는 것이 맞는지요?" ▶ 교사가 특정 학생에게 먼저 발표 부탁하기 : "김○○가 친구들에게 도움이 될 만한 생각을 갖고 있는데 친구들 앞에서 먼저 발표를 해 볼 수 있을까요? 부탁해요." ▶ 발표 스틱(이름표 스틱) 활용하기 : "발표 스틱(이름표 스틱)을 뽑아 나오는 이름의 학생이 발표를 하도록 하겠습니다."
3단계 (Listen)	▶ 메모하면서 듣기 : "다른 사람이 발표할 때는 중요한 내용을 기록하며 듣도록 합니다." ▶ 발표 내용에 대한 이해 여부 묻기(다시 말하기) : "짝과 이야기 나눈 것을 들은 대로 이야기해 볼까요? 박○○가 말한 것(앞서 발표한 학생이 말한 것)을 들은 대로 다시 말해 볼 사람 있나요? 앞서 발표한 학생이 말한 것을 이해하고 들은 대로 먼저 말하고 자기 의견을 말해 주세요. 지금까지 나온 이야기들에 대하여 누가 한 번 정리하여 말해 볼까요? 방금 들은 말을 자신의 짝(모둠원과 돌아가며)과 번갈아 말해 보도록 합니다."
4단계 (Participation)	▶ 타인의 발표에 대한 동의 여부와 근거 말하기 : "최○○의 발표에 대하여 어떻게 생각하나요?(동의하나요? 동의하지 않나요? 다른 생각이나 의견이 있나요? 수정할 부분이 있나요?) 그렇게 생각하는 이유는 무엇인지 근거를 들어 말해봅시다." ▶ 타인의 의견에 보충하기 : "누가 이 의견에 자신의 생각을 더해볼가요?(보충해볼까요?) 누가 다른 예를 들어 한 번 설명해볼까요? 다른 방법으로 해결한 사람이 있나요? 이○○의 도움 요청에 응답할 사람이 누구일까요?" ▶ 질문 토스(Toss) : "민○○의 질문에 대하여 박○○는 어떻게 생각하나요? 이 질문에 대한 박○○의 생각은 어떠한가요?(무엇인가요?) 민○○의 질문에 대하여 답변을 대신 해 줄 수 있는 사람 있나요? 그 이유는 무엇인가요?" ▶ 앞서 발표한 두 사람 의견에 대한 공통점과 차이점 찾기 : "앞서 발표한 두 사람 의견에서 공통점과 차이점이 무엇인지 찾아봅시다.(같은 부분은 무엇이고 다른 부분은 무엇인가요?)"

(계속)

5단계 (Plus)	▶ 생각에 대한 근거 요청하기 : "그렇게 생각하는 이유나 근거는 무엇인가요? 그렇게 생각하게 된 경험이나 계기가 있었나요? 그런 답이 나오게 된 과정을 설명할 수 있나요? 지금의 생각을 어떻게 증명할 수 있나요? 그 생각을 좀 더 자세히, 구체적으로 예를 들어 다시 설명을 해 볼까요?" ▶ 단서 제공하기(문제 해결의 Key, Clue) : "이 문제(부분)의 해결을 위해서 …와 같은 것을 생각해 보면 좋습니다." ▶ 세련된 언어로 정리 부탁하기 : "지금까지 한 말들을 알기 쉽게 정리하여 한 번 더 설명해 볼까요? 핵심만 잘 간추려서 다시 한 번 말해 볼까요?" ▶ 비교, 대조, 분류, 분석하기 : "비교, 대조, 분류, 분석하여 말해 볼까요? 앞서 말한 것과 지금 말한 것은 어떤 관계가 있는지(어떻게 연결되는지) 설명해 보세요." ▶ 관점이나 문제 해결 방법(문제 해결 전략) 바꾸기 : "…의 관점에서 바라본다면 생각이 어떻게 바뀔까요? …와 같은 근거를 바탕으로 다시 생각을 해 볼까요? …이라는 측면에서 다시 생각을 해 본다면? …와 같은 방법을 사용해서 문제를 해결한다면?"

초등 협동학습 토의토론 수학

준비하기

제6장

초등 협동학습 토의토론 수학을
성공으로 이끄는 네 가지 핵심 열쇠

초등 협동학습 토의토론 수학은 협동학습을 기반으로 한다. 협동학습이 성공적으로 자리매김을 하기 위해서는 네 가지 기본 원리[1]가 교실에서 이루어지는 모든 활동 속에 녹아들어가야 하는데 협동학습 토의토론 수학 속에서도 그 맥락은 지속되어야 한다. 다만 협동학습을 기반으로 한 토의토론 활동만으로 범위를 좁혀 생각해 볼 때 강조되는 바가 약간 달라질 수 있다는 점에서 협동학습의 네 가지 기본 원리를 그림과 같이 수정해 보았다.

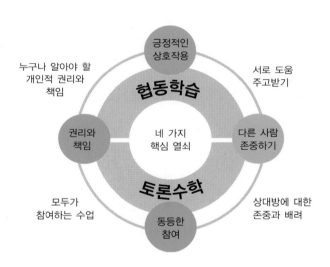

핵심 열쇠 하나 : 긍정적인 상호작용(서로 도움 주고받기)

한 집단 내에서 긍정적인 상호의존성은 그 집단을 구성하고 있는 개인들 사이에 믿음과 신뢰가 바탕이 되어 있

---

1 협동학습에서 강조하는 네 가지 기본원리는 다음과 같다.
① 긍정적인 상호작용(너의 이익이 곧 나의 이익이고, 나의 이익이 곧 너의 이익이야!)
② 개인적인 책임(내가 맡은 일은 내가 책임진다!)
③ 동등한 참여(우리 모두 다 함께 참여해요!)
④ 동시다발적인 상호작용(다 같이, 동시에, 여기저기에서!)

고 집단의 성과가 구성원들 사이에 긍정적으로 연결되어 있을 때 나타나는데 수학 토의토론 과정에서도 그 맥락은 달라지지 않는다. 따라서 교사는 학생들끼리 좋은 관계를 형성할 수 있도록 교실 분위기를 만들어 주고 서로 도움을 주고받는 과정 속에서 배움의 즐거움과 기쁨을 느낄 수 있는 기회를 수시로 제공해 주어야 한다.

학생들이 긍정적으로 상호의존을 할 수 있도록 하기 위해서 모든 상황을 목표, 보상, 자원, 역할, 과제에 대하여 상호의존적이 되도록 만들면 된다. 이에 대하여 Johnson&Johnson은 다음과 같이 결과적 상호의존성과 수단적 상호의존성으로 나누어 설명하였다.[2]

결과적 상호의존성	목표의 상호의존	개인이 다른 개인들과 협동적으로 연결되어 그 집단의 목표를 달성할 수 있을 때 생겨난다.
	보상의 상호의존	집단의 개개인이 공동과제를 성공적으로 완수한 후 똑같이 보상을 받을 수 있을 때 생겨난다.
수단적 상호의존성	자원의 상호의존	집단의 개개인은 각자 과제를 완수하는 데 필요한 정보, 자원, 자료를 갖고 있으며 집단의 목표를 달성하기 위해서 각 구성원이 가진 자원을 결합하지 않으면 안 될 때 생겨난다.
	역할의 상호의존	집단이 과제를 해결해 나가는 과정 속에서 책임 있는 역할을 부여받았을 때 생겨난다.
	과제의 상호의존	분업화를 생각하면 이해하기 쉽다. 집단의 각 구성원은 전체 중 한 부분을 책임지고 있으며, 구성원 모두가 자신이 맡은 책임을 다 해야 과제를 완성할 수 있는 상황에서 생겨난다.

실제 수업 속에서 긍정적인 상호의존을 위해 다음과 같은 방법을 많이 활용한다.

① 학습목표 공유 : 서로 돕지 않으면 안 되는 상황이 포함된 학습목표 공유
② 학습과제 제시 : 서로 돕지 않으면 안 되는 상황이 포함된 학습과제 제시
③ 칭찬과 격려 : 결과도 중요하지만 과정에 대한 평가도 중요하게 다루기(결과만 중요하게 여기면 무임승차, 일벌레, 훼방꾼이 발생할 가능성이 높음)
④ 정체성 공유 : '우리는 하나'라는 정체성 활용하기
⑤ 자료(자원 및 정보)의 공유와 상호의존 : 무엇인가 부족하거나 보완이 필요한 자료, 서로 돕지 않으면 안 되는 자료 활용

※ 목표 달성을 부추기기 위해 경쟁 요소를 도입할 경우 긍정적인 상호의존성은 쉽게 파헤쳐지고 집단 구성원들 사이에 원망과 비방, 상처 주고받기, 따돌림 또는 배척 행위들이 다시 고개를 들기 시작할 가능성이 높아진다. 필자는 절대적으로 경쟁 요소를 도입하지 말 것을 강력히 주장하는 바이다.

---

2 집단의 목표와 사회적 상호의존성에 대한 좀 더 자세한 안내는 다음의 책을 참고하기 바란다. 협동학습의 이해와 실천, 정문성. 교육과학사, 2002, pp. 24~35, 협동학습을 위한 참여적 학습자, David W. Johnson/Frank P. Johnson 공저, 박인우·최정임·이재경 공역, 아카데미프레스, 2004, pp. 105~123

핵심 열쇠 둘 : 다른 사람 존중하기(상대방에 대한 존중과 배려)

누구나 소속감을 갖기를 원한다. 누군가 어떤 집단에 소속감을 갖는 가장 큰 이유는 그 집단 속에서 존중과 배려를 받고 있다고 느끼기 때문이다. 그리고 그런 집단에 가까울수록 학생들은 적극적인 참여를 통해 배움을 경험하게 된다. 같은 맥락으로 협동학습 토의토론 수학을 통해 배움도 자신의 교실과 모둠에서 교사와 다른 학생들로부터 존중과 배려를 받고 있다고 느낄 때 가장 왕성하게 일어난다.

이렇게 볼 때 교사들은 자신의 교실에서 상대방에 대한 존중과 배려가 부족한지에 대하여 각별히 신경 쓰지 않으면 안 된다.[3] 이를 위한 방안으로 다음과 같은 방법들을 사용하면 좋다.

어린이용 도서 〈틀려도 괜찮아, 마키타 신지〉

① **존칭어 사용하여 토의토론하기** : 수학 시간뿐만 아니라 모든 수업 과정에서 경험하게 되는 의사소통 활동은 반드시 존칭어 사용을 기본으로 하며 왜 존칭어를 사용해야 하는지에 대해 학생들이 정확히 이해할 수 있도록 지속적으로 안내하고 강조할 필요가 있다.(서로의 생각을 중요하게 받아들이고 존중한다는 의미, 누구의 의견이든 무시되거나 웃음거리가 되어서는 안 된다는 의미)

② **틀려도 괜찮은 교실 만들기** : 발표란 자신의 생각이나 느낌을 있는 그대로 자신만의 언어로 표현하는 행위로 반드시 정답을 내놓아야 하는 것이 아니라 서로 다른 생각이 만나 참다운 배움을 선도하는 행위로 인식될 수 있도록 학생들의 관점을 바꾸어 주어야 한다. 또한 교사는 가능한 정답이 없는 질문, 다양한 생각이 공존할 수 있는 질문, 다양한 문제 해결 방안이 포함된 질문, 명확한 추론과 그를 뒷받침하는 타당한 근거

---

3 학생들을 교실에서 참여와 배움으로부터 도주하게 만드는 다양한 두려움들 : 성적에 대한 두려움, 경쟁에서 뒤로 밀려날 것에 대한 두려움, 각종 규정 및 제도로 인해 받을 불이익에 대한 두려움, 친구 및 교사로부터 인정받지 못할 수도 있다는 것에 대한 두려움, 선생님이 잘 모르는 것에 대하여 질문하지 않을까 하는 것에 대한 두려움, 내 생각 또는 나의 답변이 틀렸다면 어떻게 하나 하는 두려움, 사회적 성공(좋은 대학, 좋은 직장, 부와 권력 등)에 대한 불확실성 및 보이지 않는 자신의 미래에 대한 두려움과 불안감, 선생님이나 친구들 혹은 부모님이 나에게 듣기 싫거나 불편한 말을 하게 될지도 모른다는 것에 대한 두려움, 주위로부터 차별받을 수도 있다는 것에 대한 두려움, 주위의 기대에 부응하지 못할 수도 있다는 것에 대한 두려움, 교실에서 학생들 사이에 물리적인 힘의 말단에서 각종 고통과 불이익을 당할지도 모른다는 것에 대한 두려움, 권위주의적인 어른들의 말과 행동에 대한 두려움, 친구들로부터 따돌림을 당할지도 모른다는 것에 대한 두려움, 자신의 외모에 대한 불안감과 두려움, 자신에게 꿈이 없거나 그것이 무엇인지 모르고 그냥 하루하루를 살아가고 있다는 막연함에 대한 두려움, 자신의 꿈과 희망, 행복 등이 외부의 어떤 힘에 의해서 좌절될 수도 있다는 것에 대한 공포심과 두려움, 친구, 부모, 교사로부터 버림받을지도 모른다는 것에 대한 두려움, 나의 자존감이 무너짐으로 인해 상처를 받을 수 있다는 두려움, 매일 그리고 매시간 끝도 없이 새로운 것을 배우고 익혀야 한다는 것에 대한 두려움, 그리고 이 모든 것들로 인해 현재 나의 삶이 송두리째 날아가거나 완전히 뒤바뀌거나 혹은 빼앗길지도 모른다는 것에 대한 두려움 등. ⇨ 학생들은 두려움을 극복하기 위해 가장 손쉬운 방법인 '타자와의 관계 단절(갈등 및 폭력, 상황 회피하기, 서로 멀어지기, 침묵하기, 책 뒤로 숨기, 변명과 자기 방어 뒤에 숨기, 권위주의 뒤에 숨기, 수업 기술이나 테크닉으로 포장하기, 거짓으로 자기 방어하기 등)'을 선택하곤 한다. 그러나 가장 좋은 해결책은 앞의 것들을 없애거나 최소화하는 일이라 할 수 있다. 이를 위해 상대방에 대한 존중과 배려가 넘쳐나는 교실, 틀려도 괜찮은 교실을 만들어 나가는 것이 가장 중요하다.

가 제시될 수 있는 질문을 과제로 제시하려고 노력하고, 설령 정답이 있는 질문을 제시하더라도 각각의 답변이나 발표에 대하여 수용, 존중, 의미 부여하기(수업시간에 다루는 내용과 어떤 연관이 있으며 다른 사람들의 생각과 사고에 어떤 영향을 줄 수 있는지에 대한 가치)에 대해 최선을 다해야만 한다.

다만 이 시점에서 교사들의 생각 속에 자리하고 있는 발표라는 행위에 대한 재개념화가 필요하다고 판단하여 평소 필자가 갖고 있는 '발표' 행위에 대한 생각을 다음과 같이 제시해 보았다.

 '발표'라는 행위에 대한 재개념화[4]

1. 발표란 학생들의 생각을 읽을 수 있는 지표(학생들의 생각과 이해 정도를 읽을 수 있는 '사고의 창' : 오개념 지점, 난개념 지점 등이 드러남)
2. 무엇인가에 대한 '학생의 생각과 느낌, 주장'
3. 서로 다른 생각들이 만나 참다운 배움을 선도하는 행위
4. 학생들 간의 생각들을 연결시켜 주는 가교
5. 자신이 무엇을 알고 있는지, 무엇을 모르고 있는지 깨닫도록 도와주는 행위

 '발표'라는 행위의 재개념화를 위해 교사가 노력해야 할 일

1. 발표는 곧 정답을 내놓아야 하는 행위가 아님을 강조하기
2. '선생님이 원하는 답'을 말하는 행위가 아님을 강조하기
3. '틀려도 괜찮은 교실'을 만들기(맞고 틀림, 옳고 그름 등은 중요하지 않다는 점을 강조하기, 조롱이나 무시 또는 비난하는 행위에 적극 대응하기)
4. 자신의 생각을 자신만의 언어로, 생각하고 있는 그대로 발표하고 공유할 수 있는 분위기 만들기
5. 학생들 스스로 자신이 무엇을 알고 있고 무엇을 모르고 있는지에 대하여 깨닫도록 도와주기
6. 서로 다른 생각을 존중해 주기(다름을 이해하고 인정, 있는 그대로 수용)
7. 현재 공부하고 있는 내용과 어떤 연관이 있는지 긍정적으로 해석하고 연결시켜 주기
8. '발표를 한다는 것은 수업 시간에 주인이 되었다는 것'을 이해할 수 있도록 도와주기(수업 시간에 사고가 살아 있음을 이해할 수 있게 돕기)

---

4 틀린 답, 오답에 대한 학생들의 관점도 바꾸어놓을 필요가 있다. 오답을 말하는 학생이야말로 토의토론 활동이 보다 왕성하게 이루어질 수 있도록 해 주는 사람이며 오개념을 갖게 된 또 다른 학생들에게 개념이나 원리 등을 확실히 이해할 수 있는 기회를 제공해 주는 사람이라고 바라볼 필요가 있다. 관점을 바꾸면 세상이 달리 보인다. "내힘들다"를 오른쪽에서부터 왼쪽으로 읽어 보기 바란다.

9. 오개념 또는 부족한 내용을 발표하더라도 그 행위 자체와 용기에 적극 칭찬해주고 기를 살려 주기(모르겠다는 사실을 인정하는 행위도 포함)

10. 오개념을 발표한다는 것은 다른 학생들이 사고할 수 있는 기회를 제공하는 행위라는 사실을 강조하기(오개념을 이용하여 정확한 개념이나 원리 이해와 연결시켜 주기)

11. 오답이나 반례는 자신과 함께 다른 학생들의 개념 이해를 한 걸음 더 앞으로 나아갈 수 있도록 도와주는 행위로 매우 칭찬받을 행위라는 사실을 강조하기

12. 발표로부터 진정한 배움, 개념 이해가 시작된다는 것을 강조하기

13. 발표를 힘들어하는 학생, 발표가 서투른 학생은 주변 친구들의 도움을 받을 수 있게 하기(이때 도와준 친구에 대해서도 적극적으로 칭찬하기)

14. 질문 또는 발문에 대한 깊이 있는 연구를 통해 학생들의 사고 자극하기

15. 발표를 통해 얼마든지 수업의 방향을 바꿀 수 있다는 생각 갖기(오개념, 난개념이 형성된 지점으로부터 본 차시 또는 다음 차시 수업을 설계)

③ **경계를 명확히 세우기**('권리와 책임'과 연계) : 발표라는 행위와 타인의 발표를 경청하고 생각의 다름을 있는 그대로 수용하고 존중하는 태도가 학생 모두의 권리임과 동시에 책임이라는 사실을 인지할 수 있도록 그 경계를 명확히 한다.

여기에서 경계를 명확히 한다는 것은 경계를 넘어섰을 경우 그에 따르는 엄중한 제재조치(규칙에 따른 조치, 선생님의 지도 또는 상담 받기 등)가 따른다는 것을 의미한다. 따라서 이에 대해 학생들 모두가 수용하고 받아들일 수 있는 경계 세우기를 함께 하는 것이 매우 중요하고 의미가 있는 일이라 할 수 있다. 특히 고학년으로 갈수록 자신들이 직접 세운 규칙이나 규범에 적극 동참하려는 경향이 강하다는 점을 잘 활용한다면 효과가 높아질 수 있다. 저학년 또는 중학년의 경우 학생들 수준에 알맞은 내용을 엄선하여 제시한 후 조절, 확정하여 실천하도록 하면 큰 무리가 없다. 이에 대한 구체적인 내용은 네 번째 핵심 열쇠를 참고하기 바란다.

핵심 열쇠 셋 : 동등한 참여(모두가 참여하는 수업)

협동학습 수학 토의토론을 실천하고자 한다면 '협동'이라는 개념 속에 '평등 – 다 같이 참여함'이라는 중요한 철학적 원리가 담겨 있다는 것을 교사와 학생 모두가 이해하는 것이 매우 중요하다. 그리고 토의토론이라는 참여 활동을 통해 자연스럽게 배움을 실현한다는 것은 서로의 생각이 존중받고 있으며 누구나 발표를 할 수 있다는 분위기가 형성된 곳에서만이 가능한 일이라는 사실을 교사라면 절대로 잊어서는 안 된다.

동등한 참여란 모둠 구성원 모두가 적극적으로 참여할 수 있도록 유도하면서 소수의 학생에 의해 학급 또는

모둠의 의견이나 활동이 독점되는 경우를 막고, 반대로 학급이나 모둠에서 소수의 학생들이 활동에서 소외되는 일이 없도록 하자는 것이다.

전통적인 학습 구조의 상황 속에서는 공부를 잘하거나 활발하고 발표력이 왕성한 학생들에 의해 수업이 전개된다. 그러다 보면 늘 손을 드는 학생들만 들고, 손을 잘 들지 않던 학생이 어쩌다 손을 들게 되면 무조건 먼저 말하게 하고, 그나마도 없으면 하는 수 없이 또 손을 들었던 학생들을 호명하고…. 아니면 손을 들지 않았더라도 강제로 아무나 호명해서 말하게 하고…. 이런 상황이 교실 속에서 되풀이되고 있는데 사실 손을 잘 들고 발표를 하는 학생들은 꼭 발표를 시킬 필요가 별로 없는 학생들이라 해도 과언이 아니다. 오히려 손을 들지 않는 학생들이야말로 발표를 하면서 수업 활동에 적극적으로 참여해야 할 필요가 있는 학생들이라는 것을 교사들이라면 충분히 공감할 것이다.

동등한 참여를 이끌어 내기 위해서는 '학습활동에 적극적으로 참여한다는 것'이 학생들이 '성공의 기쁨을 맛보는 데 필수적인 요소라는 것, 발표는 공부를 잘하는 학생들만 하는 것이 아니라는 것'을 피부에 와 닿도록 꾸준히 강조하고 그런 분위기(예 : 틀려도 괜찮은 분위기)를 만들어나가는 일이 선행되어야 한다.[5]

(1) 동등한 참여를 위한 구조화 방안

① **토의토론 수학 헌장[6]**

하나. 수학 토의토론 시간에 반드시 1회 이상 발표 또는 질문을 통해 참여를 한다.

둘. 어떠한 순간에도 발표 기회가 오면 자신의 생각을 있는 그대로 밝힌다.

셋. 항상 발표를 위한 준비를 갖춘다.(자기 생각 갖기, 정리 및 기록하기)

※ 위의 세 가지에 대한 필요성과 의의를 모두가 이해하고 수용할 수 있도록 충분히 설명하기

② **소집단 활동에서 말하기 카드 사용하기**
   (토킹 칩 : Talking Chip)

토의토론 활동에 소극적인 학생, 참여를 잘하지 않고 수업활동에서 벗어나려는 학생, 논의에 대한 주도권을 독점하려고 하는 학생 등의

---

5 동등한 참여를 이끌어 내기 위한 효과적인 방안
   ① 모든 활동에서 역할과 책임을 동등하게 나누어 갖도록 한다.
   ② 활동 시간, 활동 과제의 질과 양, 참여의 기회, 발표 순서 등의 구조화가 잘 이루어지도록 한다.
   ③ 모둠 내 역할을 정기적으로 바꾸도록 한다.
   ④ 누구나 참여할 수 있는 교실 환경, 분위기를 만들어 나간다.(권리, 책임, 규범 등을 명확히 함)
6 어떠한 사실에 대하여 이상(理想)으로서 규정한 원칙을 선언한 규범을 말한다. 토의토론 수학 시간에는 그 시간만의 특별한 규정을 만들고 이를 지키기 위한 노력이 함께 하지 않으면 효과를 보기 어렵다.

발생을 최소화시키고자 함에 그 목적이 있다. 활동에 모둠 구성원들이 익숙해지면 궁극에 가서는 카드 없이도 자연스럽게 대화에 적극적으로 참여할 수 있게 되며 동등한 참여의 원리를 내면화하게 된다. 활동 방법은 다음과 같다.

말하기 카드를 활용한 토의토론

- **[1단계]** 교사는 토의토론 주제를 제시한다.
- **[2단계]** 모둠원 중 아무나 말하기 카드를 한 장씩 내려놓으면서 토의토론 활동을 시작한다. 학생들은 각자 토의토론 활동을 할 때 모둠의 중앙에 말하기 카드를 한 장씩 내려놓는다. 모든 모둠원들이 말하기 카드를 한 장도 들고 있지 않을 때까지 계속 활동한다.
- **[3단계]** 말하기 카드를 모두 내려놓은 모둠원은 더 이상 발언권이 없다.
- **[4단계]** 모둠원 전체가 말하기 카드를 다 사용했는데도 불구하고 논의가 끝나지 않았으면 말하기 카드를 다시 나누어 가진 뒤 1, 2, 3단계 활동을 반복한다.

③ 같은 생각 앉기 또는 모둠 칠판 활용하기

한 가지 주제에 대하여 대동소이한 생각이 예상될 때 혹은 모두가 수학 문제를 제대로 해결하였는지 알아보고자 할 때 중복되는 내용의 발표를 최소화하고 빠른 시간 내에 학급 구성원 모두를 참여로 이끌 수 있는 대표적인 활동이라 할 수 있다.

- **[1단계]** 교사가 먼저 주제를 제시한다.
- **[2단계]** 학생들은 주제와 관련하여 충분히 생각할 시간을 갖는다.(생각이 정리되었으면 스스로 자리에서 일어설 수 있도록 한다.)

학생들이 모두 일어선 상태

- **[3단계]** 모두 자리에서 일어선 뒤 교사는 질문을 다시 한 번 하고 발표 스틱 등을 이용하여 한 사람을 뽑는다.
- **[4단계]** 뽑힌 학생은 자신의 생각을 모두에게 발표한다.
- **[5단계]** 발표한 내용과 같거나 비슷한 생각을 한 친구들은 자리에 앉도록 한다.(이 행위도 발표−참여라고 생각하는 인식의 전환이 필요하다.)

한 학생이 1차 발표를 하는 모습

3차 발표 후 줄어든 학생들의 모습

- **[6단계]** 뽑힌 학생은 자리에 앉을 때 다음 발표할 사람을 지명하고 앉는다.
- **[7단계]** 모든 학생이 자리에 앉을 때까지 계속 진행한다.

※ 일어서는 행위를 대신하여 앉은 상태에서 모둠 칠판에 자신의 의견을 쓴 다음 '하나, 둘, 셋' 구호에 맞추어 동시에 들어 보이는 활동(이 행위 자체가 발표)을 활용해도 좋다.

수학 시간 모둠 칠판을 활용한 사례

④ 번호 순으로 발표

소집단 활동을 할 때 각 모둠마다 모둠원들에게 고유의 자리 번호를 미리 부여하고 모둠원들과 토의토론 활동을 한 이후에 교사가 미리 마련해 둔 질문에 대한 답변 또는 문제 해결 방안, 수학적 추론, 문제 풀이 과정에 대한 설명 등에 대하여 무작위로 뽑힌 자리번호에 해당되는 모둠원이 모둠을 대표하여 모둠 칠판에 답을 하도록 하는 활동이다. 번호순으로 활동은 한두 명의 모둠원들에게만 질문을 할 수도 있고, 모둠원 모두에게 번호순으로 돌아가면서 서로 다른 질문에 대하여 대답할 수 있는 기회를 주기도 함으로써 모두가 동등하게 수업에 참여할 수 있도록 해 준다. 또한 어떤 질문이 올지 모른다는 상황 속에서 작은 내용에도 집중하여 듣고 기억할 수 있도록 긴장감을 가져다주고(누가 지목될지 모르기 때문에 모두가 정답을 알기 위해 노력해야만 한다.) 질문에 대한 답이 동시다발적으로 이루어진다는 장점을 가지고 있기 때문에 자주 애용되고 있는 활동 가운데 하나이다.

- **[1단계]**　교사는 미리 질문을 마련해 놓는다.(4배수의 질문이 있으면 가장 좋겠지만 꼭 4배수가 아니어도 좋다.)
- **[2단계]**　교사가 자리 번호를 호명한다. 호명된 번호의 학생은 자리에서 일어나도록 한다.(꼭 1번부터 시작하지 않아도 된다.)
- **[3단계]**　교사는 질문을 하고 호명된 번호의 학생들은 모둠 칠판에 자신의 생각을 기록한 뒤 동시에 들어 보인다.
- **[4단계]**　모두 함께 확인 단계를 거친다. 준비된 질문이 더 있으면 다음 번호 학생을 일어나게 하여 같은 방식으로 진행을 한다.

※ 교사가 먼저 질문을 한 뒤에 학생들이 모둠 내에서 서로 상의를 하게 할 수도 있다. 그런 뒤에 교사가 번호를 뽑아 발표를 하게 하면 된다. 이렇게 하면 모둠 내에서 또래 가르치기 활동이 가능해지고 문제 해결에 대한 책임감이 높아지며 1차적으로 모둠 내에서 토의토론한 결과물들을 갖고 있기 때문에 자신의 번호가 호명되더라도 발표에 부담감이 많이 줄어들게 된다.

⑤ 발표 스틱(발표자 무작위 선정 도구)

이 활동은 언제든지 무작위로 이름이 불리더라도 자신의 생각을 있는 그대로 발표할 수 있도록 하고자 함에 그 목적이 있다.

이 활동은 지금 막 던져진 주제나 질문에 대하여 본격적이면서도 깊이 있는 토의토론을 시작하기에 앞서 학생들의 다양한 생각을 알아보고자 할 때, 질문에 대한 발표를 원하는 학생들의 수가 많을 때, 공정한 발표 기회를 부여할 필요가 있다고 판단될 때, 선생님의 안내 또는 다른 학생들의 발표에 대한 이해 여부를 확인하고자 할 때, 다른 학생

필자 교실의 발표 스틱 사례

들의 발표를 경청하였는지 확인할 필요가 있을 때, 모둠 토의토론 활동이 마무리된 후 모둠에서 제시된 다양한 의견이나 수학적 추론 등을 전체 공유로 이어가고자 할 때 등에 활용하는 것이 좋다.

※ 한 번 뽑았던 발표 스틱은 별도의 통을 따로 마련하여 보관하면 한 번도 발표하지 않은 학생들이 누구인지 쉽게 구별할 수 있다.

※ 이런 도구조차도 직접 만들지 않고 온라인 몰에서 판매하는 기성품을 구입하여 활용하는 교사들이 종종 있다. 이런 도구를 만드는 데 10~15분 정도의 시간과 약 1천 원 내외의 적은 비용만 투자하면 쉽게 만들 수 있다. 굳이 잘 디자인된 것을 사용하겠다는 생각으로 1만 원 내외의 적지 않은 용을 투자할 필요까지는 없다는 것이 필자의 견해이다.

　이 활동은 다음과 같은 점에 주의를 할 필요가 있다.

① 평소 발표를 잘하지 않던 학생이 발표 의사를 밝혔을 때는 사용을 자제
② 깊이 있는 토의토론을 위하여 찬성/반대 의견이 팽팽하게 오고 갈 때는 자제
③ 특정 범위 내에서 일관성 있는 토의토론을 이끌어 가고자 할 때는 자제
④ 토의토론이 절정에 달하면서 중요한 결론을 도출해 내거나 개념, 원리 등을 확실히 세워야 하는 상황에서는 자제
⑤ 토의토론의 방향을 가를 수 있는 중요한 생각이나 의견이 나오지 않는 상황에서 누군가 그런 생각이나 그런 의견을 갖고 있으면서 발표를 하려는 모습이 보이지 않을 때는 발표 스틱보다 그 학생에게 발표를 부탁하는 것도 하나의 방법

⑥ 발표 연습 시간 갖기

질문이나 주제 또는 상황에 따라 개인적인 사고의 결과이든 모둠 토의토론의 결과이든 발표에 앞서서 개인적으로 발표 연습 시간을 따로 가질 필요가 있는 경우도 있다. 다음과 같은 상황이 오면 충분히 발표 연습 시간을 주는 것이 좋다.

① 질문의 난이도 또는 깊이가 충분한 경우
② 수학적 문제 해결 과정 또는 수학적 추론이 어렵거나 복잡할 경우
③ 자신의 생각을 더 완전히 하고 자신감을 향상시키며 두려운 마음을 최소화시킬 필요가 있다고 판단될 때
④ 누가 발표할 기회를 갖게 될지 모르는 상황에서 모둠원들의 도움을 받아 성공적인 발표를 할 수 있는 준비가 필요하다고 판단될 때

⑦ 신호등 토의토론

신호등 토의토론은 대집단을 대상으로 한 활동에 많이 활용된다. 주로 교사가 주제와 관련하여 질문을 던지면

학생들은 그에 따른 각자의 의견을 발표해 나가게 되는데, 주어진 주제에 대하여 찬성이면 녹색 카드를, 중립이거나 또 다른 생각이 있으면 노란색 카드를, 반대이면 빨간색 카드를 들게 하고 색깔마다 고르게 발표할 수 있도록 진행된다.

교사가 수업을 진행해 나가면서 교사와 학생 사이에 질문과 답변이 오고 가는 면만 보면 보통 강의식 수업과 큰 차이점을 못 느낄 수도 있겠지만 ① 학생 모두가 자신의 의사를 어떤 식으로든(신호등 카드를 들어 보임) 표현하여 수업에 참여할 수 있도록 해 준다는 점, ② 학생들은 단순한 '찬성 또는 반대'라는 의사표현을 넘어서 '그렇게 생각하는 까닭이나 이유'를 설명할 수 있어야 한다는 점, ③ 발표를 하지 않아도 카드로 의사표현을 하는 것만으로도 토의토론 활동에 참여하고 있다는 효과를 거둘 수 있다는 점, ④ 참여하는 학생들 간의 이야기를 충분히 들을 수 있도록 해 준다는 점(비교, 대조 등이 가능), ⑤ 간단한

필자의 반 신호등 카드 사례

준비만으로 참여하는 모든 학생들의 생각과 의견을 빠른 시간 내에 파악할 수 있다는 점에서 분명한 차이를 느낄 수 있다.

- **[1단계]** 교사는 학생들에게 신호등 카드를 배부한 뒤, 주제를 제시한다.
- **[2단계]** 학생들은 선생님이 던진 질문이나 주제, 문제를 신중히 생각하여 자기 의견을 공책이나 메모지에 정리한다.(필요하다면 활동지를 만들어 배부)
- **[3단계]** 교사의 신호에 따라 학생들은 자신의 의사를 결정, 찬성 또는 반대, 중립의 신호등을 든다.(물론 수업 전에 색깔별 카드의 의미와 활용법을 설명)

필자의 학급 신호등 카드 활용 수업 사례

- **[4단계]** 교사는 찬성, 반대, 중립 신호등 카드를 들고 있는 학생들을 고르게 지명, 의견을 듣는다.
- **[5단계]** 학생들은 계속해서 자신이 선택한 카드를 들고 있도록 한다. 물론 다른 학생들의 의견을 들으면

서 사고가 바뀌었을 경우 카드 색깔을 바꾸어 들어도 좋다는 것을 알린다. 이 경우 왜 생각이 바뀌었는지에 대한 이유도 말하도록 하는 것이 좋다.

- **[6단계]** 한 가지 주제나 질문만으로 토의토론 수업을 계속 해 나가도 좋고, 같은 방식으로 계속 다른 질문을 던져가면서 토의토론 수업을 진행해 나가면서 학생들의 의견을 들어도 좋다.

⑧ 생각 내놓기

이 활동은 의견이 중복되거나 너무 많은 의견이 나와서 잘 정리가 되지 않는 경우, 비슷한 것들이 많아 혼란스러운 경우, 모둠별 혹은 학급 전체 회의를 통해서 의견들을 체계적으로 정리하고 종합하기에 어려운 경우 등 교실 안에서 흔히 겪게 되는 토의토론 활동 속에서 아이디어를 개발하고 문제의 해결방안을 제시하는 과정상의 어려움을 극복하기에 매우 효과적인 활동이라 할 수 있다.

필자의 교실 사례

이 활동이 가진 대표적인 특징은 ① 모둠원들이 의무적으로 자신에게 주어진 쪽지 수만큼의 생각을 적어 놓은 뒤에 이를 바탕으로 토의토론 활동에 참여하며, ② 종이에 적어 놓고 토의토론 활동에 참여하기 때문에 말하고자 하는 중요한 생각들을 잊어 버릴 염려가 줄어들고, ③ 생각이 적힌 종이쪽지가 여기저기 돌아다니면서 생각의 변화(수정, 변형 등)가 일어난다는 점이다. 또한 ④ 자연스럽게 분류가 이루어지며, ⑤ 참가한 학생들은 무엇인가를 직접 조작하는 과정에서 자신들의 사고가 이리저리 오고가는 모습을 보면서 자연스럽게 활동에 몰입하게 된다는 점 또한 긍정적인 특징이라 할 수 있다. 활동 과정을 살펴보면 다음과 같다.

- **[1단계]** 교사는 먼저 생각을 기록할 쪽지 또는 이면지(A4의 1/4 크기 배분 ⇨ 학생 각자 4등분)를 나누어 준다.
- **[2단계]** 주제를 학생들에게 제시하고 안내한 후 혼자 생각할 시간을 갖는다.
- **[3단계]** 주제에 맞는 각자 자신의 생각을 쪽지 한 장에 한 가지씩, 주어진 시간만큼 기록해 나간다.
- **[4단계]** 교사가 생각 내놓기 활동을 할 시간을 안내하면, 각 모둠에서는 '돌아가며 말하기' 구조를 활용하여 1번 모둠원부터(모둠 내 번호순서대로) 자신이 갖고 있는 쪽지(생각)를 한 장씩 내

3단계 생각 기록하기

4~7단계 활동장면   8단계 활동장면

려놓으며 설명을 한다.

- **[5단계]** 다른 모둠원들은 〈1번〉 모둠원의 설명을 들으면서 자신도 같은 생각을 기록한 쪽지를 들고 있으면 "저도 그런 생각을 했습니다."라는 말과 함께 동시에 내려놓는다.(포개어 놓는다.) 이렇게 되면 그 모둠에서 한 가지 생각이 분류·정리된다.

- **[6단계]** 이어서 2번 모둠원이 자신의 생각을 자세히 설명하며 한 가지 생각이 적힌 쪽지를 내려놓는다. 그러면 나머지 모둠원들은 5단계 과정을 반복한다.(먼저 내려놓은, 다른 생각이 적힌 종이쪽지와 분리하여 내려놓는다.)

- **[7단계]** 앞의 4단계, 5단계 과정을 반복하면서 손에 쪽지를 들고 있는 모둠원이 한 명도 없을 때까지 진행한다.(자연스럽게 비슷한 생각끼리 포개어진 상태로 분류·정리된다.)

- **[8단계]** 분류·정리된 생각들을 살펴보면서 재배치(생각이 비슷해서 합치거나 또는 그 반대일 경우)해야 할 의견이 있다면 서로 상의하여 정리한다.

- **[9단계]** 정리된 생각 묶음들을 주어진 B4 용지에 분류하여 풀로 붙인다.(때로는 붙이지 않고, 분류된 의견들을 정리만 하여 마무리하기도 한다.)

- **[10단계]** 모두 붙인 후에는 분류된 생각 묶음들 하나하나마다 한 개의 문장으로 정리하여 바로 옆이나 아래에 기록해둔다.(서로 상의하여 좋은 문장을 만들기) 시간이 허락된다면 간단하게 꾸며 주는 것도 좋다.(활동 주제나 제목 등을 크게 쓰고, 모둠 정체성도 표시될 수 있도록 한다. ⇨ 모둠명, 모둠 상징, 모둠원

9~10단계 정리된 사례

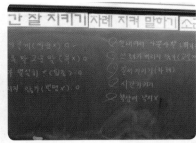

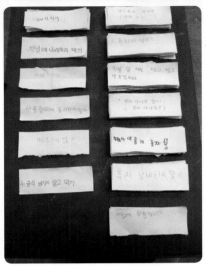

필자의 교실에서 생각 내놓기 구조를 의사결정 활동에 활용, 학급규칙 만들기 활동을 했던 사례로 활동 후에 결정된 학급규칙을 각 가정에도 알리고, 아동 및 학부모 동의를 통해 학생들 스스로 만든 학급규칙의 중요성 인식 및 준칙 정신을 강조하고자 계획했던 활동이다.

이름 등) ⇨ 다양하게 제시되고 분류된 생각 묶음들에 대한 분류기준이 필요한 경우에는 그 생각 덩어리(분류된 쪽지들)를 대표할 수 있는 낱말이나 문구를 논의한 뒤 그 기준들에 따라 쪽지들을 붙이고 정리하도록 한다.(범주화하기)

- **[11단계]** 정리된 결과물을 바탕으로 각 모둠에서 나온 의견들을 모둠 번호 순으로 발표하거나 게시한다.
- **[12단계]** 전체 발표로 이어갈 때는 앞 모둠에서 발표한 내용을 체크해 두었다가 중복되지 않은 의견만 발표할 수 있게 한다.

※ 의견 공유 과정에서 쪽지에 적힌 내용들은 언제든지 수정이 가능하다는 사실을 미리 알려 주고 진행하면 활동 과정이 한결 편안해진다.

⑨ 손가락으로 발표 횟수 표현하기

동등한 참여라는 원칙은 발표 욕구, 인정의 욕구, 관심 받고자 하는 욕구가 강한 학생들에게 매우 견디기 힘든 규범일 수 있다. 때에 따라서는 갑작스러운 변화에 불편한 감정을 드러낼 수도 있다. 이런 경우에 교사는 해당 학생을 개인적으로 만나 동등한 참여라는 대 전제가 어떤 의미를 갖는지, 이런 원칙이 왜 필요한지 등에 대

손가락 수 0 : 처음 발표, 손가락 수 1 : 두 번째 발표,
손가락 수 2 : 세 번째 발표

하여 충분히 설명하고 발표 기회를 특정 학생에게 여러 번 부여할 수 없다는 점을 명확히 하는 것이 좋다.(물론 충분히 여러 학생들이 발표했음에도 불구하고 그 학생이 꼭 참여하지 않으면 안 될 의미 있는 정보나 공유 자료가 있을 때는 예외가 될 수 있다.)

한편 학생마다 자발적 발표를 몇 번 참여했는지 표시하기 위해 손가락을 펴서 발표 의사를 밝히도록 하면 도움이 되기도 한다. 이럴 경우 펼친 손가락 수가 적은 학생에게 우선권이 있다는 점, 손가락 수가 적은 학생이 다 사라지면 그다음으로 손가락 수가 적은 학생에게 발표 기회가 돌아간다는 점을 명확히 하면 학생들도 충분히 그에 따라 발표를 해 나갈 수 있다.

핵심 열쇠 넷 : 누구나 알아야 할 개인적인 권리와 책임

수학 수업을 진행하면서 토의토론 활동을 펼쳐나가다 보면 공부를 잘하는 학생들만 발표하려는 의지와 욕구, 문제 해결의 의지를 적극적으로 보이는 경우를 자주 목격하게 된다. 그래서 토의토론 수업은 공부를 잘하는 학생들만의 전유물처럼 학생들 스스로 인식하고 있는 것은 아닐까 하는 생각이 들 때도 많다. 그러나 수학적 개념과 원리의 탐구 및 발견을 목표로 한 협동학습 수학 토의토론 활동에 익숙해지면 꼭 공부를 잘하는 학생들이 아니더라도 개념과 원리를 차근차근 알아나가는 재미와 그 맛을 알아가게 되면서 수학 토의토론이라는 것이 그리 어려운 것만은 아니라는 것, 토의토론 과정 속에서 수학적 사고력과 수학 실력이 차츰 나아지고 있다는 것, 자신이 조금씩 성장하고 있다는 사실을 깨닫게 된다. 이런 이유 때문에 필자는 수학 토의토론을 고집하고 있고 이와 관련된 연구를 꾸준히 해 오고 있는 중이다.

그런데 수학 토의토론을 진행하다 보면 토의토론 활동 자체를 힘들게 하는 상황을 자주 접하게 되는데 그런 상황들은 대체로 타인의 생각과 의견을 존중하지 않거나 수학 토의토론 과정에서 반드시 지켜야 할 책임을 다하지 않을 때 발생한다는 것을 알게 된다. 반대로 수학 토의토론이 잘 이루어지는 상황을 돌이켜 보면 모든 학생들의 생각과 의견이 존중되는 가운데 각 개인은 자신이 지켜야 할 책임을 다하면서 자유롭게 정보를 교환함으로써 배움이라는 공동의 목표를 달성함과 동시에 수학이라는 인류 문화유산을 탐구해 가는 재미와 희열을 느끼고 있다는 것 또한 알게 된다. 그럼에도 불구하고 수학 토의토론에 대하여 적지 않은 교사들이 갖고 있는 의구심은 수학적 사고력이 부족한 학생이 많을 경우, 수학 교과에 대한 학습 부진 현상이 나타나는 학생들이 적잖이 섞여 있을 경우, 수준 차이가 많이 나는 학생들이 섞여 있을 경우 진행이 어렵기 때문에 함부로 실시하기 어렵지 않느냐는 것이다. 그래서 토의토론 수학보다는 문제 풀이 방법 습득, 수학적 알고리즘의 전달과 반복 훈련에 중심을 두고 수업을 진행할 수밖에 없다고 항변을 하는 교사들을 자주 만나게 된다. 또한 배움이 느린 학생들에게는 별도로 문제 풀이만 반복적으로 시켜가면서 단기간에 최소한의 문제 해결만이라도 할 수 있게 만들어 주기 위해 노력할 수밖에 없는 현실이라고 토로하는 교사들을 자주 만나게 된다. 물론 토의토론 수학만이 답은 아니라는 점을 필자도 또한 잘 알고 있다. 하지만 절대적일 수는 없어도 충분한 대안은 될 수 있다는 확신은 갖고 있다.

단기간에 문제 풀이 방법만 알려 주는 것으로 어느 정도까지 결과를 끌어낼 수는 있지만 그 이상은 불가능한 상황도 꽤 많다. 그런 학생들에게 수학적 의사소통을 통해 스스로 개념과 원리를 충분히 이해할 수 있도록 도와주면서 수학이라는 교과목에 대한 흥미와 관심, 알아가는 재미를 느끼게 해 준다면 기대 이상의 효과를 얻을 수 있다는 점을 잊어서는 안 된다. 수학 성취가 낮거나 배움이 느린 학생들이 섞여 있다고 하여 답을 구하는 방법 알기 중심으로 수업을 진행한다거나 그들에게 문제 풀이 방법만을 단기간에 알려 주고 그에 대하여 반복적으로 훈련하게 하는 것만으로 교사로서 소임을 다했다고 생각하거나 이것이 한계라고 스스로 선을 그어 더 발전할 수 있는 기회와 시기를 놓친다면 매우 안타까운 일이 아닐 수 없다. 실제로 필자는 수학 교과 부진을 경험하고 있는 학생들 가운데 토의토론 수학을 통해 수학 교과에 대한 관심과 흥미를 갖게 되었고 수학 실력이 많이 향상되었다는 말을 전해 준 학생들과 학부모들을 꽤 많이 만나왔다. 전통적인 방식으로 수업을 하였을 경우 그 학생들이 지금까지도 수학이라는 교과에 대하여 부정적인 생각을 버리지 못하였거나 여전히 수학 부진아라는 굴레를 벗어던지지 못하였을 가능성이 높다고 본다면 협동학습 수학 토의토론은 수학적 배움이 느린 학생들에게도 매우 큰 의미를 지닌다고 볼 수 있을 것이라 판단된다.

배움이 느린 학생들이 있는 교실일수록 개인적인 권리와 책임을 더 명확히 하고 모두가 적극적으로 토의토론 수학 속으로 빠져들 수 있게만 해 준다면 모든 학생들이 자신의 생각을 있는 그대로 표현하면서 스스로 무엇을 알고 있고 모르고 있는지를 깨달아 나감과 동시에 수학에 대한 흥미와 재미를 조금씩 알아나갈 수 있게 될 것이라 필자는 확신한다.[7] 이를 위한 몇 가지 방안을 제시하면 다음과 같다.

① 권리와 책임이 필요한 이유 명확히 하기

- 교실은 학생들의 존엄성과 자존감을 지켜 주는 곳 : 존엄성과 자존감이 무너지면 사람의 삶은 이유를 찾지

---

[7] 협동학습 토의토론 수학의 중심은 '문제를 풀어 답을 쓸 줄 안다.'에 있는 것이 아니라 '어떻게 해서 그런 답이 나왔는지 설명할 수 있다.'에 맞추어져 있다. 이 둘의 차이는 매우 크다고 볼 수 있다. 실제로 답을 쓰기는 하였지만 왜 그렇게 되는지 설명할 줄 모르는 학생들이 매우 많다. 이 경우 그 학생은 그것에 대하여 개념이나 원리를 정확히 이해하였다고 말할 수는 없는 일이다. 협동학습 토의토론 수학은 지적인 상호작용의 결과물보다 지적인 상호작용 과정 그 자체에 주목한다. 협동학습 토의토론 수학은 수업을 '수학적 지식의 결과를 전달하는 행위'라 바라보지 않는다. 협동학습 토의토론 수학은 수업을 '학생들 간의 상호작용 속에서 지식을 함께 발견하고 탐구해 가는 사고과정을 경험하는 행위'라고 바라본다. 그리고 그런 수업만이 수학의 본질에 대가가는 것이라 바라보고 있다.

못하게 되어 불안한 삶을 살아가게 된다. 아울러 그런 곳에서 학생들은 배움의 기쁨을 누릴 수 없게 된다.

- 즐거운 배움이 넘쳐나는 교실을 만들기 위해서 모든 학생들의 존엄성과 자존감은 존중받을 권리가 있고 누구든지 그것을 지켜나가야 할 책임이 있다는 것을 깨달아야 한다.
- 교실에서(특히 토의토론 수학 수업 시간에) 각 개인은 자신의 존엄성과 자존감을 존중받고 싶은 만큼 다른 학생들의 존엄성과 자존감을 지켜 주기 위해 책임을 다해야 한다.

② 권리와 책임 함께 세우기 및 공유하기

- 즐거운 배움이 넘쳐나는 교실을 만들기 위해 모두의 존엄성은 존중받고 자존감은 지켜져야 하며 각 개인은 그것을 위해 최선을 다해야 한다는 것을 지속적으로 상기시키고 그와 관련된 문구, 이미지, 규범 등이 늘 보이는 곳에 위치할 수 있도록 환경을 조성해야 한다.
- 권리 및 책임과 관련하여 보다 구체적인 내용을 함께 만들어 게시하고 항상 인지할 수 있도록 한다.

 누구나 존중받아야 할 권리의 구체적인 내용

1. 교실에서 어떤 학생이든지 자신의 생각이나 의견이 무시되어서는 안 된다.
2. 교실에서 어떤 학생이든지 의견을 말할 때 방해를 받는 일은 없어야 한다.
3. 수업 속에서 서로 다른 생각이 만났을 때 모든 의견은 존중받아야 할 권리가 있다.(무조건 한 가지로만 합의하여 정리할 필요는 없다는 점을 명확히 한다. 서로 다른 의견을 모두 발표한 뒤에 전체 토의토론을 통해 밝혀나간다.)
4. 발표 목소리가 작다고 하여 무시를 당하거나 조롱거리가 되어서는 안 된다.
5. 교실에서 틀린 답이든 오답이든 그 자체로 존중받아야 할 권리가 있다.
6. 잘 모르거나 이해가 되지 않는 사안에 대하여 누구나 질문을 할 권리가 있다.
7. 의견이나 생각에 대한 반대는 있을 수 있지만 사람 자체를 부정하거나 무시하는 행위로부터 보호받을 권리가 있다.
8. 모든 학생은 자신의 생각이나 아이디어를 공유할 수 있는 권리가 있다.
9. 목소리가 잘 들리지 않을 경우 크게 말해달라고 말할 수 있는 권리가 있다.
10. 발표에 순서가 주어지면 그 순서는 반드시 존중되어야 한다.

🌳 누구나 지켜야 할 개인적인 책임의 구체적인 내용

1. 모든 학생들은 타인의 생각이나 의견을 존중해야 할 책임이 있다.(비웃거나 야유를 보내는 일, 불편한 농담 또는 장난스러운 말을 툭툭 던지는 일 등)

2. 모든 학생들은 타인의 생각이나 의견을 끝까지 경청해야 할 책임이 있다.(발표할 때 다른 작업을 하거나 다른 생각을 하지 않기, 발표를 방해하는 말이나 행동 하지 않기, 발표하는 학생에게 모욕감을 안겨 주는 말이나 행동 하지 않기, 발표 내용을 이해하며 듣기)

3. 자신의 생각을 말할 때는 반드시 존칭어를 사용해야 할 책임이 있다.

4. 어떤 학생이 발표에 지목되었을 때 자신이 발표를 하지 않게 되어 속상해하거나 불평하는 일을 하지 말아야 할 책임이 있다.(거꾸로 왜 자신이 발표를 해야 하느냐고 반문을 하거나 불편한 행동을 하지 말아야 할 책임이 있다.)

5. 어떤 학생의 발표가 끝나기도 전에 반대 의견을 말하려고 하거나 잘못된 점을 찾아 수군거리지 않아야 할 책임이 있다.(발표를 가로채거나 끼어들지 않기, 발표 순서를 지켜가며 말하기)

6. 어떤 학생의 발표 소리가 작거나 이해가 가지 않는다고 하여 불평을 하거나 끝나기도 전에 발표를 막지 말아야 할 책임이 있다.

7. 다른 학생의 생각을 자신의 생각인 것처럼 포장하여 발표하지 말아야 할 책임이 있다.(의견에 대한 출처를 명확히 밝힐 책임이 있다.)

8. 특정 학생의 생각에 대하여 무조건 반대하거나 무시하는 행위를 하지 말아야 할 책임이 있다.

9. 충분히 생각할 시간을 주었을 때 관련된 주제에 대하여 어떤 생각이든 내놓아야 할 책임이 있다.

10. 발표 기회가 주어졌을 때 자신의 생각을 있는 그대로 솔직하게 설명하거나 말해야 할 책임이 있다.

11. 모둠 내에서 생각의 충돌이 일어났을 때 지지하는 학생의 수가 적다고 하여 무시하지 말아야 할 책임이 있다.

12. 잘 이해가 되지 않거나 모르는 사항에 대하여 질문을 하거나 다시 물어보아야 할 책임이 있다.(다른 사람의 발표를 들으면서 이해해야 할 책임이 있다.)

13. 사람에 대한 반대가 아니라 생각이나 의견에 대하여 반대를 하거나 다름을 표현해야 할 책임이 있다.(다름 또는 반대를 표현할 때는 그에 대한 이유까지 밝히기, 친한 친구라고 하여 무조건 동의하거나 찬성하지 않기)

14. 발표 기회가 주어졌을 때 누구에게나 들릴 수 있는 큰 목소리로 발표를 해야 할 책임이 있다.

15. 발표 연습을 할 시간이 주어졌을 때 효과적인 설명을 위한 연습을 충실히 해야 할 책임이 있다.

16. 모든 아이디어나 정보들은 공유해야 할 책임이 있으며 자신이 한 말에 대한 책임은 스스로 져야 한다.

17. 제시된 과제는 어떤 일이 있더라도 반드시 해결해야 할 책임이 있다.

18. 과제 완수 후에는 돌아다니거나 다른 모둠 활동을 방해하지 않아야 할 책임이 있다.

🌳 권리를 존중하지 않고 책임을 다하지 않았을 경우에 대비한 방안

1. **권리를 존중하지 않았거나 책임을 다하지 못한 경우에 따른 방안 함께 마련**
   - ▶ 이에 대한 교사의 높은 기대와 엄격한 규율이 존재한다는 것을 학생들이 인식할 수 있게 한다.
   - ▶ 어겼을 경우 그에 따른 벌칙이 분명히 존재하고 어떤 상황에서든 예외가 있을 수 없다는 점을 명확히 한다.(가벼운 정도 또는 단 한 번이라도 다른 학생들을 존중하지 않는 발언이나 태도에도 예외를 두지 않는다.)
   - ▶ 벌칙은 교사가 정하여 제시해도 상관이 없겠지만 학생들과 협의하여 함께 결정한다면 더 좋을 것이다.
   - ▶ 어떤 학생이든 반드시 지킬 수 있을 만큼의 벌칙을 정한 뒤 누구에게든 공평하게 부여하도록 한다.
   - ▶ 규정, 벌칙 등은 학생들이 항상 바라볼 수 있는 곳에 게시하고 일상생활 속에 자연스럽게 스며들 수 있도록 한다.(상황이 발생하였을 때 어떤 점을 지키지 못하였는지 읽어 보도록 한다.)
   - ▶ 권리와 책임이 교실 속의 문화로 자리매김할 수 있을 때까지 지속적·반복적으로 강조하고 상기시킨다.

2. **개별 상담**
   - ▶ 권리를 존중하지 않았거나 책임을 다하지 못하는 상황이 자주 발생할 경우 누적 횟수에 따른 적절한 조지를 취한다는 것을 명확히 한다.
   - ▶ 누적 정도에 따라 개별상담 또는 학부모 상담을 병행하도록 한다.
   - ▶ '왜 저에게 자꾸 발표를 시켜요?'라고 불만을 토로하거나 발표를 부담스럽게 생각하는 학생이 꽤 많다. 이 경우 차별이라고 생각하거나 교사가 자신을 미워한다고 생각하는 경우도 종종 있다. 이런 경우 해당 학생과 조용한 곳에서 마주한 뒤 그 이유를 명확히 설명해야 한다. ① 말로 표현하면 자신이 알고 있는 것과 모르고 있는 것이 명확해진다는 점, ② 모르고 있는 점을 알려고 노력하게 된다는 점, ③ 선생님은 교실에서 모든 학생들에게 수학적 배움이 일어나게 하려고 노력하고 있다는 점, ④ 한 명의 학생도 수학적 배움에서 낙오되는 일이 없게 하려고 노력하고 있다는 점, ⑤ 해당 학생 및 그의 솔직한 의견이 우리 교실에서 얼마나 중요한 것인가 하는 점, ⑥ 해당 학생의 의견을 다른 학생들도 꼭 듣고 싶어 한다는 점 ⑦ 선생님의 생각과 의도를 믿고 따라와 주기 바란다는 점 등
   - ▶ 발표에 대한 욕구가 높은 학생 상담 : 다른 학생들에게도 참여 기회를 공평하게 나누어 줄 필요가 있음에 대한 설명과 설득, 반드시 꼭 자신이 발표를 하지 않으면 안 되는 내용인지 한 번 더 생각해 보고 손을 들도록 부탁하기
   - ▶ 발표를 힘들어하거나 손을 들지 않는 학생 상담 : 어떤 점이 힘든지, 걱정되는 점이 무엇인지 알아보기, 참여가 중요한 이유 설명과 설득, 쉬운 질문에 대한 발표부터 차근차근 접근해 나갈 수 있도록 하기, 끈기를 가지고 접근하기

제7장

초등 협동학습 토의토론 수학을 위한

준비

초등 협동학습 토의토론 수학을 시작하기 위해서는 철저한 준비가 필요하다. 준비 없는 토의토론은 실패할 수밖에 없는 것처럼 준비 없는 협동학습 토의토론 수학은 그 효과가 미미할 뿐만 아니라 교사로 하여금 얼마 지나지 않아 토의토론을 포기하고 원래 모습으로 돌아갈 수밖에 없게 해 준다. 본 장에서는 협동학습 토의토론 수학을 위해 교사가 어떤 노력을 해야 하는지, 시간을 어떻게 활용해야 하는지, 학년 초 준비는 어떻게 해야 하는지, 모둠 구성은 어떻게 해야 하는지, 첫 수업을 어떻게 열어가는 것이 좋은지, 수업 디자인은 어떻게 해야 하는지 등으로 나누어 살펴보고자 한다.

방학을 알차게 보내기

교사들에게 있어 방학은 정신노동으로 지친 몸과 마음을 다시 추슬러야 하는 재충전의 시간이지만 학생들 지도를 위해 자신만의 자산을 마련해 두기 좋은 시간이기도 하다. 교사이기 때문에 주어진 특별한 시간인 방학을 어떻게 사용하느냐에 따라 교사의 전문성은 크게 달라지고 그에 따른 수업의 질도 매우 큰 차이를 보일 수밖에 없다. 필자의 경우 방학은 책상 앞에 앉아 수학 관련 서적을 많이 챙겨 보기도 하고 새 학기 시작 전에 해당 학년 수학 교과 단원 분석을 철저히 하고 수업 설계를 위한 기초 디자인을 해 보는 시간이다.[1] 그래서 편안히 쉬

---

[1] 필자의 경우 능력이 부족해서인지 모르겠지만 수학 교과 하나만 철저히 분석하고 실제 수업을 위한 기초 설계를 하는 것만으로도 방학이라는 기간이 짧다고 느낄 만큼 그렇게 빨리 지나가 버리기 일쑤다. 그래서 다른 교과를 살펴보는 일은 깊이 있게 하지 못하는 경우가 많다. 물론 다른 교과와 관련하여 부족한 부분을 채우기 위해 꼭 필요한 책을 읽고 다음 학기를 위해 약간의 준비를 하는 편이기는 하지만 수학 교과에 비하면 투자하는 시간이 많이 짧다고 볼 수밖에 없다. 그렇기 때문에 학기가 시작되면 다른 교과를 위한 수업 준비에 더 많은 시간을 할애하는 편이기도 하고, 질적으로 아주 높은 수준까지는 아니더라도 나름 의미 있고 재미있는 수업, 배움이 넘쳐나는 수업을 만들기 위해 최선을 다해 노력하고 있는 중이다.

거나 장시간 여행을 다닐 만큼의 여유가 그리 많지 않다. 특히 협동학습 토의토론 수학을 위해 방학이라는 시간을 그렇게 보내지 않으면 학기 중에 토의토론 수학을 위해 단원 분석을 하고 연구를 하고 미션 과제나 핵심 발문을 준비할 만한 여유가 쉽게 생기지 않기 때문이다. 다음 내용은 필자가 방학 중에 주로 하는 연구 활동들에 대하여 간략히 정리해 본 것이다.

① 다음 학년 또는 학기 수학 교육과정 철저히 분석하여 정리해 두기[2] : 해당 학년 수학 지도서, 교과서, 지도할 내용과 관련된 수학 교육 전문서적, 교양서적 등을 탐독하고 중요한 요소 뽑아 정리해 두기

② 단원 분석에 따른 1차적인 수업 차시 설계 및 핵심 목표 설정해 두기 : 단원 전체를 몇 차시로 나눌 것인지, 각 차시별로 어떤 수업 목표를 설정하고 어떤 내용을 토의토론 활동으로 진행할 것인지 등에 대한 대략적인 밑그림을 그려 두기

③ 필요한 각 차시에 필요한 핵심 발문, 중요한 미션 과제, 중요한 수업 자료 등에 대하여 준비하기 : 어떤 발문이 학생들을 토의토론 활동으로 이끌어갈 것인지, 어떤 과제를 제시해야 학생들이 토의토론 과정을 통해 효과적으로 개념과 원리를 이해하고 협동적으로 문제를 해결해 나갈 것인지, 어떤 자료를 활용해야 학생들의 개념 및 원리 이해에 도움이 될 것인지 살펴보고 꼼꼼히 준비하거나 메모해 두기[3]

④ 평소 자신이 부족하다고 생각했던 분야, 영역, 교수법, 생활지도법, 발문법 등에 대하여 보완하기 : 수학 관련 연수, 수학 관련 서적 탐독하기[4]

⑤ 학년 초 수업을 위한 철저한 준비 : 수업 방식, 교과서 내용의 재구성, 모둠 구성 및 운용, 협동학습 토의토론 수학을 위한 오리엔테이션, 첫 단원 실제 수업을 위한 차시별 지도안 마련하기(바로 이어서 자세히 다루거보고자 함)

이렇게 방학을 알차게 보내고 난 뒤 학기가 시작되면 방학 중에 준비한 것들을 좀 더 세밀하게 차시별로 다

---

2 새 학년 발표가 겨울방학 전에 빨리 이루어지는 학교들도 조금씩 생겨나고 있다. 이럴 경우 겨울방학은 더 큰 의미를 갖는다. 하지만 아직도 종업식 즈음 하여 새 학년 발표를 하는 학교들이 많다. 그렇기 때문에 수학 교육과정을 철저히 분석할 시간적 여유는 더욱 더 줄어들 수밖에 없게 되고 새 학년이 시작되면 협동학습 토의토론 수학을 진행하기가 매우 힘들어지게 된다. 그래서 주로 주말에 모든 시간을 투자하여 한 주를 위한 수업 준비에 만전을 기할 수밖에 없고, 다른 단원 시작을 앞두게 되면 그 전의 주말은 더욱 더 많은 시간 투자와 정신 집중이 요구되기도 한다. 여름방학의 경우에는 조금 수월한 편이기는 하다.

3 이를 위해 학기 중 또는 방학 중에 인터넷 서점을 활용하여 전문서적들을 검색하고 검색한 뒤 읽어 두거나 수업 자료로 활용할 수 있도록 정리하는 편이다. 이 글을 읽는 분들도 수학 교과에 몰입하여 필자와 같은 과정을 10년만 꾸준히 겪어나갈 것을 적극 권한다. 필자도 그런 길을 걸어왔기 때문에 그런지 모르겠지만 흔히 이야기하는 '10년 1만 시간의 법칙'이라는 말이 괜히 나오지는 않았다는 것을 철저히 믿는다.

4 수학 교과와 관련하여 강의를 하다 보면 정말로 많은 교사들이 각 영역별로 정확히 이해하지 못한 상태에서 학생들을 지도하고 있다는 사실들을 깨닫게 되는 경우가 많다. 교사들도 답을 내는 방법은 알고 있지만 어떻게 해서 그런 답이 나오게 되었는지에 대한 정확한 이해와 개념은 충분하지 않다는 말이다. 협동학습 토의토론 수학은 개념이나 원리를 기본 바탕으로 한다. 협동학습 토의토론 수학의 성패는 '교사가 정답에 이르는 길을 얼마나 잘 가르쳤는가?'에 있는 것이 아니라 '학생들이 개념과 원리의 이해에 충분히 도달하였는가?'에 달려 있는 것이다.(잘 가르쳤느냐에 있는 것이 아니라 잘 배웠는가에 있는 것) 결국 성공적인 협동학습 토의토론 수학은 교사들이 수학 교과의 각 영역별로 보다 깊이 있는 학문적 지식을 정확히 알고 있어야만 한다는 전제 조건이 성립될 수밖에 없는 일이다. 초등학생 수준의 내용이라고 하여 이미 다 알고 있다고 쉽게 생각하여 별다른 연구나 고민 없이 전통적인 방식으로 지도하려고 하거나 자신이 알고 있는 수학적 지식들을 마구 쏟아내는 식으로 수업을 하고자 한다면 협동학습 토의토론 수학은 그림의 떡일 수밖에 없는 일이 되고 만다.

들어 차근차근 풀어내고, 그 결과에 대하여 수업 후에 피드백하고 정리하고 다음 차시에 반영하여 교육과정을 재구성하면 협동학습 토의토론 수학 수업은 성공적으로 꾸준히 진행해 나갈 수 있게 된다.[5]

학년 초를 위한 철저한 준비

시대의 흐름에 따라 교육 내용, 방식도 변화를 필요로 한다. 현재 교육의 중심과 앞으로의 방향은 분명히 '가르침'보다 '배움'에 있다. 그렇다면 여기에 맞는 교육과정 재구성과 내용 마련, 그에 알맞은 교수법이 필요하다. 그리고 필자가 그에 맞게 선택한 것이 바로 개념, 원리 중심의 협동학습 토의토론 수학이었는데 성공적인 진행을 위해서는 학년 초 수학 수업 시간을 어떻게 열어 나갈 것인가부터 고민해야만 한다. 시작이 반이라 했다. 시작만 잘해도 절반은 성공한 것이라 본다면 학년 초 수업을 잘 열어가기 위한 준비가 철저히 이루어져야만 한다. 이에 대한 몇 가지 내용들을 살펴보면 다음과 같다.

(1) 주된 수업 방식에 대한 역량 강화

협동학습을 전제로 하기 때문에 주된 수업 방식은 모둠 중심 토의토론이라 할 수 있다. 매 시간 40분 전체를 협동학습 토의토론으로 진행할 수는 없겠지만 매 시간마다 일부의 시간만이라도 협동학습 토의토론이 이루어질 수 있도록 수업을 계획하고 진행할 수는 있는 일이다. 이렇게 하면 비록 짧은 시간일지라도 학생들은 수학적 의사소통을 경험하면서 서로 도움을 주고받는 과정을 통해 개념과 원리를 탐구해 나가게 된다. 따라서 협동학습 및 토의토론에 대한 교사의 역량 강화, 전문성 신장을 위해 최선을 다해 노력해야 한다.

(2) 교과서 내용의 재구성

흔히 교육과정의 재구성이라고 말한다. 하지만 엄밀히 따지면 교육과정의 재구성이라기보다 교과서 내용의 재구성이라는 말을 하는 것이 더 정확한 표현일 수 있다. 어떤 관점에서 바라본다면 교육과정은 이미 정해져 있는 것이고 그것의 범위 안에서 교사가 나름의 관점으로 기존의 교과서와 달리 내용을 재구성하여 수업을 하는 모습이 거의 대부분이기 때문이다.

협동학습 토의토론 수학을 위해서는 교과서 내용의 재구성은 필수라 할 수 있다. 왜냐하면 수학 교과서는 토의토론을 전제로 만들어지지 않았기 때문이다. 협동학습 토의토론 수학을 위해 교과서 내용을 재구성할 때 가

---

5 이런 과정을 꼼꼼히 거쳐서 필자가 정리한 책이 '5학년 수학 수업 협동학습으로 디자인하다(2016, 시그마프레스), 6학년 수학 수업 협동학습으로 디자인하다(2018, 시그마프레스)'라고 할 수 있다. 이 두 권의 책은 실제 수업 사례보다 왜 그런 수업을 할 수밖에 없었는지 등을 정리한 단원 분석 내용에 더 큰 무게 중심과 가치가 있다고 자신 있게 말할 수 있다.

장 많이 고민해야 할 점은 그에 맞는 핵심 발문 개발, 미션 과제 개발이라 할 수 있다. 이 두 가지가 준비되지 않는다면 협동학습 토의토론 수학은 불가능하다고 볼 수 있는데 이에 대한 자세한 내용은 3부에서 다루어 보고자 한다.

(3) 모둠 구성 및 운용에 대한 고민

협동학습은 기본적으로 모둠 활동을 기반으로 한다. 때문에 모둠을 언제 어떻게 구성하고 어떻게 배치하고 운용하느냐 하는 문제는 매우 중요할 수밖에 없다. 이에 대해서는 바로 이어서 자세히 다루어 보고자 한다.

협동학습 토의토론 수학을 위한 모둠 구성 및 운용

협동학습 토의토론 수학을 위해서는 모둠의 효과적인 조직과 운용이 필수다. 여기에서 모둠은 어떻게 조직하는 것이 효과적이며, 어떻게 운용해 나가는 것이 좋은지에 대하여 간략히 살펴보도록 하겠다.

(1) 모둠 구성하기[6]

협동학습은 기본적으로 4인 1모둠, 이질 모둠을 원칙으로 한다. 4인 1모둠을 권장하는 이유는 모둠의 규모나 짝 활동 및 상호작용의 효율성 면에서 가장 효과적이기 때문이다.(오른쪽 그림 및 아래 내용 참고)

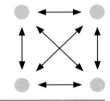

구성원	장점	단점
2명	상호의존성이 매우 높고 상호작용이 활발해지며 참여의 기회가 확대되어 저학년의 경우 더 효과적	한 사람에 대한 의존도(결석, 인원수가 홀수일 때)가 너무 크고, 다양한 사고와 접할 기회(여러 사람과의 상호작용)가 적어 사고 확장에 한계가 있음
3명	작은 규모로 회의가 가능하며 의사결정이 필요할 때 어떤 식으로든 쉽게 이루어짐	상호작용의 효율성이 떨어지고 짝 활동을 할 때 소외되는 학생이 발생, 교실의 특성상 공간 활용이 비효율적임

(계속)

---

6 상황에 따라 3월 첫 주부터 정식 모둠을 구성해도 좋고, 3월 한 달은 기본 훈련 시간으로 삼아 임시 모둠을 편성(분단식으로 앉은 상태에서 홀수열이 뒤로 돌아 앉으면 곧바로 4인 1모둠이 만들어진다.)한 후 기초적인 모둠 활동에 익숙해질 수 있도록 수업을 진행한 뒤 4월부터 정식 모둠을 구성, 두 달씩 운영하고 바꾸는 방식으로 모둠을 운용해도 좋다. 다만 토의토론 활동의 경우 모둠 내에서도 짝을 정할 때 최상위 수준의 학생과 최하위 수준의 학생이 짝이 되는 일은 없도록 하는 것이 좋다. 왜냐하면 최상위 수준의 학생이 먼저 생각을 제시하고 나면 최하위 수준의 학생은 더 이상 할 말이 없어지기 때문이다.

구성원	장점	단점
4명	교실 상황에서 규모가 가장 이상적이고 상호작용을 위한 경우의 수가 가장 효율적이며 자리 배치 면에서 융통성이 큼	한 사람이 결석할 때 소외되는 학생이 발생하게 되고 의사결정이 어려움(2:2 상황일 경우)
5명	사람 수만큼 다양한 생각과 의견을 접할 수 있고 의사 결정이 쉽게 이루어짐(회의에 가장 적절한 인원이라 할 수 있음)	홀수가 되어서 짝 활동을 할 때 소외되는 학생이 발생하게 되고, 교실의 특성상 공간 활용이 비효율적임(책상 배치 면에서 어려움이 있음)
6명	사람 수만큼 다양한 의견을 얻을 수 있고 어려운 활동도 거뜬히 해낼 수 있음	규모가 커서 단합이 어렵고 한 사람이 결석할 때 소외되는 학생이 발생함

한편 협동학습은 이질 모둠(남녀의 성비, 학습 능력, 인성, 행동특성 등을 다양하게 고려 ⇨ 교사가 직접 모둠을 구성하는 것이 좋음)을 권장하고 있는데, 그 이유는 다양한 특성들이 상호간의 단점을 보완해 주고 시너지 효과를 발휘하게 해 주며(누군가의 강점 지능이 다른 모둠원의 약점 지능을 보완해 주면서 함께 성장해 나감) 또래 가르치기가 효과적으로 이루어지기 때문이다. 또한 이성간의 관계 향상에도 도움을 주고 높은 학업성취도를 가진 학생의 보조교사 역할이 학급운영의 모든 면(학습활동, 교수-학습활동)을 용이하게 해주기 때문이다. 이를 위해서는 교사가 의도적으로 치밀하게 계획하여 모둠을 구성하는 것이 제일 좋다.[7]

모둠을 구성하고 난 뒤에는 모둠 이름 정하기, 모둠 상징 만들기, 모둠 구호 정하기, 모둠 사진 촬영하기 등의 활동을 진행하는 것이 좋으며 모둠을 재편성하기 전에는 모둠원들에게 칭찬 편지 쓰기, 감사의 편지 쓰기 활동 등을 하는 것이 좋다. 여기에서는 이와 관련된 내용은 생략하기로 한다.

(2) 모둠원 훈련하기

모둠을 구성한 후에는 모둠 정체성을 세우고 구성원들 간에 결속력을 다지면서 다양한 상호작용을 위한 기본 의사소통 훈련을 해 나가야 한다. 그래야 협동학습 토의토론 수학을 진행하면서 문제가 발생하는 상황을 줄일 수 있다. 이에 대해서는 앞의 '권리와 책임' 부분에서 다룬 내용들을 참고하기 바란다. 특히 아래 두 가지 기본 훈련은 학년 초부터 모든 수업 시간을 통해 지속적으로 실천해 나갈 수 있도록 하며 반드시 강조하고 또 강조할 수 있도록 신경 써야만 한다.

[기본 훈련 1] 존칭어로 말하기
공식적인 수업 활동 속에서의 모든 대화(토의토론 수학 진행 중 의견 개진)는 '존칭어 사용하기'를 원칙으로 하게 되면 불필요한 말을 줄일 수 있고, 의사소통 과정에서 발생하는 여러 가지 문제점(특히 소란함과 여러 갈등 상황)들을 최소화시킬 수 있으며 상대방을 존중하는 학급 분위기를 만들어 나갈 수 있다.

---

7 모둠에 대한 자세한 내용은 이상우, 살아 있는 협동학습(시그마프레스, 2009) pp.121~144를 참고

[기본 훈련 2] 적극적으로 듣기

언어를 매개로한 상호작용 활동을 하면서 우리 학생들이 제일 못하는 것 한 가지만 꼽으라면 필자는 '경청하기'를 꼽는다. 상대가 이야기를 하면 말의 핵심을 찾아 이해하거나 공감하는 힘이 많이 떨어진다. 또한 상대가 이야기할 때 자꾸만 불필요한 이야기를 덧붙이거나 끼어들기를 하여 활동을 방해하기도 한다. 때문에 수업 시간이 매우 소란스러워지고 과제 완성이나 '배움'의 수준이 많이 떨어진다. 이를 극복하기 위해서는 앞의 '권리와 책임' 부분에서 다룬 바와 같이 계획적으로 지도하는 것이 좋다.

(3) 협동학습을 위한 모둠 내 역할 부여 및 역할 책임[8]

어떤 집단 내에서 한 사람에게 기대되는 행동을 우리는 역할이라고 한다. 협동학습을 위한 모둠 조직 내에서도 성공적인 활동을 위해서 바람직한 역할을 만들고 그에 맞는 역할 책임을 부여하여 그에 대한 책임감과 모둠에 대한 소속감을 느끼게 하며 활동 과정에서 서로 돕는 모습을 보이게 하고 있다. 필자의 경우 일반적인 협동학습 활동에서는 보통 이끔이, 지킴이, 칭찬이, 기록이, 도우미 등으로 역할을 나누어 맡도록 하지만 수학 토의토론의 경우에는 도우미, 점검이로 역할을 간소하게 나누어 맡도록 하고 그에 따른 역할 책임을 부여하여 실천할 수 있도록 안내하고 지도한다.

이렇게 역할을 나누어 과업을 부과하면 소그룹 내에서 자기의 역할이 분명해지고 책임감을 느끼고 최선을 다하게 된다. 구성원 중 자기의 맡은 역할을 충실히 하는 학생에게는 그때그때마다 적절한 칭찬을 해 줌으로써 긍정적인 상황을 만들어나갈 수 있다.

초등 협동학습 토의토론 수학을 위한 역할과 이끔말 사례

1. 꼭 필요한 역할인지 생각해보기 : 역할의 최소화(역할이 많고 복잡하면 오히려 활동에 지장을 초래할 가능성이 높고 효율성도 떨어짐)
2. 누구나 쉽게 할 수 있는 역할인지 생각해보기 : 역할의 용이함
3. 역할별 책임의 양이 균등한지 생각해보기 : 역할 책임의 균등
4. 역할 간에 위계성이 있는지 생각해보기 : 역할 간의 평등
5. 모두가 참여하고 있는지 생각해보기 : 동등한 참여와 개인적인 책임
6. 자율적으로 역할 배정이 이루어졌는지 생각해보기 : 소통과 민주성
7. 가장 이상적인 상황은 역할이 없이도 토의토론 활동이 효율적으로 이루어지는 것
8. 보통 4인 1모둠으로 모둠을 구성할 때 역할은 두 가지 정도가 이상적(협의를 통해 2명씩 역할 책임 맡기, 주기적으로 역학 책임 순환)

(계속)

---

8 이상우, 살아 있는 협동학습(시그마프레스, 2009), pp.143~144. pp.164~165. 이상우, 협동학습으로 토의 토의토론 달인 되기(시그마프레스, 2011), pp.129~133을 참고

초등 협동학습 토의토론 수학을 위한 역할과 이끔말 사례	
도우미	준비물 챙기기, 활동지 챙기기, 각종 도구 챙기기, 과제물 수합 및 제출, 활동지 또는 활동 자료 배부 ▶ 제가 나누어 주겠습니다. 제게 보내 주세요. 차례차례 받아 가세요. 차근차근 나누어 주겠습니다. 안 받은 분 있나요? 더 필요한 것 있나요? 제가 도와줄게요.
점검이	모둠 내 과제 수행 상황 점검, 모둠 내 미션 활동 완성도 체크, 모둠 의견 기록 및 정리 ▶ 우리 모둠은 과제를 완성했나요? 함께 다시 알아볼까요? 빠짐없이 완성했나요? 부족한 점이 있나요? 모두 가 미션 또는 과제를 다 이해하고 설명할 수 있나요? 이 부분은 어떻게 좀 더 생각해 볼 필요가 없을까요? 다 른 방향으로 생각해 볼까요?
공통 사항	모둠 내에서 아래와 같은 말들이 역할과 상관없이 자유롭게, 수시로 오고 갈 수 있도록 한다. ▶ 내가 무엇을 도와줄까요? 나 ○○을 잘 모르겠는데, 좀 도와줄래요? 좋은 아이디어입니다. 좋은 생각입니 다. 와, 멋진 생각입니다. 도와주어서 고맙습니다. 과제에 집중하면 좋겠습니다. 좀 더 열심히 해 보도록 합 시다.

성공적인 협동학습 토의토론 수학을 위한 오리엔테이션 수업

필자는 1년 동안 이루어질 협동학습 토의토론 수학을 성공적으로 진행해 나가기 위하여 새 학년 첫 주 수업 가운데 3~4시간 정도를 확보(창의적 체험활동 시간 등도 활용)하여 다음과 같이 오리엔테이션 수업을 계획적으로 실시한다.

> 1차 오리엔테이션

수학이란 무엇이고 왜 공부해야 하는가?

보통 새 학년 공부를 할 때 각 과목별로 왜 공부를 해야 하는지, 해당 학년에서는 어떤 내용들을 공부하게 되는지 살펴보는 활동이 필요하지만 이런 과정을 거치지 않는 교실이 많다. 필자의 경우 모든 과목 첫 수업 시간은 이런 내용을 함께 살펴보는 활동으로 보낸다. 특히 협동학습 토의토론 수학 첫 번째 시간은 다음과 같은 내용으로 더 꼼꼼하게 준비하여 진행한다.

① 각자가 생각하는 수학에 대한 생각 공유하기 : 모둠 문장 만들기
② 수학이란 무엇인가 생각해보기
③ 수학이란 왜 공부해야 하는가 생각해보기

협동학습 토의토론 수학

오리엔테이션 1차시 수업

모둠 문장 만들기

1. 나에게 있어 수학이라는 과목은 (   )과 같다.

 왜냐하면 (

)이기 때문이다.

예시　나에게 있어 시간은 '금'과 같다. 왜냐하면 시간은 금처럼 귀하고 소중하기 때문이다. (괄호 안에 들어갈 낱말은 반드시 1개의 낱말로, 비유적인 표현으로!!)

2. 수학이란 무엇인가?

_____

_____

3. 수학은 왜 공부해야 한다고 생각하는가?

_____

_____

　위와 같은 활동을 하는 이유는 본격적인 협동학습 토의토론 수학을 진행하기 전 수학 교과에 대한 학생들의 생각과 감정들을 진지하게 살펴보고 공감하는 시간을 가져봄과 동시에 앞으로 이루어지게 될 토의토론 수학과 학생들의 생각을 연결시켜 주면서 수학에 대한 새로운 시각과 관점, 토의토론 수학에 대한 기대감을 가질 수 있는 단초를 마련하기 위함이다.

> **2차 오리엔테이션**

협동학습 토의토론 수학에 대한 큰 그림 그리기

오리엔테이션 2차시 수업은 앞으로 함께 하게 될 협동학습 토의토론 수학에 대한 이야기를 개괄적으로 해 나가는 시간이라 생각하면 무리가 없다. 이 시간에는 앞으로 경험하게 될 수업의 방향성, 수업 방식, 토의토론 수학의 의의와 필요성, 기존의 수업과 비교하여 다른 점, 이를 위해 가져야 할 마음과 다짐, 토의토론 수학에 필요한 준비물 등에 대한 구체적인 안내, 역할 정하기 및 역할 책임 안내 등이 이루어지도록 한다. 필자의 경우는 다음 사례와 같은 내용을 복사물로 만들어 나누어 주고 공책 맨 앞에 붙이도록 한다.

서울		초등학교
협동학습 토의토론 수학		
5학년	반	번
수학시간의 약속		
이름 :		

행복한 협동학습
토의토론 수학을 위한 약속

1. 수학 수업을 위한 준비는 철저히 합니다.

▶ 교과서, 수학 전용 노트, 필기도구(연필, 색깔 펜), 컴퓨터용 수성펜 또는 보드마카(개인용 모둠 칠판에 사용), 풀 또는 투명 테이프를 준비

2. 수업 시작 전 책상 배치를 모둠별로 바꾸어 놓습니다.

▶ 수업 중에 모둠별로 토의토론하는 활동이 자주 있음

3. 모둠원끼리 서로 협동합니다.

▶ 모둠원과 서로 도움을 주고받으며 배움을 실천합니다.

4. 다른 사람들의 권리를 지켜 줍니다.

▶ 교실에서 누구나 존중받을 권리가 있습니다.

5. 개인적인 책임을 완수하기 위해 최선을 다합니다.

▶ 교실에서는 누구나 개인적인 책임을 철저히 완수할 수 있도록 최선을 다해 노력합니다.

[생각해보기 1] '답을 쓸 줄 안다'와 '답에 대해 설명할 줄 안다'의 차이는?

[생각해보기 2] 토의토론, 발표가 의미하는 것은 무엇인가?

🍃 꼭 설명해야만 하는 요소

① '답을 쓸 줄 안다'와 '답에 대해 설명할 줄 안다'의 차이점 이해 돕기

• 답을 쓸 줄 안다는 것은 정해진 절차에 따라 문제를 풀 줄 안다는 것

• 설명할 줄 안다는 것은 주어진 상황에 대한 이해를 바탕으로 답에 이르는 길을 찾아 자신만의 언어로 설명할 줄 안다는 것

- 그 과정에서 자신이 알고 있는 것은 무엇이고 모르는 것이 무엇인지 깨닫게 된다는 사실을 이해할 수 있도록 돕기

② 매 시간에 적극 활용하게 될 토의토론과 발표는 무엇을 의미하는지에 대한 이해

- 다른 학생들과 생각의 교류(함께 생각하고 말하기, 경청하기)를 통해 정확한 수학적 개념과 원리를 이해하면서 능동적 배움이 가져다주는 쾌감과 성취감을 느낄 수 있게 해 주는 중요한 도구
- 자신의 생각이 왜 중요하며 어떤 가치가 있는지 증명하는 행위
- 다른 사람의 생각에 어떤 오개념이 있으며 어떻게 바로잡아야 하는지를 밝히는 행위

③ 토의토론 및 발표할 때 주의해야 할 점과 지켜야 할 점

- 책임과 권리에 대하여 몇 가지만 생각해보게 하기
- 3~4차 오리엔테이션 시간과 연결될 수 있게 함

④ 토의토론 수학을 통해 우리 모두가 기대할 수 있는 점이 무엇인지 살피기

- 토의토론 수학을 통해 서로의 생각을 이해할 수 있다는 점
- 토의토론 수학을 통해 나의 생각을 발전시킬 수 있다는 점
- 토의토론 수학을 통해 타인을 설득할 수 있는 힘을 향상시킬 수 있다는 점
- 토의토론 수학을 통해 수학에 대한 재미와 즐거움을 느낄 수 있다는 점
- 토의토론 수학을 통해 수학을 더 잘할 수 있게 된다는 점

⑤ 선생님이 가장 바라는 점 강조하기

- 정답을 바라는 것이 아니라 자신이 생각한 것을 있는 그대로 표현하는 것
- 맞고 틀림을 생각하지 말고 생각나는 것을 그대로 표현하는 것
- 설령 생각나는 것이 없더라도 '몰라요'라고 솔직하게 말할 수 있는 용기를 보여주기

※ 위의 내용을 40분 안에 모두 설명하기 어렵다면 며칠 동안 수업 시간에 조금씩 나누어 설명하는 것도 방법일 수 있고, 3~4차시 오리엔테이션 시간에 이어서 설명할 수도 있다.

3~4차 오리엔테이션

행복한 협동학습 토의토론 수학을 위한 학생들의 권리와 책임 공유 & 규칙 세우기

본격적인 협동학습 토의토론 수학을 시작하기에 앞서서 앞으로 이루어질 수학 수업 시간에 꼭 지켜야 할 규범들을 권리와 책임으로 분류하여 학생들과 함께 차근차근 살펴보고 권리를 존중하지 않았거나 책임을 다하지 않았을 경우에 따른 벌칙 등을 함께 토의토론하여 만들어가는 활동이 꼭 필요하다. 왜냐하면 교사가 일방적으

로 제시하는 것보다 스스로 만든 것에 대하여 지켜 나가려는 의지와 책임감을 더 강하게 가질 수 있기 때문이다. 권리와 책임에 대해서는 앞의 제1장 내용을 참고하기 바란다. 필자의 경우 보통 벌칙 사항은 생각 내놓기 활동을 통하여 만들어 간다. 그리고 이렇게 만들어진 내용은 잘 볼 수 있는 정도의 크기로 인쇄한 뒤 눈에 잘 띄는 곳에 붙여놓고 지속적으로 강조하고 학생들에게 상기시키도록 하며 필요할 때 참고하도록 하고 있다.

① 토의토론 및 발표할 때 주의해야 할 점과 지켜야 할 점

- 수학 시간에 지켜야 할 책임에 대하여 생각해보게 하기
- 수학 시간에 모두에게 주어진 권리에 대하여 생각해 보게 하기

② 토의토론 수학을 통해 우리 모두가 기대할 수 있는 점이 무엇인지 살피기

- 토의토론 수학을 통해 서로의 생각을 이해할 수 있다는 점
- 토의토론 수학을 통해 나의 생각을 발전시킬 수 있다는 점
- 토의토론 수학을 통해 다른 사람을 설득할 수 있는 힘을 향상시킬 수 있다는 점
- 토의토론 수학을 통해 수학에 대한 재미와 즐거움을 느낄 수 있다는 점
- 토의토론 수학을 통해 수학을 더 잘할 수 있게 된다는 점

누구나 존중받아야 할 권리의 구체적인 내용

1. 교실에서 어떤 학생이든지 자신의 생각이나 의견이 무시되어서는 안 된다.
2. 교실에서 어떤 학생이든지 의견을 말할 때 방해를 받는 일은 없어야 한다.
3. 수업 속에서 서로 다른 생각이 만났을 때 모든 의견은 존중받아야 할 권리가 있다.(무조건 1가지로만 합의하여 정리할 필요는 없다는 점을 명확히 한다. 서로 다른 의견을 모두 발표한 뒤에 전체 토론을 통해 밝혀나간다.)
4. 발표 목소리가 작다고 하여 무시를 당하거나 조롱거리가 되어서는 안 된다.
5. 교실에서 틀린 답이든 오답이든 그 자체로 존중받아야 할 권리가 있다.
6. 잘 모르거나 이해가 되지 않는 사안에 대하여 누구나 질문을 할 권리가 있다.
7. 의견이나 생각에 대한 반대는 있을 수 있지만 사람 자체를 부정하거나 무시하는 행위로부터 보호받을 권리가 있다.
8. 모든 학생은 자신의 생각이나 아이디어를 공유할 수 있는 권리가 있다.
9. 목소리가 잘 들리지 않을 경우 크게 말해달라고 말할 수 있는 권리가 있다.
10. 발표에 순서가 주어지면 그 순서는 반드시 존중되어야 한다.

누구나 지켜야 할 개인적인 책임의 구체적인 내용

1. 모든 학생들은 타인의 생각이나 의견을 존중해야 할 책임이 있다.(비웃거나 야유를 보내는 일, 불편한 농담 또는 장난스러운 말을 툭툭 던지는 일 등)
2. 모든 학생들은 타인의 생각이나 의견을 끝까지 경청해야 할 책임이 있다.(발표할 때 다른 작업을 하거나 다른 생각을 하지 않기, 발표를 방해하는 말이나 행동 하지 않기, 발표하는 학생에게 모욕감을 안겨주는 말이나 행동 하지 않기, 발표 내용을 이해하며 듣기)
3. 자신의 생각을 말할 때는 반드시 존칭어를 사용해야 할 책임이 있다.
4. 어떤 학생이 발표에 지목되었을 때 자신이 발표를 하지 않게 되어 속상해 하거나 불평을 하는 일을 하지 말아야 할 책임이 있다.(거꾸로 왜 자신이 발표를 해야 하느냐고 반문을 하거나 불편한 행동을 하지 말아야 할 책임이 있다.)
5. 어떤 학생의 발표가 끝나기도 전에 반대 의견을 말하려고 하거나 잘못된 점을 찾아 수군거리지 말아야 할 책임이 있다.(발표를 가로채거나 꺼어들지 않기, 발표 순서를 지켜가며 말하기)
6. 어떤 학생의 발표 소리가 작거나 이해가 가지 않는다고 하여 불평을 하거나 끝나기도 전에 발표를 막지 말아야 할 책임이 있다.
7. 다른 학생의 생각을 자신의 생각인 것처럼 포장하여 발표하지 말아야 할 책임이 있다.(의견에 대한 출처를 명확히 밝힐 책임이 있다.)
8. 특정 학생의 생각에 대하여 무조건 반대하거나 무시하는 행위를 하지 말아야 할 책임이 있다.
9. 충분히 생각할 시간을 주었을 때 관련된 주제에 대하여 어떤 생각이든 내놓아야

권리와 책임에 대한 안내 사례

③ 선생님이 가장 바라는 점 강조하기

- 정답을 바라는 것이 아니라 자신이 생각한 것을 있는 그대로 표현하는 것
- 맞고 틀림을 생각하지 말고 생각나는 것을 그대로 표현하는 것
- 설령 생각나는 것이 없다면 '몰라요'라고 솔직하게 말할 수 있는 용기를 보여주기

④ 협동학습 토의토론 수학시간을 위한 규칙 세우기(규칙과 벌칙 세우기)

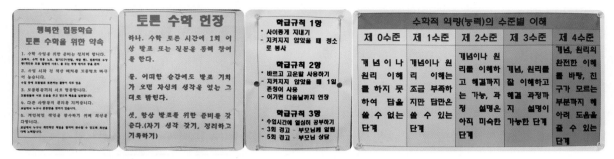

필자의 교실 게시판 사례

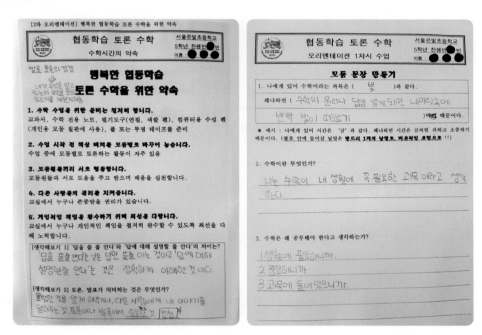

필자의 교실 1~2차시 토의토론 수학 수업 오리엔테이션 활동 사례

협동학습 토의토론 수학 목표 확실히 세우기

현장에서 토의토론 수업을 진행하는 경우를 살펴보면 그 목적이 토의토론 경험을 한번 해 보는 것 또는 토의토론 방법이나 절차 및 그에 따른 예절을 배우는 것에 있는 것처럼 여겨질 때가 종종 있다. 수업 시간에 토의토론이라는 방법을 활용하는 이유는 토의토론 그 자체보다 다루고 있는 주제와 관련된 학생들의 배움이 가장 큰 목적이 있다고 보는 것이 타당하다. 협동학습 수학 토의토론 수업의 목적도 그런 맥락에서 확실하게 정립해 두는 것이 필요하다.[9]

---

9 필자가 바라본 토의토론 수업의 일반적인 목적 : 생각하는 힘 기르기

필자가 바라본 협동학습 토의토론 수학 수업의 목적

1. 토의토론 자체가 목적이 아니라 생각을 말하고 듣는 과정을 통해 수학적 원리와 개념을 깨우치도록 돕는 것
2. 학생들이 수학적으로 사고하도록 이끌어 주는 것
3. 학생들에게 자연스러운 수학적 배움이 일어나도록 돕는 것[10]
4. 수학적 역량을 '답을 쓸 수 있다' 수준 ⇨ '과정 및 원리를 설명할 수 있다' 수준으로 향상시키기

수학적 역량의 수준별 이해				
제0수준	제1수준	제2수준	제3수준	제4수준
개별학습으로도 가능한 단계		협동학습 토의토론 수학이 필요한 단계		
개념이나 원리 이해를 하지 못하여 답을 쓸 수 없는 단계	개념이나 원리 이해는 조금 부족하지만 답만은 쓸 수 있는 단계	개념이나 원리를 이해하고 해결까지는 가능, 과정 설명은 아직 미숙한 단계	개념, 원리를 잘 이해하고 해결 과정까지 설명이 가능한 단계	개념, 원리의 완전한 이해를 바탕, 친구가 모르는 부분까지 헤아려 도움을 줄 수 있는 단계

※ 필자가 바라는 협동학습 토의토론 수학의 목표는 최대한 많은 수의 학생을 제3수준 이상으로 끌어올리는 것이다. 이와 같은 단계 표는 학생들이 잘 볼 수 있는 곳에 크게 인쇄하여 게시하고 수업 중에도 항상 자신의 수준을 체크, 스스로 수준 향상을 위해 노력할 수 있는 자극제로 활용하면 좋다.

수학을 배운다는 것은 결국 수학자의 활동과 다르지 않다는 것이 필자의 견해다. 한마디로 필자가 협동학습 토의토론 수학을 하는 이유는 교사가 일방적인 문제 풀이 과정을 설명하고 학생들은 그 절차를 똑같이 따라서 반복하기만 하면 된다는 식의 수학 교육의 한계를 뛰어넘기 위함이다. 수학적 사고, 개념과 원리 이해가 뒷받침되지 않은 채 문제 풀이 방법이나 절차만 익혀 답을 구하면 된다는 식의 수학 교육은 기계적인 훈련에 지나

---

① 주제와 관련하여 많은 것을 알게 하고, 자신의 생각과 의견을 갖도록 하는 것
② 수업 과정에서 모든 학생이 말할 기회를 가지고 자신의 생각을 발표하도록 하는 것
③ 주제에 대한 진실에의 접근 및 이해의 폭과 깊이를 더할 수 있도록 하는 것
④ 수업을 통해 탐구력, 창의적 문제해결력, 비판적 사고력, 합리적 의사결정력 등을 신장시키려는 것(고등 정신 기능-고급사고력) : 미래 사회에 대한 준비(지식정보화사회)
⑤ 학생들이 토의토론을 잘할 수 있도록 돕는 것
⑥ 학생들이 토의토론을 좋아할 수 있도록 돕는 것

10 수학적 배움이 일어나는 순간이 언제인지를 교사가 정확히 아는 것은 매우 중요한 일이다. 학생들에게서 배움이 일어나는 순간은 ① 몰랐던 것을 새롭게 알게 되었을 때(신개념), ② 어렵게 생각했던 것이 어느 순간 완전히 이해되었을 때(난개념에 해당), ③ 잘못 알고 있었던 것을 정확히 알게 되었을 때(오개념에 해당)라 할 수 있다. 여기에서 말하는 신개념, 난개념, 오개념은 협동학습 수학 토의토론의 주재료가 된다.

지 않는다는 것이 필자의 수학 교육관이다. 그리고 필자는 이런 형태의 수학 교육을 네비게이션식 수학 교육이라 지칭한다.[11]

네비게이션식 수학 교육은 학생 스스로 수학적 전략, 수학적 사고, 능동적 학습 능력을 발달시킬 수 있는 기회를 빼앗는 일이라 생각한다. 지식은 스스로 구성하여야 비로소 자신의 것으로 내면화 될 수 있다. 생각을 한다는 것은 학생 스스로 자신이 지적인 존재임을 증명하는 행위라는 사실을 교사라면 절대로 잊어서는 안 된다. 설령 학생이 오답을 말했더라도 그 자체만으로도 학생의 사고가 살아있음을, 그가 사고하고 있다는 점을 적극 칭찬하고 존중해줄 필요가 있다.

협동학습 토의토론 수학을 위한 핵심 발문 & 미션 과제 개발

토의토론이 이루어지려면 그 활동에 알맞은 주제나 토의토론거리가 필요한 것처럼 협동학습 토의토론 수학을 위해서는 알맞은 핵심 발문 또는 미션 과제가 필요하다.

핵심 발문이란 한 마디로 지적인 불완전함을 이용하여 발문 곳곳에 장애물을 설치해 두고 학생들 스스로 그 장애물을 극복해낼 수 있도록 개발한 발문이라 할 수 있다. 이 경우 필자는 주로 '심진(心震)을 일으키는 발문'이라는 용어로 대치하여 사용한다.[12] 그 사례는 다음과 같다.

핵심 발문 사례 **분수의 나눗셈을 공부하는 과정**

$2 \div \dfrac{3}{4} = 2\dfrac{2}{4}$ ⇨

$\dfrac{3}{4}$ $\dfrac{3}{4}$ $\dfrac{2}{4}$

⇨ 이에 대한 자신의 생각은?(맞는지 틀리는지?)

⇨ 왜 그렇게 생각하는지 논리적으로 설명하기

---

11 먼 길을 갈 때 네비게이션만 따라 가면 목적지까지 무사히 당도할 수는 있다. 하지만 그 길을 네비게이션 없이 다시 간다면 쉽고 빠르게 목적지에 당도할 수 있을 것이라 확신할 수 없을 것이다. 네비게이션은 목적지까지 쉽고 빠르게 이르는 길을 알려 주는 해도 운전자로 하여금 생각하거나 가는 길을 관찰하고 살피고 이해하도록 도와주지는 않는다. 수학 교육도 마찬가지다. 문제풀이 방법과 정답에 이르는 길만을 알려 주고 그에 따라 답을 구하면 된다는 식의 네비게이션식 수학 교육은 정답을 쉽고 빠르게 구할 수는 있을지 모르겠지만 그 밑바탕에 깔려 있는 수학적 개념과 원리까지 충분히 이해할 수 있도록 도움을 주었다고 자신 있게 말할 수는 없다는 것이 필자의 견해다.

12 '심진(心震)을 일으키는 발문'이라는 것은 학생들이 알고 있었던 것에 대한 믿음이나 신념을 무너뜨리거나 뒤흔들어 놓아 관련된 내용이나 개념, 원리 등에 대하여 보다 깊이 있게 생각하고 정확히 이해할 수 있도록 돕기 위해 개발된 발문을 가리킨다. 이러한 발문을 개발하기 위해 필자는 주로 ① 학생들에게 자리가 잡혀 있는 오개념, 난개념 이용하기 전략, ② 익히 잘 알고 있다고 생각하는 것 또는 얕은 지식 상태에서 발생하는 허점이나 불완전함을 찾아내도록 하는 전략을 가장 많이 활용한다. 핵심 발문은 도입부분에서부터 제시(이전 차시 활동의 심화 질문인 경우가 대부분 : 수업 중 이루어지는 토의토론 활동을 통해 스스로 개념, 원리를 심화시키고 확장시키는 것을 중요하게 여기기 때문에 사전에 과제로 제시하지도 않음)할 수도 있고 수업 중에 기초적인 내용을 다룬 뒤에 제시(수업 중 다루는 내용의 심화 질문)할 수도 있다.

한편 미션 과제는 협동학습 수학 토의토론을 진행하는 데 도움이 되는 정도의 내용을 담고 있는 도전적인 문제를 가리킨다.[13] 미션 과제는 보통 본시 수업에서 해결해야 할 과제로 제시하는데 도입 부분에서 제시하는 경우도 있고[14] 수업 중간에 제시하기도 한다. 미션 과제 구성은 1문항으로 구성될 수도 있고 1개의 핵심 문항과 2~3개 정도의 보조 문항으로 구성될 수도 있으며 상황에 따라 심화 과제를 추가로 제시할 수도 있다.

미션 과제 사례 **약수와 배수를 공부하는 과정**

> **1, 2, 3, 4, 5, 6, 7, 8, 9, 10**

⇨ 위의 수를 2개 그룹 또는 3개 그룹으로 분류해 봅시다.

⇨ 위와 같이 분류하였을 때 그렇게 분류한 기준이 무엇인지 설명해 봅시다.

위와 같은 핵심 발문이나 미션 과제는 복사물로 만들어 제시하고 수학 공책에 반드시 붙인 후 활동을 실시할 수 있도록 한다.

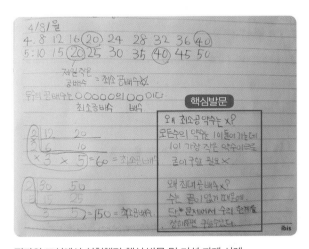

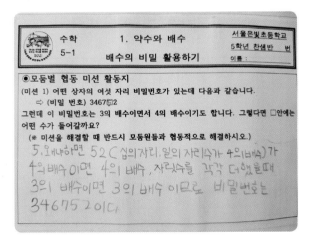

필자의 교실에서 실천했던 핵심 발문 및 미션 과제 사례

---

13 미션 과제는 ① 해당 차시 수업의 도입을 열어 주면서 다양한 생각이나 답이 나올 수 있는 문제, ② 약간의 난이도가 있으면서 교과서 내용 정도의 수학적 지식만으로도 충분히 해결할 수 있는 문제, ③ 누구나 지적인 호기심과 도전의식을 갖게 만들 수 있는 심화된 문제, ④ 이전 시간 또는 본시 학습 시간에 공부했던 내용 체계를 바탕으로 해결할 수 있는 도전적 문제, ⑤ 너무 많은 시간이 걸리지 않는 문제(10분 내외의 시간으로 해결할 수 있는 문제), ⑥ 교과서를 읽지 않으면 안 되도록 만들어주는 문제가 가장 좋다고 할 수 있다.

14 도입 부분에서부터 미션 과제를 다루는 경우는 주로 ① 이전 시간에 학습한 결과를 바탕으로 문제 해결력을 기르기 위한 심화 학습을 계획하였을 때 또는 ② 사전에 미션 과제를 숙제로 제시하고 그와 관련된 교과서 내용을 개인적으로 꼼꼼하게 읽으면서(용어나 원리 등에 대한 기초적인 개념 이해) 해결을 해오게 한 뒤 이를 바탕으로 해당 차시 핵심 내용에 자연스럽게 접근하도록 하고자 할 때가 대부분이다.

※ 수학적 역량이 제3수준 이상은 학생들은 경청, 조사, 탐구, 관찰, 추론, 해석, 요약, 토의토론, 발표 등을 통해서도 충분히 배움에 도달할 수 있다.

※ 수학적 역량이 제2수준까지에 해당되는 학생들은 설명, 시범, 힌트, 연습, 발문, 협동, 높은 수준의 타자와 연결, 참여를 통한 도전과 반성이 배움에 큰 영향을 준다.

※ 배움의 과정에서 위의 두 수준에 해당되는 모든 학생들에게 정서적 공감(수용, 칭찬, 격려, 신뢰, 존중 등)과 인지적 지원(도전, 참여, 타자와의 연결, 정보의 공유, 쪼개어 질문하기 등)은 필수라 할 수 있다.

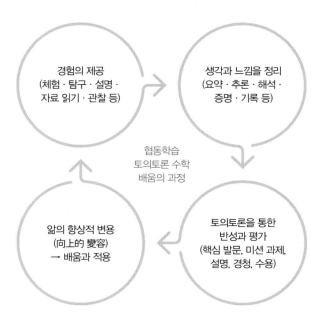

경험의 제공
(체험 · 탐구 · 설명 ·
자료 읽기 · 관찰 등)

생각과 느낌을 정리
(요약 · 추론 · 해석 ·
증명 · 기록 등)

협동학습
토의토론 수학
배움의 과정

앎의 향상적 변용
(向上的 變容)
→ 배움과 적용

토의토론을 통한
반성과 평가
(핵심 발문, 미션 과제,
설명, 경청, 수용)

※ 수학적 역량이 제3수준 이상인 학생과 제2수준까지에 해당되는 학생들 모두를 자극할 수 있는 적절한 수준의 발문이나 과제를 활용하여 두 수준 사이의 공통분모(핵심 연결 고리 : 타자와 연결, 참여, 도전과 반성, 신뢰와 존중, 정보의 공유 등)를 이용, 자연스럽게 배움에 도달할 수 있도록 돕는 활동이 바로 협동학습 수학 토의토론인 것이다.

한편 Bloom이 말하는 지식의 수준을 발문과 연결 지어 발문 수준으로 재해석하여 정리하면 다음과 같다.(Bloom이 말하는 지식의 수준은 다분히 위계성을 갖고 있다.)

발문 수준	내용
지식 수준 발문	학생이 학습한 사실, 개념, 정보, 용어 등을 정확히 기억하고 있는지 확인하는 발문(암기, 사전적 설명 또는 정의) : 기억하기, 정의 내리기, 확인하기, 무엇인지 말하기
이해 수준 발문	특정 개념이나 정보를 자신의 언어로 표현하고 설명할 수 있는지 확인하는 발문(바꾸어 설명, 정리하기, 덧붙여 설명하기) : 자세히 말하기, 다른 말로 설명하기, 조작해 보기, 고쳐 보기, 이유를 들어 설명하기
적용 수준 발문	특정 정보나 개념, 원리 등을 새로운 상황에 이용하여 문제를 해결하도록 돕는 발문(응용, 활용) : 적용하기, 선택하기, 해결하기, 예를 들어 설명하기, 핵심만 뽑아 말하기
분석 수준 발문	여러 가지 정보, 개념, 자료, 사례 등에 대하여 비교, 대조, 분류, 분석하도록 요구하는 발문(구별하기, 관계 이해하기) : 비교, 대조, 분류, 분석하기, 추론하기, 원인과 결과로 설명하기, 증거를 찾아 설명하기, 여러 사실에 근거하여 결론 내리기 및 일반화하기
종합 수준 발문	여러 가지 정보, 개념, 원리, 아이디어 등을 종합적으로 활용하여 새로운 것을 창조하도록 요구하는 발문(생산, 창조) : 다양한 정보를 활용한 문제 해결하기, 다양한 정보를 종합하여 새로운 아이디어 개발하기
평가 수준 발문	나름의 평가 기준을 세우고 그에 따라 주어진 상황에 대하여 판단이나 평가를 내리도록 요구하는 발문(대안, 평가, 선택) : 해결방안 제시, 비평하기, 장점과 단점 설명하기, 판단과 근거 제시하기, 개선해야 할 점 제시하기

발문 수준	내용
지식 수준 발문	1시간은 몇 분인가? 큰 바늘은 무엇을 가리키는가?
이해 수준 발문	주어진 시계를 보고 시각을 말하거나 쓰기
적용 수준 발문	바늘이 없는 시계 그림에 주어진 시각을 나타내 보기
분석 수준 발문	하루 동안(24시간) 작은 바늘은 몇 바퀴 돌게 되는가?
종합 수준 발문	철수는 민수네 집에 1시에 도착하여 놀았다. 놀다가 다시 집으로 돌아온 것은 2시간이 지난 뒤였다. 철수가 집에 돌아온 시각은 몇 시인가?
평가 수준 발문	바늘이 있는 시계와 숫자로 된 시계 중 어떤 시계가 시간을 읽기에 더 편리한가? 그 이유는 무엇인가?

핵심 발문 & 미션 과제에 의한 수업 진행 절차 세우기

핵심 발문 및 미션 과제를 통한 협동학습 토의토론 수학 수업의 진행을 위해서는 교사 나름대로의 일관된 수업 진행과 흐름에 따른 노하우를 갖고 있어야 한다. 각 발문이나 과제마다 진행방식이 달라지면 교사도 수업을 준비하고 진행하기가 어렵고 학생들도 발문이나 과제마다 각기 다른 수업 방식을 익혀야 함으로 인해 혼란이 가중될 가능성이 높기 때문이다.

우선 협동학습 토의토론 수학 수업을 진행하기 위해 교사는 아래와 같은 준비를 늘 철저히 해 두도록 한다.

 협동학습 토의토론 수학 수업 진행을 위한 교사의 준비

1. 핵심 발문 또는 미션 과제 활동지(각 개인에게 분배) 및 PPT(전체 제시)
2. 발표 스틱
3. 시간 체크를 위한 타이머
4. 문제 해결 확인 도장
5. 문제 해결에 따른 약간의 보상
6. 모둠 칠판(모둠용, 개인용)
7. 보드마카 및 보드마카 지우개

※ 개인용 칠판은 개인적으로 준비한 컴퓨터용 수성 펜을 사용해도 좋다. 모둠용 칠판은 교사가 준비한 보드마카를 사용한다.(모둠 칠판은 교실의 수납장 한 공간에 늘 비치해 두도록 하고 사용할 때 모둠별 역할 책임을 맡은 학생이 가져가 분배하고 다시 반납할 수 있도록 한다.) ─ 동시다발적 상호작용

※ 활동지는 사전에 활동지 바구니에 넣어두었다가 필요할 때 모둠별 역할 책임을 맡은 학생이 가져가 분배하도록 한다. − 동시다발적 상호작용

※ 약간의 보상은 가능하면 모든 모둠이 받아갈 수 있도록 실시한다. 경쟁 요소를 가미한 상대평가적인 보상은 되도록 실시하지 않도록 한다. 절대적인 기준을 두고 기준만 통과하면 모두에게 보상이 돌아갈 수 있도록 하는 것이 좋다.

일단 핵심 발문 또는 미션 과제가 제시되면 일반적으로 아래와 같은 절차에 의해서 수업을 진행하는 것이 좋다.

수업 중 제시할 경우 (신개념 또는 선개념을 먼저 다룬 후 그 개념에 대한 심화를 목적으로 핵심 발문이나 미션 과제를 제시하는 경우가 많음)	사전에 과제로 제시할 경우 (다음 차시 도입부분에서부터 과제를 다루면서 중요 개념으로 연결시키거나 이전 차시에 학습한 내용을 심화시키고자 할 때가 많음)
1. 수업 중 활동지 제시 2. 개인별로 생각할 시간을 가지면서 문제 해결(해결 중 궁금한 점에 대해 모둠원들에게 묻고 도움을 받을 수 있음) 3. 교사의 신호에 따라 점검이의 진행으로 모둠 토의토론 진행 ⇨ 토의토론 상황 정리 ⇨ 각자의 노트에 토의토론 결과 정리 및 발표 준비(누가 발표할지 모름) ⇨ 점검이 확인 4. 전체 토의토론으로 확장 : 교사의 사회적 기술 발휘, 학생의 발표 내용 중 필요한 내용만 칠판에 기록, 학생 발표에 대한 의미 살려 주기, 핵심 개념 및 원리와 발표 연결시켜주기(특히 오개념, 난개념과 관련) 5. 토의토론 활동 정리 및 노트 정리 : 개인별로 점검이가 끝까지 확인하고 마무리	1. 수업 전날 과제로 활동지 제시 : 이 경우 과제는 가능한 교과서 수준 범위 내에서 개념, 원리, 알고리즘에 기초하여 해결 가능하고 하나의 정답만 있는 것이 아닌 것이 이상적임 ⇨ 이를 통해 보다 정확하고 깊이 있는 핵심 개념, 원리로 접근이 가능 ⇨ 이 과정에서 수업은 자연스럽게 전개 단계로 넘어갈 수 있게 됨 2. 수업 시작 전 또는 시작과 동시에 점검이가 과제 해결 상황 확인 : 수업 시간을 아끼기 위해 되도록 아침 활동 시간에 점검하고 발표 가능한 상태까지 만들어 나갈 수 있도록 하는 것이 좋음 3. 수업 시작과 동시에 모둠 토의토론 ⇨ 전체 토의토론으로 확장 : 왼쪽의 3단계, 4단계, 5단계와 동일

🌲 일반적인 협동학습 수학 토의토론 수업 설계 요령

1. 수업 목표 확인 및 공유 : 단위 차시에 다루어야 할 핵심이 무엇인지 확인(모든 것을 다 다루려고 하는 욕심 버리기, 가장 중요한 것을 중심으로 수업 설계하기)

2. 다루어야 할 핵심과 관련된 선개념, 신개념, 오개념, 난개념 등에 대한 예측을 중심으로 핵심 발문 또는 미션 과제 개발(필요 시 핵심 발문 또는 미션 과제와 관련된 하위 질문까지 포함하여 개발)

3. 실제 수업 지도안 작성하기 : 실제 수업 활동을 구상하여 순서에 따라 기록(40분 수업인지 블록 수업인지 선택, 어떤 활동을 어떤 단계에 배치할 것인지 생각, 다양한 발문 구상, 핵심 발문 또는 미션 과제를 어떤 단계에 제시할 것인지 생각, 집단의 크기는 어떻게 할 것인지 결정, 각 활동별로 어느 정도 시간을 할애할 것인지 등에 대하여 예측하기) ⇨ 초등 협동학습 토의토론 수학 5단계 반영(O-S-Li-P-P) ⇨ 단계별 교사의 사회적 기술은 실제 수업 속에서 연결됨

4. 수업의 마무리(토의토론 결과에 대한 확실한 정리)가 확실히 이루어질 수 있는 방안을 지도안에 반영하기 : 토의토론 결과를 통해 알게 된 사실, 좀 더 생각해 보아야 할 점에 대한 명확한 정리가 중요, 수학 공책 정리 방법과 연계

수학 공책 정리하기

수학 공책은 협동학습 토의토론 수학을 통해 배움의 과정이 있는 그대로 드러날 수 있도록 교사가 체계를 세워 학생들에게 안내해야 한다. 그리고 학생들은 안내에 따라 기록, 정리할 수 있도록 하며 교사 나름의 규칙을 세워 정기적으로 공책을 확인, 점검하는 것이 좋다. 이렇게 해야만 학생들은 공책 정리 및 과제 해결, 협동학습 토의토론 수학 활동에 관심을 가지고 적극 참여할 수 있게 된다. 또한 학부모님들은 자녀의 공책을 살펴보면서 학급 수학 교육과정의 실제 상황을 이해할 수 있게 되어 협동학습 토의토론 수학에 대한 적극적인 지원과 신뢰를 보내 주시기도 한다는 점에서 일석이조의 효과를 노릴 수 있는 장점도 있다.

 필자의 경우 요일별로 모둠을 지정하여 수학 공책을 수합, 확인하고 점검하면서 학생들에게 글을 남겨 주는 방법을 가장 많이 활용한다.

<u>예 1</u> 월요일 1모둠, 화요일 2모둠, 수요일 3모둠 …

<u>예 2</u> 월요일 1, 2, 3모둠 점검, 수요일 4, 5, 6모둠 점검

<u>예 3</u> 월요일 1, 2모둠 점검, 수요일 3, 4모둠 점검, 금요일 5, 6모둠 점검

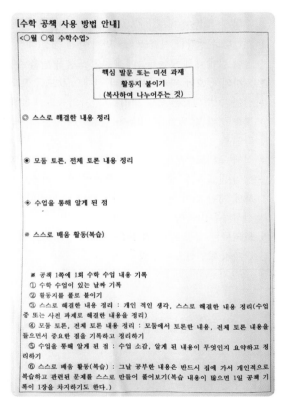

필자의 교실 사례

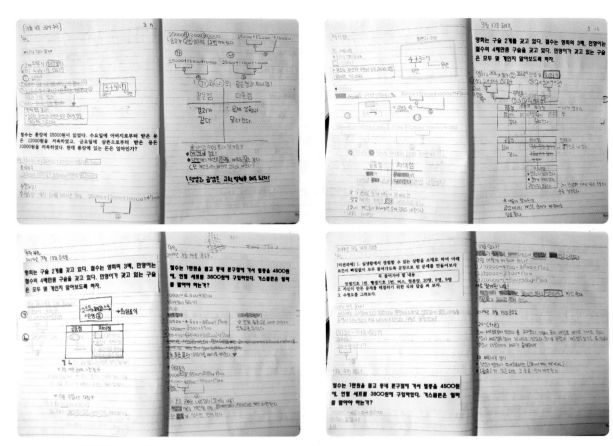

필자의 교실 수학 공책 정리 사례

공책을 기록하고 정리하는 체계는 아래에 보는 바와 같다.(복사하여 학생들에게 나누어 주고 공책 앞쪽에 붙여 놓은 뒤 수시로 살펴볼 수 있도록 함)

〈○월 ○일 수학 수업〉

핵심 발문 또는 미션 과제
활동지 붙이기
(복사하여 나누어주는 것)

◎ 스스로 해결한 내용 정리

● 모둠 토의토론, 전체 토의토론 내용 정리

◆ 수업을 통해 알게 된 점

※ 스스로 배움 활동(복습)

※ 공책 1쪽에 1회 수학 수업 내용 기록
① 수학 수업이 있는 날짜 기록
② 활동지를 풀로 붙이기
③ 스스로 해결한 내용 정리 : 개인적인 생각, 스스로 해결한 내용 정리(수업 중 또는 사전 과제로 해결한 내용을 정리)
④ 모둠 토의토론, 전체 토의토론 내용 정리 : 모둠에서 토의토론한 내용, 전체 토의토론 내용을 들으면서 중요한 점을 기록하고 정리하기
⑤ 수업을 통해 알게 된 점 : 수업 소감, 알게 된 내용이 무엇인지 요약하고 정리하기
⑥ 스스로 배움 활동(복습) : 그날 공부한 내용은 반드시 집에 가서 개인적으로 복습하고 관련된 문제를 스스로 만들어 풀어 보기(복습 내용이 많으면 1일 공책 기록이 1장을 차지하기도 한다.)

제8장

초등 협동학습 토의토론 수학의
두 가지 형태

토의토론 수업은 분류 기준(교사 중심인가 학생 중심인가, 어떤 방식으로 운영할 것인가, 집단의 규모를 어느 정도로 할 것인가, 토의토론 수업의 목적이 무엇인가 등)을 무엇에 두느냐에 따라 다양하게 분류할 수가 있다. 이 가운데 필자가 주로 많이 활용하고 있는 분류 기준은 수업 목적에 따른 분류 기준 및 집단의 규모에 따른 분류이다. 왜냐하면 협동학습은 소집단 활동을 기반으로 하고 있으면서 대집단 활동까지 확장하는 경우가 많기 때문이며 협동학습 이론 자체적으로 수업 속에서 다루고자 하는 주제나 내용의 특성에 따라 ① 암기 숙달 구조 ② 사고력 신장 구조 ③ 정보 교환 구조 ④ 의사소통 기술 향상 구조로 분류해 놓은 것과 관련이 있기 때문이기도 하다.

수업 목적	토의토론에 활용되는 협동학습 활동 예시	
아이디어 개발	• 브레인스토밍 • 돌아가며 발표하기	• 브레인라이팅 • 모둠문장 만들기
쟁점 분석	• 대립 토의토론 • 신호등	• 찬반 토의토론
지식 습득	• 배심 토의토론 • 둘 가고 둘 남기	• 직소우
의사결정	• 만장일치 모형 • 피라미드	• 상황 의사결정 • 복수선택 및 질적 의사결정

협동학습 토의토론 수학의 경우도 거의 대부분은 핵심 발문이나 미션 과제를 이용하여 소집단 토의토론을 먼저 실시하고 이어서 대집단 토의토론으로 확장시키면서 수학적 개념이나 원리의 이해와 확장, 개념이나 원리의 탐구와 발견으로 발전시켜 나가는 경우가 대부분이다. 여기에서는 그런 상황을 전제로 하여 소집단 토의토론 및 대집단 토의토론에 대하여 꼭 필요한 내용만 정리하고 넘어가도록 하겠다.

소집단 협동학습 토의토론

주로 이미 개발되어 있는 다양한 협동학습 활동을 이용하여 모둠원끼리 의사소통하면서 자신의 생각과 타인의 생각을 공유하고 합의에 이르는 과정을 가리킨다. 소집단 협동학습 토의토론을 진행하는 주된 이유는 아래와 같다.

① 소집단 협동학습 토의토론 과정을 관찰하면서 학생들을 통해 다양한 정보를 수집하기 위함

- 오개념, 난개념 등이 어떤 지점에서 발생하는지에 대한 정보 수집이 가능
- 어떤 학생들이 어떤 지점에서 주춤거리는지 등에 대한 파악이 가능
- 대집단 협동학습 토의토론으로 확장할 때 토의토론을 도와줄 수 있는 지점 및 사례 발견이 가능

② 모둠 내에서 주어진 학습 목표 달성 또는 과제 해결을 완수할 수 있도록 돕기 위함

- 오개념 또는 난개념을 만나 주춤거리는 학생들을 위해 관련된 힌트나 단서 제공이 가능 : 비슷한 사례 또는 반례 제시, 관련된 정보 연결시켜 주기, 극복에 필요한 개념이나 원리 짚어 주기, 과제 해결을 위해 필요한 전략 소개하기 등(단서를 제공하더라도 처음부터 제공하기보다는 충분한 시간 동안 논의를 하였음에도 불구하고 어려움을 토로할 때 제공하는 것이 좋음 ⇨ 전체를 대상으로 제공할 수도 있고 각 모둠별로 1명씩 교사 앞에 불러 모아 제공한 뒤 모둠으로 돌아가 들은 대로 모둠원들에게 설명하고 나서 다시 토의토론 하게 할 수도 있음)
- 학생들이 개념이나 원리를 정확히 이해하고 있는지 아닌지를 확인하는 데 도움이 됨 : 관찰 결과 대부분 학생들이 정확히 이해하고 있다면 대집단 협동학습 토의토론으로 확장시키지 않아도 됨. 오개념 또는 난개념을 형성하고 있는 것들만 추려서 대집단 협동학습 토의토론으로 확장시키면 됨
- 학생들에게서 나타나고 있는 오개념, 난개념에 대하여 어떻게 극복할 수 있도록 도울 것인지에 대한 고민을 할 수 있는 계기 마련

③ 대집단 협동학습 토의토론으로 확장시키기 위한 수학적 추론이나 정보, 아이디어, 의견, 탐구 결과 등에 대하여 모둠원들 간 1차적으로 합의 및 정리에 이를 수 있도록 돕기 위함

- 학생 개개인이 배움이라는 목표를 달성할 수 있도록 도와줌
- 대집단 토의토론으로 확장시키기 위한 모둠 의견을 모을 수 있도록 도와줌
- 알고 있는 것이 무엇이고 모르고 있는 것이 무엇인지에 대하여 확실히 파악할 수 있도록 도와줌

④ 소집단 협동학습 토의토론 결과로 도출된 모둠 의견을 대집단 활동 시간에 발표할 수 있도록 돕기 위함

- 대집단 협동학습 토의토론으로 확장될 때 누가 발표할지 모르기 때문에 모든 학생들이 발표 연습을 철저히 할 수 있음 : 모둠원들과 도움 주고받기 가능
- 소집단 협동학습 토의토론 활동 과정에서 나온 의견들(합의 또는 정리된 의견, 토의토론 과정에서 사용했던 다양한 문제 해결 전략, 탐구 결과 등)에 대한 발표를 준비하면서 자신의 것을 만들 수 있는 기회 제공

대집단 협동학습 토의토론

소집단 협동학습 토의토론 활동을 통해 생산된 정보, 아이디어, 수학적 추론, 탐구하고 발견하여 알아낸 원리나 개념 이해 등을 학급 전체 구성원들에게 설명하고 정보를 공유하면서 다 함께 배움을 실천하고 수학적 개념과 원리 이해의 폭을 확장시켜 나가는 과정을 가리킨다. 대집단 협동학습 토의토론을 진행하는 이유는 아래와 같다.

① 전체 학생들이 집단지성을 발휘하여 서로의 생각을 공유하면서 수학적 개념, 원리의 발견과 정확한 이해에 다가갈 수 있는 기회의 제공

- 대집단 협동학습 토의토론 과정은 다른 학생들의 생각과 자신의 생각을 비교하면서 스스로 어떤 점을 잘못 이해하고 있는지, 어느 지점에서 혼동하고 있는지, 어떤 부분에서 전체적으로 바라보지 못하고 일부분만 바라보면서 생각하고 있는지 등을 깨달을 수 있도록 도와줌
- 지속적으로 추론하고 공유하고 수정하는 과정을 거치면서 정확한 수학적 개념 및 원리 이해에 가까이 다가서게 됨(정답 자체보다 왜 그런 답이 나왔는지에 대한 근거와 출처를 살펴보는 일이 중요하다는 것을 알게 해 줌)
- 정답에 중심을 두는 것이 아니라 다양한 생각이 충돌하면서 발생하는 생각의 기회에 의미를 둠으로써 정확한 개념과 원리에 접근할 수 있도록 도와줌(어떤 생각이 더 의미 있는지, 어떤 생각이 정확한 개념이나 원리에 가까운 것인지, 자신의 생각에 논리적으로 문제가 없는지, 자신의 생각에서 오류가 발생하지 않았는지 등을 고민해 보면서 자신의 생각을 다시 한 번 점검할 수 있도록 해 줌)

② 교사에게 교육과정 재구성 및 수업 설계에 도움이 될 수 있는 정보를 습득할 수 있는 기회 제공(형성평가 및 수업 설계를 위한 피드백의 의미)

- 학생들에게서 오개념, 난개념이 어떤 지점에서 발생하고 있는지에 대한 정보를 습득할 수 있게 해 줌
- 오개념을 곧바로 폐기하지 않고 의미 있는 토의토론 재료로 활용하면서 어떤 지점에서 오개념이 형성되었

는지에 대해 깊이 있게 관찰하고 생각할 수 있도록 해 줌

- 난개념을 극복할 수 있도록 돕기 위해 학생들이 미처 생각하지 못하였거나 발견하지 못하였던 점에 대하여 깊이 있게 관찰하고 생각할 수 있도록 해 줌
- 오개념, 난개념 발생 지점을 이해한다는 것은 다음에 이루어질 수업 설계의 방향성에 큰 영향을 줄 수 있다는 점에서 교사의 전문성 향상에 큰 도움을 줌

③ 수학적 의사소통 능력 신장과 발표 역량 강화, 자기주도 배움 역량 강화, 수학 교과에 대한 긍정적 사고의 기회 제공

- 전체 학생들을 대상으로 발표를 하기 위해 개인적으로 준비하고 연습하면서 발표에 대한 자신감을 향상시켜나갈 수 있게 도와줌
- 오개념, 난개념을 극복하는 과정에서 자신의 생각을 논리적으로 표현함으로써 수학적 개념 이해를 더 넓게 확장시킬 수 있다는 측면에서 자기주도 배움 역량 강화에 큰 도움이 됨
- 대집단 토의토론을 통해 수학적 개념과 원리 이해, 문제 이해 및 해결 능력이 조금씩 향상되어 가는 것을 느끼면서 점점 수학 교과에 대한 자신감을 갖게 해 줌

두 가지 형태의 협동학습 토의토론 수학에 담긴 두 가지 기본 생각

① 지식은 사회적 산물이며 지식을 얻는 과정은 사회적이어야 한다.

교사는 학생들을 가르치는 사람이 아니다. 학생들 스스로 깨우쳐 배울 수 있도록 돕는 사람이다. 따라서 교사가 학생들 스스로 깨우쳐 배울 수 있도록 돕기 위해서는 의사소통과 그 과정, 효과 등에 대한 명확한 이해가 필요하다.

사람들은 어떤 상황에서든 특정 주제에 대해 이야기를 나누다 보면 자신이 잘 몰랐던 부분이나 잘못 알고 있는 부분을 스스로 바로잡을 수 있게 된다. 같은 맥락에서 학생들도 수업 시간에 특정 주제에 대하여 서로 이야기를 나누다 보면 자연스럽게 배움의 목표에 도달할 수 있게 된다. 이처럼 서로를 통해 배우는 과정에 바로 토의토론(의사소통)이 있고, 그것을 돕는 소통의 틀이 바로 협동학습(구조)이었던 것이다. 이처럼 협동학습 토의토론 수학의 가장 큰 장점은 서로를 통해 배울 수 있다는 것이다.

전통적인 교실에서 교사는 설명을 하고 학생들은 주로 듣기만 했던 교실을 떠올려 보자. 그곳에서 학생들은 똑같은 학습 목표를 향하여 똑같은 방식으로 학습활동을 하면서 서로 간에 아무런 정보도 주고받지 못하고 도움을 주고받지도 못하는 지적 이방인 상태였음이 분명하다. 그런 곳에서 학생들은 수동적일 수밖에 없다. 그리고 학생들 간의 소통이 부재된 교실은 죽은 교실과 다름이 없다.

지식이라는 것은 사회적 산물임에 분명하다. 지식이라는 것은 사회적 과정[1]에 의해 생산된 것이고, 그것을 얻는 바람직한 방법 또한 사회적이어야 한다. 여기에서 말하는 '사회적'이라는 것이 바로 의사소통 활동 및 과정, 다시 말해서 '토의토론'을 가리키는 것이라고 한다면 협동학습 토의토론 수학은 자연스럽게 '사회적'이라는 현상을 만들어 주어 학생들 스스로가 자연스럽게 배움에 도달할 수 있도록 해 준다. 그래서일까, 협동학습 토의토론을 기본으로 하는 필자의 교실에서 수학 시간만큼은 늘 살아있는 교실이 만들어진다. 학생들에게서 생기가 넘쳐흐른다. 교사의 목소리보다 학생들의 목소리가 훨씬 더 크다.

한편 EBS 다큐멘터리 '왜 우리는 대학에 가는가. 5부. 말문을 터라'를 보면 말을 하며 공부하는 공부방과 혼자 조용히 공부하는 공부방의 효과를 실험한 결과 장면이 아래와 같이 소개되고 있다.

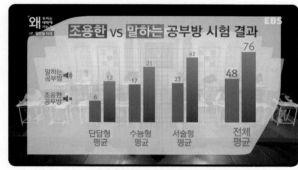
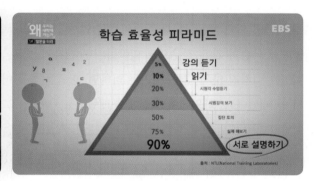

출처 : EBS 다큐멘터리 왜 우리는 대학에 가는가. 5부. 말문을 터라

실제로 말하면서 공부하는 것이 훨씬 더 공부의 효과가 있음을 말해 주고 있다. 이에 대해 한 심리학자는 말로 설명을 할 때 인지와 메타인지 사이의 갭이 줄어들면서 자신이 아는 것이 좀 더 명확해지기 때문이라고 말하고 있다. 그리고 이에 대해 확실히 증명하기 위해 왼쪽의 사진에서 보는 바와 같은 연구 결과를 제시하고 있음을 볼 수 있다.

이렇게 볼 때 수학적 지식도 사회적 산물이라는 점, 오랜 시간을 거쳐 오면서 인류가 쌓아올린 훌륭한 문화유산이라는 점, 학생들이 이것을 얻는 과정도 당연히 사회적이어야 한다는 것을 믿는다면 수학 교육에 협동학습 토의토론 수학이 꼭 필요하다는 것을 이해할 수 있을 것이라 생각된다.

② '답을 쓸 줄 안다'와 '답에 대해 설명할 줄 안다'는 분명히 차원이 다른 이야기다.

협동학습 토의토론 수학을 진행하면서 필자가 가장 많이 느꼈던 것은 학생들이 필자의 설명과 강의를 들을 때보다 훨씬 더 학습 효과가 높았다는 것이다. 예를 들어 $\frac{3}{4}+\frac{2}{4}$는 왜 $\frac{5}{4}$가 되는지 필자의 설명을 듣고 이해하는 것으로 끝났을 때보다 선개념을 바탕으로 $\frac{3}{4}+\frac{2}{4}$는 왜 $\frac{5}{4}$가 되는지 토의토론을 하고 서로 자신의 생각을 주고받으면서 학생 스스로 답(개념, 원리의 발견)을 찾아나갔을 때 훨씬 더 학습 효과가 높았다. 바로 이전에 제시했

---

1 지식-언어를 매개로 한 사회적 상호작용을 가리킨다. 특히 수학이라는 분야, 분수라는 영역은 사회적 과정을 통해 오랜 세월 동안 다듬어지고 쌓아올려진 훌륭한 인류 문화유산인 것이다.

던 학습 효율성 피라미드도 바로 그 점을 증명해 주는 하나의 자료라고 필자는 확신한다.

$\frac{3}{4} + \frac{2}{4}$는 왜 $\frac{5}{4}$가 되는지 토의토론을 하고 서로 자신의 생각을 주고받으면서 개념과 원리를 발견해 나가는 과정이 중요한 이유를 좀 더 구체적으로 설명해 보면 이렇다.

현재의 교과서 구성을 살펴보면 $\frac{3}{4} + \frac{2}{4}$은 왜 $\frac{5}{4}$가 되는지 제대로 이해할 수 있도록 구성되어 있지 못하다. 게다가 수많은 학생들은 학원에서 선행학습을 해오기도 하는데 그곳에서도 $\frac{5}{4}$라는 답을 내는 방법은 알려 주지만 왜 $\frac{5}{4}$가 되는지를 설명할 수 있도록 도와주지는 못하고 있는 실정이다. 그래서 교과서에 있는 대로 수업을 마치고 난 후에 "$\frac{3}{4} + \frac{2}{4}$는 얼마지?"라고 질문을 하면 "$\frac{5}{4}$입니다."라고 학생들은 굉장히 쉽게 답을 하지만 "왜 $\frac{5}{4}$가 되지?"라고 물으면 정확히 답변을 할 줄 아는 학생들은 별로 없다.(더 안타까운 점은 이런 식의 개념을 묻는 질문조차도 없다는 점이다.) 아니 거의 없다고 해도 과언이 아니다. 어떤 학생들은 이렇게 대답한다. "분자끼리 더하면 되기 때문입니다." 특히 분수의 덧셈 뺄셈 단원 수업을 처음 시작하는 단계에서 선행학습을 한 학생들에게 다음과 같은 질문으로 되받아치면 갑자기 말문을 닫아버린다. "왜 분자끼리 더하지? 그렇다면 왜 분모끼리는 더하지 않지? 분모끼리는 더하면 안 되는가?" 어떤 학생들은 이렇게 답변한다. "모르겠는데요. 학원에서 안 배웠어요. 학원에서 그렇게만 배웠어요."라고. 그러나 협동학습 토의토론 수학을 통해 서로의 생각을 주고받으면서 개념과 원리를 발견해 나가는 방식으로 수업을 디자인하여 진행해 나가면 학생들은 선개념을 바탕으로 자연스럽게 분수 덧셈의 원리를 발견하여 문제를 해결해 나갈 수 있게 된다. 그래서 이렇게 답변할 수 있게 된다. "$\frac{3}{4}$은 $\frac{1}{4}$이 3개이고, $\frac{2}{4}$는 $\frac{1}{4}$이 2개이니까 $\frac{1}{4}$ 3개와 $\frac{1}{4}$ 2개를 더하면 $\frac{1}{4}$ 5개가 되어서 답은 $\frac{5}{4}$가 됩니다."

위의 사례를 통해 살펴본 바와 같이 '답을 쓸 줄 안다'와 '왜 그런 답이 나왔는지 설명할 수 있다'는 차원이 다른 이야기다. 그리고 협동학습 토의토론 수학의 중심은 '문제를 풀어 답을 쓸 줄 안다'에 있는 것이 아니라 '어떻게 해서 그런 답이 나왔는지 설명할 수 있다'에 맞추어져 있다. 이 둘의 차이는 매우 크다고 볼 수 있다. 실제로 답을 쓰기는 하였지만 왜 그렇게 되는지 설명할 줄 모르는 학생들이 매우 많다. 이 경우 그 학생은 그것에 대하여 개념이나 원리를 정확히 이해하였다고 말할 수는 없는 일이다.

협동학습 토의토론 수학은 지적인 상호작용의 결과물보다 지적인 상호작용 과정 그 자체에 주목한다. 협동학습 토의토론 수학은 수업을 '수학적 지식의 결과를 전달하는 행위'라 바라보지 않는다. 협동학습 토의토론 수학은 수업을 '학생들 간의 상호작용 속에서 지식을 함께 발견하고 탐구해 나가는 사고과정을 경험하는 행위'라고 바라본다. 그리고 그런 수업만이 수학의 본질에 다가가는 것이라 바라보고 있다.[2] 이렇게 볼 때 교사는 반드시 협동학습 토의토론 수학을 위한 교육과정의 재구성 및 수업 디자인 역량을 갖추지 않으면 안 된다.

---

2 수업의 중심을 문제 풀이 방법 익히기, 공식 및 알고리즘 익히기, 문제 풀이 및 문제 해결에 둘 것이 아니라 개념 찾기, 알고리즘의 발견 및 원리 이해에 두어야만 협동학습 토의토론 수학의 효율성을 더 높일 수 있다.

초등 협동학습 토의토론 수학을 위한
미션 과제 및 핵심 발문을 기억하여 기록하다

제9장

미션 과제 & 핵심 발문을 위한 필요조건

초등 수학 교과에 대한 학문적 지식 쌓기

초등 협동학습 토의토론 수학을 위해서는 반드시 필요한 조건 한 가지가 있다. 그것은 바로 수학 교과에 대한 교사의 학문적 바탕이다. 아무리 교사가 협동학습 기법을 많이 알고 있다고 해도, 협동학습에 대한 해박한 지식을 갖고 있다고 해도 수학 교과에 대한 전문적 지식이 부족하다면 학생들 배움 중심의 협동학습 토의토론 수학 수업은 그림의 떡일 수밖에 없다. 그렇기 때문에 수학 교과에 대한 전문성을 갖춘 사람만이 진정한 수학 교과 협동학습 전문가, 진정한 토의토론 수학 전문가라는 호칭을 얻을 수 있는 것이 아닐까 생각된다. 그냥 이런 저런 협동학습 기법과 교과서 내용을 잘 연결 지어 수학 수업을 하였다고 하여 수학 교과 협동학습 전문가, 토의토론 수학 전문가라고 말해서는 안 된다는 것이 필자의 생각이다. 왜냐하면 수업의 관점도 교사의 가르침 중심에서 학생의 배움 중심으로 바뀌었기 때문이다.

여기서 말하는 수학 교과에 대한 교사의 전문성은 소위 수학 교과와 관련된 지식에 대하여 얼마나 정확히, 깊이 있게 알고 있는가 하는 정도를 말하는데 필자는 이를 아래와 같이 세 부분으로 나누어 구분해 보았다.

학문적 지식	계획된 지식[1]	실현된 지식
교사가 교육내용으로 선정하고 학생들 눈높이에 맞게 재구성하기 이전의 순수한 학문적·학자적 차원의 지식을 말한다.	교사가 가르칠 내용으로 선정하고 학생들 눈높이에 맞게 교수학적으로 변형하여 재구성한 지식을 말한다.	수업 활동이 이루어진 뒤에 학생들이 배워 알게 된 지식, 학생들 자신의 것으로 구성한 지식을 말한다.

---

1 학생들에 대한 이해, 학생들이 갖고 있는 선개념, 오개념, 난개념에 대한 정보, 수학 교과 각 영역에 대한 교수 전략, 협동학습 및 토의토론에 대한 전문성, 교육과정 재구성 및 수업 디자인 능력, 평가 능력 등이 포함된다.

위에서 보는 바와 같이 구분된 세 가지 지식 가운데 가장 밑바탕이 되는 것은 학문적 지식이라 말할 수 있다. 이것이 없다면 교사가 가르칠 내용을 전정하고 학생들 눈높이에 맞게 교수학적으로 변형하여 재구성하는 일은 불가능한 것이 되고 만다.

결국 협동학습 토의토론 수학 수업 전문가는 수학 교육과정에 대한 학문적 지식을 바탕으로 교사의 입장에서 가르칠 내용을 엄선하고 재구성하여 학생들 눈높이에 맞게 교수학적으로 변형시킬 수 있는 충분한 역량을 갖춘 교사라고 보면 무리가 없다. 다시 말해서 수학 교과에 대한 학문적 지식이 부족하다면 협동학습 토의토론 수학 전문가는 될 수 없다는 것이다. 그래서 협동학습 토의토론 수학 전문가는 학생들이 현재 상태에서 지니고 있는 각 영역에 대한 선개념을 바탕으로 오개념과 난개념에 대한 정보를 반영하여 수업을 설계할 줄 안다. 또한 학생들에게서 나타날 수 있는 다양한 반응을 예상하여 그에 맞는 적절한 발문과 과제를 제시할 줄 안다. 그리고 발문과 과제를 통해 학생들의 생각을 끌어냄과 동시에 학생 간의 상호작용을 활용하여 능동적 배움과 연결될 수 있게 교사 자신의 역량을 최대한 발휘할 줄 안다.[2]

그렇다면 어떻게 수학 교과에 대한 학문적 지식을 쌓아나갈 수 있는 것일까? 그 방법은 딱 한 가지밖에 없다. 교사 스스로 수학자처럼 끊임없이 연구하는 길밖에. 필자는 10년 1만 시간의 법칙을 믿으면서 그 길을 왔다. 그리고 아직 스스로는 전문가 수준에까지 오르지 못했다고 반성을 하고 있지만 조금씩 전문가 수준에 다가서고 있다는 것만큼은 분명하다고 자신 있게 말할 수 있다.

 ## 초등 수학 교과에 대한 전문성 쌓는 방법

1. 끊임없이 수학 교과에 대하여 연구하기(수학자처럼)
2. 수학 교육과정과 관련된 모든 배경지식 연구하기
3. 교과서를 참고하여 각 영역에 대한 핵심 개념 정확히 이해하기
4. 알고리즘 자체보다 알고리즘이 만들어지는 과정과 원리 이해에 집중하기
5. 각 영역에 대한 학생들의 선개념, 신개념, 오개념, 난개념 등과 연결 지어 고민하기
6. 질적으로 수준 높은 발문, 과제 개발에 집중하기

수학 교과서는 수학적 전문성이 부족한 교사도 가르칠 수는 있지만
진짜 수학은 수학적 전문성이 부족한 교사는 가르칠 수 없는 일이다.

---

2 특히 알맞은 협동학습 구조 선택하기 역량, 근접발달 영역의 발전 과제 제시하기 역량(핵심 발문 및 미션 과제 제시하기 역량), 협동학습 토의토론 수학과 관련된 다양한 노하우, 학생들의 생각을 이끌어 낼 줄 아는 교사의 사회적 기술, 학생들에 대한 정서적인 공감 역량과 인지적인 지원 역량 등이 이에 해당된다.

초등 수학 교과에 대한 학문적 지식 쌓기가 필요한 이유

변두리 지역 일부를 제외하면 꽤 많은 학생들이 선행학습을 해 오는 경우가 많다. 하지만 선행학습 수준을 보면 네비게이션 수학 교육 수준을 넘어서지 못하고 있는 현실이다. 그럼에도 불구하고 선행학습이 성행하는 이유는 학교 교육 또한 그 수준을 넘어서지 못하고 있기 때문이라는 것을 증명해 주는 것이라 보아도 큰 무리가 없을 듯하다. 이를 극복하기 위한 대안은 오직 수학 교과에 대한 학문적 배경 지식을 충분히 쌓은 뒤에 선행교육이 제대로 다루지 못한 부분까지 고려하여 수업을 설계하는 방법밖에는 없다는 것이 필자의 견해이다.[3]

① **[교사 입장]** 사교육에서 다루지 못하는 부분까지 수업에 반영하여 설계할 수 있음 : 발문과 과제를 통해 원리와 개념을 스스로 깨우칠 수 있도록 학생을 자극할 수 있음

② **[교사 입장]** 개념, 원리 이해를 돕는 수준 높은 발문, 과제를 개발하여 수업의 질을 높일 수 있음 : 교사와 학생, 학부모 모두 수학 교과에 대한 만족도를 높일 수 있도록 해 줌

③ **[교사 입장]** 학생들이 어떤 지점에서 주춤거리는지 파악할 수 있는 매의 눈을 갖게 해 줌 : 학생들에게서 발생하는 오개념, 난개념 지점을 미리 예상하여 다양한 대책을 미리 세울 수 있도록 해 줌

④ **[학생 입장]** 발문과 과제를 통해 수학 교과를 바라보는 학생들의 시각과 관점을 전환시켜 줄 수 있음 : 수학도 재미있는 과목이며 배움의 기쁨을 느낄 수 있도록 해 줌과 동시에 수학을 통해 세상을 이해할 수 있는 눈을 가질 수 있게 됨

⑤ **[학생 입장]** 개념과 원리 이해가 부족한 학생들도 사고, 의사소통, 참여 기회를 확대시켜 줄 수 있음 : 자기주도적 배움으로 연결될 수 있음

수학 교과 전문성에 기반을 둔 핵심 발문 & 미션 과제 만들기 레시피 여섯 가지

핵심 발문 & 미션 과제는 한마디로 근접발달 영역 내 과제를 가리킨다고 말할 수 있다.[4] 그리고 핵심 발문 & 미션 과제는 현재 다루고 있는 영역의 핵심 주제(핵심 개념 및 원리)와 관련이 깊을수록 좋다고 볼 수 있다. 따

---

3 학문적 배경지식이 많다고 하여 잘 가르친다고 보장할 수는 없겠지만(적어도 잘못 가르치는 오류를 범할 가능성은 줄어들 수 있음) 최소한 배경지식이 부족한 상태에서 교과서 내용만 열심히 가르치는 것보다는 낫다는 확신은 가질 수 있다. 왜냐하면 정확한 개념 이해와 관련된 지식이 부족한 상태에서 함부로 가르친다면 매우 위험할 수 있기 때문이다.(자칫 잘못 가르쳤을 경우 되돌릴 수 있는 방법은 없기 때문이다.) 필자의 경우 수학적 배경지식을 쌓기 위해 10년 넘게 끊임없이 초등 수학 관련 전문서적 및 교양서적을 검색, 구입하여 읽어 보고 있으며 각종 연구논문 등도 참고하고 있다.

4 실제 발달수준(혼자서도 해결할 수 있는 수준)과 잠재적 발달수준(교사의 조력 또는 또래의 도움이나 협동적 활동을 통해 문제를 해결할 수 있는 수준) 사이에 있는 과제를 말하는데 이 과제는 교실 속 학생들 모두에게 유용하다고 말할 수 있다. 왜냐하면 이런 과제는 학생들의 이해 수준에 따라 매우 다양한 수준의 답변(다양한 반응)이 나올 수 있으며 모든 학생이 수학적 의사소통에 참여할 수 있도록 해 주기 때문이다. 한마디로 토의토론 활동에 딱 좋은 과제라 말할 수 있는 것이다.(학생들이 다양한 관점에서 생각할 수 있도록 해 주기 때문에 수학적 사고력의 성장과 배움에 큰 도움을 준다.)

라서 핵심 발문 & 미션 과제를 만들 때는 핵심 주제와 관련이 깊고 근접발달 영역 내에 있는 과제를 만들고자 하는 데 심혈을 기울여야 한다. 여기에서는 그와 관련된 필자의 몇 가지 노하우를 소개해 보고자 한다.

(1) 기존의 사고를 뒤집어 심진(心震)을 일으키기

자신이 믿고 있었던 이전 사고가 뒤집혔다는 생각을 갖게 만들어 주면 학생들은 도전의식을 가지고 주어진 상황을 극복하기 위해 노력하면서 보다 정확한 개념과 원리 이해에 접근할 수 있게 된다.

> **예시** 심진(心震)을 일으키는 발문의 핵심은 지적인 불완전함을 이용하여 장애물(함정)을 설치해 두는 것이다.
>
> $\frac{1}{2}+\frac{1}{2}=1$입니다. 그러면 이것은 어떤가요? ▨ + ▨ = ▨ 이므로 답은 $\frac{2}{4}$? 어라? 내가 알고 있는 것과 다른데? 왜 그럴까?

(2) '전체 → 부분'으로 문제 제시

'전체 → 부분'으로 재구성한 뒤 가장 먼저 '전체'를 제시하면 학생들은 '전체'를 바탕으로 그들이 이해할 수 있는 '부분'으로 나누어 보는 경험을 통해 자연스럽게 전체에 대한 부분적 사실을 알아가도록 하면서 자신의 지식을 재구성할 수 있게 된다.

> **예시** 삼각형의 이해
>
> 1. 다양한 종류의 삼각형을 제시하고 그것을 2~3개의 그룹으로 분류하기
> 2. 어떤 기준을 세워 분류하였는지 설명하기
> 3. 해당 단원에서 공부하게 될 중심 내용과 연결시켜 주기

(3) 공통점과 차이점을 활용하여 학생들의 눈으로 수업 바라보기

공통점과 차이점을 활용하여 학생들의 눈으로 수업을 바라보는 일은 학생들의 수준과 눈높이에서 그들의 생각과 논리를 이해하려고 노력하는 일과 같다. 왜냐하면 학생 개개인의 관점은 바로 배움의 출발점이기 때문이다.

> **예시** "왜?"라고 묻는 것에도 몇 가지 요령이 있다.
>
> [교사]
>
> (A) ▭ ($\frac{1}{2}$)과 (B) ▨ ($\frac{2}{4}$)는 크기가 같다. 그 이유는 무엇인가?
>
> 위와 같은 질문은 학생들에게 막연함을 느끼게 한다. 이를 아래와 같이 바꾸어보자. 그러면 학생들은 보다 구체적으로 사고하고 생각하게 될 것이다.

[교사]

그림 (A), (B)는 크기가 같다. (A) ▭ ($\frac{1}{2}$)과 (B) ▭ ($\frac{2}{4}$)

위의 두 그림에서 변한 것(차이점)은 무엇이고, 변하지 않은 것(공통점)은 무엇인가요?

(4) 학생들을 꼬마 수학자로 만들기

학생들로 하여금 수학자들이 탐구하는 방식으로 문제를 살펴보고 스스로 수학적 지식을 구성하는 과정에 참여할 수 있도록 해 주면 그들 나름의 지적 호기심과 창의성을 발휘하여 얼마든지 꼬마 수학자가 될 수 있다.

 분수에 대한 학습을 시작하는 단계에서 어느 정도 개념을 이해하고 난 뒤에 아래와 같은 질문을 던지고 학생들이 학자적 입장에서 탐구하고 토의토론하면서 답을 찾아나갈 수 있도록 도울 수 있다.

⟨핵심 발문 : 부분으로 전체 양 알아내기⟩

▭ 왼쪽의 테이프는 본래 있던 테이프 전체의 $\frac{3}{5}$이다.

이것으로 전체의 길이를 알아내보시오.

[예상되는 학생들의 탐구 과정]

① 주어진 테이프의 길이는 $\frac{3}{5}$이다. $\frac{3}{5}$은 $\frac{1}{5}$이 3개 있는 것과 같다.

② 주어진 테이프를 먼저 3등분하여 $\frac{1}{5}$이 3개가 되도록 만든다.

③ 3등분한 것 중 1조각이 $\frac{1}{5}$임을 알 수 있다. 이 크기를 2개 더 붙이면 $\frac{5}{5}$(=1, 전체)가 된다는 것을 추론해낼 수 있다.

이렇게 주어진 부분을 이용하여 전체의 양을 알게 되었다.

(5) 맥락적 사고 자극하기[5]

수학 시간에 다루고자 하는 개념과 원리의 의미와 맥락을 고려하여 수학적 상황에 적합한 이야기를 통해 문제를 제시하면 학생들은 재미있게 수학을 공부하면서 수학적 개념과 원리를 이해할 수 있게 된다. 소위 말해서 스토리텔링 기법을 활용한다는 말이다.

----

5 대상이 어떤 맥락에 있는지를 파악하는 능력으로 너무 익숙해져 있어서 있는 줄도 모르는 것을 다른 방식 또는 다른 관점에서 바라보는 것을 말한다.(있던 것을 새롭게 다시 보고 비틀어 보면서 다른 관점을 찾아내어 문제를 해결하는 능력. 정보의 맥락을 바꾸는 능력의 창의성의 원동력이 된다.)

예시 **원의 둘레와 넓이를 공부하는 단원**

○○ 마을에 작은 연못이 있는데 그 연못은 동그란 원 모양이다. 이 마을 사람들은 그 연못을 가로지르는 10m 길이의 다리와 연못 주변에 둘레길을 만들어 일정한 간격으로 가루수를 심기로 하였다. 연못이 큰 편은 아니라서 나무는 1m마다 작은 나무들을 심을 계획이다. 이 마을에서 가로수는 몇 그루나 심을 수 있겠는가?

(6) 기존의 문제를 활용하되 문제의 방향 바꾸기

교과서 속 문제들을 보면 근접발달 영역 내의 핵심 발문 & 미션 과제라 보기 어려운 것들이 많다. 하지만 이 문제들을 조금만 다른 관점에서 생각해 본다면 근접발달 영역 내의 핵심 발문 & 미션 과제로 쉽게 바꿀 수 있다. 그 요령은 다음과 같다.

예시 **교과서 속 문제를 보면 아래와 같은 질문이 있다.**

 왼쪽 직사각형의 가로 길이는 5cm이고 세로 길이는 4cm이다. 이 도형의 넓이는 얼마인가?

[문제의 방향 바꾸기 사례 1]
넓이가 20cm²인 직사각형이 있다. 그러나 이 직사각형은 어떻게 생겼는지 주어져 있지 않다. 이 직사각형의 가로, 세로 길이는 각각 얼마인지 구해보시오.(단, 가로와 세로의 길이는 모두 자연수이다.)
⇨ 이 활동을 통해 알 수 있는 사실이 있다면?

[문제의 방향 바꾸기 사례 2]
넓이가 20cm²인 직사각형 둘레 길이만큼 색 테이프를 자르려고 한다. 이때 만들 수 있는 색 테이프의 길이 중 가장 짧은 것은 몇 cm가 되겠는가?(단, 가로와 세로의 길이는 모두 자연수이다.)
⇨ 이 활동을 통해 알 수 있는 사실이 있다면?

[핵심 발문 & 미션 과제를 활용한 협동학습 토의토론 수학에서의 지식 형성 과정][6]

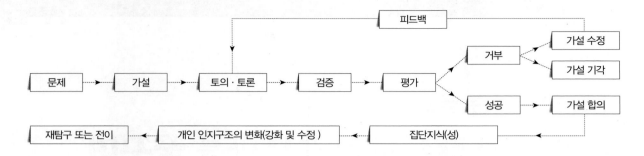

6 이상우, 협동학습 교사를 바꾸다(시그마프레스, 2012), p. 216.

 제**10**장

초등 협동학습 토의토론 수학을 통한

수학 수업 패러다임의 변화를 꿈꾸며

 협동학습 토의토론 수학을 실천하면서 필자가 느꼈던 점

협동학습 토의토론 수학을 실천하면서 가장 좋았던 점은 학생들의 수학적 사고력을 확장시켜 줄 수 있다는 것이었다.

1. 스스로 생각하는 힘을 키울 수 있다.
2. 상대방의 생각을 읽는 힘을 키울 수 있다.
3. 자신의 생각을 논리적으로 표현할 수 있는 역량을 키울 수 있다.
4. 수학적 개념, 논리적으로 표현할 수 있는 역량을 키울 수 있다.
5. 토의토론 과정 속에서 자신이 알고 있는 것이 무엇이고 모르는 것이 무엇인지 정확히 이해할 수 있다.

토의토론한다는 것은 다른 맥락에서 생각해 보면 '발표'와 그 의미가 통한다. 그리고 토의토론 과정에서 발표할 때는 〈풀이전략〉 및 〈풀이과정〉, 〈그렇게 풀어나간 이유〉까지 함께 설명해 나갈 수 있도록 강조하는데 그 이유는 아래와 같다.

'자신만의 언어로 설명할 수 있다는 것은 그것에 대하여 온전히 이해하고 있음을 의미하는 것'

그 외에 발표 과정에서 자신이 정확히 이해하지 못한 부분에 대해서는 그 부분만 다른 학생 또는 교사의 도움을 통해 보충하면 되기 때문에 무엇보다 수학 공부에 대한 학생들의 관심과 자신감이 날로 높아질 수 있게 되었다는 점도 매우 큰 수확이었다.

끝으로 토의토론 또는 발표 과정에서 학생들이 느끼는 감정(특히 제대로 발표 또는 설명을 하게 되었을 때 느끼는 쾌감과 자신감)은 덤으로 얻을 수 있는 것이라고 해도 무방할 것 같다.(수학 교과에 대한 긍정적인 마인드를 심어줄 수 있는 매우 중요한 내적 동기가 되기도 한다.) 물론 함께 토의토론하고 생각을 나누면서 '협동적 역량'과 '의사소통 능력'을 키워나갈 수 있다는 점은 더 이상 언급할 필요가 없다고 본다.

최근 10년 정도 사이에 학교 현장에는 교육과정 재구성을 통한 수업 혁신의 바람이 꽤 거세게 불고 있다. 그런데 특히 수학 교과에 대한 변화의 모습은 거의 찾아볼 수가 없다. 국어나 사회 교과를 중심으로 한 주제통합 수업으로의 변화가 제일 크게 일어나고 있지만 수학 수업에 대한 수업 혁신 사례는 거의 찾아보기 힘들다. 특히 혁신학교에서조차도 다른 학교에서와 큰 차이를 보이고 있지 못하고 있는 상황이다. 혁신학교 교사들조차도 수학 교과에서만큼은 변화를 보이고 있지 못한 이유, 수학 교과에 대한 수업 혁신 사례를 많이 내놓고 있지 못하고 있는 이유가 무엇일까 고민해 보았다. 그리고 다음과 같은 결론에 이르렀다.

1. 타 교과에 대해서는 교육과정 재구성을 매우 강조하고 교과서를 벗어나라고 강조하면서도 오직 수학 교과에 대해서만큼은 매우 보수적으로 접근하고 있다.
2. 보편적으로 수학 수업은 정답에 이르는 길에 대한 안내와 설명, 학생들이 문제를 잘 풀 수 있도록 안내하고 설명하는 과정이라고 인식하고 있는 경향이 강하다.
3. 학생들은 문제 푸는 기계가 아님에도 불구하고 교사의 안내에 따라 교과서 문제 풀이, 학습지 활동 등을 잘 따라하거나 기계적으로 반복, 암기, 훈련하면 된다고 여기고 있는 경향이 강하다.
4. 특히 초등 수학 정도의 내용이면 특별히 깊이 있게 연구하지 않아도, 전문적이고도 깊이 있는 내용까지 접근하지 않더라도 이미 답에 이르는 길을 너무나도 잘 알고 있어서 쉽게 가르칠 수 있는 교과목이라 여기고 있는 경향이 강하다.
5. 교사 자신도 설명, 강의, 문제 풀이 중심으로 수업을 들어왔기 때문에 똑같은 내용을 똑같은 방법으로 지도하고 있으며 그 외에 다른 방법을 통해 지도할 수 있다는 생각을 별로 가져보지 못했다고 볼 수 있다.

수업 혁신을 공공연히 이야기하는 시대가 되었다면 분명히 수학 교육에 대한 혁신적 사고와 가치관이 필요하다는 것, 수학 교육에 대한 패러다임의 변화가 필요하다는 것이 필자의 견해다. 수학 교과 차원에서 수업 혁신을 생각한다면 그동안 우리가 가져왔던 오해와 편견, 억압에서 벗어나 수학의 참모습을 되살리고 학생들이 원래부터 갖고 있는 지적 호기심을 회복하면서 교사로서 교직의 전문성을 되찾고자 하는 노력이라는 시각에서 바라볼 필요가 있다. 그리고 이를 위해서는 근본적인 사고방식과 관점의 변화가 필요했던 것이다. 그것이 바로 수업 혁신이라는 개념인 것이다. 단지 교과서 내용만을 수정한다거나 외국의 교육이론을 접목한다거나 좋은 수업방법을 끌어들인다거나 하는 겉모습의 변화 차원을 넘어서서 교육을 바라보는 관점, 수학이라는 과목에 대한 관점, 아이들에 대한 관점의 변화라는 전면적인 변화를 꾀하여야만 한다는 것이 바로 수업 혁신 이야기의 본질이자 핵심인 것이다.

초등수학에 대하여 많이 안다는 것과 잘 가르칠 수 있다는 것은 별개의 문제다. 특히 쉽다고 생각하는 내용일수록 수업이 그리 쉽지만은 안다. 특히 저, 중, 고학년 모두 지도해 본 교사라면 고학년 수학 수업을 하는 것보다 저학년 수학 수업(내용은 훨씬 단순하지만 가르치는 일은 더 어렵다.)을 하는 것이 더 어렵다는 것을 깨닫게 된다는 면만 봐도 이해할 수 있는 일이다. 하지만 이보다 더 큰 문제는 수학 수업의 쉽고 어려움이 아니라 수학 수업에 대한 잘못된 인식이라는 것이다. 수학 수업을 한다는 것은 '교과서에 제시된 문제를 풀이하여 정답을 구하는 방법이나 길을 알려 주는 것'이라 인식하고 있는 경향이 강하다는 점에 있다. 그렇게 본다면 음악 수업을 할 때 교사가 악기 연주만 하고 노래만 들려 주면 될 일이다. 미술 시간에는 교사가 직접 그림을 그려 주고 잘 그리는 방법만 알려 주면 될 일이다. 문학 수업 시간에는 교사가 직접 시나 소설을 창작하고 그것을 보여 주면 될 일이다. 그런데도 불구하고 수학 수업을 수학 문제 풀이와 같이 인식하는 이유는 무엇일까? 그것은 우리의 수학 수업이 시험에서 중요하다고 여겨지는 것들만 잘 정리하여 떠먹여 주는 식(이는 어떤 면에서 보면 진도 나가기에 급급한 수업과도 동일한 맥락으로 여겨질 수 있다)으로 이루어져왔기 때문일 가능성이 높다.[1] 그리고 이러한 상황은 인터넷 특강을 통해 수학 수업을 듣는 것과 별반 차이가 없게 만들고 있다.(문제 제시 후 특별한 해법-자신만이 알고 있는 비법을 통해 능숙하게 문제를 풀이하는 과정 설명하기 및 익히게 하기) 하지만 수업 혁신이라는 차원에서 이런 행위는 진정한 수학 수업이라 말할 수 없다. 왜냐하면 수학 수업은 '길 찾기'와 비슷하기 때문이다. 어딘가를 찾아갈 때 갈 수 있는 길은 한 가지만 있는 것이 아니다. 그러나 문제풀이식의 수학 수업은 한 가지 길만을 가르쳐 주고 가르쳐 주는 대로만 길을 찾아가라고 지시하는 것과 다르지 않다. 학생들 스스로가 생각하고 고민하여 풀이를 어떻게 시작하고 어떤 과정을 거쳐야 하는지 결정해야 함에도 불구하고 학생들에게 그런 여지를 주지 않고 다른 사람이 풀어 주는 방식이나 모범 과정이란 것을 별 생각 없이 따라하게만 하여 정답이 나오도록 하기 때문에 문제가 되는 것이다. 이럴 경우 수학 학습은 끊임없이 같은 과정과 비슷한 문제 풀이만을 반복하게 될 수밖에 없다. 그런 과정은 수업이 아니라 기능이 몸에 밸 수 있도록 반복만 하는 훈련일 수밖에 없다. 이럴 경우 학습자는 서커스에서 볼 수 있는 동물들과 다르지 않다. 이런 모습은 학교 밖의 학원, 인터넷 강의 등에서 많이 볼 수 있다. 하지만 학교에서의 수학 수업마저도 이런 모습을 보인다면 학교 교육은 더 이상 필요 없지 않을까? 이런 모습을 극복하고 수학의 본질을 찾기 위한 진정한 수학 수업을 만들기 위해서 수업 혁신이라는 개념이 필요했던 것이라 생각한다면 무리일까?(다른 교과목도 이런 맥락에서 생각해 봐야 한다.)

한편 기존의 그런 수학 교육의 관행은 학생들 차원에서 억압과 폭력의 기제로 사용되었다는 점에서도 굉장히 심각한 문제의식을 갖지 않을 수 없다. 예를 들어 수 연산 영역에서 학생들에게 학습지 반복 훈련을 강요(대표적인 사례가 바로 『기적의 계산법』이라는 책이다. 심지어는 시간까지 재어가면서 학생들을 심리적으로 억압하고 실수가 없어야 한다는 강박관념까지 심어 주고 있으며 누가 더 빨리 풀이하는가 하는 경쟁심리까지 조

---

1 여기에는 '학습자는 수동적 존재, 교과란 이미 누군가가 만들어 놓은 지식의 집합체, 수업이란 그러한 교과를 학생들에게 가르치는 행위'라는 관점이 존재한다. 그리고 이러한 관점 속에는 능동적 주체로서의 학습자관, 배움의 주체 간의 상호작용을 통해 인지적 발달과 성장이 이루어진다는 발달관이 결여되어 있다.

장하고 있는 현실이다. 이게 교육이라 말할 수 있는 것인가?)하고 있는 것이 바로 그런 사례 가운데 하나라고 할 수 있다. 내가 볼 때 이런 현상은 거의 고문 수준에 가깝다고 여겨진다 해도 지나치지 않을 것이다. 이런 학생들은 수학을 과연 어떤 과목이라 생각할까? 수학이라는 과목이 과연 사고력을 키워 주기 위한 것이라 여길 수 있을까? 오히려 수학이라는 것을 지겹고 하기 싫고 어렵게만 느껴지는 과목으로 여기게 만들고 있지는 않는가? 이런 수업에 익숙해졌기 때문에 학생들이 본래부터 갖고 있는 바람직한 지적 호기심은 사라지고 결국은 생각하기 싫어하고 조금 어려운 질문을 만나면 쉽게 포기해 버리는 사람으로 바뀌어가고 있는 것은 아닐까?[2] 이런 여러 가지 문제점들을 극복하기 위해서 수업 혁신과 교육과정 재구성이라는 과업에 대한 패러다임의 변화가 필요했던 것이라 본다면 수업 혁신이라는 것이 그렇게 큰 부담으로 다가올까 하는 생각이 든다.

하지만 현실은 그리 만만하지는 않다. 학원에서의 선행학습, 기존의 사고에 젖어 있는 학생과 학부모를 대상으로 힘겨운 싸움을 해야 한다는 현실적 어려움이 산적해 있다. 그럼에도 불구하고 수학의 본질에 다가가도록 하는 수학 수업(개념과 원리를 학습자 스스로 탐구, 발견하여 자신의 지식으로 구성해 나갈 수 있도록 돕는 일)은 분명히 가능하다고 생각한다. 그리고 필자는 그 길을 협동학습 토의토론 수학에서 찾았다. 실제로 필자의 교실에서 학생들은 적어도 학원 강사의 이야기보다 나의 수업을 훨씬 더 믿고 존중해 준다. 학생들과 학부모님들은 나의 수업을 더 신뢰하고 적극적인 지지를 보내 준다. 왜냐하면 학생들은 나의 교실에서 이루어지는 수학 수업을 통해 사교육에서는 배울 수 없는 것들(수학 수업의 본질에 다가서기, 깊이 있는 개념과 원리에 대한 접근과 그 시도, 수학적 시행착오를 통한 꼬마 수학자로서의 경험, 단순히 '답을 쓸 수 있다'를 뛰어넘어 '왜 그런 답이 나오게 되었는지 설명할 수 있다'는 수준까지 도달하기 위한 수많은 의사소통의 경험 등)을 매 시간마다 경험하기 때문이다. 심지어는 다니던 학원을 그만두고 학교에서의 수업에 더 집중하여 잘 듣고 오라는 부탁과 당부를 아끼지 않는 학부모님의 수가 늘어나고 있다. 수학 수업이 지루하고 재미없는 시간이라는 인식에서 벗어나는 학생들이 매우 많아지고 있다. 공교육이 사교육을 극복할 수 있는 대안, 수학 수업 혁신, 수학 수업 패러다임의 변화, 그 중심에 협동학습 토의토론 수학이 있다고 필자는 확신하고 있다.[3]

수학이라는 학문은
인류가 시행착오를 통해 쌓아올린 훌륭한 문화유산이다.
그렇다면 수학 수업은 학생들로 하여금 그 과정을 체험할 수 있는 기회를 제공함과 동시에
그 과정을 통해 스스로 자신만의 지식을 구성해 나갈 수 있도록 하는 일이라 할 수 있다.
이것이야말로 수학 수업의 본질이자 수학 수업 혁신의 길이라 필자는 믿는다.

---

2 이런 식의 수학 수업은 학생들 스스로 수학을 만들어 갈 수 있는 활동을 포기하게 만들었고, 의미 없이 지식과 기능을 기계적으로 익혀 분절된 사고를 하게 만들었고, 스스로 문제를 해결하기보다는 답안지나 정답 해설지 또는 다른 사람에게 의존하게 만드는 수동적인 학생들을 만들어 왔던 것이라 나는 생각한다. 교육은 결코 훈련이어서는 안 된다.

3 그 출발점은 쉽게 표현하여 기존의 교육과 교과서에 대하여 "과연 그러한가?"라는 근본적인 의문을 제기하고 비판적 검토를 통해 이루어진다. 물론 이때의 기준은 학생들의 눈높이이고 학생들의 사고 수준이며 학생들의 발달과정이다(학생들이 어떻게 받아들일 수 있는가 하는 점에 초점). 비판 없이 혁신은 없다.

제11장

4학년, 5학년, 6학년 단원별

미션 과제 & 핵심 발문

이번 장은 현행 교육과정(2019년 현재 2015 개정 교육과정에 근거하고 있음)에 맞추어 학년별, 단원별로 제시해 본 것이다. 교육과정은 수시로 개정되기 때문에 개정 여부에 따라 새로운 것이 들어오고 빠져나가거나 학년 수준이 달라지는 경우도 있다. 이런 다양한 경우를 감안하여 본 도서를 참고하기 바란다. 아울러 모든 차시 수업에서 미션 과제 & 핵심 발문을 활용한다는 것은 매우 어렵고 힘든 일인 만큼 제시된 미션 과제 & 핵심 발문 사례를 여러분들의 교실에서 어떤 차시에 어떻게 활용하는 것이 좋은지 깊이 있게 고민하여 활동할 것을 조심스럽게 제안하고자 한다.

또한 미션 과제 & 핵심 발문을 통한 협동학습 토의토론 수학의 가치는 '수업의 변화, 수학 교과에 대한 학생들 생각의 변화'에 있다는 점을 분명히 하고자 한다. 이를 위해 교사 자신이 먼저 수학 수업에 대한 방향성을 '교사가 가르치는 수학'에서 '학생 스스로 배우는 수학'으로 바꾸고 이를 위해 노력하는 과정 속에서 본 도서를 참고한다면 분명 도움이 될 것이다.

다만 잊지 말아야 할 점은 이곳에서 제시되는 사례들이 결코 완전하지 않을 뿐만 아니라 어떤 매뉴얼도 있을 수 없으며 있는 그대로 제시한다고 하여 갑자기 수학 수업이 확 변한다고 기대해서는 안 된다는 점을 분명히 하고자 한다. 어디까지나 사례일 뿐이라는 점을 감안하여 다시 한 번 고민하고 연구하면서 더 나은 미션 과제 & 핵심 발문을 여러분 스스로 개발할 수 있기를 희망한다. 그런 순간이 온다면 분명히 여러분들의 교실에서 자신, 학생, 학부모 모두가 변화를 느끼면서 배움의 기쁨과 참 맛을 알아가게 될 것이라 확신한다. 그 날이 올 때까지 우리 모두 최선을 다해 노력해 보도록 하자.

미션 과제 & 핵심 발문

지면 관계상 모든 핵심 발문, 미션 과제를 싣기에 무리가 있어 각 단원 별로 4개 내외의 사례만 남겨두었다. 나머지 핵심 발문, 미션 과제는 아래 인터넷 다음 카페에서 다운로드 받을 수 있다.

http://cafe.daum.net/ - coop - math - discuss

(카페명 : 협동학습 토의토론 초등수학교육을 혁신하다)

큰 수

본 단원 관련 내용은 이미 대부분의 학생들이 일상생활 속에서 익히 들어 알고 있는 내용들이라 별로 가르칠 것이 없는 단원이라 생각하기 쉽다. 그럼에도 불구하고 약 10차시 정도의 긴 시간을 할애(학생들이 힘들어하는 연산 단원도 배정된 시수를 보면 비슷함)하여 놓은 이유가 충분히 있다고 본다면 그것이 무엇일까 생각해 보고 그에 맞는 교육과정을 재구성하여 지도해야 한다.

본 단원을 지도할 때는 대부분의 4학년 학생들이 이미 알고 있음에도 불구하고 마치 처음 접하는 것처럼(교과서 내용은 그렇게 구성되어 있음) 지도할 필요는 없다. 이미 학생들이 생활 속에서 경험해 본 적이 있는 수많은 사물들은 이미 1만 단위 이상을 충분히 넘어서고 있기 때문이다. 본 단원을 지도할 때 중점을 두어야 할 사항은 아래와 같다.

실제 수업을 진행하면서 고려해야 할 사항들은 다음과 같다.

⊕ ⊖ 단원 지도의 핵심 ⊗ ÷

단원 내에 존재하는 계열성		
만~천만의 이해	⇨	큰 수를 읽고 쓰기
억~조의 이해		
큰 수의 계열성과 크기 비교	⇨	계열성과 크기 비교

1. 일상생활에서 접하게 되는 만 이상의 수를 통해 자연스럽게 접근하기(실생활 속 다양한 사례를 통해 숫자를 제대로 읽을 수 있는지 확인하는 것만으로도 충분히 좋은 활동) ⇨ 학생들의 수 개념을 형식적으로 정리할 수 있도록 하기

2. 십진법 개념을 기반으로 하여 원리 지도하기 — 바로 이전의 단위 10개가 모여 다음의 새로운 단위를 만든다는 원리와 개념 : 자연수 십진법의 완성

3. 각 자리의 숫자, 그 숫자가 나타내는 값이 무엇인지에 대한 이해에 집중하기

   (예) $34,582 = 30,000 + 4,000 + 500 + 80 + 2 = 3 \times 10,000 + 4 \times 1,000 + 5 \times 100 + 8 \times 10 + 2$

4. 실생활 속에서의 숫자 표기법을 근간으로 하여 지도(한글로 읽지만 실제 표기는 숫자로 함)

5. 서양식 표기법(3자리마다 콤마[,]를 사용)과 달리 네 자리마다 단위를 바꾸어 읽는 우리말 읽기에 대한 이해와 체화가 필요 ⇨ 한글 표기의 경우 띄어쓰기에 기준

   예 97,3/94,28/5,176 : 973억/9428만/5176

6. 큰 수에 대한 감각 기르기에 중점을 두고 지도하기(다양한 수직선 모델을 활용하여 뛰어 세기 경험 제공하기)
7. 실생활 속에서 접할 수 있는 도표를 가져와 수업에 적극 활용하기

① 동양식 수 읽기는 4자리수마다 단위가 바뀜

256/7834/0928/3142
조　　억　　만

▶ "1,000이 9개면 9천이라 읽고 9,000이라 쓴다. 1,000이 10개면 10천이라 읽고 10,000이라 쓰면 안 되는가?"와 같은 질문도 해 볼 필요가 있다.

② 서양식 수 읽기는 3자리수마다 단위가 바뀜

일상생활에서 흔히 쓰는 큰 수를 보면 대개 3자리마다 쉼표를 찍는 이유가 여기에 있음

- 1백-hundred, 900=nine(9) hundred
- 1천-thousand, 1,000이 9개인 9,000(9천)=nine thousand, 1,000이 10개인 10,000(1만)=ten thousand, 1,000이 100개인 100,000(10만)=one hundred thousand
- 1백만-million, 100만이 100개인 1억=one hundred million
- 10억-billion, 10억이 100개인 1,000억=one hundred billion
- 1조-trillion

256,783,409,283,142
tillion │ million │
billion　thousand

③ 실생활 속 다양한 사례를 통해 숫자를 제대로 읽을 수 있는지 확인하는 것만으로도 충분히 좋은 단원 도입 활동이 될 수 있음 ⇨ 본격적인 수업 전개 과정에서 학생들의 수 개념을 형식적으로 정리할 수 있도록 하기(만 이상의 실제상황 제시 ⇨ 일정한 형태의 형식적 지식 형성)

④ '만'단위의 도입이 갖는 수학적 의미를 명확히 하기

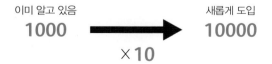

이미 알고 있음
1000　➡　**10000**
×10
새롭게 도입

- 이미 알고 있는 1000과 새로 시작되는 10000사이의 관계 명확히 하기
- 1000의 10배가 10000이라는 것의 이해할 수 있게 하기
- '0'이라는 숫자가 매우 중요한 역할을 한다는 것을 이해할 수 있게 하기
  - ▶ 0이 1개씩 추가될 때마다 이전 수의 10배가 된다는 것, 이런 과정을 통해 새로운 큰 수의 단위가 만들어진다는 것을 인식할 수 있게 ! ('0'의 개수와 그 역할)
  - ▶ 이것을 수학적으로 이해하고 설명할 수 있도록 하는 것이 제일 중요
  - ▶ 이것이 바로 단원 학습의 핵심이 되어야 함(그 기초는 이미 3학년까지의 과정을 통해서 학습한 바가 있음 ⇨ 이를 통해 자연스럽게 유도하기 ⇨ 수직선 모델 및 뛰어 세기를 활용한 접근은 매우 유용)

- 이를 통해 다섯 자리 수에 대한 십진법의 구성 이해 돕기(읽기, 표기법, 그에 따른 각 자리의 값 이해하기)
  (예) 34,582＝30,000＋4,000＋500＋80＋2 ⇨ 이렇게만 끝내지 말고 아래와 같이 확장

  $$＝3\times10,000＋4\times1,000＋5\times100＋8\times10＋2$$

  곱의 형태로 확장 : '배'의 개념이 내포(만 배, 천 배, 백 배 등)

  ※ 십진법 체계, 위치기수법, 자릿값 개념 확장에 큰 도움, 다음에 이어질 곱셈 단원 학습에도 도움이 됨

5 집필진이 요구하는 답을 찾는 수업, 교과서에 나와 있는 대로의 질문에 대한 답을 찾는 수업을 지양하기 (교과서 속 각각의 질문이 의도하는 것은 무엇인지 먼저 생각해 보고 과감히 재구성하기, 도움이 되지 않는 질문들은 과감히 생략하기) ⇨ 아래와 같은 질문이 그 사례라 할 수 있다. 어찌 보면 4학년 학생들의 수준을 지나치게 낮게 보고 있는 것은 아닌가 하는 생각마저 들게 한다.(2015 교육과정에 의해 새롭게 2018년 3월에 출판된 4학년 2학기 교과서 1단원 10쪽에 제시된 질문 사례)

세계 문화 체험관 입장료 : 1인에 1000원

[질문] 10명이 들어가려면 천 원짜리 지폐가 몇 장이 있어야 하는지 알아보세요.

※ 이 밖에도 큰 수의 비교를 지도하는 차시에서 두 수를 비교함에 있어서 "두 수의 크기를 비교할 수 있는 방법을 말해 보시오. 어떻게 비교했는지 말해 보시오."와 같은 질문이 수시로 등장한다.(교과서 22~25쪽) 어떻게 비교를 하였는지 꼭 형식화하여 지도할 필요가 있을까? 이에 대해서는 반드시 고민해 볼 필요가 있다.

6 큰 수 읽고 쓰기 요령 이해 돕기

오른쪽부터 4자리씩 끊고, 왼쪽부터 새롭게 학습한 단위를 사용하여 읽기, 숫자로 표기할 때는 3자리마다 콤마 찍기

콤마 지도의 필요성

실생활과 밀접한 내용임에도 불구하고 교과서가 전혀 다루지 못하는 것에 대한 보완을 하기 위함이라 말할 수 있다.(실제로 교과서 어디를 찾아보아도 큰 수의 표현에 세 자리마다 콤마가 찍혀 있는 것을 전혀 볼 수가 없다.)

(1) 일상생활에서 널리 쓰이고 있는 콤마를 사용한 큰 수의 표기법 이해
(2) 우리말 표현과 실제 숫자 표현 사이에 존재하는 차이점에 대한 이해
(3) 실제로 학생들뿐만 아니라 어른들도 이런 차이점 때문에 실생활 속에서 큰 수 읽기에 혼란을 겪게 된다는 사실에 기반을 두고 마련한 보완책
(4) 서양식 숫자표기법과 우리말 표현 사이에 혼란을 줄이고 정확히 큰 수를 읽고 표기할 수 있도록 하기 위한 충분한 학습 활동 과정이 필요
(5) 억 이상의 큰 수를 표기하거나 읽을 때 더욱 더 콤마의 필요성이 증대
(예) 49837849578296 ⇨ 콤마가 없이는 큰 수 읽기에 어려움이 발생

⇨ 49,837,849,578,296

7 어림에 대한 필요성이 그 어떤 단원보다도 증대되는 대목

어림에 대한 필요성을 교사가 먼저 인지하고 교과서 속에는 제시되어 있지 않지만 어림에 대하여 반드시 지도하고 넘어가야만 한다는 것이 필자의 견해이다.

 '만'에 대한 이해 `핵심 발문 사례`

 1,000이 8개면 8천, 9개면 9천이라고 부른다. 그렇다면 1,000이 10개이면 10천이라고 부르면 안 될까?

- -

선행학습을 한 학생들도 이런 질문을 접한 경험은 거의 없을 것이라 생각된다. 실제로 이 질문은 매우 중요한 의미를 지니고 있다. 영어로 1,000이 10개인 10,000(1만)을 ten(10) thousand(1,000)라고 쓴다. 말 그대로 해석하면 10천이 된다. 또한 이 속에는 10진법의 원리(이전의 단위 10개가 모여 다음 단계의 새로운 단위를 만들어 낸다는 것)가 그대로 녹아들어 있다는 것을 발견할 수 있다. 하지만 본 핵심 발문은 서양식이 아닌 동양식 단위, 우리나라에서 주로 쓰고 있는 새로운 단위인 '만(10,000)'이 필요함을 인식하고 그것에 대하여 학습할 수 있도록 마중물 역할을 한다는 점에서 충분한 가치를 지닌다고 말할 수 있다.

다섯 자리 수에 대한 수 감각 익히기

문제 아래 제시된 수직선에 주어진 수의 알맞은 위치를 어림으로 찾아 화살표로 연결해 보시오. 그리고 어떻게 하여 그 위치에 연결하였는지도 설명해 보시오.

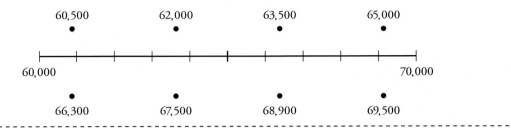

이 핵심 발문은 다섯 자리 수에 대한 감각을 익힘과 동시에 큰 수에 대한 어림하기 능력도 자연스럽게 기를 수 있도록 유도하기 위해 개발한 것이다. 큰 수에 대한 감각에는 어림하기도 포함되어 있음을 우리는 일상생활을 통해 충분히 경험하고 있다. 본 단원 교육과정에는 제시되어 있지 않지만 교사가 이 부분을 매우 중요하게 여겨서 반드시 지도할 수 있어야 한다.(예 : 2018년 아시아 지역 인구는 4,544,000,000명이라 할 때 대체적으로 '약 45억 명'이라고 말하는 경우를 더 많이 접하게 된다.)

 ## 충분히 큰 수에 대한 어림

문제 아래에 제시된 표(2018년 기준 국가별 인구 통계)를 보고 질문에 답하시오.

순위	국가명		인구(명)	기준
1	⭐	중국	1,415,046,000	2018
2	🇮🇳	인도	1,354,052,000	2018
3	🇺🇸	미국	326,767,000	2018
4		인도네시아	266,795,000	2018
5	🇧🇷	브라질	210,868,000	2018
6	☪	파키스탄	200,814,000	2018

1. 가장 인구가 많은 나라의 인구수를 읽어 보시오.

(   )명

2. 각 나라별 인구를 어림하여 천만 명 단위까지만 읽어서 아래 표를 완성하시오.

(예 : 213억 3,000만 명)

중국		인도네시아	
인도		브라질	
미국		파키스탄	

본 단원을 지도함에 있어서 어림에 대한 필요성이 그 어떤 단원보다도 크게 대두되는 부분이라 할 수 있다. 따라서 교사가 먼저 어림의 필요성을 인지하고 교과서 속에는 제시되어 있지 않지만 어림에 대하여 반드시 지도

하고 넘어가야만 한다는 것이 필자의 견해이다. 큰 수에 대한 감각을 기르는 것에 어림이라는 능력도 분명히 중요한 요소가 된다는 것을 잊지 말아야 한다. 본 과제는 이를 위해 개발한 과제라 할 수 있다.

행성	태양으로부터 거리(Km)
수성	5,790,000
금성	108,200,000
지구	149,600,000
화성	227,900,000
목성	778,000,000
토성	1,427,000,000
천왕성	2,871,000,000
해왕성	4,497,000,000

※ 실생활과 연계한 큰 수 관련 자료들은 신문, 뉴스를 검색하여 찾을 수도 있겠지만 사회 교과서, 사회과 부도, 사회과 교사용 지도서(각종 시도별 인구 통계 자료, 무역 관련 수출 통계자료, 농산물 생산량, 일제 강점기 시절 일본으로 쌀이 유출된 양에 대한 통계자료 등), 과학 교과서 및 교사용 지도서(5학년 1학기에 태양계 행성 간의 거리도 큰 수와 관련된 좋은 활동 자료 ⇨ 다른 학년 교과서도 반드시 참고할 필요가 있음) 등을 잘 들여다보면 얼마든지 큰 수 관련 도표나 자료를 그리 어렵지 않게 찾을 수 있다. 조금만 더 생각하면 분명히 길이 있다.

각도

3학년에서 이미 각이 무엇이고 직각이 무엇인지에 대하여 학습을 하였다. 4학년에서는 한 걸음 더 나아가 각이 아닌 '각도'를 본격적으로 다루게 되는데 학생들이 '각'이라는 도형에 대한 개념을 정확하게 이해하고 있는지부터 정확히 점검해 보고 그것을 기반으로 각도에 대한 정확한 개념 이해를 도울 수 있도록 교육과정을 재구성해야만 한다. 이런 관점에서 바라본다면 교과서 내용 구성은 매우 아쉽기만 하다.

본 단원의 핵심은 다음과 같다.

⊕ ⊖ **단원 지도의 핵심** ⊗ ÷

1. 각에 대한 정확한 개념 이해
2. 각도에 대한 정확한 개념 이해
3. 정확하게 각도 측정하기(각도기 활용 능력 기르기)
4. 각도의 연산이 갖는 실제적 의미 이해
5. 삼각형과 사각형의 내각의 합에 대한 이해

단원 지도 목표를 달성하기 위해서는 교사부터 각과 각도에 대한 정확한 개념을 이해하고 있어야만 한다. 그리고 이를 기반으로 체계적으로 교육과정을 재구성해야만 한다. 이를 위해 단원 교육과정의 재구성을 위한 방안을 제시해 본다면 다음과 같다.

(1) 각이란 무엇인가?(3학년 교육과정 내용)

한 점에서 그은 두 개의 반직선으로 이루어진 도형(3학년 교과서)
※ 반직선 : 한쪽 방향으로 끝없이 뻗어나감, 길이를 알 수 없음

'각' 도 분명히 도형이라는 점을 명확히 한다.

※ 선분, 직선, 반직선은 이미 3학년 과정에서 학습하였음
※ 각에서 다루는 '변'과 닫힌 도형에서 다루는 '변'의 개념은 분명히 다름
(이 내용은 3학년에서 다루지 않음)

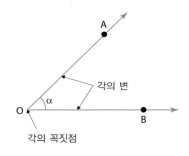

각을 도형으로 인식하지 못하는 이유 : 수학 시간을 통해 만나는 대부분의 도형이 닫혀 있는 것들이기 때문

단일폐곡선인 도형   단일폐곡선이 아닌 도형

왼쪽의 것들이 모두 도형인 것과 마찬가지로 '각' 또한 도형이라는 사실을 잊지 말아야 한다.

[각에 대한 오개념 2]

'양의 각'만을 각으로 인식하는 경향이 강한 이유 : (1) 수학 시간에 '각'에 대한 개념을 공부하면서 '하나의 반직선에 대하여 다른 하나의 반직선이 꼭짓점을 중심으로 회전하여 만들어진 도형'이라는 개념으로 학습하지 않았기 때문이기도 하고, (2) 아직 '각'에 대한 개념이 정확히 세워지지 않았기 때문에 '각'에 대한 개념보다는 '형태적인 면=뾰족함'만을 바라보면서 '각'을 인식하거나 이해하고 있는 경향이 강하기 때문

※ 중등수학에서는 오른쪽 그림과 같이 '각'의 회전 방향에 대해서도 중요하게 다루고 있다.

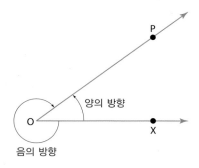

- 시계 반대 방향으로 회전 : 양의 각
- 시계 방향으로 회전 : 음의 각
- 물론 초등단계에서 '양의 각, 음의 각'과 같은 용어까지 지도할 필요는 없다.

(2) 각도(각의 크기)란 무엇인가?('각'과 '각도'는 분명히 다름)

각도란 각이라는 도형에 대한 측정값을 말한다.

하나의 반직선에 대하여 다른 반직선이 <u>각의 꼭짓점을 중심으로 회전한 양(정도)</u>

└▶ 동적인 개념이 포함되어 있음

※ 4학년 교과서에 제시된 각의 정의 : 각의 크기를 각도라고 한다.

- 각의 벌어진 정도를 의미하는 것으로 정적인 개념처럼 안내되어 있음
- 정적인 것인가, 동적인 것인가 하는 두 개념의 차이는 매우 큼
- '각도'라는 측면에서 2개의 반직선은 고정된 것이 아님을 이해해야 함

※ 중등수학에서는 왼쪽과 같이 각에 대하여 설명하고 있는데 동적인 개념을 충분히 잘 담고 있다. 물론 초등단계에서 '시초선, 동경'과 같은 용어를 지도할 필요는 없다.

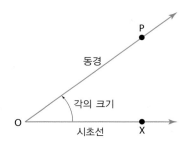

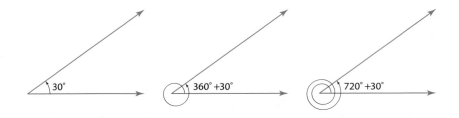

※ 중등수학에서는 위의 그림과 같이 어떤 방향으로 회전을 몇 번 하였는가 하는 것(어떤 방향으로 몇 번을 회전하여 현재의 위치에 있는지에 대한 것)까지도 중요하게 다루고 있다. 물론 초등단계에서 여기까지 지도하는 것은 무리라 할 수 있다.

(3) 각의 크기 측정에 대한 개념과 원리

- 회전하면서 90°보다 작게 만들어지는 각 : 예각
- 회전하면서 90°와 같아질 때 : 직각
- 회전하면서 90°보다 크게 만들어지는 각 : 둔각
- 회전하면서 2개의 반직선이 하나의 직선처럼 되었을 때 만들어지는 각 : 평각(180°=2직각=직각의 2배)
- 더 회전하여 3직각(직각의 3배)이 되면 270°가 됨
- 더 회전하여 완전히 1바퀴를 돌게 되면 2개의 반직선이 겹치게 되면서 4직각(직각의 4배)이 만들어짐 : 360°가 됨
- 360°를 360등분한 것 중 1개가 바로 1°임을 이해하기[교과서 38쪽을 보면 90°(직각)를 똑같이 90으로 나눈 것 중 하나를 1°라고 소개하고 있음]
- 각의 크기를 측정하기 전에 '반직선이 1바퀴 회전하여 만들어지는 각 전체가 360°. 이것을 360등분한 것 중 1개가 1°'라는 사실을 반드시 이해할 수 있도록 안내해야만 한다.
- 180°와 360°를 먼저 지도해야만 삼각형 내각의 합과 사각형 내각의 합을 지도하는 데 있어서 무리가 없게 된다.

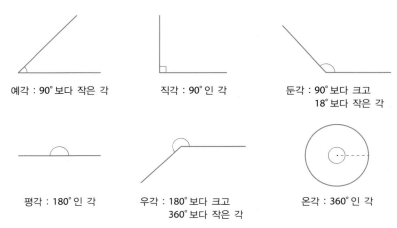

예각 : 90°보다 작은 각   직각 : 90°인 각   둔각 : 90°보다 크고 18°보다 작은 각

평각 : 180°인 각   우각 : 180°보다 크고 360°보다 작은 각   온각 : 360°인 각

'우각, 온각' 용어까지 지도할 필요는 없음

(4) '각도' 관련 기호에 대한 이해

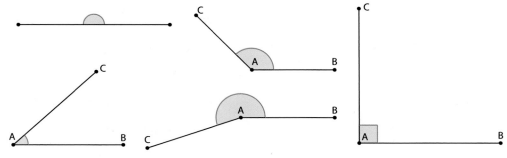

예각, 둔각, 평각, 우각, 직각 등에 대한 각(도) 표시 기호

이러한 기호는 단순하게 만들어진 것이 아니다. 이 기호는 반직선이 어디서부터 시작하여 어떤 방향으로 얼마만큼 회전하였는지를 알려 주는 매우 중요한 정보를 담고 있다.

(5) 각도기에 대한 이해

각도기를 살펴보면 180° 까지만 측정할 수 있도록 되어 있다. 그 이유는 무엇일까?

반직선이 1바퀴 회전하면 360° 가 된다. 따라서 180° 이하의 각도만 측정할 수 있다면 나머지 부분의 각(360° 를 기준으로 하여)의 크기를 자연스럽게 알 수 있기 때문이다. 이런 이유로 대체로 각의 크기를 측정할 때 180° 보다 작은 각의 크기를 주로 측정하고 있음을 이해하는 것 또한 매우 중요한 일이다.

(6) 각의 크기 측정 시 중요하게 다루어야 할 점

1 평각(180°)에 대한 학생들의 이해가 매우 중요

그림에서 보는 바와 같이 평각 또한 각의 꼭짓점을 갖고 있음을 생각하지 못한다면 삼각형 내각의 합이 180° 라는 것을 증명하기 위한 아이디어를 얻기 힘들어진다.

평각(180°)에 존재하는 각의 꼭짓점

평각을 이해해야만 평각의 꼭짓점을 중심으로 삼각형의 세 각의 꼭짓점을 모아 180° 여부를 확인할 수 있게 된다.(평각 180° 또한 각의 꼭짓점을 중심으로 하나의 반직선이 회전하면서 만들어진 것이라는 동적인 개념을 갖고 있어야만 삼각형의 세 각을 각각 분리한 후 분리된 삼각형의 세 꼭짓점을 각의 꼭짓점 중심으로 차근차근 회전하는 것처럼 모아가면서 증명할 수 있게 된다. 사각형의 내각의 합이 360° 라는 것을 증명하는 것도 같은 맥락에서 진행할 수 있다.)

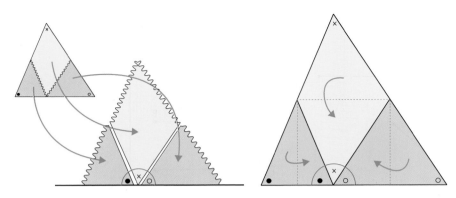

삼각형 내각의 합에 대한 증명

② 각도의 합과 차는 단순 연산이 아니라는 점

각도의 합과 차 또한 엄연한 측정값이기 때문에 단순히 연산이라는 차원으로 지도해서는 안 된다. 각도의 합과 차가 만들어내는 실제 각의 크기가 어느 정도인지 생각할 수 있도록 지도하는 것이 좋겠다.

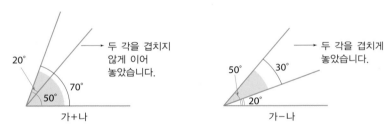

단순히 50°와 20°의 합과 차라고 이해하면 안 된다.

위의 그림에서 보는 바와 같이 두 각을 합하였을 때와 겹치게 놓았을 때의 크기는 분명히 달라진다. 따라서 합과 차가 만들어 내는 실제 각의 크기를 이해할 수 있도록 조작 활동 또는 실제 측정 활동과 연결 지어 지도할 필요가 있다고 판단된다.

③ 각도기의 위와 아래 눈금 모두를 사용할 수 있도록 지도

초등 교과서 속에 제시된 각을 살펴보면 모두 '양의 각'이기 때문에 각도기의 아래 눈금을 주로 사용하고 있다. 이런 이유 때문에 위에 있는 눈금을 사용하여 각도를 읽을 기회를 접하기가 쉽지 않다. 따라서 위의 눈금을 읽어 각도를 측정할 수 있는 상황도 적절히 제시하여 각도를 측정할 수 있도록 해야 한다는 점을 잊지 말자.

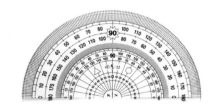

(7) 삼각형과 사각형의 내각의 합을 다루는 과정에서 주의해야 할 점

평각(180°)과 온각(360°)에도 각의 꼭짓점이 있다는 것을 바탕으로 주어진 도형의 모든 각을 분리하여 어떻게 모아 나갈 것인지에 대한 아이디어를 모둠원들과 토의토론하면서(수학적 의사소통) 문제를 해결해 나갈 수 있도록 지도해야 한다. 이것이 바로 수학적 탐구의 과정이자 발견의 기쁨을 얻게 되는 과정이라 말할 수 있다. 따라서 이 과정을 진행할 때는 반드시 교과서를 덮고 진행해야만 한다는 점을 잊지 말자.

[요약]
1. 각도 개념 지도 시 회전량으로서 동적인 차원에서 지도
2. 180°, 360°를 함께 지도 ⇨ 360°를 기준으로 각도 단위 이해 돕기

각도 측정과 관련된 실생활 속의 의미 이해하기

1. 각도 : 각도의 측정이 중요한 이유 찾아보기(예 : 사물을 멀리 보내고자 할 때 어느 정도의 각도로 날리거나 던지느냐에 따라 거리가 달라짐 ⇨ 최적의 각도가 분명히 존재, 우주선이 지구로 돌아올 때 어떤 각도로 대기권을 통과하느냐에 따라 성공과 실패 여부가 결정되기도 함 ⇨ 성공적인 대기권 진입을 가능하게 하는 각도가 분명히 존재)
2. 각도 : 방향을 의미하기도 함(시계를 이용한 방향 설명과 동일 : 3시 방향)

항공기 계기판 사례

※ 유성이건 우주왕복선이건 우주에서 지구 내부로 들어올 때는 대기권을 뚫어야 하는데 지표면에 가까울수록 공기가 많아져 물체와 공기 사이에 마찰이 증가, 그와 동시에 온도가 계속 올라가 결국 타버리게 된다. 작은 유성의 경우 대기권 진입 순간부터 열에 의해 타버리기 시작하면서 지표면에 닿기 전에 대부분 소멸되어 버린다. 우주선의 경우에는 선체 외부를 특수 단열재로 제작해서 타지는 않지만 다른 문제가 발생한다. 유성처럼 아무렇게나 들어오면 안 되고, 특정한 각도를 유지한 채 진입해야 한다.(우주선마다 특정 각도는 모두 다름) 왜냐하면 진입 각도가 맞지 않으면 우주로 다시 튕겨나가서 우주 미아가 되거나 그 충격으로 우주선이 파손 또는 폭발할 위험이 있기 때문이다. 예를 들어 물가에서 돌맹이를 옆으로 던지면 물 위를 튕기면서 멀리 날아가는 것과 같은 원리라 할 수 있다. 돌맹이의 넓은 표면이 물 표면과 평행할수록 물속으로 빠져들지 않고 다시 물 위로 튕겨져 나와 더 멀리 날아가게 된다. 우주선도 대기권과 평행한 채로 들어오면 공기가 다시 밀어내기 때문에 지구로 들어올 수 없게 된다. 이런 이유 때문에 대기권 진입 각도는 컴퓨터로 매우 작은 각도까지 정밀하게 조정한다.

출발점 행동 점검

 아래에 주어진 도형에 어떤 부분이 각인지 표시해 보시오.

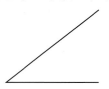

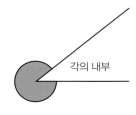

각의 내부

적지 않은 학생들은 '각의 내부(작은 각 부분)'만을 각이라고 생각하고 있을 가능성이 높다.(이 학생에게는 이런 질문을 먼저 던지기 ⇨ "왼쪽의 그림과 같은 부분도 각일까?") 그 이유는 '각'이 회전을 통해 만들어지는 것이라는 것을 이해하지 못하기 때문이다. 학생들이 각에 대한 개념을 명확히 갖고 있는지 확인하기 위해 개발한 발문이라 할 수 있다. 이를 통해 각에 대한 명확한 개념부터 세워 줄 필요가 있다.

각의 내부만을 각이라고 말하는 학생들에게는 각의 외부 또한 각이라는 사실을 정확히 설명해 줄 필요가 있다. 이를 위해 구체적인 도구 또는 조작활동을 통해 변이 회전하면서 다양한 크기의 각이 만들어지고 있다는 사실을 눈으로 확인할 수 있도록 도와주어야 한다.

 ## 각의 크기(각도)에 대한 이해

 1. 아래에 제시된 2개의 각 가운데 어떤 각이 더 큰가? 그렇게 생각하는 이유는 무엇인가?

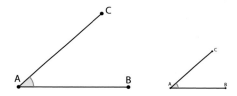

 2. 1°란 무엇을 뜻하는 것인지 자신이 알고 있는 대로 설명해 보시오.

사실 제시된 두 도형의 각의 크기는 모두 같다. 그런데 적지 않은 수의 학생들에게서 변의 길이가 큰 각이 더 크다고 생각하고 있는 경우를 보게 된다. 이런 학생들은 '각'이라는 도형의 개념 및 각의 크기가 무엇을 의미하는지 정확히 이해하고 있지 못하기 때문이라 할 수 있다. 따라서 본격적으로 단원학습이 이루어지기 전에 출발점 행동을 점검해 보고 단원학습에 필요한 선개념(특히 '각'이라는 도형의 개념 관련)들이 충분히 자리매김할 수 있도록 해야만 한다. 본 발문은 이를 위해 개발한 것이라 할 수 있다. '각'이라는 도형의 개념을 명확히 한

뒤에 '각도'가 의미하는 것이 무엇인지를 학생들이 이해할 수 있도록 도와주어야 1차시와 같은 질문에 대하여 정확히 답변을 할 수 있는 것이라 생각한다. 이것이 올바른 순서가 아닐까? 이 발문을 계기로 한 변이 각의 꼭짓점을 중심으로 회전하면서 만들어지는 것이 '각'이고, 그 변의 회전한 양이 얼마나 되는지를 측정한 것이 '각도'라는 것, 회전한 정도(회전량)의 차이가 각의 차이를 만들어 낸다는 것, 이를 측정하기 위한 도구와 기준 단위가 필요한데 그것(각도기)은 360°를 360등분한 것 중 1개를 1°로 하여 표현한다는 것("1°란 무엇을 뜻하는 것인지 설명해 보시오."라는 질문에 대한 답을 찾아나가는 과정), 그것이 90개 모여 90°, 직각이 만들어진다는 것 등을 이해할 수 있도록 차근차근 접근해야만 한다.

교과서는 이에 대한 명확한 정리도 없이 1차시부터 "어느 각이 더 클까요?"라고 제목을 제시하며 부채 그림을 활용하여 벌어진 정도만을 비교해 보라고 질문을 던지고 있다.(투명 종이를 이용하여 비교해 보기도 하라는 설명도 있음) 내용 전개 측면을 생각해 본다면 깊이 있는 고민이 필요한 대목이 아닐 수 없다.

 시계를 통한 각도의 이해 미션 과제 사례

[문제] 오른쪽의 그림에서 보는 바와 같이 시계에 그려진 눈금과 숫자를 이용하여 알아낼 수 있는 각도(눈금 1칸의 각도는 얼마? 숫자 1칸 사이의 각도는 얼마?)에 대하여 말해 보시오. ▷ 어떻게 하여 그렇게 알아냈는지 설명해 보시오.

시계에는 눈금이 60개 그려 있고, 눈금 5개마다 숫자가 적혀 있다. 시계는 보통 원 모양으로 1바퀴가 360°임을 알고 있다면 일정한 간격으로 그려져 있는 눈금 1칸의 크기가 360°÷60칸=6°라는 사실을 계산해 낼 수 있게 된다. 또한 그 눈금 5개마다 숫자가 적혀 있으므로 숫자와 숫자 사이는 6°×5칸=30° 또는 360°÷12개 숫자=30°가 된다는 것을 계산해낼 수 있게 된다. 이를 학생들이 잘 추론해 낼 수 있는지를 알아보기 위해 개발한 과제라 할 수 있다.

 사각형 내각의 합 미션 과제 사례

[문제] 1. 사각형 내각의 합이 알아낼 수 있는 방법을 세 가지만 찾아보시오.

[문제] 2. 알아낸 방법에 따라 각기 다르게 생긴 세 종류의 사각형 내각의 합을 각기 다른 방법으로 세 번 측정해 보시오.

[문제] 3. 세 번의 측정을 통해 알게 된 사각형 내각의 합은 얼마인지 말해 보시오.

4학년 수준에서 생각해 볼 수 있는 방법은 다음과 같다.

(사각형 내각의 합 증명 방법 1) 직접 각도기를 이용하여 측정

(사각형 내각의 합 증명 방법 2) 각각의 각을 분리(잘라서)하여 회전, 이동시켜서 온각(360°에 맞추어 보는 일)

(사각형 내각의 합 증명 방법 3) 삼각형으로 잘라서 증명하는 일

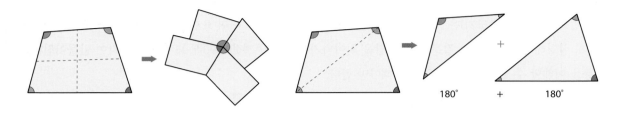

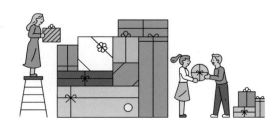

곱셈과 나눗셈

본 단원은 초등학교 곱셈과 나눗셈 연산의 최종 마무리를 짓는 활동을 한다는 점에서 매우 큰 의미와 가치를 지니는 중요한 단원이라 말할 수 있다. 아울러 본 단원에서 학습한 내용이 이후의 5학년에서 이루어지는 소수의 곱셈, 나눗셈에 그대로 연결된다는 점(소수의 연산도 자연수의 곱셈, 나눗셈 원리에 기초하고 있기 때문)에서도 그 중요성은 한층 더 높아진다고 할 수 있다. 따라서 본 단원에서 가장 중요하게 다루어야 할 점이 있다면 오로지 하나뿐이다.

⊕ ⊖ 단원 지도의 핵심 ⊗ ÷

곱셈과 나눗셈 원리의 이해 및 습득

1. 알고리즘의 전달 및 습득, 알고리즘의 반복 및 암기가 목적이 아니다.
2. 기능 습득보다 알고리즘에 대한 원리 이해가 목적
3. 알고리즘에 대한 원리 이해가 밑받침되어야 더 큰 수의 연산 및 5학년에서 다룰 소수의 연산이 가능해지기 때문(알고리즘 습득만으로는 어려움)

본 단원 지도에 있어서 중점을 두어야 할 사항 및 단원 교육과정의 재구성을 위한 방안, 원리 이해에 기초한 수업 디자인의 방향성을 제시해 본다면 다음과 같다.

(1) 십진법 체계 내에서 0의 역할에 대한 개념 확실히 이해할 수 있도록 하기

♣ 자릿수 개념으로서의 '0'

뒤에 '0'이 붙는다는 것 : 자릿수의 변화를 의미한다는 것

예 5×10, 5×100, $5 \times 1,000$, 50×10, 50×100, 25×7, 25×70, 250×7, 250×70

※ 단순히 '0'의 개수만 헤아려 답을 구하는 것과 반드시 구별이 필요

※ 정확히 이해한다는 것 ⇨ 십진법의 구조를 이해하고 있다는 것

어떻게 이를 알아낼 것인가?

가로셈을 세로셈으로 바꾸었을 때 해결 및 설명이 가능한지 알아보기

가로셈	세로셈	
300×700	$\begin{array}{r} 4\,0\,0 \\ \times\quad 6\,0 \\ \hline \end{array}$	문제 제시 형태가 달라졌을 때 해결하지 못하거나 설명을 제대로 하지 못한다면 십진법의 구조 이해가 부족하다고 볼 수 있음(자릿수 '0'에 대한 개념과 이해가 부족)

어떤 수에 10, 100, 1,000 등을 곱할 때마다 0의 개수가 늘어난다는 것이 의미하는 것은 무엇인지 설명이 가능한가?

- '0'의 역할 및 십진법 체계 속에서의 자릿수 표현에 대한 이해가 꼭 필요
- 단원 도입 단계에서 출발점 행동 점검 차시를 반드시 마련해야 함(3학년 교육과정 이해도 점검도 함께 이루어져야 함)

(2) 단원 도입 단계에서 출발점 행동 점검 차시를 반드시 마련하기(2시간 정도)

♣ 3학년 수준 곱셈 알고리즘 이해도 점검

$\begin{array}{r} 3\,6 \\ \times\ 4\,8 \\ \hline 2\,8\,8 \\ 1\,4\,4\quad \\ \hline 1\,7\,2\,8 \end{array}$	※ 정확히 해결한 학생이 얼마나 되는지에 따라 추가 복습 진행 또는 진도 나가기를 결정 ※ 곱셈 알고리즘 이해 여부 파악에 중점을 두어 점검하기 ※ 풀이 과정을 설명해 보게 하기 ⇨ 십진법 체계 속에서 자릿수 0의 역할까지 잘 이해하고 있는지 추가 질문을 통해 점검

이에 대하여 정확히 설명할 수 있는 학생의 수는 생각보다 많지 않을 수 있음

※ 추가 질문 1: 36×4=144이니까 한 칸을 비우지 말고 써야 하는 것 아닌가?

※ 추가 질문 2: ▢ 자리는 왜 그냥 비워둔 것인가? (답 : 36×40을 해결하는 과정에서 자릿값 '0'의 자리를 비워둔 것임) ⇨ 이 시간 이후로는 자리를 비워 두지 말고 반드시 '0'으로 채우도록 한다는 것을 확실히 하기

(3) '2자리 수×2자리 수'를 통한 곱셈 알고리즘의 핵심 두 가지 명확히 하기

> **곱셈 알고리즘 이해의 핵심 두 가지**
>
> 1. 10진 기수법에 의한 자릿수의 원리 이해
> 2. 분배법칙의 이해

수학 실력의 기초는 연산능력이라는 말을 많이 하는데 여기서 말하는 연산능력이란 계산하는 능력만을 가리키는 것이 아니라 연산 원리의 이해 능력까지 포함한다는 것을 교사라면 정확히 알고 있어야 한다. 그런데 곱셈의 원리 이해에 있어서 학생들의 이해가 부족한 또 다른 부분 한 가지는 바로 분배법칙에 대한 이해가 상당히 부족하다는 것이다. 분배법칙의 이해를 돕는 과정을 살펴보면 아래와 같다.

♣ '2자리 수×2자리 수'를 통한 분배법칙의 이해 돕기

※ 아래와 같이 아주 기초적인 자극에서부터 분배법칙에 대한 이해가 시작된다.

```
  1 6
×   4
```
세로셈과 같이 계산하는 것이 편한가? 아니면 '16×4'와 같이 계산(가로셈)하는 것이 더 편한가? ⇨ 대부분 세로셈이 편하다고 답을 함 ⇨ 왜 세로셈이 더 편할까? ⇨ '줄을 맞추기 편하다, 자리를 맞추기 위해서이다'라고 답을 함 ⇨ 왜 그것을 맞추어야 할까?

> 위에서 보는 바와 같이 자신이 알고 있다고 믿고 있는 것에 대하여 지적인 불안함을 인지하도록 하여 지적 호기심, 의문을 갖도록 하는 것이 바로 협동학습 토의토론 수학의 핵심이라 할 수 있다. ⇨ 심진(心震)을 일으킨다는 것

[세로셈을 가로셈으로 다시 해결해 보도록 하기]

```
  1 6
×   4
──────
  2 4
4 0
──────
6 4
```

$16 \times 4 = (10+6) \times 4 = (10 \times 4) + (6 \times 4) = 40 + 24 = 64$

▶ 먼저 16을 십진법에 따라 다시 표현한 후 분배법칙 적용

▶ 가로셈을 통해 분배법칙이 적용됨을 충분히 이해한 뒤 세로셈을 적용하는 것도 생각해 볼 일

※ 부분 곱 알고리즘에서 표준 알고리즘으로 차근차근 넘어가는 것도 도움이 됨

```
    5 6
×   3 7
──────────
    4 2  →  6×7
  3 5 0  →  50×7
  1 8 0  →  6×30
1 5 0 0  →  50×30
──────────
2 0 7 2
```

부분 곱 알고리즘에서 표준 알고리즘으로의 전환에 시간적 여유가 필요함

```
    5 6
×   3 7
──────────
  3 9 2  →  56×7
1 6 8 0  →  56×30
──────────
2 0 7 2
```

▶ 심진(心震)을 일으키는 자극 한 가지 : 왜 1680이지? 168이 아닌가?

▶ 주의를 기울여야 할 점 한 가지 : 교과서에는 자릿값으로서의 '0'이 기록되어 있지 않은 채 제시되어 있음 ⇨ 자리를 비워 두지 말고 자릿값으로서 '0'을 반드시 채우고 넘어갈 수 있도록 해야 함(십진법 체계 속에서 자릿수를 인식할 수 있도록 할 필요가 있기 때문, 또한 실수를 줄일 수 있기 때문이기도 함)

(4) '3자리 수×2자리 수'의 원리 이해

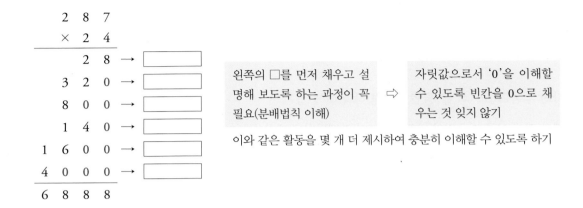

'2자리 수×2자리 수'의 원리를 이해하였다고 해서 '3자리 수×2자리 수'의 곱셈에 원리(특히 분배법칙)를 곧바로 적용하기를 기대하는 것은 무리가 있다. 따라서 이에 대한 이해 및 적용을 위한 적절한 활동 시간이 필요하다. 그에 대한 예시는 위쪽에서 보는 바와 같다.

이렇게 부분 곱 알고리즘을 통해 분배법칙에 대해 익숙해지는 시간을 가진 뒤에 표준 알고리즘으로 접근하면 보다 수월하게 원리를 이해할 수 있게 된다.

```
      2 8 7
    ×   2 4
  ───────────
    1 1 4 8  →  ▢
    5 7 4 0  →  ▢
  ───────────
    6 8 8 8
```

왼쪽의 □를 먼저 채우고 설명해 보도록 하기 ⇨ 잘 설명한다면 이후 과정은 스스로 해결이 가능하다고 봄

이와 같은 활동을 몇 개 더 제시하여 충분히 이해할 수 있도록 하기 (이해가 부족하면 다시 차근차근 지도)

(5) 나눗셈 표준 알고리즘 완성의 1단계 : 나눗셈은 곱셈의 역연산임을 이해하기

예 180÷30 ⇨ 30에 얼마를 곱하면 180이 될까? ⇨ '30×6'이구나!!

(6) 나눗셈 원리 이해 과정에서 암산을 통한 몫 정하기(어림하기가 필요)

본 단원의 교과서를 살펴보면 곳곳에서 어림하기가 나오고 있다. 하지만 곱셈 과정에서 어림하기 관련 질문은 과감히 생략하고 지도해도 무방하다. 다만 나눗셈 부분에서는 몫을 정하는 데 필요한 만큼 지도를 할 필요는 있다. 그러나 몫을 정할 시행착오를 겪으면서 정하는 과정은 꼭 경험하게 되는 만큼 어림하기에 너무 많은 시간을 투입할 필요는 없다는 생각이 든다. 예를 들면 다음과 같다.

2015 개정 교육과정에 의해 마련된 4학년 1학기 수학교과서 71쪽을 보면 다음과 같은 내용이 제시되어 있다.

아래의 왼쪽 과정에서 올바른 답을 구할 수 있도록 도움이 되는 말을 써 보자.

```
          6                        7
 1 8 | 1 3 0     ⇨      1 8 | 1 3 0
       1 0 8                   1 2 6
           2 2                     4
```

> 제수 18을 대략 20으로 생각, 1차로 몫을 6으로 어림하여 계산 ⇨ 나머지가 22라면 18보다 커서 몫을 1 더 올려야 한다고 생각하게 됨(시행착오 과정)

이와 같이 몫을 1 올려서 수정하는 과정만을 올바른 해결 방안으로 제시하고 있는 것처럼 여겨진다. 하지만 아래와 같은 방법도 얼마든지 가능하다.

```
         1
         6     >  더하면 7이 됨(몫)
 1 8 | 1 3 0
       1 0 8      이와 같은 방법도 있기
           2 2    때문에 굳이 몫을 잘못
           1 8    어림해도 지우고 다시 쓸
            4     필요가 없다는 것을 지도
                  할 필요도 있다.
```

```
          2 3 8
 4 | 9 5 4
     8 0 0    ← 200×4
     1 5 4
     1 2 0    ← 30×4
       3 4
       3 2    ← 8×4
        2   238이 몫
```

이와 같은 나눗셈 방식을 동수누감 알고리즘이라고 한다.(장점 : 제수의 어떠한 곱이라도 뺄 수 있음) 따라서 학생이 자신이 효율적이라고 생각하는 방법과 그 원리를 이해하도록 선택하게 하는 것도 필요하지 않을까 생각된다.

(7) 나눗셈 알고리즘 이해 과정 역시 3학년 과정부터 차근차근 접근하기

```
      2 4
 3 | 7 5
     6 ⇩
     1 5
     1 2
       3
```

학생들이 답을 쓸 줄 안다고 해서(문제를 풀 줄 안다고 해서) 이해하였다고 말할 수는 없는 일(아래 질문 참고)

← 이 빈칸 □ 이 의미하는 것은 무엇일까?(왜 비워두었을까?)

이때 6은 얼마를 말하는 것인가? ⇨ 그 이유는 무엇인가?

※ 나눗셈에도 곱셈과 마찬가지로 십진법 체계에서의 자릿수 개념이 그대로 적용되고 있음을 이해하고 있는지 알 수 있는 대목

단순히 나눗셈 연산 기능을 익히는 것만이 본 단원의 목표가 아님을 깨닫도록 하는 것이 제일 중요한 일이다.

(8) 나눗셈 원리 최종 완성하기 : 나누는 수와 나누어지는 수의 자릿수 비교

이는 이후의 더 큰 수 나눗셈도 가능하다는 것을 전제로 한다. 따라서 기능만 익히는 것으로는 불가능하다는 것을 알고 원리 이해에 중점을 두고 지도하기 위한 수업 설계가 반드시 필요하다.

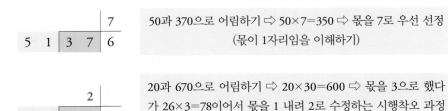

곱셈의 출발점 행동 점검

핵심 발문 사례

 아래에 제시된 곱셈을 세로셈으로 먼저 해결해 보시오.(3학년 과정)

36×48

```
      3 6
  ×   4 8
  -------
    2 8 8
  1 4 4
  -------
  1 7 2 8
```

보충 질문 1.왼쪽의 세로셈 계산 과정에서 보는 바와 같이 36×4=144이니까 한 칸을 비우지 말고 써야 하는 것 아닌가?

보충 질문 2. ▢ 자리는 왜 그냥 비워둔 것인가?

본 과제는 3학년 과정에서 학습했던 곱셈 과정의 알고리즘을 정확히 이해하고 있는지를 점검하기 위해 개발한 것이라 할 수 있다. 이를 정확히 해결하고 이해한 학생이 얼마나 되는지에 따라 추가 복습 진행 또는 진도 나가 기를 결정하는 것이 좋겠다. 문제를 풀어 답을 쓸 줄 아는 것보다 곱셈 알고리즘 이해 여부 파악에 중점을 두어 점검해야만 한다는 점을 잊지 말아야 한다.(십진법 체계 속에서 자릿수 0의 역할까지 잘 이해하고 있는지 점검 하기)

세 자리 수×두 자리 수의 곱셈 원리

핵심 발문 사례

문제 1. 아래 과정을 잘 살펴보고 ▢ 빈칸에 알맞은 수식을 써 넣어 보시오. ⇨ ▢ 안에 왜 그런 수식이 들어 가게 되었는지 설명해 보시오.(이 과정을 통해 곱셈의 원리를 이해할 수 있도록 합니다.)

```
        3 2 5  ← □+□+□            2 8 7  ← □+□+□
      ×   3 0  ← □+□            ×   2 4  ← □+□
      ─────────                ─────────
            0  ←                    2 8  ←
          0 0  ←                  3 2 0  ←
        0 0 0  ←                  8 0 0  ←
        1 5 0  ←                  1 4 0  ←
        6 0 0  ←                1 6 0 0  ←
      9 0 0 0  ←                4 0 0 0  ←
      ─────────                ─────────
      9 7 5 0                  6 8 8 8
```

[문제] 2. 위와 같이 계산하면 너무 길어져서 힘들다. 그래서 아래와 같이 간단하게 계산 과정을 줄여서 정리할 수 있다. 아래 과정을 잘 살펴보고 □ 빈칸 안에 알맞은 수식을 써 넣어 보시오. ⇨ □ 안에 왜 그런 수식이 들어가게 되었는지 설명해 보시오.(이 과정을 통해 곱셈의 원리를 이해할 수 있도록 합니다.)

```
        3 2 5                    2 8 7
      ×   3 0                  ×   2 4
      ─────────                ─────────
        0 0 0  ←                1 1 4 8  ←
      9 7 5 0  ←                5 7 4 0  ←
      ─────────                ─────────
      9 7 5 0                  6 8 8 8
```

본 과제는 본격적으로 시작하는 4학년 곱셈 과정을 시작하면서 3학년에서 학습했던 내용인 십진법 체계, 자릿값으로서 '0'의 의미와 가치, 분배법칙이 그대로 적용되고 있다는 사실을 이해할 수 있도록 돕기 위해 개발한 발문이다. 학생들에게 원리를 처음부터 차근차근 알려 주는 것도 좋겠지만 3학년에서 학습했던 원리 이해를 바탕으로 직접 탐구하고 토의토론하면서 그 원리를 직접 밝혀 내는 것이 더 좋을 것이라는 생각에서 이렇게 진행해 보도록 하였다. 실제로 협동학습 토의토론을 거치면서 대부분의 학생들은 충분히 잘 해결하고 설명할 수 있었다. 아직 이해가 부족한 학생들에 대해서는 이 과정을 지속적으로 반복하여 원리 이해를 돕기 위한 노력이 필요하다.

나눗셈의 출발점 행동 점검

문제 아래에 주어진 3학년 과정 나눗셈을 해결하고 아래의 물음에 답을 하시오.

```
        2   4
    3 │ 7   5
        6  ⇩
        1   5
        1   2
            3
```

문제 3 │ 7   5 을 칠판에 먼저 제시함.(학생들이 위와 같이 문제를 해결하면 아래 질문을 던진다.)

빈칸 ▢ 이 의미하는 것은 무엇일까?(왜 비워두었을까?) 이때 6은 얼마를 말하는 것인가? ⇨ 그 이유는 무엇인가?

- -

학생들이 답을 쓸 줄 안다고 해서(문제를 풀 줄 안다고 해서) 그것을 이해하였다고 말할 수는 없는 일이라고 할 때, 나눗셈에도 곱셈과 마찬가지로 십진법 체계에서의 자릿수 개념이 그대로 적용되고 있음을 이해하고 있는지 알아보기 위해 개발한 발문이라 할 수 있다. 이때도 반드시 강조하여 지도해야 할 것은 ▢ 에 반드시 자릿값으로서 '0'을 적도록 해야 한다는 것이다.

 세 자리 수÷두 자리 수의 나눗셈 원리

문제 1. 아래 나눗셈 과정을 살펴보고 질문에 알맞은 답을 하시오.

```
                6
    1 8 │ 1 3 0
          1 0 8
            2 2
```

철수는 왼쪽에서 보는 바와 같이 나눗셈을 하였다. 여기에서 어떻게 하여야 나눗셈을 끝까지 해결할 수 있는지 생각해 보자.(두 가지 방법이 있을 수 있음)

문제 2. 아래 나눗셈 과정을 살펴보고 몫이 얼마인지, 나머지가 얼마인지 생각해 보시오.

```
              ← 몫은 얼마?
  3 2 | 7 3 9
        3 2 0    ← 32×10
        4 1 9
        3 2 0    ← 32×10
          9 9
          9 6    ← 32×3
            3
```

철수는 왼쪽에서 보는 바와 같이 나눗셈을 하였다. 이 결과를 통해 철수는 몫이 (   )라는 사실을, 나머지가 (   )라는 사실을 알아냈다. 철수는 어떻게 하여 나눗셈을 해결하였는지 설명해 보자.

나눗셈을 해결하는 방법은 한 가지 방법만 있는 것이 아니라는 점과 함께 그 안에는 곱셈이라는 역연산 과정과 누감과정(뺄셈 과정)이 함께 한다는 것을 이해할 수 있도록 돕기 위해 개발한 발문이라 할 수 있다. 아울러 몫을 정하는 과정에 있어서도 굳이 몫을 잘못 어림했어도 지우고 다시 쓸 필요가 없다는 것을 학생들이 이해할 수 있도록 하기 위해 위와 같은 질문을 만들어 본 것이기도 하다. 반드시 학생들에게 표준 알고리즘만을 강요할 필요는 없다는 것이 필자의 생각이다. 이 과정을 이해한다면 이후의 나눗셈 과정은 학생 스스로 원리를 적용하여 나름의 방법으로 나눗셈 문제를 해결해 나갈 수 있을 것이다. 실제로도 대부분의 학생이 자신이 이해한 대로 문제를 잘 해결해 나가는 것을 볼 수 있었다.

평면도형의 이동

구 교육과정에서는 3학년에 배치되었던 단원으로 개정 이후 4학년 1학기 교육과정으로 조정되었다. 본 단원은 5학년 교육과정 합동과 대칭 단원으로 가는 연결 고리 역할을 하는 만큼 학생들의 공간 감각 및 그와 관련된 능력을 길러 주는 데 최선을 다해야 할 것이라 생각된다. 왜냐하면 학생들은 본 단원을 매우 힘들어하기 때문이다.

4학년 평면도형의 이동 단원의 지도 목표는 매우 간단하다.

⊕ ⊖ 단원 지도의 핵심 ⊗ ÷

	평면도형의 이동
표면적 교육 과정 목표	1. 용어에 대한 명확한 이해(밀기 이동, 뒤집기 이동, 회전 이동) 2. 주어진 도형을 밀거나 뒤집거나 회전하였을 때에 따른 형상을 이해하고 그림으로 그려 보기
잠재적 교육 과정 목표	1. 도형(평면과 공간) 감각 및 그와 관련된 능력 기르기 2. 평면과 공간에 대한 직관적 사고력 기르기 3. 밀거나 뒤집거나 회전하였더라도 그 형상(구조 : 모양, 크기 등)이 바뀌지 않음을 인식하는 것(머릿속으로 그려보는 능력 향상)

1. 본 단원에서 다루는 세 가지 이동의 종류

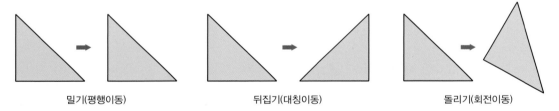

밀기(평행이동)   뒤집기(대칭이동)   돌리기(회전이동)

2. 교과서 속 사례도 좋지만 다양한 실생활 속의 사례를 교실로 가져와 학생들이 직접 관찰하고 머릿속으로 상상하여 그려 볼 수 있도록 하는 것이 가장 좋다고 할 수 있겠음 : 조작적 사고, 직관적 사고, 추상적 사고 모두 활용

3. 거울, 도장, 유리창 광고 글씨 등

본 단원 교육과정의 재구성 및 지도 방향을 제시해 본다면 다음과 같다. 최대한 교과서에 제시된 질문 및 준비물을 적극 활용하되 다음과 같은 활동을 추가로 제공하는 것이 좋겠다.

(1) 밀기 이동 관련 활동

밀기 이동과 관련해서는 하나의 도형을 제시하고 점판, □칸 활동지, 모눈종이 등에 그대로 옮겨 그려 보는 활동이 매우 유용하다고 말할 수 있다. 이런 활동들은 평면 위에서 관찰되는 점의 위치, 점과 점 사이의 관계, 각각의 점들이 선으로 어떻게 연결되어 있는지 등을 탐구하는데 매우 큰 도움이 되기 때문이다.

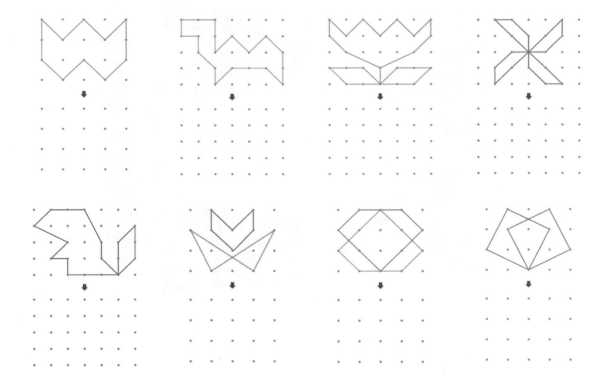

(2) 뒤집기 이동 관련 활동

현재 교과서에서는 투명 필름을 많이 활용하여 관련 감각을 키우도록 하고 있다. 그러나 거울을 이용하여 관찰하는 것도 도움이 되는 만큼 가능하면 활동해 보는 것도 나쁘지 않겠다.(거울의 특징 : 좌우가 바뀐다는 것) 아울러 관찰 이후 주어진 도형에 대한 예측을 통해 설명 또는 그려보는 활동도 도움이 될 수 있다.(추상적 사고)

뒤집기 이동과 관련하여 도움이 되는 활동 사례를 몇 가지만 제시해 본다면 다음과 같다.

① 거울에 비친 디지털 시계 시각 읽기

81 : SΓ (□시 □분)   SS : 90 (□시 □분)

② 뒤집은 그림에서 바뀐 곳 찾아보기

- 아래 주어진 그림에서 위의 그림을 아래 방향으로 뒤집은 것이 아래 그림이다. 관찰하면서 서로 다른 부분 3곳을 찾아 ○표시를 해 봅시다.(가능하면 칼라 프린팅이 좋겠음)

• 아래 주어진 그림에서 왼쪽 그림을 오른쪽 방향으로 뒤집은 것이 오른쪽 그림이다. 관찰하면서 서로 다른 부분 4곳을 찾아 ○표시를 해 봅시다.(가능하면 컬러 프린팅이 좋겠음)

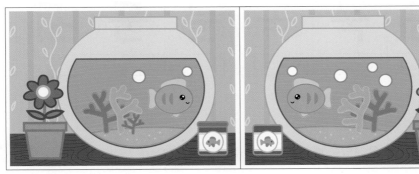

③ 거울에 비친 모양 살펴보기

• 한 가지 모양의 도형을 네 개의 거울에 비춰 본 모양 : 옳지 않은 것 찾기

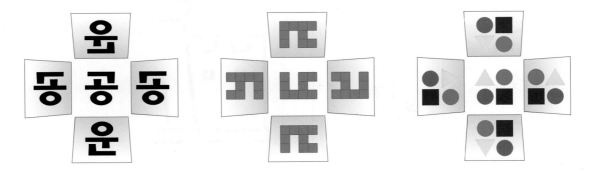

④ 유리창 안쪽에서 본 광고 읽기

｜시튜스ㄱ요스넬프돌	( )
ㅓㅁㄱ불ㅓ정정빌집쩜ㄴ우ㅓ산선백ㅁ	( )

5 도장에 새겨진 글자 읽기 : 이런 도장을 찍으면 실제로 어떤 글자가 찍힐까?

( )	( )	( )	( )	( )	( )	( )	( )

6 한글을 위, 아래로 뒤집어 읽어 보기

( )	( )	( )	( )	( )	( )	( )	( )

7 거울에 비친 모양 그리기

• 아래 그림을 거울에 비추어 보았을 때 보이는 모습을 그려 보시오.

 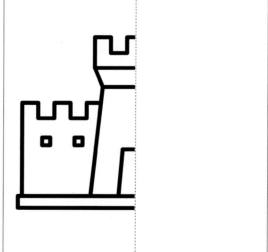

8 점을 활용한 패턴 무늬 만들기(뒤집었을 때 모습 그대로 옮겨 보기)

• 아래 주어진 그림을 굵은 선을 중심으로 오른쪽으로 뒤집었을 때 모습 그려 보기

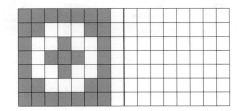 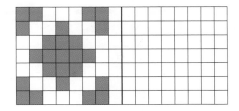

• 제일 처음 주어진 무늬를 계속 오른쪽으로, 그리고 아래로 뒤집어 나가며 패턴을 완성시켜 보시오.

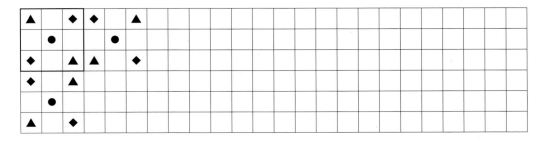

(3) 돌리기 이동 관련 활동

현재 교과서에서는 투명 필름을 많이 활용하여 관련 감각을 키우도록 하고 있다. 그대로 진행하는 것도 좋지만 실생활 속에서 볼 수 있는 사례나 우리말을 180° 돌려 읽을 때 글자가 만들어지는 사례를 찾아보게 하는 것도 좋은 활동이라 할 수 있다.

돌리기 이동과 관련하여 도움이 되는 활동 사례를 몇 가지만 제시해 본다면 다음과 같다.

1 퍼즐 조각 맞추기, 칠교놀이, 펜토미노 활동 등(세 종류 이동 모두에 활용 가능)

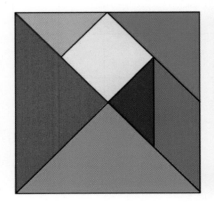 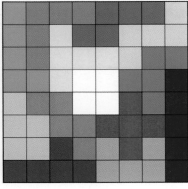 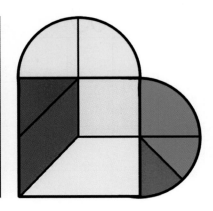

2 180° 회전시켜도 그대로 글자가 되는 우리말(같은 글자, 다른 글자) 찾아보기

응	믐	근	늑	몸	문	녹	롤
(　　)	(　　)	(　　)	(　　)	(　　)	(　　)	(　　)	(　　)

3 식탁 테이블 도구 세팅하기

• 아래 그림은 4인 점심식사 테이블 도구 세팅 방법이다. 4명이 식사할 수 있는 테이블에 세팅을 정확히 하여 보시오.(그림을 그려 보시오.)

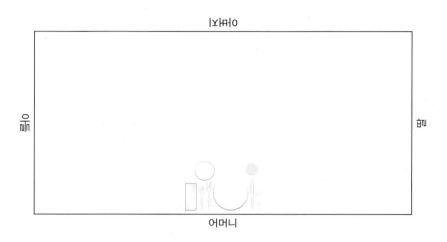

4 패턴 무늬 만들기(같은 무늬 회전시켜 무늬 만들기)

• 제일 처음 주어진 90° 씩 차례대로 회전시켜 가면서 무늬를 만들어 보시오.

⑤ 미술시간과 연계한 색종이 접기 패턴 문양 만들기

  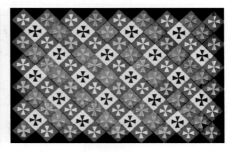

⑥ 미술 수업과 연계한 테셀레이션 작품 활동하기

- 테셀레이션 작품에도 세 종류의 이동 모두가 응용되고 있음을 알 수 있다.

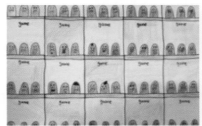  

출처 : 생각배움 – 도마뱀에 담은 풍성중학교 친구들의 꿈이야기

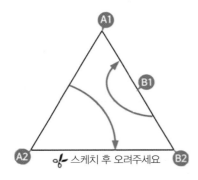

✂ 스케치 후 오려주세요

회전이동

1. 모서리 A1과 A2를
   연결하는 선 스케치
   (B1 → B2도 마찬가지)

2. 스케치 모양대로 오린
   후 회전하여 이동

3. 두꺼운 종이에 붙여
   오리기

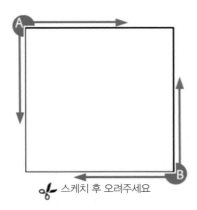

✂ 스케치 후 오려주세요

수평 · 수직 이동

 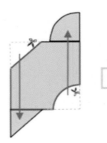 

1. 모서리 A와 B에 스케치

2. 스케치 모양대로 오린 후
   수직 또는 수평으로 이동

3. 두꺼운 종이에 붙여
   오리기

문제   아래 제시된 도형 사례에서 최초의 도형 (가)가 (나)로 바뀌었다고 한다면 어떤 이동을 통해 만들어진 것인지 조건에 맞게 밝혀 보시오.

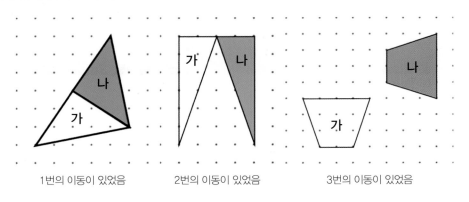

1번의 이동이 있었음   2번의 이동이 있었음   3번의 이동이 있었음

본 발문은 주어진 조건에 맞게 이동된 도형을 관찰하면서 최초의 도형이 어떤 변환을 이루었는지 추론해 보게 함으로써 추상적 사고가 함께 할 수 있도록 하기 위해 개발하였다고 할 수 있다. 세 가지 사례 모두 답은 한 가지만 있는 것이 아니다. 두 번째, 세 번째 사례의 경우 주어진 조건이 2번 이상이라 하였기 때문에 보다 깊이 있는 관찰과 추상적 사고가 함께 이루어질 것으로 생각된다. 다양한 답과 그에 적절한 학생들의 설명이 이어질 수 있겠다.

 아래 제시된 도형은 정사각형(분홍) 1개와 마름모(연두) 1개를 이용하여 만든 것이다.

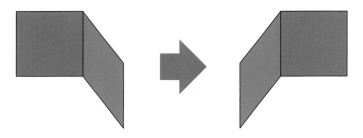

위에서 보는 바와 같이 왼쪽의 도형이 오른쪽처럼 바뀌었다면 연두색 마름모 모양의 도형이 어떤 이동을 한 것인지 밝혀 보시오.

또한 다음의 경우에는 어떤 이동을 한 것인지 밝혀 보시오.

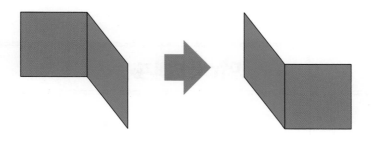

다음의 경우에는 어떤 이동을 한 것인지 밝혀 보시오.

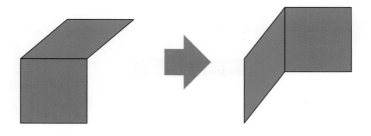

본 단원과 관련해서는 단원분석 과정 사례 및 미션 과제로 제시된 사례 외에 핵심 발문 및 미션 과제를 별도로 제시하지 않고자 한다. 다만 본 단원 분석 및 활동 안내에서 제시된 다양한 활동지(퍼즐 자료, 뒤집은 그림에서 다른 점 찾기 등의 자료)를 구할 수 있는 홈페이지 주소를 안내하는 것으로 모든 활동 자료 안내를 대신할까 한다.

키즈프리_http://www.kidsfree.co.kr

막대그래프

통계와 관련하여 3학년에서 그림그래프를 다루고 4학년 1학기에는 막대그래프를 다루고 있다. 본 단원 학습에서 중요하게 다루어야 할 점을 짚어 보면 다음과 같다.

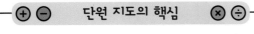 단원 지도의 핵심

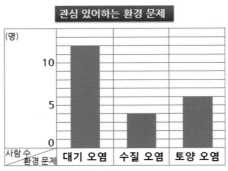

막대그래프

비교의 대상이 있을 경우(수량의 상대적 크기 비교) 혹은 어떤 것을 강조하고자 할 때 쓰인다. 양의 크기를 막대의 길이로 표현한다.(크기를 한 눈에 쉽게 비교) ⇨ 단점은 변화 과정을 알 수 없다는 것

[참고하기 1]

(1) 자료 : 조사한 정보

(2) 표 : 조사한 자료를 정리한 것

⇨ 표 : 장점 ― 일괄적으로 볼 수 있다. / 단점 ― 한눈에 파악하기가 어렵다.

(3) 그래프 : 목적에 따라 알아보기 쉽게 정리한 것

(4) 막대그래프 : 막대모양으로 그린 그래프

※ 막대그래프 그리는 방법 : (1) 제목 정하기 (2) 가로축과 세로축 정하기(보통 가로축은 항목, 세로축은 '수'나 '양') (3) 세로의 눈금 크기 정하기(1칸에 얼마?) (4) 가로 항목은 몇 개인가 정하기 (5) 표를 보고 막대 그리기

※ 세련된 막대그래프 그리기 : (1) 수치를 구체적으로 제시하면 더 좋음 (2) 수치가 너무 크면 일정 수치까지는 생략해도 좋음 (3) 중요한 점을 강조하기 위해 색상을 넣거나 다양한 시각 효과를 주어도 좋음

막대그래프와 히스토그램의 차이 구별하기

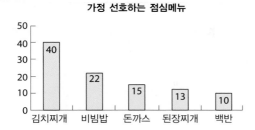

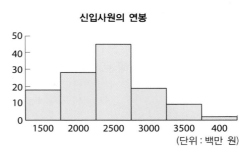

(1) 막대그래프 : 위의 그래프 '가장 선호하는 점심메뉴'에서 보는 바와 같이 막대로 표현하고자 하는 항목의 순서를 의도에 따라 바꿀 수 있으며 막대 사이의 간격은 일정하게 유지됨

(2) 히스토그램 : 위의 그래프 '신입사원의 연봉'에서 보는 바와 같이 측정된 값이 연속적(시간, 성적, 몸무게, 금액 등)이어서 막대 그래프와 같이 막대로 표현하고자 하는 항목의 순서를 임의로 바꿀 수 없고 막대 간의 간격이 없게 표현함

① 표와 그래프를 비교하며 막대그래프의 장점이 무엇인지 생각해 보기

② 막대그래프를 그려야만 하는 상황이 어떤 상황인지를 이해하는 것이 중요

③ 막대그래프를 보고 읽는 활동이 먼저 선행되어야 함(막대그래프를 보고 자료 내용을 해석하고 문제 해결에 이용할 수 있어야 막대그래프를 제대로 그릴 수 있음)

④ 막대그래프를 그릴 때 제목을 어떻게 정할 것인가 하는 점에도 신중을 기하기

⑤ 막대그래프의 이해를 위해 가장 좋은 방법은 직접 자료를 조사, 정리, 표로 나타내기, 막대그래프 그려 보기 활동을 체계적으로 진행하는 것이다. ⇨ 의미 있는 주제는 어떤 것이 있는지, 조사 방법은 어떻게 할 것인지, 정리(자료 정리 과정에서 체계적인 분류가 핵심)는 어떻게 할 것인지, 가로, 세로 항목에 각각 무엇을 둘 것인지, 칸은 몇 칸으로 할 것인지, 세로의 한 칸 크기는 얼마로 할 것인지 등에 대하여 학생 스스로 고민하고 결정하여 그릴 수 있게 하기

⑥ 막대그래프로 정리한 후에 그 결과에 대해 개인, 또는 모둠원들은 어떻게 생각하는지를 분석하고 해석하는 활동 또한 매우 중요하게 다루기

⑦ 역으로 막대그래프를 보고 표로 정리해보게 하는 것도 도움이 됨

문제　아래에 제시된 막대그래프가 무엇에 관한 그래프인지 자신의 생각대로 상상하여 결정해 보시오. 왜 그렇게 생각하게 되었는지도 설명해 보시오.

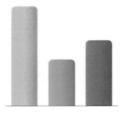

본 과제는 단원 도입 과제로 제시해도 좋은 것으로, 그래프의 제목이 중요한 것은 사실이지만 이와 같이 제목이 없는 그래프도 많은 정보를 담고 있다는 것, 그래서 그래프는 어떤 사실을 증명해 주는 매우 좋은 도구가 된다는 것을 학생들이 이해할 수 있도록 돕기 위해 개발한 것이다. 막대그래프의 제목이 없기 때문에 학생들은 매우 자유롭게 상상할 수 있는 것은 사실이지만 어떤 것과 관련되어 있는지 결정하였을 때 그에 합당한 설명(예 : 각 막대가 나타낸 값은 무엇인지, 정답은 없지만 학생들이 제시한 값이 의미가 있는지 등)이 필요하기 때문에 깊이 있는 사고와 추론 능력을 필요로 하는 과제이기도 하다.(예 : 가장 긴 막대가 나타내는 값은 가장 짧은 막대가 나타내는 값의 약 2배 정도가 된다는 것 또한 중요한 정보, 그래프 읽기가 된다.) 이 과정에서 막대그래프 읽기에 대한 기초 활동이 이루어지기도 한다.

　막대그래프 해석하기　　　　　　　　　　　　　　　　　　　　핵심 발문 사례

문제　1. 아래의 첫 번째 막대그래프는 세 사람의 용돈 변화를 나타낸 그래프이다. 이 그래프를 읽어 보시오.

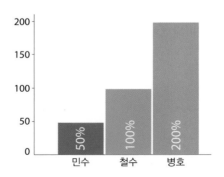

① 세 사람 각각 용돈이 몇 %씩 올랐는가?

② 누가 가장 만족감을 많이 느낄 것으로 생각되는가?(그렇게 생각하는 이유를 설명해 보시오.)

③ 누가 가장 불만이 많을 것으로 생각되는가?(그렇게 생각하는 이유를 설명해 보시오.)

문제 2. 아래의 두 번째 막대그래프와 표를 함께 살펴보면서 위의 ①, ②, ③번 질문에 대하여 다시 한 번 생각해 보시오.

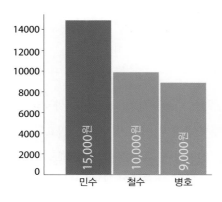

	민수	철수	병호
처음 용돈	10,000	5,000	3,000
증가 금액			

① 세 사람 각각은 처음 용돈에 비하여 얼마나 올랐는가?
② 누가 가장 만족감을 많이 느낄 것으로 생각되는가?(그렇게 생각하는 이유를 설명해 보시오.)
③ 누가 가장 불만이 많을 것으로 생각되는가?(그렇게 생각하는 이유를 설명해 보시오.)

통계자료에 대한 올바른 감각을 기르는 것 또한 중요한데 본 발문은 그에 대한 생각을 해 볼 기회를 갖도록 하기 위해 개발한 것이라 할 수 있다. 그래프를 이해하는 감각을 개발하는 것은 매우 중요하다. 어떤 식으로든 제시된 자료를 무조건 신뢰하기보다는 한 번쯤 그래프를 의심해 보는 것, 비판적으로 검토하고 올바르게 해석하는 능력을 기르는 것 또한 본 단원 학습의 중요한 목표이기도 하다. 어떤 그래프는 잘못 이용되면 사실을 왜곡하게 되는 자료로 악용되기도 한다. 위의 사례가 바로 그런 사례라 할 수 있다. 수업의 중심을 주의 깊게 그래프를 탐구하고 해석하는 데 두는 것 또한 본 단원 수업 설계에 있어서 매우 큰 비중을 두도록 하는 것 또한 교사는 잊지 말아야 한다.(여기에 제시된 두 개의 막대그래프는 기능적으로 볼 때 분명히 잘못 그려진 것은 아니다. 그러나 세 사람의 용돈은 처음부터 너무나 많은 차이를 보이고 있기 때문에 첫 번째 막대그래프와 같은 식으로 표현하여 비교하는 것은 옳지 않다는 것을 학생들이 추론해 낼 수 있어야 한다 — 동일한 자료에 대한 서로 다른 해석 문제, 어떤 그래프가 어떻게 정보를 왜곡하는지 문제)

통계 자료 만들기 및 해석하기

미션 과제 사례

문제 모둠별로 한 가지 주제를 정하여 직접 조사, 자료 분류 및 정리, 표 만들기, 막대그래프 그리기, 해석하기 ⇨ 발표하기

• 모둠별 협의 : 모둠별로 주변에서 직접 조사해야 할 자료 선정하기

① 왜 그 자료를 조사하려고 하는지 생각해 보기

② 조사를 위해 어떤 준비를 하고 어떻게 조사해야 할지 생각해 보기

③ 조사를 위한 역할 분담 및 날짜 계획 세우기

④ 자료 조사 후 해야 할 일 협의하기

⑤ 조사한 자료 표로 정리하기 ⇨ 막대그래프 그리기 ⇨ 그에 대한 해석하기

⑥ 발표 및 공유, 전시

프로젝트 수업으로 이와 같은 과제 수행 활동을 해 보는 것도 좋을 것이라 생각된다. 필요하다면 다른 교과와도 연계하여 교과 통합 프로젝트 수업으로 진행(특히 국어 수업의 글쓰기 등)해 보는 것도 좋을 것 같다. 학생들이 관련된 주제를 쉽게 선정하지 못하거나 시간이 부족할 경우 아래와 같은 주제 또는 자료를 학생들에게 직접 제공하고 이후 활동을 학생들에게 맡겨 보는 것도 나쁘지는 않을 것이다. 아울러 학생들이 직접 막대그래프 양식을 자신들의 생각에 맞게 그려 보는 것도 좋지만 왼쪽에서 보는 바와 같이 교사가 만들어 학생들에게 배부하고 활용하게 하는 것도 나쁘지 않다.

통계 자료 만들기 좋은 주제

학급 또는 학년 학생들이 선호하는 직업, 학급 또는 학년 학생들이 선호하는 도서 분야, 학급 또는 학년 학생들이 생일날(또는 어린이날) 가장 받고 싶어 하는 선물, 학급 또는 학년 학생들이 가장 힘들어하는 교과목, 학급 또는 학년 학생들이 가장 존경하는 우리나라 역사 속 위인, 학급 또는 학년 학생들이 가장 훌륭하다고 생각하는 독립운동가, m&m's 초콜릿 색깔별 개수(색깔별로 똑같을까?) 등

이런 활동은 어때요?

m&m's 초콜릿에는 색깔별로 각각 몇 개의 초콜릿이 들어있을까요?(색깔별 초콜릿의 개수는 똑같을까?)

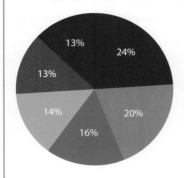

m&m's 초콜릿 회사의 발표 자료에 따르면 다음의 비율만큼씩 포장을 하고 있다고 한다. 색깔별로 몇 개씩 들어 있는지 각 모둠별로 동일한 제품을 가져와 직접 통계를 내 보고 어느 정도 비슷한지, 차이가 많은지 등에 대하여 막대그래프를 통해 비교해 보는 것도 나쁘지 않다. m&m's 는 아래와 같이 6가지의 색이 갖는 고유의 성격을 캐릭터에 적용해 시각에서 느끼는 감성적 이미지와 미각에서 느껴지는 맛의 색, 시각과 미각을 염두에 두고 여러 색채를 마케팅에 적극 활용하고 있다.

규칙 찾기

수학은 규칙에 대한 학문이다. 다시 말해서 사물의 현상 속에 담긴 규칙성을 수학적으로 설명하고자 하는 학문이라는 것이다. 이렇게 볼 때 규칙 찾기 단원은 우리 삶과 매우 밀접한 관련을 맺고 있다고 볼 수 있다. 본 단원은 그 가운데서도 수 배열상의 규칙, 도형 배열상의 규칙, 계산식 속의 규칙을 집중적으로 다루고 있다.(기하학적 규칙은 평면도형의 이동에서 다룸) 본 단원 학습 이유는 매우 간단하다.

⊕ ⊖ **단원 지도의 핵심** ⊗ ÷

수와 그 배열에 대한 감각을 기르기 위함

(수의 배열 속에 담겨 있는 연계성, 규칙, 구조를 탐구)

따라서 단원을 지도하면서 정답 찾는 요령 습득에 초점을 맞추지 않도록 함이 매우 중요한 일이라 할 수 있다.

수학을 공부하는 이유 : 생활 속 규칙의 이해

(1) 사람들이 직접 볼 수 없었던 것들을 볼 수(이해할 수) 있게 해 줌
(2) 사람들의 생활 속에 스며 들어 있는 규칙을 설명할 수 있게 해 줌
(3) 다가올 상황에 대한 예측을 가능하게 해 줌

예를 들자면 아래와 같이 각 수학 영역별로 다루는 내용은 다르지만 공통점 한 가지는 모두 각 영역 속의 규칙을 설명하기 위함이라는 것을 알 수 있다.

수론(정수론)	수와 셈의 규칙을 다루어 설명
기하	형태의 규칙을 다루어 설명
미적분	운동의 규칙을 다루어 설명
논리	추론의 규칙을 다루어 설명
확률	생활 속 현상의 우연성 속에 담긴 규칙을 설명

단원 학습에 있어서 학생들의 관심을 집중시킬 수 있는 요령 한 가지가 있다면 수나 도형, 계산식을 한꺼번

에 제시하지 말고 하나씩 제시하는 것이다. 이렇게 하면 학생들은 다음에 어떤 수가 나올지 상상하면서 나름의 규칙을 추론해 내기 시작한다. 그 과정에서 자신이 생각한 규칙이 맞으면 다음 단계를 정확히 예측하게 될 것이고 틀리면 다른 규칙을 찾아 또 다른 사고를 하게 될 것이다.

　본 단원과 관련하여서 제시하게 될 발문들은 대부분 미션 과제가 중심이 될 것이다. 왜냐하면 어떤 원리나 개념을 정확히 이해하는 활동이 아니기 때문이다. 따라서 여기에서 제시된 미션 과제들을 바탕으로 충분히 고민하여 사전 과제, 수업 중 과제로 활용할 수 있기를 바란다.

 ## 수 배열 속의 규칙 찾기

미션 과제 사례

[문제]　아래 제시된 수 배열표에서 찾을 수 있는 규칙을 모두 찾아 써 보시오.

1	2	3	4	5	6	7	8	9	10
11	12	13	14	15	16	17	18	19	20
21	22	23	24	25	26	27	28	29	30
31	32	33	34	35	36	37	38	39	40
41	42	43	44	45	46	47	48	49	50

[5분 안에 5개 이상
규칙 찾기]

지금까지 학습해 온 자연수 배열 속에서 학생 스스로 규칙을 찾아봄으로써 단원 학습을 본격적으로 시작할 수 있는 단초를 마련하고자 개발한 과제라 할 수 있다. 본 배열표 속에서 찾을 수 있는 규칙은 매우 많다. 상, 하, 좌, 우 등으로 배열표를 살펴보면 수많은 규칙을 발견할 수 있게 된다.

 ## 수 배열 속의 규칙 찾기

미션 과제 사례

[문제]　아래와 같이 시작되는 어떤 규칙이 있다. 다음에는 어떤 수들이 계속 배열될 수 있을까?

2, 6, − − − − −

1. 이후에 계속 배열될 수 있는 수를 6개만 더 써 보시오.

2. 이 배열 속에 어떤 규칙이 들어 있는지 설명해 보시오.

학생들이 자신의 생각에 따라 주어진 조건에 맞게 스스로 규칙을 만들어 낼 수 있는지 알아보기 위해 개발한 과제라 할 수 있다. 학생들이 답을 할 수 있는 사례들은 얼마든지 많다.(예 : 2, 6, 10, 14, 18, 22 - - - 4씩 더함, 2, 6, 18, 54, 162 - - - 이전의 수에 3을 곱함) 수를 바꾸어 또 다른 질문을 해도 좋다. 다만 처음 제시된 수를 2개가 아니라 3개를 제시해도 좋지만 처음 제시되는 수가 1개만 더 늘어나도 다양한 답이 나올 가능성은 줄어든다.(예 : 1, 3, 5 - - 가 제시되었을 경우 다음에 나올 수 있는 규칙에 의한 수는 그리 많지 않음을 알게 된다.)

도형 배열 속의 규칙 찾기

미션 과제 사례

문제 아래 주어진 모양은 세 번째, 네 번째 순서의 배열이다. 어떤 순서에 의하여 규칙적으로 배열되었는지 살펴보고, 첫 번째, 두 번째, 다섯 번째 모양을 만들어 보시오.

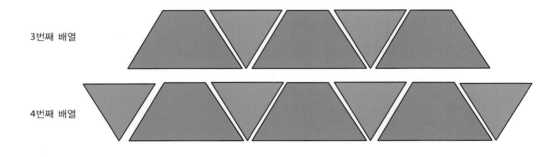

본 과제 활동에서 학생들은 다양한 배열을 경험해 볼 수 있을 것이다. 배열이란 사물을 순서대로 늘어놓은 것을 말한다.(11번, 12번도 같은 맥락의 과제임) 그 종류에는 패턴블록의 배열, 타일의 배열 등이 있을 수 있다. 본 활동을 진행하면서 패턴블록이 교구로 준비되어 있다면 이를 적극 활용하는 것이 좋다. 위의 답은 아래와 같다.

문제 아래 제시된 조건에 따라 도형 안의 수를 살펴보고 그 규칙을 찾아 (?)안에 알맞은 수를 써 보시오.

?	4	5
25		7
19	14	10

[조건] 1. 수 배열의 시작은 4이다.

[조건] 2. 4부터 시작하여 시계 바늘이 돌아가는 방향으로 어떤 일정한 규칙에 따라 수가 배열되어 있다. 그리고 '?'에서 끝난다.

도형수와 관련된 규칙 찾기는 직관력에 달려 있다고 볼 수 있다. 일반적으로 도형 가운데 있는 부분에 숫자가 있다면 가로, 세로열의 합과 관련되어 있을 가능성이 높다. 가운데에 숫자가 없으면 주어진 조건에 따라 어떤 규칙이 존재하는지 관계를 살펴 해결해야 한다.

?	42	57
12		14
16	32	28

위의 사례는 해결하기 어렵지 않지만 오른쪽에 제시된 사례는 쉽게 해결하기 어려울 수 있다. 이런 경우 규칙은 의외성에 있다. 다시 말해서 유연한 사고를 필요로 한다는 말이다.

[조건] 위의 문제와 모두 동일하다. 수 배열의 시작은 42, 시계 바늘이 돌아가는 방향으로 일정한 규칙에 따라 배열되어 '?'에서 끝난다.

[답] 42와 57에서 일의 자리 숫자인 2와 7을 곱한 값이 14이다. 맨 오른쪽 열의 57과 14의 일의 자리 숫자 7과 4를 곱한 것이 28이다. 이런 규칙에 따라 계속 따라가면 맨 마지막의 16과 12의 일의 자리 숫자인 6과 2를 곱한 12가 이 문제의 답이 된다는 것을 알게 된다.

수 연산에 따른 규칙 찾기

미션 과제 사례

문제 아래 주어진 보기 중에는 성질이 다른 것이 하나 있다. 여기에는 어떤 규칙이 있기에 그와 같은 것을 답으로 결정하게 되었는지 설명해 보시오.

① 7 ⇨ 4   ② 3 ⇨ 2   ③ 9 ⇨ 5   ④ 11 ⇨ 7   ⑤ 23 ⇨ 12

앞의 수에 1을 더한 후 2로 나누면 뒤의 수가 된다.

도형의 배열에서 규칙을 찾는 수업에서는 쌓기나무 또는 큐브블럭을 적극 활용하는 방안을 고민해 보기 바란다.(개인적으로 규칙을 만들어 배열해보고 모둠원들에게 규칙을 찾도록 하기, 모둠별로 어려운 규칙을 만들어 배열하고 다른 모둠원들에게 규칙을 찾도록 하기 등)

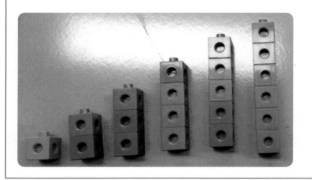 

분수의 덧셈과 뺄셈

수학 포기자는 3학년 분수단원부터 시작된다는 말이 있다. 분수의 개념과 원리를 정확히 이해할 수 있도록 도와주고 본 단원 학습의 원활한 진행을 위해서라도 반드시 출발점 행동을 점검해 보고 충분한 시간(약 2시간)을 확보하여 3학년 분수 교육과정의 핵심을 지도하고 넘어가야 한다.

⊕ ⊖ 단원 지도의 핵심 ⊗ ÷

기능 습득 이전에 원리 이해가 선행되어야 한다.

분모가 같은 분수의 덧셈, 뺄셈 원리 이해가 핵심 목표

1. "분자끼리 더하고 뺀다."가 원리는 아님(답을 구하는 절차일 뿐!!)

$$\frac{1}{5}+\frac{2}{5}=\frac{1+2}{5}=\frac{3}{5} \qquad \frac{4}{5}-\frac{2}{5}=\frac{4-2}{5}=\frac{2}{5}$$

   ▶ "왜 분자끼리 더하고 뺄까?(왜 분모는 더하면 안 될까?)"에 정확히 답을 할 수 있어야 함

2. 분수모형에 색칠을 하면서 답을 구하였다고 하여 원리를 이해하였다고 볼 수는 없음(분모는 그대로 두고 분자끼리 더한다는 원리가 드러나 있지 않음)

3. 이 간단한 원리를 8차시에 걸쳐 학습하도록 하였을 때는 그에 대한 충분한 이유가 있음을 이해해야 함

4. 현재 교과서는 분수 덧셈, 뺄셈 원리보다는 답을 구하는 방법(기능) 습득에 중심을 두고 있는 것처럼 구성되어 있음

5. 원리만 이해한다면 가분수, 대분수가 포함되어도 수월하게 단원 학습이 가능

"원리 이해를 위한 핵심=단위 분수를 중심으로 접근하기"

[원리] 1. $\frac{3}{4}$은 $\frac{1}{4}$이 3개, $\frac{7}{4}$은 $\frac{1}{4}$이 7개

[원리] 2. $\frac{3}{4}+\frac{2}{4}=(\frac{1}{4}$이 3개$)+(\frac{1}{4}$이 2개$)=\frac{1}{4}$이 5개$=\frac{5}{4}$(뺄셈도 동일 원리)

※ 이전 교과서에 비하면 2015 개정교육과정에 따른 교과서는 다행히 1, 2차시 분수의 덧셈과 뺄셈의 기초를 다루는 내용에서 단위분수를 중심으로 접근하고 있으나 3차시부터는 전혀 강조되거나 언급되고 있지 않음 ⇨ 단원이 끝날 때까지 지속적으로 강조되어야 함

출발점 행동 점검

문제 아래와 같이 2장의 색종이를 각각 4등분하였을 때, 색칠된 부분과 같이 6조각의 크기를 분수로 나타내면? 왜 그렇게 답을 할 수 있는가요?

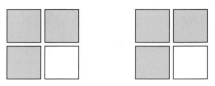

본 발문은 단위분수를 기초로 한 분수의 이해, 기준량 1에 대한 이해를 정확히 하고 있는지 알아보기 위해 개발한 발문이다. 생각보다 많은 학생들이 $\frac{3}{8}$, $\frac{6}{8}$으로 답을 하고 있음을 알게 될 것이다.

 분수의 덧셈 원리 이해

문제 아래에서 보는 바와 같이 그림으로 된 분수의 덧셈을 어떻게 해결할 것인가? 어떻게 하여 답을 구하였는지 토의토론해 보시오.(설명도 할 수 있어야 함)

본 발문은 단위분수 개념을 중심으로 학생들이 분수의 덧셈을 할 수 있는지 알아보기 위해 개발한 것이라 할 수 있다. 질문에서 보는 바와 같이 그림으로 나타났다고 하여 다른 원리가 적용되는 것은 아니다. 단위분수 개념을 정확히 가지고 원리를 이해한 학생이라면 아래와 같이 설명할 수 있다.

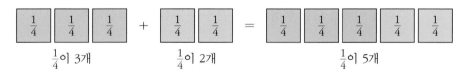

이 과정에서 자연스럽게 가분수 ⇨ 대분수로 전환하면 모든 원리를 이해하고 있다고 볼 수 있다.

빼셈도 같은 맥락에서 접근하면 된다.

대분수의 뺄셈 원리 이해

 아래 질문에 대한 자신의 생각을 말로 설명해 보시오.

$$3 - \frac{1}{4}$$ 를 어떻게 해결해야 할까? 설명해 보시오.

보충 질문 이를 그림으로 그려서 해결해 보시오.

- -

학생들이 분수에 대하여 어떤 개념(특히 대분수, 자연수)을 갖고 있는지, 이를 뺄셈에 어떻게 응용하고 있는지를 알아보기 위해 개발한 발문이라 할 수 있다. 대분수의 뺄셈 과정에서 그림으로 문제를 해결할 때 받아내림을 하는 과정이 그림 속에서 어떻게 표현되는지에 대하여 학생들이 잠시 주춤거리는 모습을 보게 되기도 한다.

또 다른 예를 들어 설명하자면 다음과 같다.

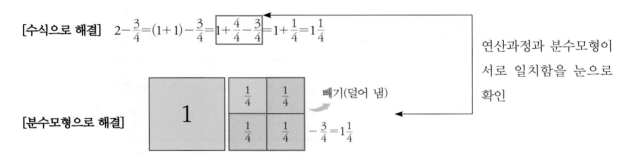

[수식으로 해결] $2 - \frac{3}{4} = (1+1) - \frac{3}{4} = \boxed{1 + \frac{4}{4} - \frac{3}{4}} = 1 + \frac{1}{4} = 1\frac{1}{4}$

[분수모형으로 해결] 빼기(덜어 냄) $- \frac{3}{4} = 1\frac{1}{4}$

연산과정과 분수모형이 서로 일치함을 눈으로 확인

위의 그림과 같이 설명하는 모둠과 학생 수는 많지 않다. 이런 사실로 볼 때 학생들은 위의 그림에서 4등분되어 표현된 부분이 바로 받아내림을 나타낸 것이라는 사실을 개념적으로 배우지 못했던 것이라 생각할 수밖에 없다. 대분수를 가분수로 바꾸는 것에 대하여 이미 학습하였지만 말이다. 어찌 보면 이 부분에 대한 정확한 설명과 이해를 돕지 못한 교사들의 탓도 분명히 있을 것이라 생각된다. 잊지 말자.

"기능습득 이전에 원리 이해가 선행되어야 한다."

삼각형

본 단원은 평면도형 가운데 가장 기본도형이라 할 수 있는 삼각형에 대하여 집중적으로 탐구해 나가는 단원이라 할 수 있다. 초등 기하 영역과 관련된 단원인 만큼 교과서 내용을 중심으로 추상적, 평면적으로 다루어서는 안 된다. 따라서 체계적인 조작활동을 통해 단원 학습 활동을 디자인하려는 교사의 연구와 노력이 요구된다.(도형의 기본 요소인 점과 선, 선분, 반직선, 직선, 각과 직각, 직각삼각형, 정사각형, 직사각형에 대해서는 3학년 교육과정에서 이미 다루었음을 참고하기 바란다.)

⊕ ⊖ 단원 지도의 핵심 ⊗ ÷

삼각형의 핵심 요소 변, 각에 주목	변	정삼각형, 이등변삼각형, 부등변삼각형
	각	둔각삼각형, 직각삼각형, 예각삼각형

※ 변과 각의 특성에 따른 삼각형의 분류 및 이해

※ 자와 각도기를 활용한 삼각형 그리기

단원 지도의 핵심에 초점을 맞추어 본 단원을 지도하기 위한 수업 설계 방향성과 수업 디자인 방안을 제시해 본다면 다음과 같다.

(1) 평면도형 가운데 삼각형을 기본도형이라 말하는 이유 알기 : 1시간

수학 교과서 46쪽 탐구수학에 '튼튼한 탑 만들기' 활동으로 제시된 활동을 활용하여 삼각형이 평면도형 가운데 가장 기본도형이라는 말의 의미를 학생들이 이해할 수 있도록 도울 필요가 있다.

가장 안정적이고 변형이 적으며 튼튼하기 때문
(사각형은 변형이 쉽고 무너지거나 뒤틀림이 쉽게 발생)

이와 관련하여 주변에서 삼각형을 활용한 도구, 사물의 사례를 학생들이 충분히 관찰하고 수업에 참여할 수 있도록 하는 것이 좋다.

(2) 세 변의 길이를 통한 삼각형의 이해 : 2시간(1시간 더 추가도 가능)

삼각형이 결정되기 위한 변의 길이의 조건 이해	2시간 조작활동을 통해 동시에 목표 달성 가능
세 변의 길이에 따른 삼각형의 구분	

세 개의 변만 있다고 하여 모두 삼각형이 되는 것은 아니다. 서로 길이가 다른 5종류의 막대 또는 종이 띠, 빨대 등을 활용한 비형식적 조작활동을 통해 삼각형을 만들어 보면서 자연스럽게 변의 길이에 따른 삼각형의 종류(색깔-시각적 효과를 통해 세 변의 길이에 따른 삼각형의 특성에 대한 이해가 가능 : 정삼각형, 이등변삼각형, 부등변삼각형)를 알아갈 수 있고, 어떤 경우에 삼각형이 만들어질 수 없다는 것을 알게 되면서 삼각형이 만들어지기 위한 변의 길이의 조건까지 함께 탐구해 나갈 수 있는 좋은 활동이라 생각된다.

삼각형의 두 변의 길이의 합은 나머지 한 변의 길이보다 크다.
가장 긴 변의 길이 < 나머지 두 변의 길이의 합

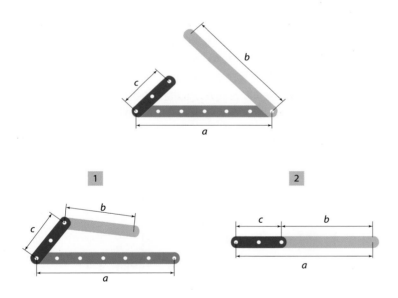

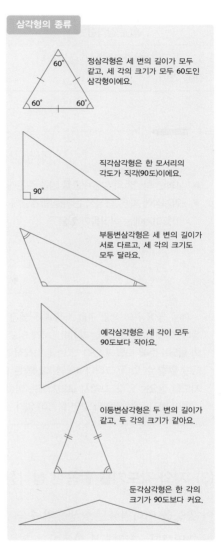

- 1번 사례 : 짧은 두 변의 길이를 합해도 제일 긴 변의 길이보다 짧아 나머지 1개의 꼭짓점을 만들 수 없어 삼각형이 만들어지지 않음
- 2번 사례 : 제일 긴 두 변의 길이와 나머지 두 변의 길이의 합이 같아 짧은 두 변이 연결된 지점을 꼭짓점으로 만들어 올리려 해도 각이 생기지 않아 삼각형이 만들어지지 않음

이 활동이 가지고 있는 또 다른 장점 한 가지는 바로 교과서처럼 이등변삼각형과 정삼각형을 따로 분리하여 지도할 필요가 없다는 점이다. 굳이 교과서처럼 별도의 차시로 따로 분리하여 가르칠 내용이 아니다. 한 가지 조작적, 시각적, 경험적 활동을 통해 변의 길이에 따른 삼각형 이해를 충분히 도울 수 있다면 그것이 제일 효과적이라 할 수 있다. 삼각형 명칭에 대해서는 한자를 활용하여 지도하면 이해가 빠르다.

정(正)삼각형	이등변(二等邊)삼각형	부등변(不等邊)삼각형
正 : 변의 길이가 고르고 균일하다는 것을 의미	二等邊 : 2변의 길이가 같음(等)을 의미	不等邊 : 3변의 길이가 모두 다름(不等)을 의미

정삼각형이 이등변삼각형인지 묻지 말자 !!!

▶ 4학년 학생들의 발달수준을 넘는 질문에 해당
▶ 위계성에 따른 형식적 논리(집합개념에 따른 포함관계)가 이 질문에 포함되어 있는데 아직 4학년 학생들이 이를 이해하고 받아들이기에는 어려움이 있음

사례 1	사례 2	사례 3
● ● ○ ●	● ● ● ●	● ● ● ●

예를 들어 위의 색깔 구슬 사례에서 '빨간 구슬이 2개가 있는 것'은 어떤 경우인지에 대하여 질문하면 모두 [사례 2]를 지목하게 된다. 이것이 일반적인 논리이다. [사례 3]도 빨간 구슬 2개가 있는 경우라 우리는 말하지 않는다. 4학년 학생들은 바로 이런 정도의 발달수준에 도달해 있다. 그런데 형식적 논리가 여기에 적용되면 [사례 3]도 '빨간 구슬이 2개가 있는 것'이라는 상황에 포함된다고 말할 수 있다. 그러나 4학년 학생들은 이 논리를 이해하기 힘들다. 물론 이해는 못해도 받아들일 수는 있겠지만 굳이 이렇게 지도할 필요는 없다. 그래서 교과서에는 이런 질문이 빠져 있는 것이고, 이등변삼각형을 골라내는 질문에서 제시된 도형 속에 정삼각형이 빠져 있는 것이라 보면 틀림이 없다.

(3) 자와 각도기를 활용한 삼각형 작도하기의 목적 이해 : 2시간(작도 및 조작)

이 활동을 어려워하는 학생들의 수도 생각보다 많다. 특히 각도기 조작활동에 익숙하지 않은 학생이라면 더욱더 그러하다. 그런데 본 활동이 추구하는 목적은 무엇인지 먼저 이해할 필요가 있다는 것이 필자의 생각이다. 4학년 학생들이 주어진 조건에 맞게 삼각형을 그릴 줄 아는 것이 본 활동의 목적은 분명히 아닐 것이다. 필자의 견해로는 본 활동의 목적이 직접 그려 봄으로써 정삼각형의 특성(세 변의 길이가 같음, 세 각의 크기가 같음)과 이등변삼각형의 특성(두 변의 길이가 같음, 마주하는 두 끝 각의 크기가 같음)을 이해하는 것에 있다고 판단된다. 따라서 직접 작도하는 활동뿐만이 아니라 또 다른 조작활동을 통해서도 증명해 볼 수 있도록 하는 수업 디자인이 필요하다고 생각된다.

* 이등변삼각형의 경우 직각이등변삼각형도 가능하다는 것, 한 직선에 대한 수선을 먼저 그리거나 모눈종이를 활용하여 그리는 방법도 생각해 보도록 한다.

(4) 각의 크기를 통한 삼각형의 이해 : 2시간(1시간 더 추가도 가능)

① **다양한 둔각삼각형만을 먼저 제시하여 특징 이해**

그 이유는 예각, 직각 삼각형에 비하여 훨씬 더 눈에 잘 띄기 때문이다.(90° 보다 큰 각 때문)

② **그 나머지 삼각형 중 직각이 있는 삼각형**

직각삼각형

③ **기타 나머지 삼각형 : 예각삼각형임을 이해할 수 있도록 차근차근 접근하기**

이 과정에서 특히 둔각삼각형의 특징에 대해서는 직접 토의토론 활동을 통해 관찰하고 발견해 낼 수 있도록 하는 것이 좋다.

④ **한자를 통해 설명하는 것도 좋음**

예(銳)각 : 날카롭다, 예리하다	직(直)각 : 곧다, 바르다
둔(鈍)각 : 무디다, 둔하다	우(優)각 : 넉넉하다, 도탑다(180° 보다 큰 각)

생활 속의 삼각형 이해하기

미션 과제 사례

문제 우리 생활 속에서 삼각형 모양이 어디, 어떤 곳, 어떤 사물에 어떻게 이용되고 있는지 살펴보고 그 사례를 최대한 많이 알아오도록 하시오.(왜 삼각형 모양을 많이 사용하는지에 대해서도 알아오면 좋습니다.)

실생활과 삼각형이 어떻게 연결되는지를 학생들이 이해함으로써 기본도형으로서 삼각형의 가치를 제대로 이해할 수 있도록 하며 단원수업의 도입을 흥미롭고 자연스럽게 열 수 있도록 하기 위해 개발한 과제라 할 수 있다.

생활 속 삼각형 활용 사례를 보면 집 또는 교회의 지붕(지붕의 ㅅ자 모양을 박공이라 함), 돔 형식의 건물이나 탑, 다리와 같은 건축물의 구조(트러스 구조) 등에 많이 활용되고 있음을 알 수 있다.

미끄럼틀 모양이나 자전거 몸체를 이루는 뼈대, 바퀴 살 등을 보면 모두 삼각형 모양으로 이루어져 있음을 알 수 있다.

삼각형이 다른 모양보다 훨씬 튼튼하기 때문이다.(누르는 힘이 구조물에 당기는 힘과 미는 힘으로만 작용하기 때문)

 세 변의 길이를 통한 삼각형의 이해

핵심 발문 사례

문제 아래 주어진 5종류 색깔의 종이 띠(또는 빨대, 나무막대 등)를 활용하여 서로 다른 모양, 크기의 삼각형을 만들어 보시오.(개인당 색깔별 3개씩, 다섯 가지 색깔의 종이 띠 모두 나누어 주기 : 총 15개)

4cm

6cm

8cm

10cm

12cm

[활동을 통해 알아보아야 할 일] 1. 변의 길이에 따른 삼각형의 종류

[활동을 통해 알아보아야 할 일] 2. 삼각형이 만들어지지 않는 경우 세 변의 길이는 각각 어떻게 되는지 알아보기(여러 가지 경우가 있음) ⇨ 삼각형이 만들어지지 않는 여러 가지 경우를 서로 비교해 보면서 발견되는 공통점 한 가지를 통해 삼각형이 만들어지기 위한 변의 길이의 조건을 알아내기

비형식적 조작활동을 통해 삼각형을 만들어 보면서 자연스럽게 변의 길이에 따른 삼각형의 종류 및 삼각형이 만들어지기 위한 변의 길이의 조건까지 함께 탐구해 나갈 수 있는 좋은 활동이라 생각된다. 서로 다른 다섯 가지 색깔의 종이 띠(색종이 또는 색상지 활용), 빨대, 나무막대 등을 활용하면 얼마든지 활동할 수가 있다.

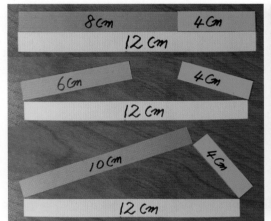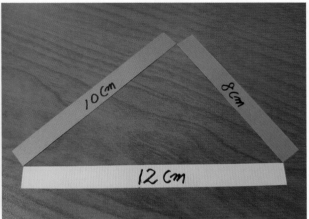

조작 활동 사례(색깔별로 3장씩 있으면 이등변삼각형, 정삼각형도 나타날 수 있음)

 둔각삼각형의 특징 이해　　　　　　　　　　　　　　　 핵심 발문 사례

문제 아래 제시된 둔각삼각형을 관찰하면서 그 특징을 5분 안에 3개 이상 찾아봅시다.(교과서 속 둔각삼각형도 함께 관찰하면서 특징 찾아내기)

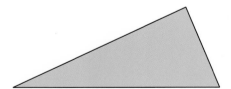

둔각삼각형의 특징을 학생 스스로 관찰하여 추론해 낼 수 있도록 하기 위해 개발한 발문이라 할 수 있다. 가장 기본적인 특징은 90°보다 큰 각이 1개 존재한다는 것이다. 둔각삼각형은 둔각과 마주보는 변의 길이가 제일 길

고, 제일 작은 각과 마주보는 변의 길이가 가장 짧다는 특징을 갖고 있다. 학생들이 이를 잘 찾지 못한다면 "각과 변의 관계를 잘 살펴보시오."라고 힌트를 주어도 나쁘지 않다.

아울러 예각삼각형의 특징, 직각삼각형의 특징도 같은 맥락에서 질문을 제시하고 직접 찾아보도록 하는 것이 좋다.

 삼각형에 대한 이해 종합　　　　　　　　　　　　　　　　　　　　　　　　핵심 발문 사례

문제　아래 제시된 두 삼각형을 비교해 보시오.
① 두 도형은 어떻게 다른가? 그렇게 생각하는 이유는 무엇인가?
② 두 도형은 어떻게 같은가? 그렇게 생각하는 이유는 무엇인가?

　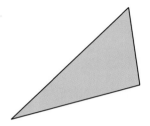

이 발문은 학생들이 도형의 어느 측면에 초점을 두어 관찰하느냐에 따라 다양한 답이 나올 수 있다는 점을 이해하고 특정 관점에서 삼각형을 비교, 대조할 수 있도록 하기 위해 개발한 것이라 할 수 있다. 이 활동에 답을 하지 못할 경우 그 학생이 삼각형에 대하여 어떤 점을 제대로 이해하지 못하였는지를 파악할 수 있는 도구로 활용할 수도 있다.

 삼각형에 대한 이해 종합　　　　　　　　　　　　　　　　　　　　　　　　미션 과제 사례

　아래 제시된 두 점을 이용하여 이등변 삼각형 1개를 만들어 보시오.

●

●

삼각형의 성질(삼각형의 작도는 꼭짓점 3개를 결정하는 일)을 수학적으로 잘 활용할 수 있는지를 알아보기 위해 개발한 과제라 할 수 있다. 또한 이등변삼각형의 성질을 잘 이해하고 있다면 이를 잘 활용하여 나머지 한 점을 잘 찍어 과제를 완성할 수 있을 것이다. 두 점을 연결한 선분의 길이를 정확히 반으로 나누기 어렵기 때문에 두 점을 연결한 선분을 수선으로 하는 또 다른 선분을 긋되 또 다른 선분의 반이 되는 지점에 두 점 중 하나가 놓이면 이등변삼각형을 충분히 그려 나갈 수 있을 것이다. 하지만 어떤 학생에게는 상당히 도전적이고 난이도가 높은 과제가 될 것임이 분명하다. 문제의 조건에 직각삼각형을 그려 보라고 제시한다면 학생들은 훨씬 더 수월하게 해결할 수 있을 것이라 생각된다. 각도기까지 활용할 수 있게 한다면 문제의 조건을 정삼각형으로 고쳐도 좋을 것이다.

소수의 덧셈과 뺄셈

3학년 과정에서는 소수 한 자리 수를 공부하였고 그 범위 내에서 크기 비교까지 학습하였다. 4학년에서는 소수 두 자리 수, 소수 세 자리 수를 공부하면서 그 범위 내에서의 크기 비교, 소수 두 자리 수 범위 내에서의 덧셈과 뺄셈을 공부하도록 되어 있는데 본격적인 단원 학습에 들어가기 전에 3학년 과정에 대한 이해 정도를 확인하는 일은 꼭 필요하다.

⊕ ⊖ 단원 지도의 핵심 ⊗ ÷

본 단원에서 소수 개념을 지도할 때 반드시 고려해야 할 사항 두 가지는 다음과 같다.

1. 반드시 분수와 연계하여 지도하기

2. 가능한 실생활과 연계된 측정 상황과 연계하여 지도하기

그리고 소수 개념을 지도할 때 중점을 두어야 할 사항은 오직 한 가지뿐이다.

십진법 체계 내에서 소수 개념을 이해할 수 있게 하기
(위치적 기수법으로 십진법에 따른 자릿값 원리가 적용됨을 이해)

[소수의 자릿값 개념]

2 ·	5	4	8
일의 자리	소수 첫째 자리	소수 둘째 자리	소수 셋째 자리
	$\frac{1}{10}$의 자리	$\frac{1}{100}$의 자리	$\frac{1}{1000}$의 자리

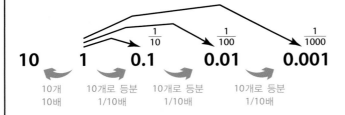

※ 원리 : 수의 확장이 아니라 축소 !!

※ 자연수는 1자리가 1개씩 늘어날 때마다 수가 10배씩 확장된다. 그러나 소수는 소수점 아래로(소수점 오른쪽으로) 1자리씩 늘어날 때마다 배씩 축소된다는 개념 이해가 필요하다.

▶ 이유 : 이후에 학습할 소수의 연산에서 소수점을 맞추어야 하는 이유, 받아올림을 하는 방법 및 그 원리 이해와 연계되기 때문

또한 지도과정에서 소수 모형을 제시할 때 가능하면 상황마다 다른 모델을 제시하지 말고 일관성 있게 1을 10등분한 것, 100등분한 것, 1000등분한 것으로 통일하여 제시하는 것이 좋다. 그 사례로 1m를 10등분, 100등분, 1000등분한 것이 제일 좋다.

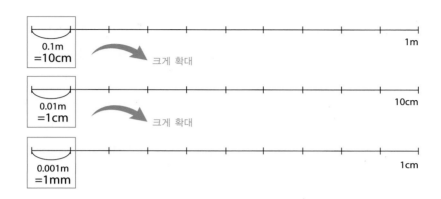

한편 소수와 관련된 상황은 일상생활에서 익숙하게 활용하고 있는 키, 무게, 부피 등과 관련된 사례들로만 엄선하여 꾸준히 제시하면 제일 좋다는 것을 잊지 말아야 한다. 이렇게 하다 보면 자연스럽게 소수를 읽고 쓰는 법, 위치적 기수법으로서 십진법에 따른 자릿값의 원리, 소수의 크기 비교를 자연스럽게 이해할 수 있게 될 것이다(특히 소수 두 자리 수까지 일상생활에서 많이 사용하기 때문에 그 범위의 소수에 더 집중하는 것도 필요하다).

키 1m=1000mm	거리 1km=1000m	무게 1kg=1000g	부피 1L=1000mL
0.1m=10cm	0.1km=100m	0.1kg=100g	0.1L=100mL
0.01m=1cm	0.01km=10m	0.01kg=10g	0.01L=10mL
0.001m=1mm	0.001km=1m	0.001kg=1g	0.001L=1mL

끝으로 소수의 덧셈, 뺄셈과 관련해서는 다음의 것만 학생들이 확실히 이해하고 있다면 단원학습에 큰 어려움이 없을 것이고 그리 많은 시간을 필요로 하지 않을 것이라는 것을 알게 된다.

소수 덧셈, 뺄셈의 계산 원리

(1) 자연수의 덧셈, 뺄셈 원리와 동일(받아올림, 받아내림)
(2) 십진법에 따른 자릿값 원리가 그대로 적용됨
　　▶ 연산 원리 이해에 학습의 중심을 맞추기
☞ 고민해 보기
교과서에서는 0.1이 몇 개 있는지, 0.01이 몇 개 있는지에 대하여 묻는 과정이 지속적으로 나오고 있음. 분수에서의 개념과 마찬가지로 단위소수를 중요하게 여기고 있다고 생각되기는 하지만 여기에 단위소수 개념의 적용은 그리 적절하다고 보이지 않음. 그 이유는 소수 덧셈, 뺄셈 원리는 자연수 덧셈, 뺄셈 원리 적용이 핵심이기 때문(자연수 덧셈, 뺄셈에서 '1이 몇 개 있는가?' 이렇게 생각하면서 연산활동을 하는 사람은 아무도 없을 것임)

오히려 교과서에 제시된 것처럼 색다른 방식으로 소수의 덧셈, 뺄셈을 이해하도록 한다면 학생들에게 혼란만 가중시킬 것이며 교과서 속의 내용대로라면 학생들은 소수의 덧셈, 뺄셈 원리가 무엇인지 정확히 이해할 수 없게 된다.

이 부분에 대해서는 활동지를 체계적으로 제작하여 학생들에게 나누어 주고 아무 설명 없이 직접 개인별, 모둠별로 협동적 해결을 하도록 안내하면 된다. 왜냐하면 학생들끼리 스스로 충분히 원리를 이해하며 해결할 수 있을 만큼의 어려운 내용이 아니기 때문이다. 이렇게 하여 학생들 스스로 활동지를 해결한다면 교과서 내용은 워크북처럼 활용하면 될 것이다.

일상생활 속에서의 소수

미션 과제 사례

문제 아래에 제시된 일상생활 속의 다양한 사례를 보고 각 단위에 맞게 소수로 고쳐 보시오.

① L단위는 mL단위로, mL단위는 L단위로 바꾸어 표시해 보시오.

1.8L   1.5L   777ml   500ml   300ml   355ml   250ml

② g단위를 kg단위로 바꾸어 표시해 보시오.

실제 치킨 중량
A사 866g   134g 차이
B사 846g
C사 797g
D사 689g
E사 618g   382g 차이

③ mm단위를 m단위로 바꾸어 표시해 보시오.

구분	한국	일본	미국	영국	중국	캐나다	세계평균
연평균 강수량(mm/년)	1,274	1,668	715	1,220	645	537	807

교과서 속 사례도 좋지만 필자가 제시하는 사례와 같이 일상생활 속에서 쉽게 접할 수 있는 상황, 기상청 자료, 뉴스나 홍보물 속 자료, 교과서 속 자료, 사회과부도 속 자료 등 보다 현실감이 있는 자료를 수업 속으로 끌어들여 '우리의 일상생활 속에 소수 관련 내용이 이렇게 많구나!' 하고 생각할 수 있도록, '수학이 학교에서만 공부하는 어렵고 힘든 과목이 아니구나!' 하고 생각할 수 있도록 인식을 바꾸어 주어야 한다.

 ## 소수의 자릿값 이해하기 핵심 발문 사례

문제 **0.03**과 **0.030**은 크기가 같은 수이다. 그러나 색칠된 두 개의 '0'의 의미는 분명히 다르다. 어떻게 다른지 설명해 보시오.

소수에도 위치적 기수법으로 십진법에 따른 자릿값 원리가 적용됨을 이해하고 있는지 알아보기 위해 개발한 발문이라 할 수 있다. 자연수와 마찬가지로 자릿값으로서 '0'의 의미와 각각의 위치에 따른 차이를 확실히 이해할 수 있어야 소수를 제대로 이해하였다고 말할 수 있다. 이렇게만 된다면 소수의 크기 비교는 따로 다룰 필요가 없을 만큼 자연스럽게 터득하게 된다.

 ## 소수의 자릿값 이해하기 핵심 발문 사례

문제 **2.1**과 **2.2** 사이에는 소수가 몇 개 있다고 생각하는가? 그렇게 생각하는 이유는 무엇인지 논리적으로 설명해 보시오.

소수 세 자리까지 이해를 하였다면 본 발문의 의도를 충분히 이해하였을 것이라 생각된다. 소수도 십진법 체계를 따른다는 것을 잘 이해한다면 2.1과 2.2 사이에는 무수히 많은 소수가 존재한다는 것을 잘 설명할 수 있을 것이라 확신한다. 2.1과 2.2 사이를 10등분할 수도, 100등분할 수도 … 있다는 사실을 학생들이 앞서서 공부한 바가 있기 때문에 설명도 충분히 가능하다고 볼 수 있다. 이를 잘 이해하지 못한다면 분수와 연결시켜 주어야 하는 것도 잊지 말아야 할 것이다.

문제 아래 제시된 문제를 스스로, 모둠별로 서로 협동적으로 해결해 보시오.

① 자연수+소수 한 자리 수, 자연수+소수 두 자리 수

▶ 종이 띠를 아래와 같이 겹치는 부분 없이 테이프로 이어 붙였다.

| 2m | + | 0.5m | = (답) [ ] m |

3m+0.7m = [ ] m

| 3m | + | 0.05m | = (답) [ ] m |

4m+0.03m = [ ] m

② 자연수−소수 한 자리 수, 자연수−소수 두 자리 수

▶ 처음에 주어진 막대에서 필요 없는 부분만큼 잘라냈다.

| 2m | − 0.6m = (답) [ ] m |

3m−0.4m = [ ] m

| 2m | − 0.08m = (답) [ ] m |

4m−0.08m = [ ] m

③ 소수 한 자리 수의 연산, 소수 두 자리 수의 연산

(1) 0.2+0.5= [ ] (1) 0.8−0.5= [ ]

(2) 0.7+0.9= [ ] (2) 1.2−0.8= [ ]

(3) 1.2+0.6= [ ] (3) 1.8−1.3= [ ]

(4) 1.4+2.3= [ ] (4) 3.7−1.4= [ ]

(5) 2.6+3.8= [ ] (5) 5.4−2.7= [ ]

(1) 0.03+0.05= [ ] (1) 0.09−0.02= [ ]

(2) 0.75+0.69= [ ] (2) 0.48−0.25= [ ]

(3) 1.74+0.6= [ ] (3) 1.85−1.39= [ ]

(4) 1.49+2.38= [ ] (4) 3.58−1.84= [ ]

(5) 2.64+4.89= [ ] (5) 5−2.73= [ ]

④ 뛰어세기 규칙에 따라 □ 안에 알맞은 소수를 써 보시오.

0.8kg	→	0.9kg	→		→		→	

1.9kg	→		→	2.1kg	→		→	

	→		→		→	4.2kg	→	4.3kg

1.41m	→	1.42m	→		→		→	

4.79m	→		→	4.81m	→		→	

	→		→		→	8m	→	8.01m

0.36km	→	0.361km	→		→		→	

2.079km	→		→	2.081km	→		→	

	→		→		→	4.001km	→	4.002km

⑤ 아래 제시된 문제를 해결해 보시오.

▶ 맨 끝의 '0'을 생략해 봅시다.

(1)
```
    0. 9
 +  0. 1
```

(2)
```
    3. 9
 +  0. 1
```

(3)
```
    0. 0 9
 +  0. 0 1
```

(4)
```
    0. 7 9
 +  0. 0 1
```

(5)
```
    0. 0 0 9
 +  0. 0 0 1
```

(6)
```
    0. 0 4 9
 +  0. 0 0 1
```

▶ 맨 끝에 없었던 '0'을 만들어 봅시다.

(1)
```
    1
 −  0. 1
```

(2)
```
    3
 −  0. 1
```

(3)
```
    0. 1
 −  0. 0 1
```

(4)
```
    0. 5
 −  0. 0 1
```

(5)
```
    0. 0 1
 −  0. 0 0 1
```

(6)
```
    0. 0 7
 −  0. 0 0 1
```

⑥ 같은 값끼리 선으로 연결해 보시오.

4+0.2 •		• 7.03		2−0.08 •		• 0.76
2+0.04 •		• 0.8		0.8−0.04 •		• 0.04
0.03+7 •		• 2.8		2.73−0.53 •		• 1.92
0.3+0.5 •		• 4.2		3.92−3.88 •		• 0.73
2+0.8 •		• 2.04		4.48−3.75 •		• 2.2

- -

소수에서의 자릿값 개념만 있다면 학생들 스스로 충분히 해결할 수 있을 것이라는 판단하에 특별한 설명 없이 활동지 형식으로 만들어 학생들에게 제시하고 스스로 학습을 해 나갈 수 있도록 하기 위해 개발한 과제라 할 수 있다. 6번 문제의 경우는 소수점에 주의하지 않으면 연산에서 실수를 할 가능성이 높다는 점을 학생 스스로 인식할 수 있도록 만들어 본 것이다. 아울러 뛰어 세기와 관련된 4번 문항도 실생활 속에서 자주 등장하는 단위를 사용하여 만들어 본 것이고, 5번 문항의 경우는 받아올림 또는 받아내림 과정에서 자릿값으로서 '0'은 생략이 가능하다는 점, 없었던 '0'이 생겨날 수도 있다는 점에 대하여 학생들 스스로 인식할 수 있도록 하기 위해 만들어 본 것이다. 또한 본 활동지 과정에서 처음으로 세로셈을 등장시켜 보았다. 물론 이전 과정에서부터 세로셈으로 문제를 해결해도 무방하다는 것을 학생들은 이미 알고 있을 것이라 생각된다.

사각형

본 단원은 초등학교 교육과정상에서 개념적으로 평면도형에 대한 이해를 최종 마무리 하는 단계에 있다고 할 수 있다. 사다리꼴부터 시작하여 조건을 하나씩 더 추가하면서 세밀하게 접근하여 여러 가지 사각형을 소개하고 있다. 다행히도 집합 또는 포함관계 개념을 도입하여 지도하도록 제시되어 있는 것이 아니라 안심은 된다. 하지만 그 도형에 대한 정의를 바탕으로 다른 도형에 대한 개념 이해를 접근하는 형식논리로 접근하게 되거나 도형에 대한 성질, 도형 사이의 관계에 대한 탐구도 없이 단순 지식의 암기를 통해 도형을 이해할 위험성은 여전히 높다는 점에서 단원 전체에 대한 체계적인 분석과 재구성, 수업 디자인이 꼭 필요한 단원이라 할 수 있다. 단원지도의 핵심과 단원지도의 방향성, 수업 디자인 방안을 제시해 본다면 다음과 같다.

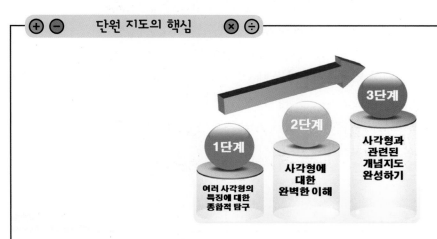

1. 3학년 과정에서 학습한 직사각형, 정사각형을 사다리꼴, 평행사변형, 마름모꼴과 연결시키려는 시도와 노력이 필요
2. 현재 교과서는 여러 사각형들 간의 관계를 입체적으로 서로 연결 지을 수 있는 구조로 구성되어 있지 못함
3. 높은 곳에서 한눈에 관찰할 수 있는 것처럼 다양한 사각형을 이해할 수 있도록 하는 방안이 특별히 요구되는 단원임

본 단원에서 완성해야 할 사각형에 대한 종합적인 개념지도는 아래와 같다.

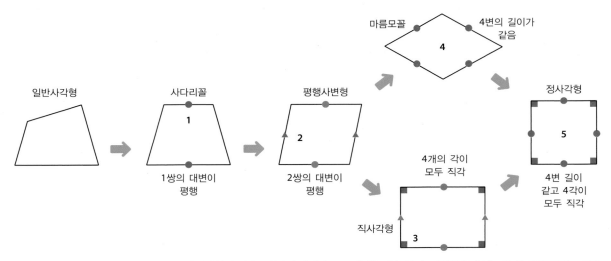

본 단원에서 4학년 학생들이 완성시켜야 할 사각형에 대한 종합적인 개념지도 ⇨ 이것을 단순 암기, 기억하게 해서는 안 된다!!(탐구하고 이해할 수 있도록 해야 함)

※ 학생들이 특히 혼동할 가능성이 높은 부분 : 정사각형과 마름모 간의 관계
   ▶ 네 변의 길이가 같은 도형은? ⇨ 가장 먼저 정사각형을 떠올릴 가능성이 높음(이 부분에서 바로 오개념 형성 가능성이 높음)

협동학습 수학 토의토론을 통해 본 단원을 학습하도록 할 수 있는 가장 좋은 방안은 다음과 같다.(직접 미션 과제 또는 핵심 발문을 통해 단계별로 안내하고자 한다.)

 다양한 사각형 만들어 보기　　　　　　　　　　　　　미션 과제 사례

문제　각 개인에게 주어지는 도형을 이용하여 여러 가지 사각형을 만들어 보고, 그 특징을 파악하여 모둠원들과 이야기를 나누어 보시오.(개인별로 아래와 같은 다양한 도형 세트를 나누어 주기, 평행 이동, 회전 이동, 뒤집기 이동 모두 가능)

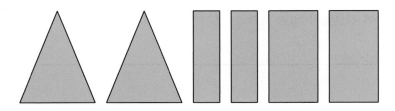

[고려해야 할 점]　2시간(80분) 정도 블록타임 수업으로 설계하는 것이 좋다. 활동을 하다가 멈추고 다른 시간에 이어서 하게 되면 흐름이 끊어질 가능성이 높기 때문이다.

이 활동을 통해 학생들은 교과서 속에서 다루게 되는 다양한 종류의 사각형을 스스로 먼저 만들어 보게 된다. 이 과정 속에서 여러 종류의 사각형을 판별할 수 있는 기초적인 시각과 관점을 자연스럽게 가질 수 있게 된다. 이 과정에서 반드시 학생들에게 강조해야 할 점은 모둠 내에서 한 종류 한 종류 사각형을 만들어 내고 그 특징을 발견할 때마다 정보의 공유와 토의토론이 이루어질 수 있도록 해야만 한다는 점이다. 이 활동의 장점은 바로 여기에 있다.(이러한 활동이 가능하도록 하기 위해 바로 이전 차시에서 평행, 수직 개념을 반드시 다루어야만 한다. 현재 교과서 구성도 그렇게 되어 있음을 알 수 있다.)

본 미션 과제의 가치

수학적 의사소통(협동학습 수학 토의토론 활동)이 가장 빛나는 과정

(1) 마주보는 변이 평행한지 확인하는 소통과정이 반드시 일어나게 됨
(2) 마주보는 변의 길이, 모든 변의 길이가 같은지 다른지와 관련된 소통과정이 반드시 일어나게 됨
(3) 네 각의 크기가 같은지 다른지와 관련된 소통과정이 반드시 일어나게 됨
  ▶ 이런 것이 바로 '수학을 한다'는 개념에 딱 맞는 활동이라 할 수 있음(협동학습 수학 토의토론 과정 속에 참으로 많은 수학적 탐구 활동과 과정이 고스란히 존재하기 때문)

 사각형 개념지도 만들기　　　　　　　　　　　　　　　미션 과제 사례

문제 **[1단계]** Yes 방향으로 이동하기 위해 아래 □ 안에 들어갈 수 있는 알맞은 질문이 무엇인지 모둠원들과 함께 만들어 보시오.

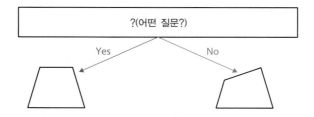

본 미션 과제는 사각형에 대한 종합적인 개념지도를 만들어보면서 위계성에 기반을 둔 순서도를 만들어볼 수 있도록 하기 위해 개발한 과제라 할 수 있다. 이 활동을 위해서 교사는 보다 정제된 도형(탐구해야 할 도형의 특성을 잘 담고 있는 것)을 미리 만들어 두었다가 차근차근 단계별 순서대로 제시하고, 학생들은 Yes 방향으로 가기 위한 조건(도형의 특성을 질문형식으로 만듦)에 대해 협동학습 토의토론으로 찾아나가면 된다. 이렇게 제시되는 단계에 따라 순서도를 만들어가게 되면 자연스럽게 다양한 사각형에 대한 개념지도를 완성하게 된다.

이 활동 또한 2시간(80분) 정도 블록타임 수업으로 설계하는 것이 좋다.

처음부터 직접 학생들이 순서도를 체계적으로 그려나가면서 그 특징을 발견해낸다는 것은 매우 어려운 일이다. 따라서 순서도를 교사가 먼저 머릿속에 그려둔 상태에서 단계별로 차근차근 다음 단계의 도형을 제시(또는 어떤 도형이 오면 좋을까 질문을 통해 다음 단계의 도형을 정하는 것도 좋음)하고 협동학습 수학 토의토론을 통해 그에 알맞은 질문을 만들어 보게 하면 충분히 개념지도를 완성해 나갈 수가 있다. 물론 그 과정을 단계별로 교사도 함께 칠판에 그려 나가면 더 큰 도움이 될 것이다.

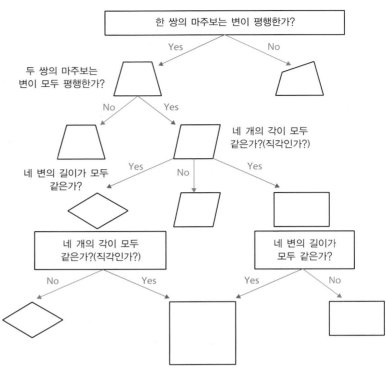

학생들이 완성시켜야 할 개념지도

 대각선을 통한 사각형 특징 이해　　　　핵심 발문 사례

 아래 제시된 다양한 사각형에 대각선을 그려 보면서 그 도형의 독특한 특징을 찾아내 보시오.

물론 알고 있는 교사들도 있겠지만 사실 이 질문은 중학교 교육과정 내용에 해당되는 것이다. 그러나 초등학교 4학년 수준의 학생들이라고 해서 그 특징을 발견해 내지 못할 정도의 고등수학 내용은 아니라 생각된다. 실제로 학생들에게 제시해 보기도 하였지만 충분히 잘 해냈던 지도 경험을 필자는 갖고 있다.(여기에서 주의할 점은 사다리꼴을 제시할 때 등변 사다리꼴보다는 위의 사례에서 보는 바와 같이 부등변 사다리꼴을 제시하는 것이 학생들의 오개념 형성을 막을 수 있다는 것이다. 등변 사다리꼴을 제시하면 이를 일반화하여 사다리꼴의 대각선의 길이가 모두 똑같다고 생각할 가능성이 높아진다.)

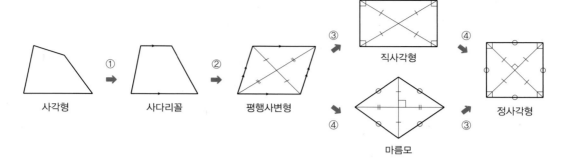

사다리꼴	평행사변형	직사각형	마름모꼴	정사각형
두 대각선의 길이가 서로 다르다.	두 대각선의 길이가 서로 다르다. 각각의 대각선은 서로 다른 대각선을 이등분한다.	두 대각선의 길이가 서로 같다. 각각의 대각선은 서로 다른 대각선을 이등분한다.	두 대각선의 길이가 서로 다르다. 각각의 대각선은 서로 다른 대각선을 이등분한다. 두 대각선은 서로 수직이다.	두 대각선의 길이가 서로 같다. 각각의 대각선은 서로 다른 대각선을 이등분한다. 두 대각선은 서로 수직이다.

연못에 사는 한해살이 물풀. 줄기는 가늘고 길다. 물속의 잎은 깃꼴로 가늘게 갈라진다. 물 위에 뜬 잎은 줄기 위쪽에 모여서 난다. 잎자루에는 연한 털과 공기주머니가 있다. 꽃은 7~8월에 핀다. 마름모라는 명칭은 마름이라는 식물의 잎 모양이 이와 비슷하게 생겨서 거기에서 가져온 이름이다.

 사각형에 대한 이해

핵심 발문 사례

 아래와 같은 도형은 사각형이라 말할 수 있는가? 그 이유는 무엇인가?

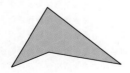

지금까지 학생들이 공부해왔던 도형과는 거리가 먼 것이 제시되어 있다. 사각형의 개념을 좀 더 확장시킬 수 있는 발문이라 할 수 있다. 이 또한 사각형이 맞기는 하다. 하지만 일반적으로 접할 수 있는 사각형과 달리 이 사각형은 대각선을 그릴 수가 없고, 4개의 내각 가운데 한 개의 각이 180° 보다 크다는 특징을 갖고 있다.

이런 활동도 생각해 볼 필요가 있다. 미술 시간과 연계하여 테셀레이션 활동을 학생들과 함께 해 보는 것이다. 이 활동을 학생들과 함께 해 본다면 기하학적 도형이 만들어 내는 예술적 아름다움과 가치를 함께 느낄 수 있을 것이다.(마지막 다각형 단원을 공부하고 나서 해도 좋고 다각형 단원 학습 순서를 앞으로 가져와 먼저 진행하고 나서 마무리 차원에서 해도 좋은 활동이라 할 수 있다.)

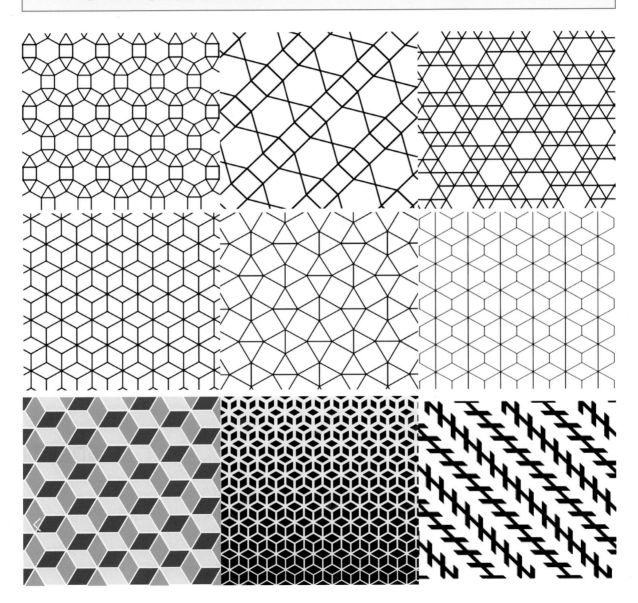

꺾은선그래프

4학년 1학기 막대그래프에 이어서 2학기에 꺾은선그래프를 다루고 있다. 본 단원 학습에서 중요하게 다루어야 할 점을 짚어 보면 다음과 같다.

단원 지도의 핵심 ⊕ ⊖ ⊗ ⊘

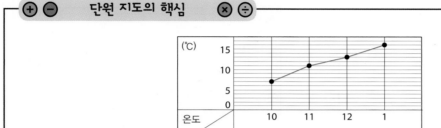

연속적으로 변화하는 양에 대하여 점을 찍고 그 점들을 선분으로 연결하여 나타낸 그래프이다. ⇨ 장점은 조사하지 않은 중간 값, 앞으로 일어날 일을 예측할 수 있다는 점, 기울어진 정도에 따라 변화 모양, 변화 정도 설명이 가능, 조사 기간의 간격, 세로 눈금 간격을 촘촘하게 하지 않으면 변화 정도를 정확히 나타내기 어려움

[꺾은선그래프와 막대그래프 비교하기]

막대그래프는 하나의 주제에 대한 서로 다른 대상 비교할 때 편리하고, 꺾은선그래프는 하나의 대상이 시간의 흐름에 따라 어떻게 변화하는지 지속적으로 관찰하여 나타내는 데 편리하다. 예를 들어 시간의 흐름에 따른 기온의 변화, 몸무게의 변화, 연도별 인구수 변화 등을 알아볼 때는 꺾은선그래프를 그리는 것이 좋고 좋아하는 과일, 좋아하는 간식, 좋아하는 운동 등과 같이 연속적이지 않은 것들을 서로 비교할 때는 막대그래프가 좋다.

[꺾은선그래프 그리는 방법]

1. 가로와 세로의 눈금을 무엇으로 할지 정하기
2. 세로 눈금 한 칸의 크기 정하기
3. 가로 눈금 각 칸마다 일정한 간격을 정하여 기록하기
4. 가로 눈금과 세로 눈금이 만나는 자리마다 측정한 값에 대한 점찍기
5. 점들을 선분으로 연결하기

6. 꺾은선그래프 제목 쓰기(매우 중요)

[세련된 꺾은선그래프 그리기]
1. 필요 없는 부분을 줄이고 보다 알아보기 편리하게 나타내기 위해 물결선을 이용하여 꺾은선그래프를 그림
2. 필요 없는(생략해도 좋은) 세로 눈금 부분을 물결모양으로 표시하여 나타냄
3. 필요 없는 부분을 생략하면 세로 눈금의 간격을 더 크거나 세밀하게 나타낼 수 있어 변화 모습을 보다 자세히 나타낼 수 있음(아래 예시 자료를 보면 그 차이를 느낄 수 있다.)

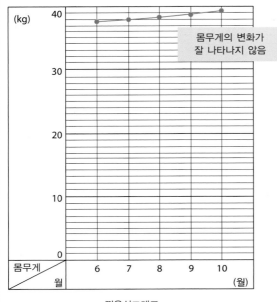

꺾은선그래프

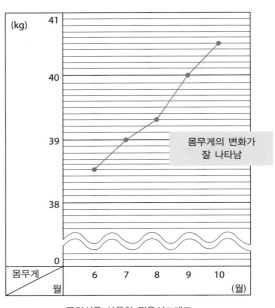

물결선을 사용한 꺾은선그래프

○○의 몸무게 변화 예시 자료

① 표와 꺾은선그래프를 비교하며 꺾은선그래프의 장점이 무엇인지 생각해 보기
② 꺾은선그래프를 그려야만 하는 상황이 어떤 상황인지를 이해하는 것이 중요
③ 꺾은선그래프를 보고 읽는 활동이 먼저 선행되어야 함(꺾은선그래프를 보고 자료 내용을 해석하고 문제 해결에 이용할 수 있어야 꺾은선그래프를 제대로 그릴 수 있음)
④ 꺾은선그래프를 그릴 때 제목을 어떻게 정할 것인가 하는 점도 신중을 기하기
⑤ 꺾은선그래프의 이해를 위해 가장 좋은 방법은 직접 자료를 조사, 정리, 표로 나타내기, 꺾은선그래프 그려 보기 활동을 체계적으로 진행하는 것이다. ⇨ 의미 있는 주제는 어떤 것이 있는지, 조사 방법 및 조사 기간, 측정 간격은 어떻게 할 것인지, 정리(자료 정리 과정에서 체계적인 분류가 핵심)는 어떻게 할 것인지, 가로의 각 칸마다 측정 간격을 얼마로 할 것인지, 세로의 눈금 한 칸 크기는 얼마로 할 것인지 등에 대

하여 학생 스스로 고민하고 결정하여 그릴 수 있게 하기)

⑥ 꺾은선그래프로 정리한 후에 그 결과에 대해 개인, 또는 모둠원들은 어떻게 생각하는지를 분석하고 해석하는 활동 또한 매우 중요하게 다루기

⑦ 역으로 꺾은선그래프를 보고 표로 정리해 보게 하는 것도 도움이 됨

꺾은선그래프 읽기

미션 과제 사례

문제 아래에 제시된 꺾은선그래프가 무엇에 관한 그래프인지 자신의 생각대로 상상하여 결정해 보시오. 왜 그렇게 생각하게 되었는지도 설명해 보시오.

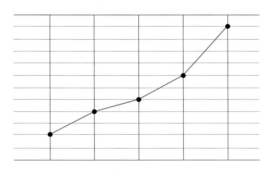

본 과제는 단원 도입 과제로 제시해도 좋은 것으로, 그래프의 제목이 중요한 것은 사실이지만 이와 같이 제목이 없는 그래프도 많은 정보를 담고 있다는 것, 그래서 그래프는 어떤 사실을 증명해 주는 매우 좋은 도구가 된다는 것을 학생들이 이해할 수 있도록 돕기 위해 개발한 것이다. 꺾은선그래프의 제목이 없기 때문에 학생들은 매우 자유롭게 상상할 수 있는 것은 사실이지만 어떤 것과 관련되어 있는지 결정하였을 때 그에 합당한 설명(예를 들어 꺾은선은 무엇에 대하여 조사한 것으로 예상되는지, 무엇을 보고 그렇게 생각했는지, 그 논리가 타당한 것인지 등)이 필요하기 때문에 깊이 있는 사고와 추론 능력을 필요로 하는 과제이기도 하다. 이 과정에서 꺾은선그래프 읽기에 대한 기초 활동이 이루어지기도 한다.(예 : 두 번째 점에서 세 번째 점까지의 변화가 가장 작고 네 번째 점에서 다섯 번째 점까지 변화가 가장 큼)

문제 아래의 꺾은선그래프는 하루 동안 교실의 온도 변화를 나타낸 것이다. 이 그래프를 읽어 보시오.

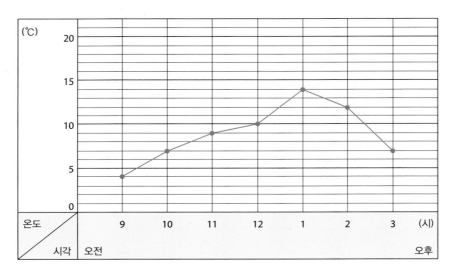

① 온도를 측정한 간격은 얼마인가?

② 세로에 그려진 눈금 한 칸의 크기는 얼마인가?

③ 그래프의 모양이 어떻게 되는가? 이 모양을 통해 알 수 있는 사실은 무엇인가?

④ 온도의 변화 폭이 가장 큰 시기는 언제인가? 왜 그렇게 생각하였는가?

⑤ 온도의 변화 폭이 가장 작은 시기는 언제인가? 왜 그렇게 생각하는가?

⑥ 언제부터 그래프의 방향이 바뀌었는가? 그 이유는 무엇인가?

⑦ 4시 이후에는 기온이 어떻게 될 것이라 예상하는가? 그렇게 생각하는 이유는 무엇인가?

⑧ 이렇게 꺾은선그래프가 나타나게 된 이유는 무엇이라 생각하는가?

- -

통계자료에 대한 올바른 감각을 기르는 것 또한 중요한데 본 발문은 그에 대한 생각을 해 볼 기회를 갖도록 하기 위해 개발한 것이라 할 수 있다. 그래프를 이해하는 감각을 개발하는 것은 매우 중요하다. 특히 꺾은선그래프는 측정 구간에 대한 해석도 중요하지만 그래프가 그렇게 나타나게 된 원인을 분석하고, 측정하지 않은 구간에 대한 예측을 통해 앞으로의 변화에 대한 대비, 문제 해결 방안 등을 생각해 볼 수 있도록 하는 데 매우 유용한 자료라 할 수 있다. 따라서 그래프 읽기 및 해석도 이런 부분에 중점을 두어 학생들이 사고하고 토의토론할 수 있도록 할 필요가 있다.

┌───┐

통계 자료 만들기 좋은 주제

교실에서 키우는 식물 등의 변화 관찰하기, 자신이 사는 지역의 월별 강수량 또는 기온에 대한 변화, 자신 또는 가족의 키나 몸무게 등에 대한 변화, 연도별 인구 변화, 월별 전기요금 또는 월별 물 사용량 변화 등

└───┘

다각형

평면도형의 특성들에 대하여 공부하게 되는 마지막 단원이라 할 수 있다. 우리 주변 곳곳에 숨어 있는 여러 도형들(벌집에는 육각형, 축구공에는 정오각형과 정육각형, 우리가 걷는 보도블록에는 사각형이 숨어 있다고 볼 수 있음)에 대하여 살펴보는 단원이라 여기면 된다. 참고로 본 단원에서는 볼록다각형, 정다각형만을 다룬다는 점을 잊지 말자.

(1) 다각형의 정의 : 多角形, 셋 이상의 선분으로 둘러싸인 평면도형

한 부분이라도 곡선이 있으면 다각형이라고 하지 않으며 중간에 선분이 끊어져 있어도 다각형이 될 수 없다.(곡선이 있거나 중간에 선분이 끊어져 있어도 도형이기는 하다는 점을 잊지 말자.)

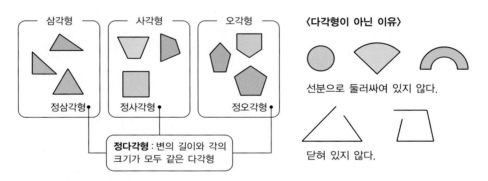

(2) 이웃한 점과 대각선

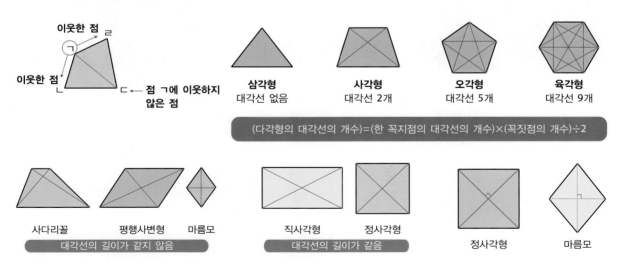

(3) 반례를 통한 지도가 좋은 단원이라 할 수 있다.

본 단원은 도형에 대한 개념 이해가 핵심이다. 이를 위해서는 반례를 통한 지도가 학생들의 이해에 가장 좋은 방법이라 할 수 있다. 정다각형이 아닌 도형을 통한 이해 돕기, 다각형이 아닌 도형을 통한 이해 돕기 등이다.

(4) 구체적인 설명보다는 직접 관찰, 조작, 탐구 등을 통한 학습이 제일 좋다.

이를 위해 각종 교구의 조작, 관찰, 탐구, 토의토론 활동이 매 수업 활동에 적재적소에 활용되어야 한다.

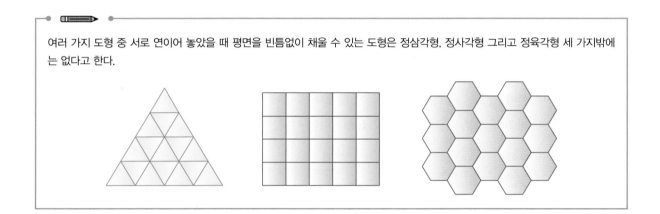

여러 가지 도형 중 서로 연이어 놓았을 때 평면을 빈틈없이 채울 수 있는 도형은 정삼각형, 정사각형 그리고 정육각형 세 가지밖에 는 없다고 한다.

(5) 단원 학습과 관련하여 미술 시간, 놀이 활동과 연계하여 지도하는 것도 좋다.

다각형을 활용한 디자인

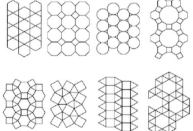

다각형 활용 테셀레이션

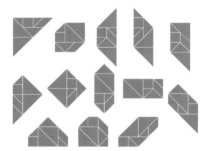

칠교로 만든 다각형(13개뿐임)

생활 속의 다각형

문제 주변에서 똑같은 모양이 규칙적으로 반복되거나 보여서 사물을 이루고 있는 사례를 찾아보시오. 그리고 그 사물에는 어떤 도형이 숨어 있는지 말해 보시오.

우리 주변에 수많은 도형이 숨어 있음을 통해 다각형과 관련된 수학적 삶이 우리 생활 곳곳에 연결되고 있음을 알 수 있도록 하기 위해 개발한 과제라 할 수 있다. 조금만 자세히 관찰해 보면 생각보다 많은 도형이 있음을 알게 된다.

 ## 다각형 이해하기

문제 아래 주어진 도형에서 다각형인 것과 다각형이 아닌 것으로 분류해 보시오. 그 이유도 무엇인지 밝혀 보시오.

다각형의 정의를 제대로 이해하고 있는지 알아보기 위해 개발한 발문이라 할 수 있다. 제시된 다양한 도형 속에는 도형이 열려져 있거나 곡선이 들어 있는 것도 있다. 이런 것들은 다각형이라 할 수 없다. 아울러 독특한 모양(십자 모양, 화살표 모양)도 닫혀 있고 곡선 부분이 없다면 다각형이라 할 수 있다는 점을 학생들이 이해할 수 있도록 도와주어야 한다.

문제 여러 가지 도형 중 서로 연이어 놓았을 때 평면을 빈틈없이 채울 수 있는 도형은 정삼각형, 정사각형 그리고 정육각형 세 가지 밖에는 없다고 한다. 그 이유는 무엇일까?

 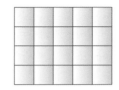 

여러 가지 도형 중 서로 연이어 놓았을 때 평면을 빈틈없이 채울 수 있는 도형은 정삼각형, 정사각형 그리고 정육각형 세 가지밖에는 없다. 도형을 붙여서 한 평면을 채우려면 한 꼭짓점에 도형이 3개씩은 들어가고, 세 꼭짓점에 해당되는 부분의 각을 합하여 360°가 만들어져야 한다. 그런데 세 종류를 제외한 다른 도형은 360°를 만들 수가 없게 되기 때문이다.(정삼각형 한 각의 크기는 60°, 정사각형 한 각의 크기는 90°, 정오각형 한 각의 크기는 108°, 정육각형 한 각의 크기는 120°)

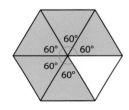 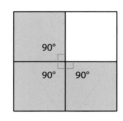 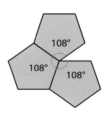 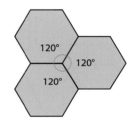

미술 시간과 연계하여 테셀레이션 작품 활동을 개인별, 모둠별로 함께 만들어 보시오.(아래는 참고 자료)

아르키메데스 테셀레이션 3-3-4-3-4

 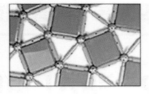

아르키메데스 테셀레이션 3-3-3-4-4

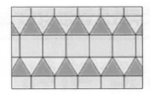 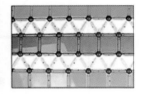

아르키메데스 테셀레이션 3-3-3-3-6

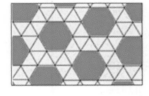 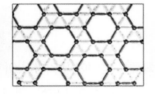

아르키메데스 테셀레이션 3-6-3-6

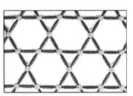

아르키메데스 테셀레이션 3-4-6-4

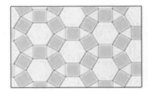 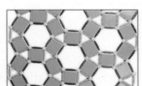

아르키메데스 테셀레이션 4-8-8

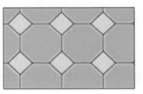 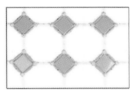

아르키메데스 테셀레이션 4-6-12

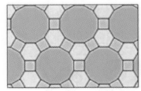 

아르키메데스 테셀레이션 3-12-12

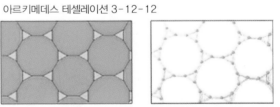

※ 본 단원과 관련된 미션 과제, 핵심 발문은 이것으로 정리하고자 한다. 교과서 속에 있는 문제를 탐구하는 것으로도 충분히 좋은 활동
이 될 수 있기 때문이다.

미션 과제 & 핵심 발문

지면 관계상 모든 핵심 발문, 미션 과제를 싣기에 무리가 있어 각 단원 별로 4개 내외의 사례만 남겨두었다. 나머지 핵심 발문, 미션 과제는 아래 인터넷 다음 카페에서 다운로드 받을 수 있다.

http://cafe.daum.net/-coop-math-discuss

(카페명 : 협동학습 토의토론 초등수학교육을 혁신하다)

자연수의 혼합계산

이 단원을 지도할 때는 일방적으로 혼합계산 규칙을 알려주고 그에 따라 혼합계산 연습 또는 훈련을 하는 과정이라 생각하게 만드는 수업(단순 계산식이나 문제 상황을 수없이 제시하고 문제를 해결해 보도록 하는 것)은 지양하기를 필자는 간곡히 부탁하는 바이다. 주어진 실생활 속의 상황과 연산식의 구조를 연결 지어 생각하게 되면 굳이 연산의 규칙을 기계적으로 암기할 필요가 없다는 사실을 학생 스스로 깨달을 수 있도록 하는 수업 디자인이 필요하다는 것이 필자의 견해이다.

⊕⊖ 단원 지도의 핵심 ⊗÷

1. 왜 곱셈과 나눗셈이 덧셈, 뺄셈보다 먼저인지 등에 대한 이유를 암기가 아니라 그럴 수밖에 없는 상황이라는 것을 납득할 수 있도록 지도하기
2. 연산규칙을 따르지 않을 경우 (1) 얻게 되는 답(결과 값)이 무엇을 의미하는 것인지 (2) 어떤 문제가 발생하는지를 이해할 수 있도록 지도하기
3. 기계적 암기가 아니라 상황 맥락을 통해 이해할 수 있도록 지도하기

 ## 등호의 의미

핵심 발문 사례

> [문제] 영호는 구슬 3개가 있었는데 친구에게 4개를 더 얻었다. 영호가 갖고 있는 구슬은 몇 개인가?

▶ 연산식으로 나타내기

▶ 이때 기호 '='의 이름과 뜻은 무엇인가?

  ⇨ 모두 일어서서 나누기 ⇨ 전체 발표 ⇨ 뜻 정리

사칙연산활동은 기본적으로 수식에 대한 이해를 바탕으로 한다. 그런데 초등학교 교육과정을 살펴보면 연산기호의 의미 등에 대한 명확한 이해를 돕는 과정이 없어서 학생들은 연산기호의 의미를 제대로 이해하지 못하고 초등학교를 마치게 될 수밖에 없게 된다. 그중에서도 특히 등호(=)의 이해가 제일 부족하다. 등호의 의미가 무엇인지 물어보면 많은 학생들은 "[는]입니다." 또는 "[답이 얼마이다.]입니다." 또는 "계산한 결과입니다." 또는 "답을 나타낼 때 쓰는 기호입니다."라고 답변할 가능성이 높다. 필자의 견해로는 수식에 대한 기본 이해가 부족한 상태에서 연산에 대한 단순 반복 학습이 만들어 낸 결과라고 판단된다.

☞ 등호의 이해가 부족한 학생들은 아래와 같은 계산 과정을 보고 틀린 부분이 없다고 생각하게 될 가능성이 높다.

[문제]　버스에 현재 35명의 승객이 타고 있는데 다음 정류장에서 11명이 내렸고 9명이 버스에 올라탔다. 현재 버스에 타고 있는 승객은 몇 명인가?

[계산 과정]　35 − 11 = 24 + 9 = 33명

* 위와 같은 등식은 결코 성립될 수 없다. 등식이란 등호(=)를 써서 나타낸 수나 식을 말하는데 등호가 있는 경우 등호의 왼쪽(좌변)과 오른쪽(우변)이 같다는 것을 의미한다고 이해하면 된다.
* 등호의 기호 '='는 영국의 수학자 레코드가 처음 썼다고 한다. 레코드는 길이가 같은 평행선만큼 같은 것은 없기 때문에 이 기호를 사용했다고 하는데, 레코드는 등호를 자신의 묘비에 새기게 하였다고 전해진다.

덧셈끼리, 곱셈끼리 계산하기

 아래 두 상황에 대하여 각각의 계산식을 수형도로 나타내 보시오.

상황 1	상황 2
저금통장에 25,000원이 있었는데 월요일에 지난주에 12,000원을 저금하였고 이번 주에 10,000원을 저금하였다.	저금통장에 25,000원이 있었는데 지난주에 받은 용돈 12,000원과 이번 주에 받은 용돈 10,000원을 모아 한꺼번에 저금하였다.

① 수형도로 나타내기
② 계산과정 및 결과를 살펴보면서 공통점과 차이점 말해 보기
③ 이 활동을 통해 알게 된 사실 공유하기
　　⇨ 모두 일어서서 나누기 ⇨ 전체 발표 ⇨ 알게 된 사실 정리하기(계산원리)

[곱셈끼리의 상황]

문제　영희는 구슬 2개를 갖고 있다. 철수는 영희의 3배, 민영이는 철수의 4배만큼 구슬을 갖고 있다. 민영이가 갖고 있는 구슬은 몇 개인지 알아보자.

- -

덧셈끼리 또는 곱셈끼리의 연산은 순서에 관계없이 계산해도 결과는 같다는 것을 실제 상황을 통해 이해할 수 있도록 도울 필요가 있다.(교환법칙, 결합법칙이 성립함을 이해할 수 있게 하기)

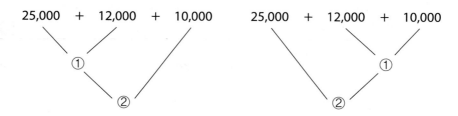

상황 1과 상황 2가 실제로도 다른 상황이지만 위의 수형도에서도 보는 바와 같이 오른쪽 상황은 25,000+ (12,000+10,000)처럼 괄호가 있는 것과 다름이 없어 두 상황은 완전히 다르다는 것이 식에서도 완벽히 드러난다. 하지만 결과 값을 산출하는 데 있어서는 상황은 다르지만 같은 규칙이 적용된다는 것을 사례를 통해 알 수 있도록 해 주는 것이 필요하다.(수식만 제시하고 반복 계산하게 하여 기억시키는 것은 지양)

수형도에 대하여

일반적으로 수학에서 수형도는 사건의 결과와 그 사건들의 확률을 보여 주는 활동에 많이 활용되고 있는데 혼합 계산 활동에서도 얼마든지 활용할 수 있다. 이러한 수형도는 연산 과정을 시각적으로 이해할 수 있도록 도와주는 매우 유용한 그림이라 할 수 있다.

 덧셈과 뺄셈의 혼합계산 미션 과제 사례

문제 1. 실생활에서 경험할 수 있는 상황을 소재로 하여 아래 조건이 빠짐없이 들어가도록 문장으로 된 문제를 만들어 보자.

[문제 상황에 들어갈 조건]

덧셈 기호 1번, 뺄셈 기호 1번, 버스, 정류장, 20명, 7명, 11명

문제 2. 자신이 만든 문제를 해결하기 위한 식을 써 보고 답을 구해 보자.

덧셈, 뺄셈, 곱셈의 혼합계산

문제 1. 아래 계산 규칙을 살펴보고, 주어진 조건에 있는 숫자 4개를 모두 선택하여 결과 값이 7이 되도록 식을 세워 보자.

[반드시 들어가야 할 조건]

(1) 반드시 오른쪽에 제시된 숫자를 모두 선택 : 6, 20, 5, 3
(2) +(덧셈), −(뺄셈), ×(곱셈)이 반드시 한 번씩 들어가도록 하기
(3) 덧셈, 뺄셈, 곱셈 기호가 들어가는 순서는 정해져 있지 않음
(4) 답(결과 값)은 7이어야 함

[식] $20 - \boxed{} = 7$

문제 2. 식을 세웠으면 그에 따라 아래 상황에 알맞게 문장으로 된 문제를 만들어 보자.

철수는 사탕 20개를 갖고 있었는데 친구

비슷한 과제 사례 아래 조건을 모두 만족시키는 식 2개를 만들어 보자.

(1) 반드시 오른쪽에 제시된 숫자를 모두 선택 : 6, 3, 15, 7
(2) ×(곱셈), −(뺄셈), +(덧셈) 이 반드시 한 번씩 들어가도록 하기
(3) 덧셈, 뺄셈, 곱셈 기호가 들어가는 순서는 정해져 있지 않음
(4) 괄호가 들어가도 되고 안 들어가도 된다.

[문제 1번] 혼합계산식의 답이 0이 나오도록 만들어 보시오.
[문제 2번] 혼합계산식의 답이 36이 나오도록 만들어 보시오.

[식 1번] $15 + \boxed{} = 0$ [답] $15 + 6 - 3 \times 7 = 0$
[식 2번] $15 + \boxed{} = 36$ [답] $15 + (6 - 3) \times 7 = 36$

규칙과 대응

본래 교과서에 제시된 순서에 따르면 규칙과 대응은 3단원이고 약수와 배수가 2단원인데 약수와 배수 단원은 고유의 지도 목적(정수의 특징을 다룬다는 측면에서 독특한 특성이 존재함)과 함께 약분과 통분 단원과도 연관성이 있기 때문에 규칙과 대응 단원을 앞서서 지도하고 '약수와 배수 ⇨ 약분과 통분 ⇨ 분수의 덧셈과 뺄셈'단원 지도가 연속성 있게 다루어질 수 있도록 하는 것도 나쁘지 않다는 생각이 든다. 이런 이유로 규칙과 대응 단원 관련 내용을 먼저 제시하였으니 참고하기 바란다.

한편 본 단원은 대수적 사고, 특히 관계적 사고에 해당되는 내용을 다루고 있는데, 초등교육과정에서 '관계' 영역을 공부해야 하는 이유는 아래와 같다고 할 수 있다.

대수적 사고란?

숫자 대신에 그 숫자를 대표하는 문자를 써서 수학법칙을 간명하게 나타내는 수학의 한 분야를 대수(代數)라고 말한다. 이러한 대수와 관련하여 초등학교에서 주로 다루어지고 있는 주제는 패턴과 관계라 할 수 있다.

하나. 관계적 사고는 그 자체로서 중요한 가치를 지니고 있으며 이를 통해 자연스럽게 대수적 아이디어를 개발할 수 있기 때문이다.

둘. 관계적 사고는 대상 간의 관계에 대하여 연구하고 분석하고 상황을 문자로 일반화하여 주장을 정당화하는 전략을 개발하는 데 도움이 되기 때문이다.

셋. 관계적 사고를 잘하는 사람들은 생활 주변에서 일어나는 상황에 대한 구조와 특성을 더 잘 이해할 수 있기 때문이다.

넷. 관계적 사고는 대상 간의 관계를 약속된 용어와 기호를 사용하기 때문에 실제 상황을 기반으로 한 수학적 의사소통 능력 향상에 도움을 줄 수 있기 때문이다.

다섯. 관계적 사고는 실제 생활 속 문제를 해결하는 데 도움이 되는 중요한 도구가 되기 때문이다.

현재의 상황

현재 학교에서의 대수 관련 교수-학습 실태를 보면 관계 상황의 복잡함에 대하여 충분한 이해도 없이 암기를 통해 기억 속에 저장시켜놓고, 오직 경쟁에서 살아남기 위한 문제 풀이 방법만을 익히는 반복 훈련만 있을 뿐 대수와 관련된 실제적인 지식들을 의미 있게 활용하는 것에 대하여 제대로 배우고 있지 못하고 있는 실정이라 할 수 있다.

본 단원 내용은 이후 6학년에서 다룰 비와 비율, 비례식, 중등교육에서 이루어질 정비례와 반비례, 일차 함수, 일차 방정식의 매우 중요한 기초가 되기 때문에 신중하게 다루어 학생들이 개념을 정확히 이해하고 자신의 것을 만들 수 있도록 돕는 방안이 요구되는 바이다. 이를 위해 아래와 같은 방안을 모색하였고 그에 따른 핵심 발문 & 미션 과제를 개발해 보았다.

(1) 가장 먼저 두 대상 간의 대응 관계를 살피고 그 속에서 발견된 규칙을 찾아 수식으로 나타내는 활동을 할 수 있어야 한다. 이 과정에서 주어진 상황을 △, □ 등의 기호로 표현해 보는 활동을 본격적으로 시작하면서 상황 속 대응 관계 파악 및 추상화, 기호화 작업에 빨리 적응할 수 있도록 해야 한다.

[용어에 대한 이해가 선행되어야 한다]

對(대할 대), 應(응할 응)

- 대응(관계) : 두 대상이 주어진 어떤 관계에 의하여 서로 짝이 되는 일
- 대응시켜 본다는 것 : 어떤 관계에 놓여 있는지를 파악하기 위해 두 대상을 서로 짝 지어 보는 일
- 대응 관계를 파악한다는 것 : 서로 짝을 이룬 두 대상이 어떤 관계를 맺고 있는지를 깨닫는 일
  (예) 세 발 자전거 1대는 바퀴가 3개, 2대는 6개, 3대는 9개 - - - 이므로 세 발 자전거 바퀴의 수는 자전거 수의 3배가 된다.(자전거 수와 바퀴 수와의 대응 관계 파악하기)

---

(2) 두 대상 간의 대응 관계를 보다 쉽게 파악하고 뒤에 이어질 기호화 작업 및 식으로 나타내기 활동을 수월하게 할 수 있도록 하기 위해 가장 많이 활용하는 것이 바로 '표로 정리하기' 활동이다. 따라서 이 단원에서는 반드시 대응 관계를 표로 나타내보는 활동부터 시작할 수 있도록 교사는 철저히 지도하고 안내해야만 한다.

① 세 발 자전거 수와 바퀴 수와의 대응 관계를 표로 정리하여 이해하기

자전거 수	1	2	3	4	5
바퀴 수	3	6	9	12	15

② 위와 같이 대응 관계를 표로 정리한 후 각각의 대상을 기호화 한다. 예를 들어 자전거 수를 △, 바퀴 수를 □라고 먼저 약속을 정하면 된다.

자전거 수＝△	1	2	3	4	5
바퀴 수＝□	3	6	9	12	15

③ 기호화한 후 두 대상 사이에 규칙을 파악한다.

이 사례에서는 자전거 수가 1대 늘어날 때마다 바퀴 수가 3개씩 늘어나므로 □는 △의 3배가 된다는 것을 알 수 있다. 그런데 여기에서 학생들이 주목하게 해야 할 점은 자전거 수의 변화(1대씩 늘어남) 또는 바퀴 수의 변화(3개씩 늘어남)가 아니라 바퀴수와 자전거 수 사이에 존재하는 일정한 관계규칙이라는 것이다. 왜냐하면 각각의 변수에 대한 독립적인 변화 패턴(자전거 수의 변화 또는 바퀴 수의 변화)에 주목하게 되면 두 변수 사이에 존재하는 일정한 관계규칙을 제대로 파악할 수 없기 때문이다.

1씩 늘어남 : 패턴에 대한 인식

자전거 수＝△	1	2	3	4	5
바퀴 수＝□	3	6	9	12	15

3씩 늘어남 : 패턴에 대한 인식

자전거 수＝△	1	2	3	4	5
바퀴 수＝□	3	6	9	12	15

자전거 수와 바퀴 수 사이의 일정한 관계규칙 인식 : 똑같이 3배
두 대상을 동시에 수평적으로 고려하여 관계규칙을 추론해 내기

자전과 수와 바퀴 수를 비교한 위의 표에서 자전거 수는 고려하지 않고 바퀴 수는 3씩 증가한다는 변화 패턴에만 주목하는 것을 재귀적 패턴이라고 한다. 또한 자전거 수가 1씩 증가함에 따라 바퀴 수가 3씩 증가한다는 변화 패턴에 주목하는 것을 공변적 사고라고 한다. 끝으로 자전거 수와 바퀴 수라는 두 대상 간의 관계를 수평적으로 탐구하며 변하지 않는 관계규칙을 추론해 내는 것을 대응 관계라고 한다.(2015 개정 교육과정에 따른 수학과 교사용 지도서 5학년 1학기. 2019. p.191)

④ 이렇게 파악한 대응 관계를 기호로 정리하면 마무리된다.

□＝3×△

함수에 대한 기초 개념

2개의 대상 A와 B가 있을 때, A 하나에 B 하나가 정확히 대응(일대일 대응)되고 A와 B 사이에 일정한 규칙이 존재한다면 A와 B는 함수 관계에 있다고 말할 수 있다.

함수란 두 변수 x와 y 사이에서 x가 변할 때, 각각의 x값에 따라 y의 값이 하나씩 정해지는 대응 관계가 성립하면 y를 x의 함수라고 한다.

이처럼 함수란 '하나의 x값에 대하여 하나의 y값이 결정되는 x와 y 사이의 대응 관계'를 말한다. ⇨ 각각의 x를 단 하나의 y와 연결해 주는 일정한 규칙이 존재

관계(중등에서는 함수)라는 영역만 나오면 학생들은 매우 어렵다고만 생각한다. 왜냐하면 대체로 용어와 개념을 정확히 이해하지 못한 채 문자와 식으로 나타내고 표를 그리고 주어진 문제를 풀어 답만 찾으려 하기 때문이다. 사실 이런 활동들은 어떤 측면에서 보면 별로 의미 없는 일이라 할 수 있다. 의미도 제대로 모른 채 정답 구하기에만 몰두하기 때문에 관계 영역을 어렵게 느끼기 때문이다. 따라서 관계를 다루는 단원 도입 초기에 관계 개념을 되도록 쉽고 정확하게 이해시키려는 노력이 꼭 필요하다. 특히 잊지 말아야 할 가장 중요한 개념과 용어는 바로 '관계'이다.

하나의 대응 관계를 통해 함수의 이해를 더 돕고자 한다. 아래 사례는 일대일 대응 관계를 나타내고 있는 사례이다.

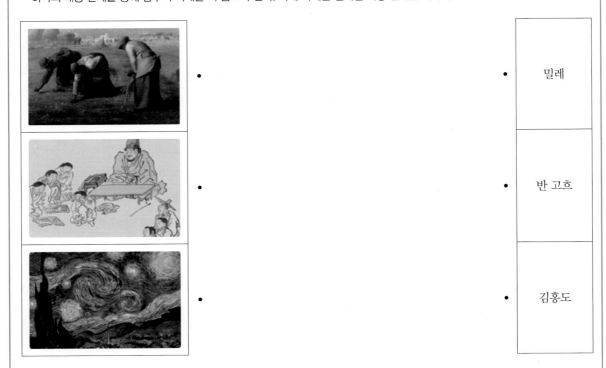

하지만 우리는 위와 같은 일대일 대응 관계를 함수라고 하지는 않는다. 여기에 어떤 규칙은 존재하지만(작가와 작품) 수식으로 나타낼 수 있는 대상이 아닐 뿐만이 아니라 설령 수식으로 나타내더라도 두 대상 사이에 항상 성립하는 일정한 '관계'가 있어야 하는데 여기에는 그것이 없기 때문이다.

'관계'라는 말 속에는 대응하며 변하는 두 변수라는 개념이 이미 포함되어 있다고 봐야 한다. 더 나아가 '원인'과 '결과'로 해석해도 될 만큼 두 변수 사이에는 변하지 않는 중요한 관계(항상 성립하는 일정한 관계규칙)가 형성되어 있다는 것, 그리고 두 변수 사이의 일정한 관계는 수식으로 나타낼 수 있다는 것을 반드시 이해할 필요가 있다.

이런 사고를 함수적 사고의 기초라고 할 때 초등 단계에서는 이런 사고를 할 수 있는 기초 역량과 개념, 이해력 등을 충분히 갖출 수 있도록 도와주기만 하면 그 목적은 달성되었다고 볼 수 있을 것이다.

(3) 실생활 속에서 규칙과 대응 관련 사례를 찾아보고 이를 통해 대응 관계 이해, 일정한 관계규칙의 존재에 대한 이해, 관계식 만들기, 문제 만들기, 문제 공유하기, 문제 해결하기 활동 시간을 가져보게 해야 한다.(실생활과 관련된 사례를 통해 규칙과 대응에 대한 개념 형성 및 이해 돕기, 우리 삶 속에서 관계적 사고가 깊이 있게 관련되어 있음을 깨닫도록 돕기 등에 중점을 두어 수업을 재구성해야 한다.) 이 과정에서 학생들은 문제 상황에 대한 초보적인 함수적 개념, 수학적 사고력 및 의사소통 능력, 대상의 기호화를 통한 추상화 능력, 협동적 문제 해결력 등의 향상을 기대해 볼 수 있을 것이라 판단된다.

초등 수학 시간에 다루는 규칙과 대응 관련 사례의 특징

1. 두 변수(대상) 사이에 하나씩 대응하는 관계가 반드시 있다.

2. 그 대상 간의 관계를 표로 나타낼 수 있다.(중등에서는 표와 그래프로 나타낼 수 있다는 개념까지 확장됨)

3. 위의 1번과 2번을 만족시키는 사례 가운데 기호를 사용하여 수와 식으로 나타낼 수 있는 것만 다룬다.

4. 수와 식으로 나타낸 두 변량 사이에는 항상 성립하는 일정한 관계규칙이 존재해야만 한다.

(예-1)　사람의 나이와 키 : 규칙과 대응 관련 사례라 할 수 없다. 왜냐하면 '나이'와 '키'라는 두 변수 사이에는 하나씩 대응하는 관계가 분명히 존재하고 표로 나타낼 수는 있겠지만 두 변량 사이에 존재하는 하나의 식을 만들 수 없거니와 두 변량 사이에 항상 성립하는 일정한 관계규칙 또한 존재하지 않기 때문이다.(사람의 키는 나이가 들어가면서 늘어나기는 하지만 어느 순간이 지나면 더 이상 늘어나지 않을 뿐만 아니라 작아지기도 하기 때문이다.)

(예-2)　라면을 끓이기 위해 넣는 물의 양과 라면의 개수 : 규칙과 대응 관련 사례라 할 수 있다. 왜냐하면 같은 맛을 내기 위해서는 물의 양과 라면의 개수 사이에 하나씩 대응하는 관계가 존재하고 표로 나타낼 수 있을 뿐만 아니라 두 변량 사이에 존재하는 하나의 식이 있고 두 변량 사이에 항상 성립하는 일정한 관계규칙이 존재하기 때문이다.

---

(4) 대응 관계 속에 존재하는 규칙을 찾기 위해 대응 관계 상자를 적극적으로 활용하는 것도 생각해 볼 일이다. 왜냐하면 오른쪽에서 보는 바와 같이 5학년 교과서 61쪽(2015 개정 교육과정에 따른 수학교과서 5학년 1학기. 2019.)을 보면 로봇의 규칙을 추측해 보자는 탐구활동이 만화 형식으로 제시되어 있는데 이것은 바로 대응 관계 상자를 5학년 학생들의 수준에 맞게 재구성한 것이라 보아도 틀림이 없기 때문이다. 내용을 보면 만화 형식의 문제 상황을 읽어 보고 학생들은 로봇에게서 나타나는 입력 값과 출력 값 사이의 일정한 규칙을 추론하도록 되어 있

다. 이렇게 볼 때 로봇이라는 형태를 빌려 제시하는 것도 좋겠지만 수학 교육에서 실제로 사용되고 있는 용어와 이미지를 그대로 학생들에게 제시하는 것이 더 좋다는 것이 필자의 판단이다.

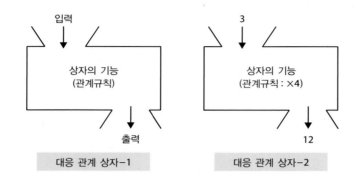

대응 관계 상자-1   대응 관계 상자-2

함수에 대한 이해

1. 함수는 한자로 函數라고 쓴다. 函은 '상자'를 의미하고 數는 '계산하다'라는 의미를 갖고 있다. → '상자에서 계산하다', '계산(연산)하는 기능을 가진 상자'
2. 함수는 영어로 function이라고 쓴다. function은 '역할, 기능'이라는 의미를 갖고 있다.

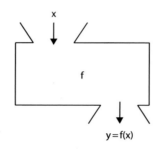

$y = f(x)$

3. 위의 그림을 함수라는 뜻에 맞게 해석하면 아래와 같다.
   'x 라는 수를 f라는 상자에 넣으면 y 라는 값으로 계산되어 나온다.'
4. y = f(x)라는 함수식에서 x 의 값이 변함에 다라 함숫값 y 가 달라진다는 것을 의미한다.
5. 함수식에서 f라는 상자가 바뀌면(상자의 계산 기능이 달라지면) x 의 값은 같아도 함숫값 y 는 달라진다는 것을 의미한다.

실생활 속 규칙과 대응 사례 찾기

문제 아래 사례와 같이 실제 우리 생활 주변에서 일어나는 여러 현상들 가운데 원인과 결과의 관계를 맺고 있는 사례들을 세 가지만 찾아오도록 합니다.

[예] 날씨가 추워지면 장갑이 많이 팔린다.
(원인) (결과)

① _____

② _____

③ _____

 ## 실생활 속 규칙과 대응 사례 찾기

문제 [미션 과제-1]로 도입 활동 열기

① 원인과 결과 관계인지 알기 ▷ 발표 및 전체 공유, 토의토론

② 두 대상 사이에 하나씩 대응하는 관계가 반드시 있는지 확인

③ 두 대상 간의 관계가 일정한지 알아보기(일정한 관계 규칙이 존재 여부)

④ 수학시간에 다룰 수 있는 규칙과 대응 관계 사례가 어떤 것인지 정의하기

※ 각각의 사례마다 두 대상(변수)이 무엇인지 확인하기

※ 두 대상 간의 관계를 파악하여 규칙과 대응 사례인지 확인하기

※ 학생들에게서 좋은 사례가 나오지 않으면 교사가 미리 준비해 놓은 사례를 제시하고 토의토론을 통해 규칙과 대응 사례인지 아닌지를 판단할 수 있게 하기

실생활 속 원인과 결과 사례	사례 속의 두 변수(대상)
나이를 먹을수록 키가 자란다.	나이와 키
쓰레기를 많이 버리면 환경이 오염된다.	쓰레기와 환경오염
미세먼지가 있는 날은 마스크가 많이 팔린다.	미세먼지와 마스크
기온이 오르면 아이스크림이 많이 팔린다.	기온과 아이스크림 판매량
나이를 먹을수록 몸무게가 늘어난다.	나이와 몸무게
키가 클수록 몸무게가 늘어난다.	키와 몸무게

실생활 속 원인과 결과 사례	사례 속의 두 변수(대상)
PC방에서 게임을 많이 하면 돈을 많이 낸다.	게임 시간과 비용
자동차 수가 늘어나면 바퀴 수도 늘어난다.	자동차 수와 바퀴의 수
자전거가 빨리 달리면 목적지까지 빨리 간다.	속도와 시간
돈을 많이 낼수록 물건을 많이 받는다.	물건 값과 물건의 양
라면을 많이 넣을수록 물이 많이 필요하다.	라면과 물의 양
수돗물을 틀어놓는 시간과 물의 양	시간과 물의 양
전기를 사용하는 시간과 전기 요금	시간과 요금
두 사람 사이의 나이(엄마와 나)	엄마의 나이와 나의 나이

두 양 사이의 대응 관계 알아보기

문제 우리의 몸, 우리가 생활 속에서 사용하고 있는 생활용품, 교실에서 사용하고 있는 물품 등을 사례로 들어 두 양 사이의 대응 관계 사례를 2개씩만 찾아보시오.

[예] 학생 1명이 누워 있으면 다리 2개, 2명이 누워 있으면 다리 4개, 3명이 누워 있으면 다리 6개가 있다.

① _____

② _____

- -

두 양 사이의 대응 관계 알아보기

문제 [미션 과제-2]로 도입 활동 열기
① 두 대상이 무엇인지 확인하기
② 두 양 사이에 대응관계가 있다고 생각하는 이유 공유하기
③ 두 양 사이의 대응관계가 어떻게 되는지 설명하기(어떤 규칙이 존재하는지 설명하기)

- -

※ 위의 것들이 충분히 이해된다면 이후에 전개되는 모든 내용들은 다음과 같은 단계에 따라 학생들 스스로 해결할 수 있게 된다.

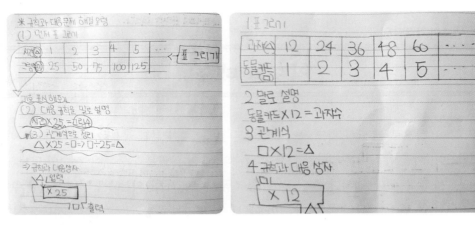

필자의 교실 실제 수업에서의 학생 노트 필기 사례

1. 먼저 표를 그려 상황 이해하기

2. 대응 규칙을 말로 설명하기

3. 대응 규칙을 관계식으로 정리하기

4. 규칙과 대응 상자로 해결하기

약수와 배수

교과서 내용 구성을 바탕으로 본 단원 지도 목적을 살펴본다면 마치 약분과 통분을 위한 기초 다지기에 두고 있는 것처럼 여겨진다. 이런 이유 때문에 단원 순서도 '약수와 배수 ⇨ 약분과 통분 ⇨ 분수의 덧셈과 뺄셈' 순으로 배치되어 있음을 알 수 있다. 하지만 필자의 생각은 조금 다르다. 물론 약분과 통분에 도움을 주기도 하지만 필자의 생각으로는 본 단원 지도 목적은 '연산'이 아닌 '수' 영역에 해당되는 단원으로서 〈정수론 : 자연수 영역 내에서 수의 고유한 성질에 대한 특성을 탐구해 나가는 것〉이라 판단된다.

필자의 견해에 따른 단원 교육과정의 재구성을 위한 방안을 제시해 본다면 다음과 같다.

- 배수개념을 먼저 도입하고 이어서 약수개념을 도입하는 것이 훨씬 수월
- 약수와 배수를 함께 지도 ⇨ 서로 불가분의 관계에 있다는 것에 대한 이해 돕기
- 지도의 중점을 분수의 약분과 통분을 위한 기초 활동에 두지 말고 약수와 배수 및 특성의 이해에 두는 것이 더 바람직
- 약수와 배수에 대한 감각(약수와 배수의 성질 이해)을 충분히 익히고 이해의 폭과 깊이를 더한 후에 최대공약수, 최소공배수를 구하는 방법(알고리즘) ⇨ 교육과정에는 없지만 소수에 대한 지도는 필수 ⇨ 이를 통해 최대공약수, 최소공배수를 구하는 방법 이해에 응용(두 수를 동시에 나누는 수로 소수를 적극 활용하여 최대공약수, 최소공배수 접근하기 ⇨ 중학교 교육과정 소인수분해와 연결)

참고로 본 단원 교육과정의 재구성에 대한 본질적인 문제의식을 가장 많이 가져야 할 것이라 생각할 때, 그 이유에 대하여 좀 더 자세히 살펴보면 다음과 같다.

약수와 배수 단원은 수학이라는 학문에서 〈정수론〉의 일부로 아래와 같은 정의에 따른다고 볼 수 있다.

인수와 배수

정식 B=AC인 정수 C가 있을 때 A를 B의 인수(因數 : Factor, 구성요소 : 초등에서 약수와 같은 개념으로 이해하면 됨)라 하고 B를 A의 배수(Multiple)라 한다.

예 8=4×2 ⇨ 8은 4의 2배가 되는 수, 4는 8의 인수, 8은 4의 배수

모든 자연수 n은 n=A · B · C…와 같이 표현할 수 있다. 이때 자연수 n을 표현하는 자연수 A, B, C를 n의 약수 또는 인수라고 부른다. 두 수의 약수 중 공통되는 최대약수를 최대공약수, 공통되는 최소배수를 최소공배수라고 한다. 약수 개념은 일반적으로는 자연수에 한 해 다루기 때문에 초등학교에서 이 용어를 많이 사용한다. 그런데 초등학교에서는 약수의 정의를 "자연수 혹은 0이 아닌 자연수를 나누었을 때, 떨어지게 할 수 있는 자연수를 말한다."고 내리고 있다. 어찌 보면 인수와 정반대되는 정의를 내리고 있는 셈이다. 인수의 정의를 좀 더 살펴보면 "정수 또는 다항식을 몇 개의 곱의 꼴로 했을 때, 그것의 각 구성 요소를 이르는 말이다."로 약수의 개념을 포함하고 있다고 봐야 한다. 따라서 인수가 훨씬 더 폭넓은 개념이며 약수 또한 인수의 개념으로 이해해야 함이 마땅하다. 인수에 대하여 좀 더 살펴보면 다음과 같다. 정수 A가 정수 b1, b2, …, bn의 곱, 즉 A=b1 · b2 · … · bn일 때 b1, b2, …, bn을 A의 인수라고 한다. 또한 주어진 다항식 C를 몇 개의 다항식이나 문자의 곱으로 나타낼 때, 이들 다항식 또는 문자를 본래의 다항식 C의 인수라고 한다. 예를 들어, 60=3×4×5에서 3, 4, 5는 60의 인수이다. 또, a2−b2=(a+b)(a−b) 이므로 1, (a+b), (a−b), (a+b)(a−b)는 a2−b2의 인수이다. 정수의 인수 중 소수인 것을 소인수라고 한다. 이와 같은 설명으로 볼 때 약수는 자연수 범위 내에서, 인수는 수학이라는 학문의 〈정수론〉 입장에서 접근하고 있다고 볼 수 있다. 따라서 자연수는 정수의 일부이니 초등학교에서도 약수의 개념보다는 인수의 개념(나눗셈이 아닌 곱셈의 개념)으로 접근해야 제대로 이해할 수 있다고 말할 수 있다. 초등학교에서의 약수는 중학교에서 인수, 소인수, 소인수분해, 인수분해로 확장되어 간다. 인수분해 공식이라고 말하면 새록새록 기억이 떠오를 것이다.

여기에서 약수에 대한 정의를 추가하여 살펴보면 아래와 같다.

인수에 대한 정의

곱이 되어 그 수를 구성하는 요인, 인수로 작용함

[표현 방식] 나눗셈이 아니라 곱셈의 방식으로 표현됨

B=A×C(B는 A의 C배, A는 B의 인수), B=C×A(B는 C의 A배, C는 B의 인수)

초등교육과정에서는 약수를 아래와 같이 정의하고 있다.

> 어떤 수를 나누어떨어지게 하는 수를 그의 약수라고 합니다. 8을 1, 2, 4, 8로 나누면 나누어떨어집니다. 1, 2, 4, 8은 8의 약수입니다.

정식 B=AC에서 B를 나누어떨어지게 하는 수 A 정식 B=AC에서 나머지가 "0"이 되게 하는 수 A	약수 Divisor

위에서 살펴본 바(곱의 방식으로 표현)와 전혀 다르게 초등교육과정에서는 나눗셈 방식으로 약수의 정의가 제시되어 있다. 그 이유는 아마도 약수라는 영문 표기법(Divisor)의 잘못된 이해에서 비롯된 것이라 여겨진다. 또한 실제 약수를 이해하고 구하는 과정에서 나눗셈의 원리가 적용된다는 것 때문에 약수에 대한 정의를 위와 같이 내리고 있는 것이라 생각된다.

위와 같은 정의 및 이해를 바탕으로 중학교 과정에서 소인수분해로 연결된다.

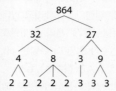

소인수 분해

아래쪽과 같이 합성수를 소수의 곱으로 나타내는 방법을 말한다.

864
32   27
4 8   3 9
2 2 2 2 2 3 3 3 3

여기서 소수란 양의 약수가 1과 자기 자신뿐인 1보다 큰 자연수로 정의된다. 소수는 정수론에서 매우 중요한 역할을 담당한다.

소인수분해는 자연수만이 가지는 독특한 성질(유리수나 무리수, 복소수는 인수분해가 되지 않는다.)로 큰 수를 다룰 때 작은 수로 분해하여 이해하는 것이 훨씬 쉽기 때문(과학적으로 어떤 물질의 특성을 이해할 때 그 물질을 이루는 가장 작은 단위인 분자 크기로 분해하여 관찰하고 파악하는 것과 같은 이치 : 이런 이유 때문에 5학년 과정에서도 소수에 대한 지도는 반드시 필요하다는 것이 필자의 주장)에 매우 유용하게 활용되고 있다. 그러나 초등학교 5학년 과정(특히 최대공약수, 최소공배수 알고리즘 이해 부분)에서 왜 그렇게 되는지에 대한 어떤 설명이나 안내도 없이 최대공약수와 최소공배수를 구하는 방법만 다루고 있어 많은 고민을 하지 않으면 안 되는 부분이기도 하여 신중한 지도가 무엇보다도 필요한 부분이라 할 수 있다. 이를 좀 더 구체적으로 설명한다면 다음과 같다.

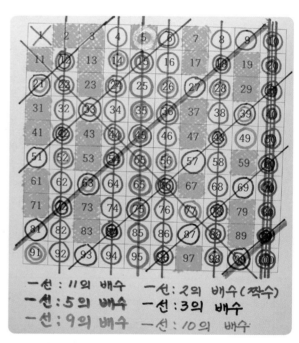

소수의 발견을 위한 에라토스테네스의 체 활동 사례 : 노란색으로 색칠된 수가 소수

아래 사진에서 보는 바와 같이 왜 옆의 두 수만 곱하면 최대공약수가 되고, 겉의 수를 모두 곱하면 최소공배수가 되는지에 대한 어떤 설명이나 안내도 없이 무조건 곱하라고만 한다.

12와 18의 공약수 ← 2) 12   18
6과 9의 공약수 ← 3) 6   9
2   3
2 × 3 = 6 ⇨ 12와 18의 최대공약수

12와 30의 공약수 ← 2) 12   30
6과 15의 공약수 ← 3) 6   15
2   5
2 × 3 × 2 × 5 = 60 ⇨ 12와 30의 최소공배수

그리고 위의 사진에서 맨 아래 제시된 2, 3 또는 2, 5는 서로 소(여러 개의 수 사이에 1을 제외한 공약수가 없음을 뜻함) 관계에 있음을 알아야 한다는 것 또한 학생들이 확실하게 이해하고 있어야만 하는데다가 기존에 배웠던 나눗셈을 거꾸로 뒤집어 놓은 모양에 1개의 수가 아니라 2개의 수를 동시에 나누어야 한다는 처음 보는 이상한 계산방법까지 더해져 학생들은 굉장히 혼란스러워한다.

최대공약수나 최소공배수를 구하는 것은 답만 구하고자 할 때 단순해 보일지 모르겠지만 초등학교 5학년 수준의 학생들이 이를 제대로 이해한다는 것은 그리 쉽지만은 않은 일이다. 이를 위해 아래와 같이 이해를 돕는다면 학생들이 훨씬 더 수월하게 이해할 수 있을 것이라 생각된다. 실제로 지도하면서도 그러하였다.

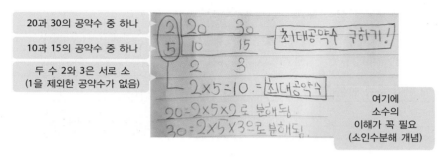

소수를 중심으로 분해하여 최대공약수의 이해를 도왔던 필자의 교실 사례

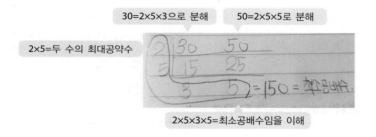

※ 2×5은 두 수의 공약수인데 여기에 3을 곱하면 50의 배수가 될 수가 없고, 2×5에 5를 곱하면 30의 배수가 될 수 없다. 그런데 2×5에 3과 5를 동시에 곱하면 두 수의 공배수 중 가장 작은 수가 된다는 것을 이해할 수 있도록 돕는 과정이 필요하다.

우리 생활 속에서 어떤 물건을 똑같이 나누어 가지거나 담아서 보관하는 경우가 많다. 이런 때에 약수를 활용하면 쉽게 똑같이 나눌 수 있다. 또한 어떤 수의 약수가 많다는 것은 그 수를 여러 가지 방법으로 나눌 수 있다는 의미가 된다. 실생활에서 쉽게 볼 수 있는 과자의 포장에서 포장된 봉지에 든 과자의 수가 4개, 10개, 12개 등 짝수이거나 약수의 수가 많은 6, 8, 12개로 구성되어 있음을 알 수 있다. 하지만 상업적인 목적으로 접근하게 되면 전혀 다른 상황도 볼 수 있다. 예를 들자면 포장된 상품의 개수를 살펴보면 5개짜리도 굉장히 많다. 왜냐하면 여기에는 나름의 계산된 상술이 들어 있기 때문이다.(라면은 작은 포장에 5개 들어 있음, 학생들이 좋아하는 껌도 보면 보통 5개 들어 있음, 어린 학생들이 즐겨 먹는 마이쮸 카라멜 사탕도 7개 들어 있음, 소주 한 병도 7잔 분량임 ⇨ 이는 2명, 3명이 나눠 먹어도 한 잔이 남아 한 병을 더 주문하게 되기 때문, 7이 1과 자신만 약수를 가지는 것을 이용한 것)

자연수에 대한 다양한 이해

문제 ┃ 아래 주어진 수를 보고 자신만의 기준을 세워서 분류해 보시오.(기준을 어떻게 세우느냐에 따라 2개 그룹 또는 3개 그룹으로 분류될 수 있음 : 분류 기준을 2~3개 정도 세우고 그에 따라 다양하게 분류해 보시오.)

1, 2, 3, 4, 5, 6, 7, 8, 9, 10

〈내가 세운 기준 1〉

〈내가 세운 기준에 따라 분류해 본 결과〉

〈내가 세운 기준 2〉

〈내가 세운 기준에 따라 분류해 본 결과〉

- -

위의 미션 과제는 1차시 수업 전에 과제를 미리 제시하고 1차시 수업을 시작하면서 도입 활동으로 제시해 보았던 것이다. 이를 해결하면서 학생들이 본 단원 학습에 기초가 되는 선개념 중 홀수와 짝수, ○의 배수라는 말이 자연스럽게 흘러나올 것이라 예상하여 이를 바탕으로 자연스럽게 수업의 본질에 다가갈 수 있도록 하는 차원에서 이와 같은 미션 과제를 개발한 것이다.

 홀수와 짝수에 대한 다양한 이해

문제 ┃ 아래의 질문에 대한 자신의 생각을 말해 보시오.

① '짝수'를 어떻게 설명할 것인가?

　[답] 두 부분으로 똑같이 나눌 수 있는 수, 자연수 중에서 2의 배수, 1의 자리가 0-2-4-6-8로 끝나는 수 등

② '홀수'를 어떻게 설명할 것인가?

　[답] 두 부분으로 똑같이 나눌 수 없는 수, 두 부분으로 똑같이 나누고 나면 1이 남는 수, 자연수 중에서 2의 배수를 제외한 나머지 수, 짝수에서 1을 뺀 수, 짝수에서 1을 더한 수 등

③ 짝수, 홀수를 이용하여 덧셈, 뺄셈, 곱셈, 나눗셈을 할 때 나타나는 규칙을 탐구해 봅시다.(있는 대로 찾아 보시오.)

　[답] 짝수+짝수=짝수, 홀수+홀수=짝수, 홀수+짝수=홀수, 홀수를 짝수 개만큼 더하면 짝수, 홀수를 홀수 개만큼 더하면 홀수, 짝수−홀수=홀수, 홀수−홀수=짝수, 짝수×홀수=짝수, 홀수×짝수=짝수, 홀수×홀수=홀수, 짝수×짝수=짝수 등

- -

이 질문은 수업 중 2의 배수, 3의 배수, 4의 배수 - - -의 비밀을 밝혀내는 미션 과제를 해결하기 전에 사전 미션 과제로 제시해도 좋다. 그런 뒤에 이 활동으로 수업의 도입부분을 열어가고, 충분히 관련된 활동을 한 뒤에 2의 배수, 3의 배수, 4의 배수 - - -의 비밀을 밝혀내는 활동을 수업 중 미션 과제로 제시하면 학생들의 수업 참여는 더욱 활발하고 왕성하게 이루어질 수 있다.

 배수의 힘에 대한 이해　　　　　　　　　　　　　　　　　　　　　　 ▌미션 과제 사례

문제 아래와 같이 A, B 두 회사가 있습니다.

- A회사는 매달 이익이 똑같이 1천만 원씩 생깁니다.(변동 없음)
- B회사는 첫 달 이익이 10원인데 다음 달 이익은 그 전 달 이익의 2배가 됩니다. 여러분이라면 어떤 회사를 선택하겠습니까?

[실제 문제를 해결하기 전 모둠원 각자의 사전 선택]

모둠원 1	모둠원 2	모둠원 3	모둠원 4
회사	회사	회사	회사

[A회사 이익에 대한 실제 계산]

1개월	2개월	3개월	4개월	5개월	6개월	7개월	8개월	9개월	10개월	11개월	12개월
13개월	14개월	15개월	16개월	17개월	18개월	19개월	20개월	21개월	22개월	23개월	24개월
25개월	26개월	27개월	28개월	29개월	30개월	31개월	32개월	33개월	34개월	35개월	36개월

[B회사 이익에 대한 실제 계산]

1개월	2개월	3개월	4개월	5개월	6개월	7개월	8개월	9개월	10개월	11개월	12개월
13개월	14개월	15개월	16개월	17개월	18개월	19개월	20개월	21개월	22개월	23개월	24개월

25개월	26개월	27개월	28개월	29개월	30개월	31개월	32개월	33개월	34개월	35개월	36개월

※ 활동 시 유의할 점 : 실제로 B회사의 이익이 얼마나 되는지 알려면 매 달의 이익을 구한 뒤 이전 달까지의 이익을 모두 더하여야만 총 이익이 얼마인지 알 수 있다. 그러나 수가 점점 커져서 암산만으로는 학생들이 힘들어가며 시간도 꽤 많이 걸린다. 따라서 핸드폰의 계산기 등을 이용해서 해결할 수 있도록 안내해 주는 것도 필요하다.

※ 25개월째 되는 달까지 A회사는 그 동안의 이익이 2억 5천만 원이 된다. 그러나 B회사는 25개월째 되는 달까지 총 이익을 합산하면 355,544,310원이 된다. 따라서 25개월째부터 B회사는 A회사보다 총 이익이 많아지게 된다. 그리고 그 다음 달부터는 이익금이 눈덩이처럼 불어나게 된다.

최대공약수, 최소공배수의 활용

핵심 발문 사례

문제 최대공약수와 두 수의 공약수 간의 관계, 최소공배수와 두 수의 공배수 간의 관계를 알아봅시다.

① 두 수의 공약수와 최대공약수의 약수 간의 관계 이해하기

▶ 두 수 24와 32의 최대공약수를 구해 봅시다.

▶ 두 수의 약수를 각각 구한 뒤에 두 수의 공약수를 ○표시해 봅시다.

▶ 두 수의 최대공약수의 약수를 구해 봅시다.

▶ 두 수의 최대공약수의 약수와 ○표시를 한 두 수의 공약수를 살펴보면서 알 수 있는 사실을 말과 글로 설명해 봅시다.

② 두 수의 공배수와 최소공배수 간의 관계 이해하기

▶ 두 수 12와 8의 최소공배수를 구해 봅시다.

▶ 두 수의 공배수를 각각 구한 뒤에 두 수의 공배수를 ○표시해 봅시다.

▶ 두 수의 최소공배수의 공배수를 구해 봅시다.

▶ 두 수의 최소공배수의 배수와 ○표시를 한 두 수의 공배수를 살펴보면서 알 수 있는 사실을 말과 글로 설명해 봅시다.

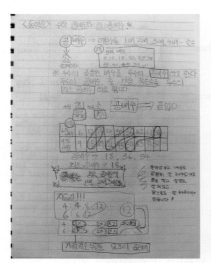 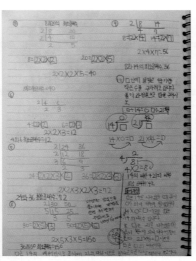 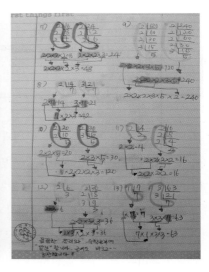

필자의 교실에서 실제로 활동했던 학생들의 노트 기록 사례

약분과 통분

본 단원은 이전의 약수와 배수 단원과 마찬가지로 분수의 연산 활동을 위한 선행 기초학습 차원의 내용처럼 구성되어 있다. 물론 그런 의미도 있지만 본 단원의 존재 이유는 (1) 분수 사칙 연산을 위한 기초 활동 (2) 분수만이 가진 고유한 성질에 대한 이해(동치) 이렇게 두 가지라는 것을 명확히 이해하고 있어야 바람직한 약분과 통분 단원 교육과정 재구성이 이루어질 수 있다.(필자의 경우 두 번째 목적에 더 큰 의미를 두고 있다.)

분수는 중학교에서 유리수라는 이름으로 공부하게 되는데 유리수(분수)만의 고유한 특성이라고 한다면 바로 하나의 유리수(분수)를 표현하는 방법이 매우 많다는 것(똑같은 크기를 나타내는 분수가 매우 많다는 것=동치)이라 할 수 있다. 그렇다면 이러한 특성을 초등학교 5학년 학생들이 이해할 수 있도록 돕기 위해 수업 내용을 어떻게 디자인하고 전개할 것인가 하는 고민 또한 굉장히 중요한 일이 아닐 수 없다.

필자의 견해에 따른 단원 교육과정의 재구성을 위한 방안을 제시해 본다면 다음과 같다.

① 분수만이 가지고 있는 특성, 즉 "하나의 분수를 표시하는 방식은 끝이 없다는 것"의 이해를 돕기 위해 연산 활동이 아닌 조작적 활동을 중심으로 교육과정을 재구성할 필요가 있고, 여기에 분수막대가 가장 큰 도움이 된다고 볼 수 있다.

② 약분과 통분을 기능적으로, 분수의 사칙연산을 위한 도구로 다룰 것이 아니라 분수 개념에 대한 확장이라는 차원에서 꾸준하게 크기가 같은 분수를 만들어보고 분수막대 등을 이용하여 눈으로도 확인해 보는 활동이 필요하다.

③ 분수 모델(사각형, 원, 막대 모양 등)을 제시할 때 점선으로 미리 칸을 나누어 주지 말고 제시하여 학생들이 분수에서 분자와 분모 사이의 관계를 이해할 때 직접 분수 모델을 등분할하고 분수의 크기만큼 표현해 나가면서 스스로 원리나 개념을 발견할 수 있도록 해야 한다.

④ 초등에서 다루는 수의 범위는 그리 큰 것이 아니기 때문에 굳이 최대공약수, 최소공배수를 다루지 않고도 분수막대를 이용하여 약분과 통분이 가능함(그러나 수의 크기가 커질 경우 분수막대로는 한계가 있어 최대공약수, 최소공배수를 활용할 수밖에 없음을 이해)을 알고 크기가 같은 분수 개념에 대한 이해와 조작적 활동에 더 많은 시간 할애를 할 수 있도록 해야 한다.

⑤ 최대공약수 및 최소공배수를 활용한 약분과 통분을 익히는 일은 크기가 같은 분수 개념을 충분히 이해하고 난 후에 활용할 수 있는 알고리즘이라 말할 수 있다. 따라서 크기가 같은 분수 만들기 및 이해에 대한 감각을 충분히 익히고 난 후에 도입할 수 있도록 신중한 접근이 필요하다.

6 약분과 통분을 공부하는 공통된 이유이자 가장 핵심

장차 중학교에서 공부하게 될 유리수의 이전 단계로서 분수만이 가지고 있는 특징인 크기가 같은 분수, 하나의 분수를 표현하는 방법은 매우 많다는 점(동치분수)을 이해할 수 있도록 하기 위함

약분		통분
분수의 크기는 같지만 사용되는 수의 크기를 최소화하여 이해를 보다 쉽게(작은 수를 통한 이해가 더 쉽고 빠름) 할 수 있도록 도와주기 위함	↓	대상이 되는 분수의 분모를 같게 만들어주는 것으로 크기를 비교하거나 덧셈, 뺄셈 활동을 하기 위함

수학 포기자는 3학년 분수단원부터 시작된다는 말이 있다. 분수의 개념과 원리를 정확히 이해할 수 있도록 도와주지 못한 교육과정과 교과서 구성 그리고 계산 중심 수학 교육 현장의 한계(문제 풀이, 답 내기, 계산의 반복과 암기, 주입식 수학교육, 네비게이션식 수학교육 등), 너무 많은 교육과정 내용으로 인한 학생들의 부담 가중 등이 그 원인일 것이라 생각된다. 따라서 본 단원 학습의 원활한 진행을 위해서라도 반드시 출발점 행동을 점검해 보고 충분한 시간(약 2~3시간)을 확보한 뒤 3학년, 4학년 분수 교육과정의 핵심만을 추려서 지도하고 넘어가야 한다.

 크기가 같은 분수 만들기　　　　　　　　　　　　핵심 발문 사례

문제, 아래 분수 막대에 주어진 분수만큼 표시해 보시오.

① $\frac{1}{2}$ ☐

② $\frac{2}{4}$ ☐

▶ 위의 분수 막대 그림에서 공통점(변하지 않은 것)은 무엇인가? (답) 전체 1의 크기와 색칠된 부분의 길이가 같다.

▶ 위의 분수 막대 그림에서 차이점(변한 것)은 무엇인가? (답) 위의 것은 전체를 2등분, 아래 것은 4등분하였다.

▶ 어떻게 하면 $\frac{1}{2}$을 $\frac{2}{4}$와 같이 크기가 같은 또 다른 분수로 표현할 수 있는지 위의 분수막대를 이용하여 알아봅시다. : $\frac{1}{2}$ 분수 막대에서 각각의 단위분수를 2등분한다.

▶ $\frac{1}{2}$ 분수 막대에서 각각의 단위분수를 2등분하면 분자, 분모는 어떻게 바뀌는가? : 1 → 2로, 2 → 4로, 분자도 2배, 분모도 2배가 된다.

※ 이와 같은 맥락의 질문을 더 추가하여 이해를 돕도록 한다.

- -

분자와 분모에 0이 아닌 같은 수를 곱하여 크기가 같은 분수를 만든다는 것이 실제 사물에서는 어떻게 구현되는지를 이해할 수 있도록 돕기 위해 개발한 발문이라 말할 수 있다. 아래에서 보는 바와 같이 분자와 분모에 0

이 아닌 같은 수를 곱한다는 것은 각각의 단위분수를 곱한 수만큼 등분한다는 것을 의미한다. 각각의 단위분수를 곱한 수만큼 등분하게 되면 전체(기준량) 1의 크기 및 선택된 부분의 크기는 변화가 없지만 전체적으로 등분된 수는 달라진다는 것을 실제적으로 이해할 수 있도록 돕는 과정이 필요하다고 본다.

위의 분수에서 분자, 분모에 같은 수 3을 곱하여 크기가 같은 분수를 만든다는 것은 각각의 단위분수를 3등분한다는 것과 같다. 그렇게 되면 아래와 같다. 분자가 6으로, 분모가 9로 바뀌게 된다. 그러나 전체(기준량) 1의 크기, 색칠된 부분의 크기는 변화가 없음을 알 수 있다. 다른 점이 있다면 전체 조각이 3조각에서 9조각으로, 색칠된 부분이 2조각에서 6조각으로 바뀌었다는 것일 뿐.

이런 맥락의 질문을 지속적으로 제시하여 학생들이 개념, 원리를 정확히 이해할 수 있도록 도와주어야 한다.

 ## 크기가 같은 분수 만들기
미션 과제 사례

문제 1. 아래 주어진 두 분수 사이에 있는 다른 분수를 찾아 4~5개 정도씩만 써 보시오.

① $\frac{1}{3}$과 $\frac{2}{3}$

② $\frac{3}{5}$과 $\frac{4}{5}$

③ $\frac{1}{4}$과 $\frac{1}{2}$

문제 2. 아래 주어진 수직선 위의 두 분수(점) A와 B 사이에 분수는 과연 몇 개가 있을까 생각해 보고 그 이유를 설명해 보시오.

A   B

크기가 같은 분수를 만드는 것과 관련된 개념과 원리를 충분히 학습하고 마무리하는 과정에서 미션 과제로 제시하려고 개발한 것이다. 이전 과정을 충분히 이해(동치분수=똑같은 크기를 나타내는 분수는 무수히 많다는 것)하였다면 주어진 두 분수 사이에 존재하는 수많은 분수를 찾을 수 있을 것이다. 그러나 아직 원리, 개념을 이해하지 못하였다면 전혀 답을 찾을 수 없을 것이 분명하다.

문제 주어진 분수 막대를 이용하여 $\frac{3}{4}$과 $\frac{2}{3}$의 크기를 비교할 수 있는 방법을 알아보자.

① 직접 비교해 보자. 이때 어떤 분수가 얼마나 큰지 알 수 있는가?

② 분수 막대를 활용하여 어떤 분수가 얼마나 큰지 알아보려면 어떻게 해야 하는지 생각해 봅시다.

　　[답] 분수 막대에서 크기가 같은 분수를 찾아 비교, 크기가 같은 분수를 찾다 보면 두 분수가 동시에 겹쳐지는 곳이 존재, 이곳에서 어떤 분수가 얼마나 큰지 알 수 있게 됨

③ 두 분수가 동시에 겹쳐지는 곳을 찾는 일을 무엇이라고 하는가?**【답】** 통분이라고 한다.

④ 통분을 하기 위해 분수 막대를 이용하면 좋은 점, 불편한 점(한계점)은 무엇인지 생각해 봅시다.

　　[답] 좋은 점은 쉽고 빠르게 눈으로 직접 비교를 할 수 있음, 분모의 크기가 12를 넘는 큰 수일 경우는 비교하기 어려움

⑤ 분수 막대를 보면서 통분의 과정과 원리를 발견해 봅시다.

　　[답] 분모에 주목한다. → 분모의 공배수를 차근차근 찾아 나간다. → 두 분수의 분모가 겹치는 곳을 찾는다. → 이를 통해 통분의 원리를 발견한다.(최소공배수)

본 핵심 발문은 두 분수의 직접 비교를 통해 어떤 것이 얼마나 큰지 알 수가 없다는 것을 알고 분수 막대 모형을 이용하여 크기가 같은 분수를 만들어가는 과정에서 두 분수의 분모가 겹쳐지는 곳(통분이 되는 지점 : 최소공배수)이 존재한다는 것을 이해할 수 있도록 돕기 위해 개발한 것이라 할 수 있다. 이 과정에서 학생들은 분모가 겹쳐지는 곳이 갖는 의미(통분의 의미), 통분의 필요성을 이해할 수 있게 될 것이라 충분히 짐작할 수 있다.(분수 막대를 이용하여 통분의 의미와 원리를 시각적, 조작적으로 이해) 또한 본 핵심 발문은 매번 분수 막대를 활용하기가 어렵다는 것을 학생 스스로 깨닫고 통분의 알고리즘을 발견하는 단계로 이동할 수 있도록 돕는 중간 과정의 발문으로서도 충분한 의미를 지닌다고 볼 수 있다.(분모에 주목하기, 분모의 공배수를 활용하여 크기가 같은 분수 찾아보기, 이를 통해 통분의 알고리즘 발견 및 이해 돕기) 참고로 필자는 다음과 같은 분수 막대 모형을 10년 정도 전에 제작하여 학생 수만큼 코팅해 두었고 지금까지도 매우 유용하게 활용하고 있다.

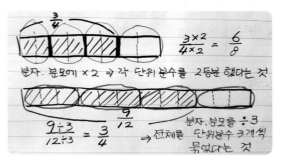

크기가 같은 분수 만들기 노트 정리 사례

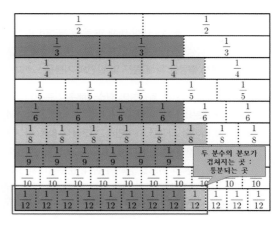

분수 막대 모형을 활용하여 통분 과정 이해하기 사례

재미있는 수학 협동학습 교구

분수막대 모형

$\frac{1}{2}$				$\frac{1}{2}$			
$\frac{1}{4}$		$\frac{1}{4}$		$\frac{1}{4}$		$\frac{1}{4}$	
$\frac{1}{8}$	$\frac{1}{8}$	$\frac{1}{8}$	$\frac{1}{8}$	$\frac{1}{8}$	$\frac{1}{8}$	$\frac{1}{8}$	$\frac{1}{8}$

$\frac{1}{3}$				$\frac{1}{3}$				$\frac{1}{3}$			
$\frac{1}{6}$		$\frac{1}{6}$		$\frac{1}{6}$		$\frac{1}{6}$		$\frac{1}{6}$		$\frac{1}{6}$	
$\frac{1}{9}$		$\frac{1}{9}$		$\frac{1}{9}$		$\frac{1}{9}$		$\frac{1}{9}$		$\frac{1}{9}$	
$\frac{1}{12}$	$\frac{1}{12}$	$\frac{1}{12}$	$\frac{1}{12}$	$\frac{1}{12}$	$\frac{1}{12}$	$\frac{1}{12}$	$\frac{1}{12}$	$\frac{1}{12}$	$\frac{1}{12}$	$\frac{1}{12}$	$\frac{1}{12}$

$\frac{1}{5}$		$\frac{1}{5}$		$\frac{1}{5}$		$\frac{1}{5}$		$\frac{1}{5}$	
$\frac{1}{10}$	$\frac{1}{10}$	$\frac{1}{10}$	$\frac{1}{10}$	$\frac{1}{10}$	$\frac{1}{10}$	$\frac{1}{10}$	$\frac{1}{10}$	$\frac{1}{10}$	$\frac{1}{10}$

분수 막대 모형이 갖는 의의

분수막대는 통분이라는 절차적 지식과 내용을 예술적인 차원으로 승화시킨 훌륭한 교수학적 도구이자 모델이며 이를 활용한 이분모 분수의 덧셈과 뺄셈에 대한 이해 및 문제 해결이 본 단원의 핵심 가치가 아닐까 생각한다. 따라서 분수막대에 대한 유용성과 그 힘을 제대로 학생들이 느낄 수 있도록 교사는 교육과정 및 교과서 내용을 재구성하여 학생들에게 제시하고, 학생들은 분수막대를 활용한 조작적 활동을 통해 탐구 및 발견의 기쁨을 느끼며 스스로 자신의 지식을 구성해 나갈 수 있는 기회를 가질 수 있어야 한다.

(1) 분수막대를 충분히 활용하여 최소공배수나 분모의 곱, 최대공약수를 이용하지 않고도 약분과 통분을 할 수 있도록 한다는 점, 약분과 통분의 의미를 확실하게 다질 수 있다는 점에서 큰 가치를 둘 수 있다.

(2) 통분의 의미와 과정을 재확인하고 조작적 활동 및 시각화 활동을 통해 분수 학습에 재미와 즐거움(수학, 약분과 통분, 분수의 덧셈과 뺄셈이 어렵지 않다.)을 느낄 수 있도록 한다.

(3) 분수막대 활용의 한계를 정해야 한다. 분수막대를 활용하여 통분과 약분을 할 수는 있지만 불편함이 있다는 것을 학생들이 느끼게 하고 이를 해결하기 위해 약분과 통분을 위한 다른 절차와 방법(알고리즘)이 있다는 것, 그리고 이를 도입하여 보다 쉽게 문제를 해결할 수 있다는 것을 알게 해 주는 과정이 필요하다. 이후부터는 분수막대의 활용이 줄어들 것이다.

 **약분과 통분 종합**

문제 아래 질문에 답을 하시오.

① 아래 주어진 분수 중 어떤 수가 더 큰지 알아보시오.(반드시 분자와 분모의 최대공약수를 이용하여 기약분수로 만들고 해결해 보시오.)

$$\frac{234}{702}, \quad \frac{198}{594} \Rightarrow (답 : \qquad)$$

② 한 아버지가 자신이 기르고 있는 돼지 12마리를 형과 동생에게 각각 $\frac{2}{4}$, $\frac{2}{6}$씩 나누어 주려고 한다. 두 사람은 돼지를 각각 몇 마리씩 받게 되는가?(반드시 최소공배수로 통분하여 해결하시오.)

③ **[협동 과제]** 옛날 아라비아의 어떤 상인이 낙타 17마리를 유산으로 두 아들에게 남기고 죽으면서 첫째 아들에게는 낙타의 $\frac{1}{2}$을, 둘째 아들에게는 낙타의 $\frac{4}{9}$를 주겠노라고 하였다. 아버지께서 돌아가시고 나서 두 아들은 낙타를 나누어 가지려고 하였다. 그러나 17마리는 나누어지지 않았다. 어떻게 나누어 가질 수 있을까를 고민하던 차에 우연히 낙타 한 마리를 타고 여행을 하면서 마을을 지나던 한 청년이 두 아들의 집에서 하룻밤을 지내게 되었고 두 아들의 고민을 듣자마자 잠시 고민을 하더니 자신이 바로 해결해 줄 수 있다고 하였다. 과연 이 청년은 두 아들의 고민을 어떻게 해결해 주었을까?(조건 : 반드시 낙타는 살아있어야 한다.)

▶ **미션 과제 [3번 협동 과제 답안]**

여행을 하던 청년은 자신이 타고 온 낙타를 두 아들에게 보태어 주면서 낙타를 나누어 가지라고 하였다. 그러자 두 아들은 한사코 사양하였다. 하지만 청년이 그렇게 해야만 나누어 가질 수 있다고 하여 어쩔 수 없이 한 마리를 보태어 나누어 가지기로 하였다. 그런데 웬걸? 첫째가 18마리의 $\frac{1}{2}$인 9마리를, 둘째가 18마리의 $\frac{4}{9}$인 8마리를 나누어 가지니까 한 마리가 남는 것이었다. 결국 두 아들은 여행을 하던 청년 덕분에 자신들의 고민을 해결하였고, 여행을 하던 청년도 자신이 타고 온 낙타를 다시 돌려받아 여행을 떠날 수 있게 되었다.

분수의 덧셈과 뺄셈

지도서를 살펴보면 본 단원의 학습이 '자연수의 덧셈과 뺄셈 문제의 연장선 위에 있다'는 점(아마도 분모가 같을 경우 분자끼리 더하고 빼서 답을 구한다는 것을 의미하고 있다는 생각이 든다.)을 강조하고 있지만 실제로 분수의 덧셈과 뺄셈을 제대로 이해하기 위해서는 분수 개념에 대한 확실한 이해가 전제되지 않으면 안 된다. 왜냐하면 자연수는 더하거나 빼는 수 자체의 자릿값에 의해 단위가 결정되므로 단위 통일이 필요 없으나 분수의 덧셈과 뺄셈은 단위가 분모에 의해 결정되므로 분모가 다른 경우에는 단위의 통일이 필요하기 때문이다. 따라서 단순히 '자연수의 덧셈과 뺄셈 문제의 연장선 위에 있다.'라고 할 것이 아니라 '분수의 덧셈과 뺄셈은 단위 분수 개념에 기초한 분수의 이해와 동치분수 개념(두 분수의 단위를 동일하게 만들어주는 일)을 바탕으로 한 자연수의 덧셈과 뺄셈 문제의 연장선 위에 있다."고 해야 보다 정확한 설명이 된다. 따라서 본 단원 학습의 원활한 진행을 위해서라도 반드시 출발점 행동을 점검해 보고 충분한 시간(약 2시간)을 확보한 뒤 4학년 동분모 분수의 덧셈과 뺄셈 교육과정의 핵심만을 추려서 지도하고 넘어가야 한다.

필자의 견해에 따른 단원 교육과정의 재구성을 위한 방안을 제시해 본다면 다음과 같다.

1. 4학년 과정에서 학습했던 동분모 분수의 덧셈과 뺄셈 원리와 개념에 대한 확실한 이해를 다시 한 번 잡아나갈 필요가 있다. 왜냐하면 동분모 분수의 덧셈과 뺄셈을 이미 공부했다고 해서(답을 구할 수 있다고 해서) 학생들이 확실히 이해했다고 가정해서는 안 되기 때문이다.

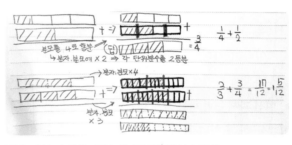

동분모 분수의 연산+통분 개념이 결합된 분수 연산

2. 분수에 대한 개념, 원리 이해, 동분모 분수의 덧셈과 뺄셈에 대한 원리 이해를 바탕으로 통분의 개념을 얹어서 이분모 분수의 덧셈과 뺄셈 원리를 통합적으로 이해할 수 있도록 돕는 것을 핵심으로 삼아야 한다.

3. 수 모델을 제시할 때 점선으로 미리 칸을 나누어 주지 말고 제시하여 학생들이 분수에서 분자와 분모 사이의 관계를 이해할 수 있도록 하면서 스스로 수 모델의 칸을 등분할하고 분수의 크기만큼 표현해 나가면서 원리나 개념을 발견하고 배움이라는 성취감을 느낄 수 있도록 해야 한다. 아울러 분모의 크기를 맞추는 과정에서 어떤 수를 분모로 해야 하고 그 수의 크기만큼 스스로 등분할하여 이분모 분수의 덧셈과 뺄셈 원리 및 알고리즘을 익혀나갈 수 있도록 도와야 한다.

4. 분수막대를 활용한 수업 이후에 이의 불편함을 느낀 결과로 최소공배수 또는 분모의 곱을 활용한 통분 알고리즘을 도입하여 익힐 수 있도록 해야 한다는 것을 학생들 스스로 깨우쳐 나갈 수 있도록 도와야 한다.

출발점 행동 점검

문제 아래 질문에 대한 자신의 생각을 말로 설명해 보시오.

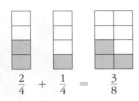

$$\frac{2}{4} \ + \ \frac{1}{4} \ = \ \frac{3}{8}$$

철수는 위 그림에서 보는 바와 같이 계산을 하였습니다. 그래서 $\frac{2}{4}+\frac{1}{4}=\frac{3}{8}$이라는 결과를 얻었습니다. 철수의 계산은 맞는가요? 틀렸다면 왜 틀렸는지 설명해 보시오.

실제로 이런 질문을 던지면 처음에 많은 학생들이 맞는 것이라고 생각을 한다. 설령 틀렸다고 생각하는 학생들도 왜 틀렸는지에 대한 설명은 제대로 하지 못하는 경우가 대부분이다. 그래도 지속적으로 토의토론 활동을 해나가면서 조금씩 개념을 잡아나갈 수 있게 도와주면 반드시 스스로 오개념을 수정해 나가게 된다. 만일 학생들이 충분한 시간을 가졌음에도 불구하고 해결의 실마리를 찾지 못하면 학생들에게 이렇게 힌트를 제공하고 다시 생각해 보라고 안내한다. "물통에 담긴 물을 사례로 생각해 보기 바란다." 이렇게 힌트를 주고 나면 얼마 시간이 지나지 않아 개념을 잡아나가게 된다. 다음과 같은 설명을 통해서 말이다. 이 과정을 통해 분모의 양(기준량 1의 크기)은 절대로 바뀌지 않는다는 것, 분모는 기준량(전체 1)을 몇 등분하였는가에 대한 정보만을 담고 있다는 것, 분자는 기준량 1을 등분한 것 중 몇 개를 선택하였는지에 대한 정보(실제의 양)를 담고 있다는 것을 명확히 이해하게 된다. 이렇게 하여 분모끼리는 더할 수 없다는 것, 분자끼리만 더한다는 것에 대한 설명이 비로소 완성된다.

> "2개의 물통에 물이 각각 $\frac{2}{4}$만큼과 $\frac{1}{4}$만큼 담겨 있을 때 두 통에 담긴 물을 합친다고 하여 물통까지 합쳐지는 것은 아닙니다. 그러니 이것은 잘못된 것입니다. 물통에 있는 물만 합치면 오른쪽에 있는 물 $\frac{1}{4}$만 왼쪽의 물통으로 옮겨져서 물통에 물이 $\frac{3}{4}$만큼 담겨지게 됩니다."

한편 대분수의 뺄셈 과정에서 그림으로 문제를 해결할 때 받아내림을 하는 과정이 그림 속에서 어떻게 표현되는지에 대하여 학생들이 잠시 주춤거리는 모습을 보게 되기도 한다. 예를 들자면 다음과 같다.

$3\frac{1}{4}-1\frac{2}{4}$을 그림으로 해결하는 과정에서 $3\frac{1}{4}$이 $2\frac{5}{4}$로 어떻게 바뀌는지 그림으로 설명하라고 하면 어려움을 호소하는 학생들의 수가 갑자기 늘어난다.

| 1 | 1 | 1 | 1 | $3\frac{1}{4}$ |

| 1 | 1 | 1 | 1 | $2\frac{5}{4}$ |

위의 그림과 같이 설명하는 모둠과 학생이 거의 없다. 이런 사실로 볼 때 학생들은 위의 그림에서 다른 색으로 표현된 부분이 바로 받아내림을 나타낸 것이라는 것을 제대로 배우지 못했던 것이라 생각할 수밖에 없다. 분명 4학년 교육과정에서 다루어졌음에도 불구하고 말이다. 어찌 보면 이 부분에 대한 정확한 설명과 이해를 돕지 못한 교사들의 탓도 분명히 있을 것이라 생각된다. 그래서 위의 그림에서와 같이 받아내림하기 전에는 등분된 표시가 없었지만 받아내림을 한 이후에는 4등분 표시가 된 것(다른 색의 등분

모두 일어서서 나누기 활동 장면

된 분수 막대에 주목), 이것이 정확한 표현이라는 것을 학생들은 이제야 받아들이기 시작한다. 마치 처음 배운다는 듯이 신기한 표정을 지어보이면서.

 출발점 행동 점검

핵심 발문 사례

 아래 질문에 대한 자신의 생각을 말로 설명해 보시오.

빼기(덜어 냄)

$$\frac{3}{5} - \frac{2}{5} = \frac{1}{3}$$

철수는 위의 그림에서 보는 바와 같이 계산을 하였습니다. 그래서 $\frac{3}{5} - \frac{2}{5} = \frac{1}{3}$이라는 결과를 얻었습니다. 철수의 계산은 맞는가요? 틀렸다면 왜 틀렸는지 설명해 보시오.

한 번 위의 사례를 경험하고 나면 이런 사례에 대해서는 같은 원리(특히 물병을 사례로 들어서)를 적용하여 설명을 잘해낸다. 그래서 경험이 무서운 것이고 개념과 원리가 중요한 것 아닐까 생각된다. 이렇게 출발점 행동을 잘 점검하고 넘어가면 분모가 다른 분수의 덧셈과 뺄셈에 대하여 통분 개념과 연관 지어 문제를 잘 해결해 나갈 수 있게 된다. 이 과정에서 수시로 분수 막대 모형의 활용, 그림으로 문제 해결하기, 짝 점검, 돌아가며 문

제 내기, 부채 모양 뽑기 등의 협동학습 활동을 통해 다양한 문제 해결 주고받기 활동을 이어나간다면 단원 학습 마무리는 매우 수월하게 이루어질 수 있다.

분수 막대 모형 활용, 돌아가며 문제 내기 활동, 부채 모양 뽑기 활동 장면 사례

돌아가면서 문제 내기

1. 각 모둠 1번부터 차례대로 돌아가면서 모둠원들에게 2개의 분수를 불러주면서 덧셈을 해 보라고 한다.
   - 조건 ① : 진분수＋진분수, 진분수＋대분수, 대분수＋대분수, 진분수－진분수, 대분수－진분수, 대분수－대분수
   - 조건 ② : 분모의 곱으로 통분하기, 최소공배수로 통분하기
   - 조건 ③ : 가분수로 고쳐서 계산하는 방법, 자연수끼리의 합＋진분수끼리의 합을 이용하는 방법
2. 조건을 말한다.
3. 조건에 따라 각자 문제를 해결한다.(문제를 낸 사람도 함께 해결한다.)
4. 해결한 뒤 함께 답을 확인한다.(틀린 모둠원은 다른 모둠원이 도움을 준다.)
5. 다음에는 각 모둠 2번이 문제를 낸다.(위의 순서에 따라 활동을 반복한다.)
※ 주의할 점 : 혼란스러움을 막기 위해 문제를 낼 때 분수의 크기를 너무 크게 하지 하도록 미리 안내를 한다.(분모의 크기가 10을 넘지 않게 하기, 자연수 부분도 5를 넘지 않게 하기)

부채 모양 뽑기

1. 각 모둠의 1번이 문제카드를 부채(Fan)모양으로 펴들고서 말한다. "아무거나 한 장 뽑으세요."
2. 2번이 한 장의 문제 카드를 뽑아 모둠원들에게 읽어 준다.
3. 나머지 모둠원은 개인 칠판에 문제를 받아 적고 풀이를 시작한다.
4. 모둠원들이 풀이를 마치면 2번이 정답을 점검한다.

- 풀이를 잘한 모둠원에게는 칭찬을, 틀린 모둠원에게는 격려를 해 준다.
- 풀이 과정에서 해결이 잘되지 않는 모둠원이 있으면 적극적으로 도움을 구하고, 다른 모둠원들은 친절하게 도움을 준다.
- 풀이 과정에 대하여 논의가 필요한 부분이 있으면 모둠원들끼리 토의토론을 한다.

5. 2번이 문제카드를 부채모양으로 펴 들면 3번이 한 장의 문제카드를 뽑아 모둠원들에게 읽어준다.(이후의 과정을 계속 반복한다.)

6. 부채 모양으로 들고 있는 문항 카드가 다 사용될 때까지 반복한다.

짝 점검 활동

1. 짝 활동 : 모둠 안에서 두 명씩 짝을 지어 두 명이 한 장의 학습지로 활동 ⇨ 한 학생이 문제를 푸는 동안 다른 학생은 학습 보조자(보조 교사)가 되어 지켜보면서 필요하다면 도와주기(반드시 설명하며 풀이하기)

2. 둘씩 짝지은 모둠원끼리 서로 한 번씩 번갈아 가면서 문제를 해결(1번 문제와 2번 문제만 먼저 해결)

3. 같은 모둠에서 짝지어진 2개의 작은 팀은 자신들이 해결한 1번과 2번의 답이 같은 모둠 내 다른 팀과 같은지 확인 : 만약 두 팀의 답이 같지 않을 경우 다시 한 번 그 문항을 네 사람이 모두 해결해 보도록 함. 그래도 해결이 안 되면 교사에게 모둠 질문(네 사람이 모두 동시에 손을 들어 질문을 하는 것)

4. 문제 3번과 4번 과정 해결하기 : 과정 2~3단계까지 반복한다.(반드시 2문항씩 풀고 모둠 내에서 답을 확인.(모둠 내에서 2팀 사이 및 각 모둠 사이의 시간적 편차를 최대한 줄이기 위한 방편)

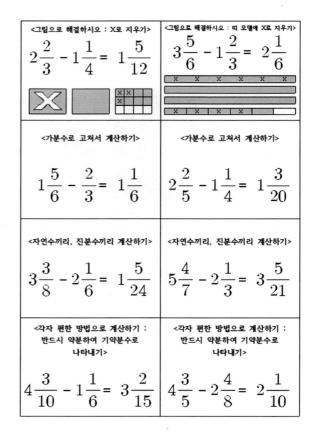

5. 이후 주어진 문항에 대하여 앞의 단계를 계속 반복해 나가기

1, 3번이 풀고 2, 4번 확인하기

2, 4번이 풀고 1, 3번 확인하기

모둠 내에서 서로 확인하고 싸인

다각형의 둘레와 넓이

가끔 적지 않은 교사들이 주제통합 수업을 한다고 하면서 본 단원 내용 가운데 2~3차시 정도를 따로 떼어 다른 교과와 섞어서(마치 그 내용이 본 단원 속에서 별개의 것으로 존재하는 것처럼 여기고 있는 것인지 모르겠지만) 연속적으로 지도하지 않는 경우를 종종 보게 된다. 또는 도형 부분이 다른 단원에 비하여 쉽다고 생각하여 학년 초 또는 학기 초 활동으로 순서를 조정하여 맨 처음 활동 단원으로 가져가는 교사들을 보게 된다. 매우 어리석은 일이 아닐 수 없다. 본 단원은 단순히 공식을 익히고 문제를 풀기만 하면 되는 그런 단원이 아님에도 불구하고 자칫 잘못하면 도형의 넓이 구하는 공식을 알고 이를 적용하여 문제를 풀고 답을 구하면 된다는 식의 생각으로 교수-학습 활동에 임하게 되는 과오를 범할 가능성이 높다. 이를 극복하기 위해서는 단원의 재구성을 위한 대 전제부터 확실히 세우고 갈 필요가 있다고 판단된다.

⊕ ⊖ 단원 지도의 핵심 ⊗ ÷

1. 단원 학습의 핵심은 측정에 있다.(측정 활동을 통해 둘레의 길이와 넓이에 대한 양감 기르기)
2. 단원 학습의 제1 목적은 측정의 의미를 이해하고 단위넓이의 필요성을 인식하며 이를 통해 여러 가지 평면도형의 넓이를 구하는 방법을 이해하는 데 있다.
3. 넓이를 구하는 방법을 이해한다는 것의 의미
   ① 넓이를 구하는 공식을 안다는 것이 아니다.
   ② 왜 그 공식을 사용하면 평면도형의 넓이를 구할 수 있는지(공식이 만들어지기까지의 과정)를 이해하고 설명할 수 있다는 것을 의미한다.
   ③ 측정 영역 학습의 근본 이유는 공식을 외워 문제를 풀고 정답을 찾는 것이 아니라 꼬마 수학자가 되어 직접 공식을 만들어 내는 일에 있다.
4. 단원 학습의 제2 목적은 기본 도형(삼각형, 사각형)을 이용하여 주어진 도형을 조작하고 분해하고 합치는 과정을 경험하게 함으로써 도형 인식 능력의 확장 및 측정 능력 향상을 돕는 데 있다.

* 2015 개정 교육과정에서는 복잡하게 생긴 여러 도형을 직사각형, 정사각형, 삼각형 모양 등으로 잘라서 각각의 넓이를 구한 뒤 전체 넓이를 구하도록 하는 과정이 삭제되어 다행이라는 생각이 든다.

초등 5학년부터는 단순 연산의 반복을 넘어 다양한 사고와 분석을 통한 도형영역의 학습이 매우 중요해지는 시기이다. 도형의 비중은 학년이 올라가면서 커질 뿐만 아니라 중학교에 진학해서도 그 비중의 증가는 계속된다. 특히 중학교 과정으로 확장되는 도형 관련 학습은 초등 5학년에서 학습하게 되는 직사각형의 둘레와 넓이

부분에서 시작된다고 볼 수 있다. 직사각형의 둘레와 넓이 구하기에 대한 핵심은 다음과 같다.

첫째, 다각형의 둘레의 길이를 구하기 위해서는 먼저 도형의 성질과 특징에 대해 알아야 한다. 즉 구하려는 도형이 무엇인지 알고 특징을 찾아 도형을 분석해 나가는 것이 도형의 둘레의 길이를 구하는 첫 번째라 할 수 있다.

둘째, 도형의 측정은 그 공식이 나오게 된 과정과 원리를 익힌다면 다른 도형으로의 확장이 가능하기 때문에 도형의 성질과 특징을 정확히 이해하고 공식을 유도해 나갈 수 있도록 지도해야 한다.

셋째, 둘레의 길이와는 달리 도형의 넓이는 그것을 나타낼 수 있는 단위넓이에 대한 약속과 정의를 이해하는 것이 가장 우선되어야 한다.

넷째, 기본도형(삼각형과 사각형)을 바탕으로 주어진 도형을 조작, 분해, 합치는 과정을 통해 도형 인식 능력을 확장하고 측정 능력을 향상시키는 일에 중심을 두어야 한다.

위와 같이 공식을 단순히 외워서 푸는 학습이 아니라 도형을 분석하고 깊게 생각하며 다양한 시각과 관점으로 도형을 바라봄으로써 도형에 대한 관찰력, 집중력, 분석능력, 측정능력, 길이와 넓이에 대한 양감, 문제 해결에 필요한 수학적 사고력까지 기를 수 있도록 돕는 것이 바로 본 단원 학습의 주된 이유라 할 수 있다. 이에 따라 재구성을 위한 방안을 몇 가지 살펴보면 아래와 같다.

① 직사각형의 둘레와 넓이를 다루는 부분에서는 공식이 아닌 직사각형의 특성에 입각한 둘레의 길이 측정하기, 단위넓이의 필요성 인식에 집중하기, 단위넓이로 정사각형 모양이 왜 효율적인지 이해하고 설명하기, 단위넓이인 $1cm^2$, m^2의 양감 익히기, 직사각형의 넓이를 구하는 방법의 탐구 과정 및 가로와 세로의 곱이 왜 넓이가 되는지 학생들 스스로 설명할 수 있도록 하기에 집중하도록 한다.

② 평행사변형의 넓이 구하기에서는 평행사변형의 넓이를 구하는 식을 만들어가는 탐구의 과정, 평행사변형의 넓이를 구하기 위해 밑변과 높이가 필요한 이유 알기, 왜 밑변과 높이를 곱하면 넓이가 되는지 학생들 스스로 설명할 수 있도록 하는 활동에 집중하도록 한다. 구체적으로 살펴보면 다음과 같다.

• 이미 알고 있는 도형(직사각형)의 넓이 구하기와 연결 지을 수 있는 방법 찾기

평행사변형의 넓이를 구하는 방법을 탐구하기 위한 대전제는 "이미 알고 있는 직사각형의 넓이를 구하는 방법 활용하기"가 되어야 하며 이를 위해 주어진 평행사변형을 넓이가 변하지 않으면서 어떻게 직사각형과 같은 모양으로 바꿀 수 있는가에 주목해야만 한다.(단위넓이인 $1cm^2$가 몇 개 있는지를 찾을 필요까지는 없다고 본다.)

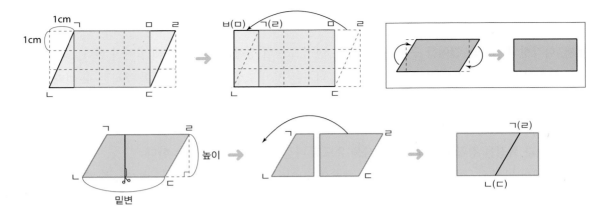

다양한 방법을 학생들이 탐구하여 찾을 수 있도록 하는 것(조작적 활동을 통해 모양은 변하지만 넓이는 변하지 않는다는 사실을 발견, 확인하는 일, 공간 감각까지 향상시킬 수 있는 활동), 이것이 바로 진정한 의미에서 수학을 한다는 것이라 말할 수 있지 않을까 생각한다.

• 다양한 방법을 통해 평행사변형을 직사각형 모양으로 바꾸어도 변의 길이는 변하지 않는다는 것 알게 하기
  위와 같은 과정을 통해 아래와 같은 사실을 알 수 있다.

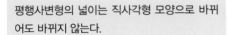 바뀐 직사각형 모양의 넓이는 "가로의 길이× 세로의 길이"로 구할 수 있다.

| 평행사변형의 넓이는 직사각형 모양으로 바뀌어도 바뀌지 않는다. |

결과적으로 평행사변형의 넓이를 직접 구한 것이 아니라 직사각형의 넓이를 구하는 방법을 활용하여 구한 것이다. 이를 알아보는 과정 속에서 밑변과 높이를 꾸준히 표시하도록 하여 다양한 방법으로 평행사변형을 직사각형으로 변형시켜도 결국 변의 길이(평행사변형의 밑변의 길이와 높이)와 넓이는 모두 변함이 없다는 사실, 평행사변형의 모양이 서로 달라도 밑면의 길이와 높이가 같다면 넓이는 모두 같다는 사실을 발견하도록 해야 한다. 그리고 평행사변형의 밑면의 길이와 높이가 변형된 직사각형에서는 어떤 이름으로 표현되었는지를 연결 짓기만 하면 된다.

평행사변형에서의 밑변과 높이 변형된 직사각형에서의 가로와 세로

※ 이런 과정과 원리(주어진 도형의 넓이를 구하기 위해 직사각형 모양으로 변형시키는 것 : 삼각형, 마름모, 평행사변형, 사다리꼴의 넓이를 구할 때 각각 별개의 방법으로 다루는 것이 아니라 모두 직사각형의 넓이를 구하는 방식과 연결 지어 탐구해 낼 수 있도록 함)는 이후에 전개될 다른 도형에도 그대로 적용된다.

③ 삼각형의 내용 구성 및 학습 원리는 평행사변형과 같다고 보면 된다. 즉 (밑변×높이÷2)라는 공식의 탐구 및 이해가 핵심이라고 할 수 있다. 삼각형의 넓이 구하기에서는 삼각형의 넓이를 구하는 식을 만들어 가는 탐구의 과정, 삼각형의 넓이를 구하기 위해 밑변과 높이가 필요한 이유 및 2로 나누어야 하는 이유 알기, 왜 밑변과 높이를 곱한 뒤 2로 나누면 삼각형의 넓이를 구하게 되는지 학생들 스스로 설명할 수 있도록 하는 활동에 집중하도록 한다.

삼각형의 넓이 구하기 ⇨ 모양의 변형(등적변형)에 대한 집중적인 탐색이 필요

이미 알고 있는 지식과 연계(직사각형이나 평행사변형의 넓이 구하기) ⇨ 가장 밑바탕에는 직사각형 넓이 구하기가 있다.

삼각형, 평행사변형, 직사각형 간의 배적변형, 등적변형 사례

④ 사다리꼴의 내용구성 및 학습 원리는 앞의 도형에서와 같다고 보면 된다. 즉 {(아랫변＋윗변)×높이}÷2라는 공식의 탐구 및 이해가 핵심이라고 할 수 있다. 사다리꼴의 넓이 구하기에서는 사다리꼴의 넓이를 구하는 식을 만들어가는 탐구의 과정, 사다리꼴의 넓이를 구하기 위해 아랫변과 윗변은 각각 어떤 부분이고 배적변형 된 도형에서 어떤 부분에 해당되는지 알기, 아랫변과 윗변의 길이를 더해야 하는 이유, 높이를 곱해야 하는 이유, 2로 나누어야 하는 이유 등에 대하여 학생들 스스로 설명할 수 있도록 하는 활동에 집중하도록 한다.

사다리꼴의 넓이 구하기 ⇨ 모양의 변형(배적변형)에 대한 집중적인 탐색이 필요

이미 알고 있는 지식과 연계(직사각형이나 평행사변형, 삼각형의 넓이 구하기) ⇨ 가장 밑바탕에는 직사각형 및 삼각형의 넓이 구하기가 있다.

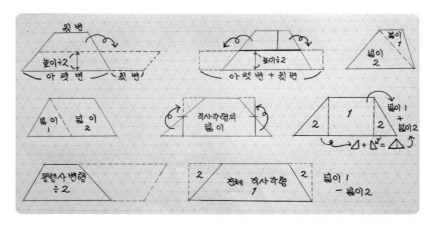

사다리꼴 넓이를 구하는 다양한 사례

마름모의 내용 구성 및 학습 원리는 앞의 도형에서와 같다고 보면 된다. 즉 (한 대각선×다른 대각선)÷2 라는 공식의 탐구 및 이해가 핵심이라고 할 수 있다. 마름모의 넓이 구하기에서는 마름모의 넓이를 구하는 식을 만들어가는 탐구의 과정, 마름모를 덮을 수 있는 직사각형을 이용해야 하는 이유, 마름모의 넓이를 구하기 위해 두 대각선을 이용해야 하는 이유, 두 대각선은 배적변형된 도형에서 각각 어떤 부분에 해당되는지 알기, 두 대각선을 곱해야 하는 이유, 2로 나누어야 하는 이유 등에 대하여 학생들 스스로 설명할 수 있도록 하는 활동에 집중하도록 한다.

마름모의 넓이 구하기 ⇨ 모양의 변형(배적변형)에 대한 집중적인 탐색이 필요

이미 알고 있는 지식과 연계(직사각형이나 평행사변형, 삼각형의 넓이 구하기) ⇨ 가장 밑바탕에는 직사각형 넓이 구하기가 있다.

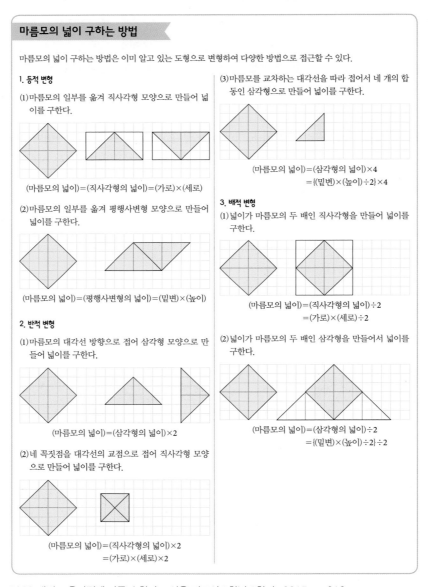

2009 개정 교육과정에 따른 수학과 교사용 지도서 5학년 1학기. 2015. p.313.

단위넓이에 대한 이해

문제 정삼각형, 원, 정사각형, 정오각형, 정육각형 등 다양한 도형을 이용하여 주어진 공간을 빈 틈이 없이, 겹쳐지는 부분이 없이 채워 보시오.

① 각각의 주어진 도형을 활용하여 빈 틈이 없이, 겹치는 부분이 없이 주어진 공간을 채워나가는 데 있어서 깨닫게 된 점을 정리해 봅시다.

② 어떤 도형에서 가장 큰 문제점이 발견되는가? 그 문제점은 무엇인가?

③ 어떤 도형이 빈 틈이 없이, 겹치는 부분이 없이 채워나가는 데 가장 쉽다고 생각되는가?

④ 이 활동을 통해 알 수 있는 사실은 무엇인가?

⑤ 도형의 넓이를 측정한다는 것은 어떤 뜻인지 위의 질문 내용에서 나온 낱말을 사용하여 다음 문장을 정리해 봅시다.

▶ 넓이를 측정한다는 것은 ○○○○로 주어진 부분을 ○ ○이 없이, ○○○ 부분이 없이 덮을 때(채울 때) ○○○○가 얼마만큼 필요한지를 알아내는 일

▶ 직사각형의 넓이란 ○○○○가 그 안에 ○ ○이 없이, ○○○ 부분이 없이 몇 개 들어갈 수 있는 알아보는 일

[답] (1) 단위넓이, 빈 틈, 겹치는, 단위넓이 (2) 단위넓이, 빈 틈, 겹치는

단위넓이로 어떤 모양을 사용하는 것이 좋은지에 대하여 직접 살피기 장면

 ## 단위넓이에 대한 양감 익히기

문제 $1cm^2$, $1m^2$ 단위넓이를 활용하여 주변에 있는 직사각형 모양의 다양한 도형의 넓이를 어림하여 보시오.(정확한 값이 아니어도 됩니다.)

본 미션과제는 $1cm^2$, $1m^2$ 크기의 단위넓이를 활용하여 실제 주변에 있는 다양한 직사각형 모양의 도형을 측정해 봄으로써 실제적인 양감을 익힐 수 있도록 하기 위해 개발한 것이라 할 수 있다.

신문지로 1m² 만들어 보기 및 이를 활용한 넓이 측정하기 활동 장면

 ## 직사각형의 둘레와 넓이와의 관계

미션 과제 사례

문제 여러분에게 80m 길이의 줄(끈)이 주어져 있다. 이 줄로 땅에 직사각형 모양으로 울타리를 쳐야 한다. 그렇게 울타리를 치게 되면 그 땅을 여러분에게 줄 것이라 약속이 되어 있다. 이렇게 된다면 지혜로운 사람이 가장 넓은 땅을 가지게 될 것이다.(표를 활용하여 문제를 해결해 보시오.)

※ 여러분이라면 땅의 울타리를 칠 때 가로와 세로의 길이를 얼마가 되게 할 생각인가요? 그때의 땅은 어떤 모양일까요?

"다양한 직사각형 모양을 만들어 넓이를 구하였을 때 넓이가 가장 큰 경우는 가로(   ), 세로(   )일 때이다. 그때 그 모양은 (   )모양이다.
둘레의 길이가 똑같은 직사각형 모양은 매우 종류가 많다. 하지만 그 넓이는 모두 다르다. 둘레의 길이가 같은 직사각형 모양의 넓이는 (   )모양에 가까울수록 커진다."

이 미션 과제는 직사각형의 둘레와 넓이와 그 모양과의 관계를 이해할 수 있도록 돕기 위해 개발한 과제라 할 수 있다. 줄의 길이는 곧 둘레의 길이고, 넓이를 구하기 위해서는 둘레의 길이의 반이 곧 '가로+세로'의 길이와 같다는 것을 가장 먼저 이해할 수 있어야 비로소 문제 해결의 실마리가 보이는 고차원적 사고를 요하는 과제라 할 수 있다. 표를 이용하여 다양한 '가로+세로=40m' 사례를 만들어 내고 그 사례마다 넓이가 각각 얼마인지를 알아내는 과정에서 정사각형 모양에 가까울수록 넓이가 넓어진다는 것을 학생들이 발견해 낼 수 있도록 하는 것이 본 과제의 목표라 할 수 있다.(실생활에의 활용 : 같은 재료라면 이왕이면 정사각형 모양으로 만들수록 보다 큰 면적을 차지하기 때문에 공간 활용 측면에서 용이함.)

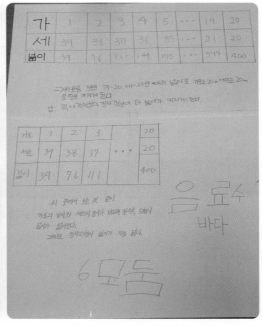

본 미션 과제 해결 장면 및 결과물

 마름모꼴의 넓이　　　　　　　　　　　　　　　　　　　　　　　　　　**핵심 발문 사례**

문제 1. 주어진 마름모꼴 1개를 이용하여 직사각형 또는 평행사변형 또는 삼각형 모양으로 바꾸어 마름모꼴의 넓이를 구하는 방법을 세 가지 이상 알아보시오.

▶ 주어진 마름모꼴의 넓이에는 변화가 없으면서 직사각형 또는 평행사변형 또는 삼각형 모양으로 바꾸는 다양한 방법을 알아보시오.(자르기, 돌리기, 이동시키기 등이 가능 : 단, 자를 경우 조각의 수가 4조각을 넘지 않게 자르도록 하시오.)

문제 2. 주어진 마름모꼴 2개를 이용하여 평행사변형 또는 직사각형 모양으로 바꾸어 마름모꼴 1개의 넓이를 구하는 방법을 두 가지 이상 알아보시오.

▶ 그 과정에서 변형된 도형의 넓이를 구하는 방법을 활용하여 마름모꼴의 넓이를 구하는 식을 만들어 보시오.

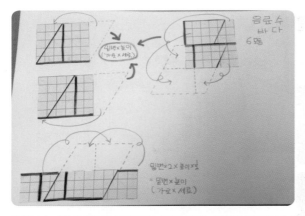

학생들이 평행사변형 및 삼각형의 넓이를 구하는 방법을 탐구한 결과물

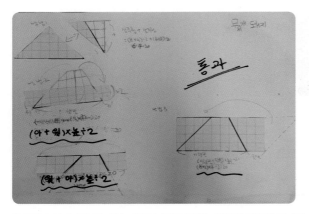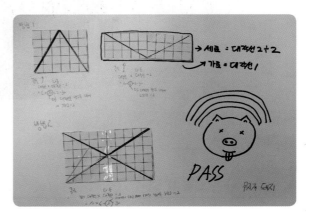

학생들이 사다리꼴 및 마름모꼴의 넓이를 구하는 방법을 탐구한 결과물

핵심 발문 4, 5, 6, 7번 도형의 넓이를 구하는 공식을 만드는 과정은 모둠별로 협동적으로 해결할 수 있도록 안내를 하였지만 실제 점검하는 과정에서는 모둠별로 직접 교사에게 와서 1명도 빠짐없이 어떻게 하여 그런 공식이 만들어지게 되었는지를 설명할 수 있도록 해야 한다. 필자도 실제로 그렇게 진행하였다. 과제 완수는 모둠별로 이루어지더라도 이 경우 점검은 개별적으로 이루어지지 않으면 배움이 느린 학생들은 이해를 하려고 노력하지 않을 뿐만 아니라 무임승차를 하게 될 가능성이 높기 때문이다.

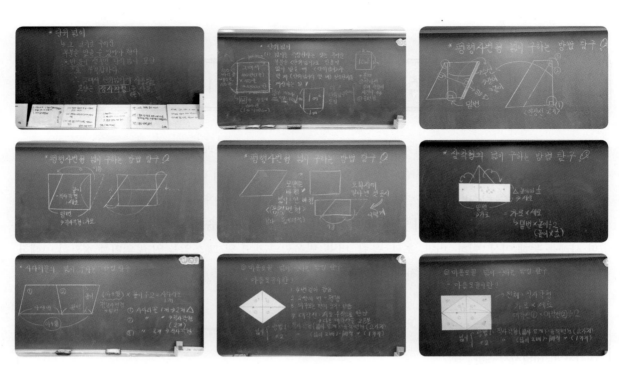

단원 지도 과정에서의 칠판 판서 사례

모둠별 협동적 과제 활동 장면

수의 범위와 어림하기

이전 교육과정에서 본 단원은 어림하기부터 시작하였으나 2015 개정 교육과정으로 바뀌면서 어림하기 관련 질문은 다루지 않고 올림, 버림, 반올림을 활용한 문제 해결하기에 집중하여 단원 내용이 구성되었다. 본 단원의 학습은 기계적으로 올림, 버림, 반올림을 하게 하는 데 목적이 있는 것이 아니라 그 의미를 이해하고 일상생활에 활용할 수 있도록 하는 데 목적이 있다고 보아야 한다. 따라서 단원학습을 위해서는 일상생활 속에서의 다양한 사례를 통해 이상, 이하, 미만, 초과, 올림, 버림, 반올림의 개념 및 그 쓰임을 알고 의미를 정확히 이해하여 사용할 수 있도록 하는 것이 중요하다고 볼 수 있다.

⊕ ⊖ 단원 지도의 핵심 ⊗ ÷

어림하기=비형식적 수학

형식적 수학	비형식적 수학
• 주로 지필 계산	• 주로 머릿속에서 암산
• 알고리즘(계산방법) 습득이 필수	• 대강의 값을 구함(다루기 쉬운 수)
• 정확한 값이 필요한 곳에 사용	• 일상생활에서 많이 활용

필자의 견해에 따른 단원 교육과정의 재구성을 위한 방안을 제시해 본다면 다음과 같다.

① 교사는 이상, 이하, 미만, 초과, 올림, 버림, 반올림 등이 절차를 가리키는 용어일 뿐임을 이해, 이 용어에 대한 개념과 의미만 이해하도록 도움을 주면 충분

• 이상, 이하, 미만, 초과에 대한 수직선상 표시 방법 기억하기 : ●과 ○

• 상황에 따라 의사소통에 유용한 형태로 어림하기를 할 수 있음 : 프로야구 경기의 관람자 수가 23,472명이라 할 때 약 23,470명, 약 23,500명, 23,000명 이상, 24,000명 이하 등으로 다양하게 어림할 수 있음

• 올림의 사례 : 자릿값마다 올림의 달라질 수 있음(예 : 132개 빵, 1봉지에 20개씩 담을 수 있음, 봉지는 몇 개 필요? ⇨ 나눗셈 연산과 복합적, 몫은 6이지만 남은 12개의 빵도 담아야 하므로 봉지는 1개 더 필요, 총 7개 봉지)

• 버림의 사례 : 10원짜리 동전이 4,365개(100원짜리로 바꾸면?, 1,000원짜리 지폐로 바꾸면? 10,000원짜리 지폐로 바꾸면?)

• 반올림의 사례 : 수직선을 활용하여 지도하는 것이 도움이 됨

② 단원 학습의 목표는 다음과 같다.

- 어림의 유용성 이해 ⇨ 주어진 상황에 알맞은 어림에 대한 감각 기르기

③ 어림의 유용성을 학생들이 충분히 인식할 수 있도록 하기 ⇨ 어림값을 포함한 현실적인 상황에 학생들이 충분히 노출되어 이에 민감하게 반응할 수 있도록 하기 ⇨ 수학학습의 발전에 도움이 됨

④ 어림은 기능적 측면보다 감각적 측면을 키우는 것에 더 중점을 두어야 함 : 정확한 값이 필요한 것인지, 어림값만 구해도 되는 것인지, 올림-반올림-버림 중 어떤 관점을 택할 것인지 등에 대하여 신속한 결정이 가능하도록 하는 것이 더 중요

사실 어림하기는 본 단원과 같이 별도의 단원으로 분리하여 어느 한 시기에 집중하여 가르칠 수 있는 성질의 것이 아니다. 왜냐하면 초등 수학 전 영역에서 다양한 활동을 통해 어림에 대한 감각이 차근차근 자연스럽게 발달하기 때문이다.

☞ 어림셈 : 정확하지는 않지만 합리적인 결정을 내리기에 충분히 근사한 값을 만들어 내는 과정

(1) 일상생활 : 정확한 값보다 어림셈을 더 많이 활용(시장 또는 마트에서 장을 볼 때 등 신속한 의사 결정을 내릴 때 주로 활용)
(2) 정확한 계산을 위해 필요 : 터무니없는 결과가 나왔을 때 정확한 값을 점검하는 차원에서 매우 유용하게 활용(계산 결과에 대한 반성, 타당성 검토)
(3) 나눗셈의 연산에서 몫을 결정해나가는 과정에서 어림이 수시로 활용
(4) 수학 문제 해결 능력 향상에도 기여 : 문제 해결과정에서 어림셈을 활용, 연산의 시행착오를 줄여 줌

 이상과 이하, 미만과 초과 읽기　　　　　　　　　　　미션 과제 사례

문제　1. 오른쪽에 제시된 사진은 2009년 개봉된 아바타 영화 포스터이다. 이 영화에 대한 정보를 보면 다음과 같은 내용이 제시되어 있다.

12세 이상 관람가

▶ 이 정보에 담긴 뜻을 정확히 해석(설명)해 보시오.

문제　2. 오른쪽에 제시된 사진은 종합감기약 사진이다. 박스 겉면에 보면 약을 먹는 용량이 다음과 같이 제시되어 있다.

11세 미만 : 1회 1정(알)

▶ 이 정보에 담긴 뜻을 정확히 해석(설명)해 보시오.

이미 이상, 이하, 미만, 초과라는 용어를 많이 들어본 경험이 있는 학생들에게 그에 대하여 보다 정확한 의미를 알고 있는지에 대하여 본격적인 수업을 시작하기 전에 알아보기 위해 개발한 과제라 할 수 있다. 사전에 과제로 제시한 뒤에 본 과제를 통해 수업의 도입을 열어가면서 이상, 이하, 미만, 초과라는 낱말에 대한 정확한 접근을 해 나가면 좋을 것이라 판단된다.

이상	그 수와 같거나 큰 수	초과	그 수보다 큰 수
이하	그 수와 같거나 작은 수	미만	그 수보다 작은 수

이상과 이하, 미만과 초과 읽기

핵심 발문 사례

문제 1. 아래 영화 포스터를 보고 질문에 답을 하시오.(설명도 함께 하기)

| 15세 미만 관람 불가 | 12세 이상 관람가 | 18세 이상 관람가 | 전체 관람가 |

① 순이의 나이는 12살이다. 순이가 볼 수 있는 영화의 제목은?

② 영철이의 나이는 15살이다. 영철이가 볼 수 없는 영화의 제목은?

③ 민수(12살)는 아버지, 어머니, 동생(7살)과 함께 영화를 보러 갔다. 모두 함께 볼 수 있는 영화의 제목은?

문제 2. 아래 여행비용을 보고 철수네 가족 여행비용을 계산해 보시오.(설명도 하기)

성인 1명 : 2박 3일 399,000원

어린이 1명(12세 미만) : 2박 3일 359,100원

유아 1명(2세 미만) : 2박 3일 200,000원

▶ 여행 참가하는 사람 : 철수 12살, 철수 동생 1살, 철수 어머니, 철수 아버지, 철수 누나 15살

총 여행 경비 (　　　　　　　　　)원

3. 아래 지하철 요금표(운임표)를 보고 물음에 답을 하시오.(설명도 하기)

> 유아(만 6세 미만) : 운임면제
>
> 어린이(만 6세 이상~만 13세 미만) : 450원
>
> 청소년(만 13세 이상~만 19세 미만) : 720원
>
> 성인(만 19세 이상~만 65세 미만) : 1250원
>
> 노인(만 65세 이상) : 운임면제

① 철수(12세), 동생(4세), 어머니(45세), 아버지(47세), 누나(18세), 할아버지(75세) 모두 전철을 타고 2정거장을 이동하려고 한다. 모두의 왕복 전철비용은 얼마가 나오겠는가?

② 아래의 지하철 추가 요금표(운임표)를 보고 물음에 답을 하시오.

> 10km까지는 기본요금
>
> 10km 초과~50km까지는 5km마다 100원씩 추가요금이 발생
>
> 50km 초과는 8km마다 100원의 추가요금이 발생

▶ 철수는 전철을 타고 친척집에 다녀오려고 한다. 친척집 가까이에 있는 전철역은 처음 타게 되는 전철역에서부터 65km되는 거리에 있다. 철수가 친척집에 다녀오려면 얼마의 전철비용이 필요한가?

문제 4. 아래는 지하철역 보관함 이용 요금표이다. 질문에 답을 하시오.

항목	기본 4시간(h) 시작~4시간 이내	추가 4시간(h) 4시간~8시간 이내	추가 4시간(h) 8시간~12시간 이내	추가 12시간 반복 12시간 이후 12시간마다
소형	2,000원	2,000원	2,000원	2,000원
중형	3,000원	3,000원	3,000원	3,000원
대형	4,000원	4,000원	4,000원	4,000원
월정기요금	1개월(보증금 : 5,000원) : 소형 50,000원 / 중형 80,000원 / 대형 100,000원			
택배요금	일반 8,000원 / 제주 10,000원 / 도서지역 12,000원 / 포장비 3,000원(규정크기 이상 추가요금 부과됨)			

① 형민이는 소형 크기의 물건을 지하철역 보관함에 아침 10시에 넣어두었다가 오후 9시에 찾았다. 비용은 얼마가 되겠는가?(설명도 하시오.)

② 민수는 대형 크기의 물건을 지하철역 보관함에 오전 11시에 넣어두었다가 다음날 저녁 7시에 찾았다. 비용은 얼마가 되겠는가?(설명도 하시오.)

수업 중에 활동지로 나누어 주고 개인별 해결 ➪ 모둠별로 협동적으로 해결해 나갈 수 있도록 하기 위해 개발한 발문이라 할 수 있다. 학생들의 상황 및 수준에 따라 제시하는 문항 수를 적절히 조정하기 바란다.

올림, 버림, 반올림 이해

미션 과제 사례

문제 1. 어느 가게에서 포장용 끈을 1m 단위로 판다고 한다. 상자를 포장하는 데에 끈이 307cm 필요하다. 이 상자를 포장하기 위하여 끈을 몇 m 사야 하는지 알아보자.

① 상자를 포장하려면 끈을 몇 m(몇 cm) 구입해야 하는가?

② 왜 그렇게 생각하는가?

문제 2. 민영이는 발렌타인 데이에 초콜릿을 나누어 주기 위해 봉지에 담긴 초콜릿을 2봉지 구입하였다. 낱개로 헤아려보니 모두 86개였다. 이후에 작은 봉지에 10개씩 담아 다시 포장하여 친구들에게 나누어 주려고 한다. 몇 명에게 나누어 줄 수 있는지 알아보자.

① 몇 명에게 나누어 줄 수 있는가?

② 왜 그렇게 생각하는가?

올림, 버림, 반올림을 학습하기 전에 도입 활동으로 활용하려고 개발한 미션 과제라 할 수 있다. 사전에 과제로 제시한 뒤에 본 과제를 통해 수업의 도입을 열어가면서 올림, 버림, 반올림에 대한 정확한 접근을 해 나가면 좋을 것이라 판단된다.

올림, 버림, 반올림 이해

핵심 발문 사례

문제 아래 질문을 읽고 올림, 버림, 반올림 중 어떤 방법이 필요한지 ○표시를 하고 정확한 답을 구하시오.

① 빵이 1봉지에 10개씩 들어 있다. 5학년 학생 162명이 모두 빵을 1개씩 먹으려면 빵을 적어도 몇 봉지 구입해야 하는가?

(올림, 버림, 반올림) ➪ ( )봉지를 구입하면 빵은 모두 ( )개이다.

② 생일파티에 참가한 학생들의 수는 모두 16명이다. 16명 모두에게 음료수를 200mL씩 나누어 주려고 한다. 그렇다면 1,000mL짜리 음료수를 적어도 몇 병 구입해야 하는가?

(올림, 버림, 반올림) ➪ ( )병을 구입하면 음료수는 모두 ( )mL이다.

③ 민영이의 키는 145.3cm이다.

▶ 민영이의 키를 일의 자리까지 나타낸다면 약 몇 cm가 되는가?

(올림, 버림, 반올림) ➪ 민영이의 키는 약 ( )cm이다.

▶ 민영이의 키를 십의 자리까지 나타낸다면 약 몇 cm가 되는가?

(올림, 버림, 반올림) ⇨ 민영이의 키는 약 (   )cm이다.

④ 은빛 유치원에서는 학생들에게 과자를 나누어 주기 위해 256개 만들었다. 한 봉지에 10개씩 포장하여 한 사람에게 한 봉지씩 나누어 주려고 한다. 모두 몇 명의 학생에게 나누어 줄 수 있는가? 나누어 준 과자는 모두 몇 개인가?

(올림, 버림, 반올림) ⇨ (   )명에게 나누어 줄 수 있고, 나누어 준 과자는 모두 (   )개이다.

⑤ 10원짜리 동전이 4,365개 있다.

▶ 100원짜리 동전으로 바꾸면? ⇨ 100원짜리 동전이 모두 (   )개 ⇨ (   )의 자리에서(올림, 버림, 반올림)한 것

▶ 1,000원짜리 지폐로 바꾸면? ⇨ 1,000원짜리 지폐가 모두 (   )장 ⇨ (   )의 자리에서(올림, 버림, 반올림)한 것

▶ 10,000원짜리 지폐로 바꾸면? ⇨ 10,000원짜리 지폐가 모두 (   )장 ⇨ (   )의 자리에서(올림, 버림, 반올림)한 것

- -

수업 중에 활동지로 나누어 주고 개인별 해결 ⇨ 모둠별로 협동적으로 해결해 나갈 수 있도록 하기 위해 개발한 발문이라 할 수 있다. 활동지로 제시할 때는 문제만 제시하고 해결방법은 제시하지 않도록 하는 것이 좋겠다. 학생들의 상황 및 수준에 따라 제시하는 문항 수를 적절히 조정하기 바란다.

> 실생활 속에서는 충분히 큰 수에 대해서는 어림값을 더 많이 사용하고 있다는 사실을 알게 된다. 이와 관련해서는 [4학년 1학기 1단원 큰 수]에서 제시했던 미션 과제를 그대로 가져와 제시하는 것도 좋을 것이라 생각한다.

분수의 곱셈

본 단원은 지도에 앞서서 목표가 무엇인지 분명히 정립하고 지도하는 것이 좋다. 분수의 곱셈 단원은 분수 곱셈의 표준 알고리즘('분자는 분자끼리, 분모는 분모끼리 곱한다')을 가르치는 것이 핵심이 아니다.

⊕ ⊖ 단원 지도의 핵심 ⊗ ÷

1. 분수 곱셈의 의미 이해
2. 분수 곱셈 알고리즘 원리의 이해(알고리즘을 적용한 결과 얻기가 아님)
※ 최종 목표 : 학생들이 "…이기 때문에 분수 곱셈은 분자는 분자끼리, 분모는 분모끼리 곱하도록 해야 합니다."라고 말할 수 있도록 하는 것!

분수 곱셈 알고리즘 원리의 이해를 위해 반드시 분수 막대 모형을 함께 활용하는 것이 매우 중요하다. 각각의 상황에 따른 원리 이해 핵심은 아래와 같다.

> **"모든 상황에서 단위분수를 기반으로 하여 원리를 이해할 수 있도록 돕기"**

① 진분수×자연수(분수에 자연수를 곱한다는 것이 무엇을 의미하는지, 이런 상황의 실제 사례에는 어떤 것이 있는지를 이해하는 것이 더 중요)

$$\frac{2}{5} \times 4 \text{를 통한 이해}$$

▶ 2와 4를 곱한 값 8이 왜 분자 위치에 있어야 하는지 이해할 수 있도록 돕는 과정이 필수
▶ $\frac{2}{5} \times 4$가 어떻게 이 되는지 설명이 필요(단위분수에 기초하여 이해 돕기)

$\frac{2}{5} \times 4$는 "$\frac{1}{5}$이 2개 있는 것"×4묶음으로 생각할 수 있다. 다시 말해서 $\frac{1}{5}$이 2×4개=8개, 즉 $\frac{8}{5}$이 된다는 말이다. 따라서 $\frac{2}{5} \times 4 = (\frac{1}{5} + \frac{1}{5}) \times 4 = (\frac{1}{5} + \frac{1}{5}) + (\frac{1}{5} + \frac{1}{5}) + (\frac{1}{5} + \frac{1}{5}) + (\frac{1}{5} + \frac{1}{5}) = \frac{2+2+2+2}{5} = \frac{2 \times 4}{5} = \frac{8}{5}$이 된다는 것을 알 수 있다. 이를 분수 막대 모형으로 알아보면 다음과 같다.

| $\frac{1}{5}$ $\frac{1}{5}$ | + | $\frac{1}{5}$ $\frac{1}{5}$ | + | $\frac{1}{5}$ $\frac{1}{5}$ | + | $\frac{1}{5}$ $\frac{1}{5}$ |

색칠된 부분을 모으면 ⇨ | $\frac{1}{5}$ $\frac{1}{5}$ $\frac{1}{5}$ $\frac{1}{5}$ | $\frac{1}{5}$ $\frac{1}{5}$ $\frac{1}{5}$ |

※ 이 활동을 하기 전에 $\frac{1}{5}\times 4$을 먼저 하면 위와 같은 과정이 훨씬 수월해진다. 왜냐하면 $\frac{2}{5}$는 $\frac{1}{5}$이 2개 있는 것 말고는 차이점이 없기 때문이다.

"이를 통해 자연수가 분자에 곱해진다는 원리 이끌어 내기"

② 대분수×자연수 또는 자연수×대분수(분배법칙이 적용되고 있음을 이해하는 것이 중요)

분배법칙 이해를 돕는 질문 어머니께서 시장에서 사과 3개와 배 2개를 구입해 오셨습니다. 그런데 아버지께서 저녁에 들어오실 때 어머니께서 구입하신 것의 2배를 사오셨습니다. 아버지께서 구입해 오신 과일의 개수는 모두 몇 개인가요?

3(사과)+2(배)×2가 아님을 이해 ⇨ 무엇이 잘못되었는지, 어떻게 고쳐야 하는지, 바로잡았을 때 식은 어떻게 되는지 이해를 통해 분배법칙 이해 돕기 ⇨ '$(3+2)\times 2$'$=(3\times 2)+(2\times 2)$가 됨을 이해하기

$1\frac{1}{5}\times 3$을 통한 이해 ⇨ $(1+\frac{1}{5})\times 3=(1\times 3)+(\frac{1}{5}\times 3)$이 된다는 것을 이해할 수 있도록 돕기

교사의 질문	학생의 활동
$1\frac{1}{5}=1+\frac{1}{5}$을 띠 모델로 표현해 본다면?	☐ 1 + ☐ 1
$(1+\frac{1}{5})\times 3=(1\times 3)+(\frac{1}{5}\times 3)$을 띠 모델로 표현해 본다면?	(☐ 1 + ☐ 1)×3 = (☐ 1 ×3) + (☐ 1 ×3)
(☐ 1 + ☐ 1)×3= ☐ 1 ☐ 1 ☐ 1	
☐ 1 ☐ 1 ☐ 1 = ☐ 1 3개, ☐ 1 3개	
자연수 부분과 진분수 부분으로 나누어 정리해 본다면?	☐ 1 ☐ 1 ☐ 1 + ☐ 1 ☐ 1 ☐ 1
최종 결과는?	$3+\frac{3}{5}=3\frac{3}{5}$입니다.

⇨ 대분수를 가분수로 바꾸어 계산하는 방법에 대한 이해 돕기

$1\frac{1}{5}$을 가분수로 고치면 $\frac{6}{5}$이 된다. 따라서 $1\frac{1}{5}\times3=\frac{6}{5}\times3$이 된다. 이후에는 앞에서 공부했던 (진분수)×(자연수)와 같은 원리가 적용된다는 것을 이해할 수 있도록 하면 된다. 역시 이 과정에서도 단위분수 개념이 기초가 된다.

$$\frac{6}{5}\times3=\left(\frac{1}{5}+\frac{1}{5}+\frac{1}{5}+\frac{1}{5}+\frac{1}{5}+\frac{1}{5}\right)\times3=\left(\frac{1}{5}+\frac{1}{5}+\frac{1}{5}+\frac{1}{5}+\frac{1}{5}+\frac{1}{5}\right)+\left(\frac{1}{5}+\frac{1}{5}+\frac{1}{5}+\frac{1}{5}+\frac{1}{5}+\frac{1}{5}\right)+\left(\frac{1}{5}+\frac{1}{5}+\frac{1}{5}+\frac{1}{5}+\frac{1}{5}+\frac{1}{5}\right)$$
$$=\frac{6+6+6}{5}=\frac{6\times3}{5}=\frac{18}{5}$$가 된다. 이를 대분수로 고치면 $3\frac{3}{5}$이 된다.

$2\times2\frac{2}{3}$을 통한 이해(똑같이 분배법칙이 적용됨을 이해)

교사의 질문	학생의 활동
$2\times2\frac{2}{3}=2\times(2+\frac{2}{3})$를 띠 모델로 표현해 본다면?	
자연수 부분과 진분수 부분으로 나누어 정리해 본다면?	
최종 결과는?	$4+\frac{4}{3}=5\frac{1}{3}$입니다.

⇨ $2\times2\frac{2}{3}=2\times(2+\frac{2}{3})$가 됨을 이해할 수 있도록 돕기

$2\times2\frac{2}{3}=2\times(2+\frac{2}{3})=(2\times2)+(2\times\frac{2}{3})=4+\frac{2\times2}{3}=4+\frac{4}{3}=5\frac{1}{3}$이 된다.

"이를 통해 분배법칙, 자연수가 분자에 곱해진다는 원리 이끌어 내기"

③ 자연수×진분수(자연수에 분수를 곱한다는 것이 무엇을 의미하는지, 이런 상황의 실제 사례에는 어떤 것이 있는지를 이해하는 것이 더 중요)

$3\times\frac{2}{7}$를 통한 이해(동수누가 개념으로는 설명이 안 됨)

▶ 3과 2를 곱한 값 6이 왜 분자 위치에 있어야 하는지 이해할 수 있도록 돕는 과정이 필수

▶ $3\times\frac{2}{7}$가 어떻게 $\frac{3\times2}{7}$가 되는지(어떻게 3이 분자의 자리로 올라가게 되었는지)에 대한 설명이 필요(단위분수에 기초하여 설명해야 정확한 개념 이해를 도울 수 있음)

$3\times\frac{2}{7}$는 "$3\times\frac{1}{7}$이 2개($\frac{2}{7}=\frac{1}{7}+\frac{1}{7}$이므로) 있는 것"으로 생각할 수 있다. 다시 말해서 $(3\times\frac{1}{7})+(3\times\frac{1}{7})$이 된다는 말이다. $3\times\frac{1}{7}$은 1의 $\frac{1}{7}$만큼이 3번 있는 것을 의미하는 것이므로 결국 $3\times\frac{1}{7}=\frac{1}{7}+\frac{1}{7}+\frac{1}{7}$이라는 것을 알게 된다. 결국 $3\times\frac{2}{7}=(3\times\frac{1}{7})\times2=(\frac{1}{7}+\frac{1}{7}+\frac{1}{7})+(\frac{1}{7}+\frac{1}{7}+\frac{1}{7})=\frac{3+3}{7}=\frac{3\times2}{7}=\frac{6}{7}$이 된다는 것을 알 수 있다. 이를 분수 막대 모형으로 알아보면 아래와 같다.

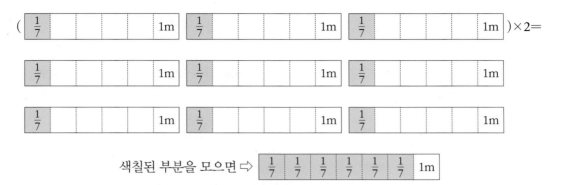

$$\left(\begin{array}{|c|} \hline \frac{1}{7} \quad\quad 1m \\ \hline \end{array} \quad \frac{1}{7} \quad 1m \quad \frac{1}{7} \quad 1m \right) \times 2 =$$

색칠된 부분을 모으면 ⇨ $\boxed{\frac{1}{7}\ \frac{1}{7}\ \frac{1}{7}\ \frac{1}{7}\ \frac{1}{7}\ \frac{1}{7}}$ 1m

※ 이 활동을 하기 전에 $3 \times \frac{1}{7}$을 먼저 하면 위와 같은 과정이 훨씬 수월해진다. 왜냐하면 $3 \times \frac{2}{7}$은 $3 \times \frac{1}{7}$이 2개 있다는 것이기 때문이다.

"이를 통해 자연수가 분자에 곱해진다는 원리 이끌어 내기"

❹ 진분수×진분수

$\frac{1}{3} \times \frac{1}{4}$를 먼저 이해할 수 있도록 하기(단위분수×단위분수)

$\frac{1}{3}$	$\frac{2}{3}$	1

그리고 $\frac{1}{3}$의 $\frac{1}{4}$만큼 표시하면 아래와 같다. 역시 단위분수 개념이 기반이 된다.

$\frac{1}{3}$의 $\frac{3}{4}$	$\frac{1}{3}$	$\frac{2}{3}$	1

$\frac{1}{12}$		1

여기에서 전체 1은 12등분이 되어 분모가 12로 바뀐다. ☐ 12칸 중에 ▨ 1칸은 분수로 얼마인가를 묻는 것으로 답은 $\frac{1}{12}$이 된다는 것을 알 수 있다.

$\frac{2}{3} \times \frac{3}{4}$을 통한 이해

$\frac{1}{3}$	$\frac{1}{3}$	1

그리고 각각의 $\frac{1}{3}$에 $\frac{3}{4}$ 표시하면 이렇게 된다. 항상 단위분수 개념이 기초가 된다는 것을 명확히 한다.

$\frac{1}{3}$의 $\frac{3}{4}$ $\frac{1}{3}$의 $\frac{3}{4}$

| $\frac{1}{12}$ | $\frac{1}{12}$ | $\frac{1}{12}$ | $\frac{1}{12}$ | $\frac{1}{12}$ | $\frac{1}{12}$ | | | | | 1 |

여기에서 전체 1은 12등분이 되어 분모가 12로 바뀐다. ⬚ 12칸 중에 ▨ 6칸은 분수로 얼마인가를 묻는 것으로 답은 $\frac{6}{12}$이 된다.

"이를 통해 분모는 분모끼리 곱하고, 분자는 분자끼리 곱한다는 원리 이끌어 내기"

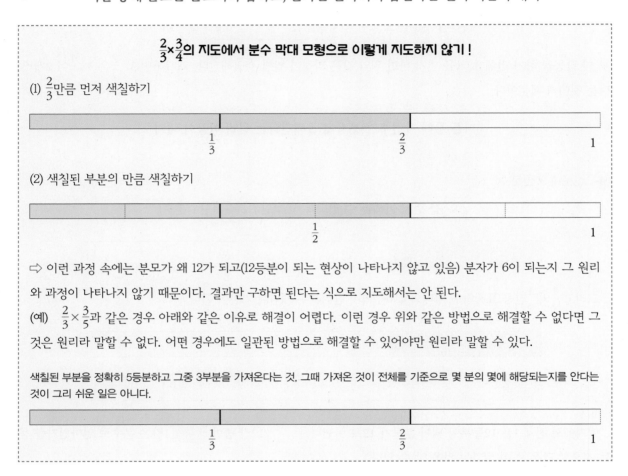

$\frac{2}{3} \times \frac{3}{4}$의 지도에서 분수 막대 모형으로 이렇게 지도하지 않기!

(1) $\frac{2}{3}$만큼 먼저 색칠하기

(2) 색칠된 부분의 만큼 색칠하기

⇨ 이런 과정 속에는 분모가 왜 12가 되고(12등분이 되는 현상이 나타나지 않고 있음) 분자가 6이 되는지 그 원리와 과정이 나타나지 않기 때문이다. 결과만 구하면 된다는 식으로 지도해서는 안 된다.

(예) $\frac{2}{3} \times \frac{3}{5}$과 같은 경우 아래와 같은 이유로 해결이 어렵다. 이런 경우 위와 같은 방법으로 해결할 수 없다면 그것은 원리라 말할 수 없다. 어떤 경우에도 일관된 방법으로 해결할 수 있어야만 원리라 말할 수 있다.

색칠된 부분을 정확히 5등분하고 그중 3부분을 가져온다는 것. 그때 가져온 것이 전체를 기준으로 몇 분의 몇에 해당되는지를 안다는 것이 그리 쉬운 일은 아니다.

---

⑤ 대분수×대분수

이 상황에서는 분수 곱셈의 알고리즘 이해를 먼저 도운 뒤에 분배법칙을 적용한 이해를 돕는 것이 더 중요하다는 것을 잊지 말아야 한다. 그 방법은 다음과 같다.

먼저 가분수로 바꾸기 ⇨ 분수 곱셈 원리가 그대로 적용됨을 이해

(예) $2\frac{2}{4} \times 1\frac{2}{3}$를 통한 이해

$2\frac{2}{4} \times 1\frac{2}{3} = \frac{10}{4} \times \frac{5}{3} = \frac{1}{4}$의 $\frac{5}{3}$만큼이 10번 있는 것 $= \frac{5}{12} \times 10 = \frac{50}{12}$이 됨을 이해

한편 분배 법칙이 적용된다는 것에 대한 안내와 함께 한시적으로라도 넓이 상황 개념을 도입하여 분배 법칙의 적용에 의해 만들어진 각각의 상황(영역)을 눈으로 확인할 수 있도록 해 주는 것도 하나의 방법일 것이라 생각된다.

$$2\frac{2}{5}(가로) \times 1\frac{3}{4}(세로) = (2\times1) + (2\times\frac{3}{4}) + (\frac{2}{5}\times1) + (\frac{2}{5}\times\frac{3}{4}) = 2 + \frac{2\times3}{4} + \frac{2\times1}{5} + \frac{2\times3}{5\times4}$$

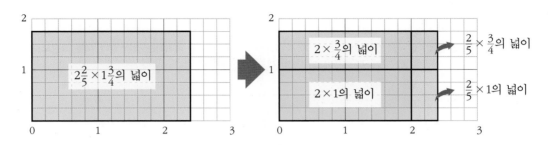

위의 그림에서 작은 □ 1칸은 $\frac{1}{20}$임을 알 수 있다. 따라서 색칠된 전체 □는 모두 84칸이므로 $\frac{84}{20} = 4\frac{4}{20} = 4\frac{1}{5}$ (약분한 결과)가 됨을 알게 된다. 단위분수 개념을 바탕으로 분수 막대 모형으로 표현해 본 결과를 제시하면 다음과 같다.(매우 복잡해진 모습을 확인할 수 있다. 복잡하더라도 일관성 있게 단위분수 개념을 바탕으로 이해시키는 것이 좋다면 아래와 같이 안내를 해 보기 바란다.)

$$2\frac{2}{5} \times 1\frac{3}{4} = (2\times1) + (2\times\frac{3}{4}) + (\frac{2}{5}\times1) + (\frac{2}{5}\times\frac{3}{4}) = \frac{40}{20} + \frac{30}{20} + \frac{8}{20} + \frac{6}{20} = \frac{84}{20} = 4\frac{4}{20} = 4\frac{1}{5}(약분한 결과)$$

$(2\times1) = $

$(2\times\frac{3}{4}) = (1\times\frac{3}{4})\times2 = (\frac{5}{5}\times\frac{3}{4})\times2$로 고쳐 분수 막대 모형에 표시하면 아래와 같다.

$(2\times\frac{3}{4}) = $ | $\frac{1}{5}$ | $\frac{2}{5}$ | $\frac{3}{5}$ | $\frac{4}{5}$ | 1

$(\frac{2}{5}\times1) = $ | $\frac{1}{5}$ | $\frac{2}{5}$ | | 1

$(\frac{2}{5}\times\frac{3}{4}) = $ | $\frac{1}{5}$ | $\frac{2}{5}$ | | 1

이렇게 표현해 본다면 ⎡⎽⎽⎽⎽⎽⎽⎽⎽⎽⎽⎽⎽⎽⎽⎽⎽⎽ 1⎤이라는 크기가 20등분이 된다는 것, 분모가 20으로 통분된다는 것을 의미한다. 이에 따라 위의 분수 막대 모형을 다시 정리해 보면 다음과 같다.

$$(2\times1) = \frac{40}{20},\ (2\times\frac{3}{4}) = \frac{30}{20},\ (\frac{2}{5}\times1) = \frac{8}{20},\ (\frac{2}{5}\times\frac{3}{4}) = \frac{6}{20}$$

$$\frac{40}{20}+\frac{30}{20}+\frac{8}{20}+\frac{6}{20}=\frac{84}{20}=4\frac{4}{20}=4\frac{1}{5}(\text{약분한 결과})$$

"이를 통해 분배법칙, 분모는 분모끼리 곱하고, 분자는 분자끼리 곱한다는 원리 이끌어 내기"

직사각형 넓이 모델에 대한 고찰

이의 이해를 위해 다음과 같은 상황을 살펴보기로 하자.

주어진 두 수에서 $\frac{1}{2}$을 집합 A로, $\frac{1}{3}$을 집합 B로 약속할 때 $A \times B = (A \cap B) = \frac{1}{2} \times \frac{1}{3}$을 의미하는 것과 같다. 이를 그림으로 표현하면 다음과 같다.

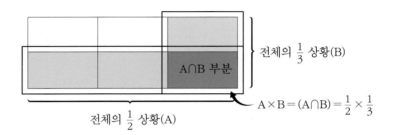

① 위의 그림에서 $\frac{1}{2}$이라는 수가 갖는 의미 : 주어진 직사각형에서 세로 방향으로 $\frac{1}{2}$만큼의 영역에 해당된다는 것을 의미

② 위의 그림에서 $\frac{1}{3}$이라는 수가 갖는 의미 : 주어진 직사각형에서 가로 방향으로 $\frac{1}{3}$만큼의 영역에 해당된다는 것을 의미

③ $\frac{1}{2} \times \frac{1}{3}$이란 세로 방향으로 $\frac{1}{2}$만큼의 영역과 가로 방향으로 $\frac{1}{3}$만큼의 영역을 표시할 때, 두 영역이 동시에 겹쳐지는 부분의 넓이 (두 영역의 공통된 부분의 넓이)를 가리킨다는 것을 의미한다.

이는 기존의 동수누가, ○배의 개념과는 다른 곱의 개념이다.

엄밀히 따지면 이는 중학교 수학에서 다루는 집합 영역에 대한 내용으로 초등학교 5학년 수준을 넘어서는 개념이다. 초등수학에 이런 개념들이 학생들 수준에 맞지 않게 마구 들어와 있다는 점에서 우리는 문제의식을 갖지 않으면 안 된다.

---

⑥ 함부로 약분을 하지 않도록 주의하기

5-1학기 약분 교육과정은 분수의 형태를 갖춘 경우에만 적용됨을 학습

따라서 $\frac{3}{8} \times 4$와 같은 경우 아직 분수의 모양을 갖춘 것이 아니기 때문에 미리 약분하도록 지도해서는 안 된다.

곱하는 수인 4가 결과적으로 분자의 위치로 가 곱해진다는 사실(결국 분자가 된다는 것)을 분명히 이해한 뒤에 약분할 수 있도록 지도하는 것이 타당하다.

$\frac{3}{8} \times 4 = \frac{3 \times 4}{8} = \frac{3 \times 1}{2}$(분모와 분자 모양을 갖춘 후에 비로소 약분이 가능함을 반드시 강조하기)$= \frac{3}{2}$ 또는 최종 결과를 얻은 뒤에 약분하도록 지도하기 $\frac{3 \times 4}{8} = \frac{12}{8} = \frac{3}{2}$

분수의 곱셈에 대한 의미 이해

문제 아래 질문에 대한 알맞은 설명을 해 보시오.

① $3 \times \frac{1}{3}$ ⇨ 승수(곱하는 수 : $\frac{1}{3}$)가 1보다 작은 분수(진분수)일 때 결과는 피승수(곱해지는 수 : 3)보다 크기가 어떻게 변하였는가?

② $\frac{1}{3} \times 3$ ⇨ 승수(곱하는 수 : 3)가 자연수일 때 결과는 피승수(곱해지는 수 : $\frac{1}{3}$)보다 크기가 어떻게 변하였는가?

③ ①, ②번과 같은 결과가 나온 이유는 무엇인가? 이를 통해 알 수 있는 사실은 무엇인가?

[설명]

_____

_____

- -

곱하는 수가 자연수일 때의 결과는 왜 곱해지는 수보다 커지는지, 곱하는 수가 진분수일 때의 결과는 왜 곱해지는 수보다 작아지는지를 이해할 수 있도록 돕기 위해 개발한 질문이다. 이전까지 학습한 자연수 범위에서의 곱셈은 동수누가 개념으로 접근하였기 때문에 곱셈을 하면 결과가 반드시 커진다고 이해하였다. 그러나 분수의 곱셈을 공부하면서 그 결과가 작아질 수도 있다는 사실을 처음 접하기 때문에 학생들은 인지구조에 심한 혼란이 발생할 수밖에 없다. 물론 이는 지극히 자연스럽고도 당연한 현상이다. 따라서 '자연수만큼의 배' 개념과 '분수만큼의 배' 개념이 어떻게 다른지 비교를 통해 분수를 곱한다는 것이 어떤 의미인지를 이해할 수 있도록 적극적으로 도와주어야 한다.

분수의 곱셈 단원 지도는 별도의 미션 과제나 핵심 발문보다는 모든 과정에서 그 개념과 원리가 어떻게 구현되는지 직접 그림으로 그려보고 그 과정에서 분수 곱셈 원리를 학생 스스로 끌어낼 수 있도록 하는 수업이 모든 과정에서 이루어져야 한다. 특히 직접 그림으로 그려보는 과정 자체는 모둠 토의토론으로 모든 차시 수업이 가능하다는 점을 잊지 말아야 한다.

분수의 곱셈 단원 수업 설계의 기본 전제

⇨ 교사가 먼저 그림으로 해결하는 과정을 알려주지 말고 학생 스스로 해결해 보게 하기 ⇨ 어려워할 경우 약간의 힌트 제공 ⇨ 모둠별 토의토론을 통해 결과 도출해 내기 ⇨ 그 과정에서 모둠별로 분수 곱셈의 원리 이끌어 내기 ⇨ 공유하기

모든 차시에서 그림으로 해결하기 개별 활동 ⇨ 모둠 토의토론 ⇨ 전체공유 및 발표로 수업이 가능(이와 같은 수업에서 개인 칠판 및 보드마카는 매우 훌륭한 도구가 되어줌)

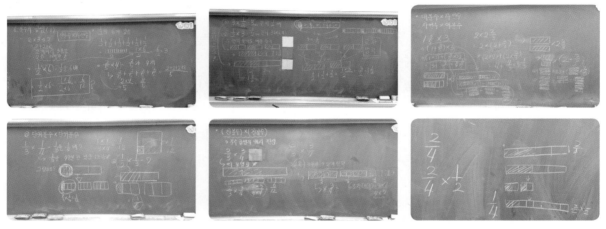

중요한 내용은 칠판 판서를 통해 반드시 정리하고 기록하게 하기

 **분수의 곱셈**

미션 과제 사례

문제 두 분수를 곱한 결과가 $\frac{24}{60}$이다. 이때 두 수는 어떤 수인지 세 가지 이상의 사례를 찾아 써 보시오.

- -

분수의 곱은 분모는 분모끼리, 분자는 분자끼리 곱하면 된다는 원리를 이용하여 두 수의 곱이 24가 되는 두 수와 두 수의 곱이 60이 되는 두 수를 찾아 해결할 수도 있고, $\frac{24}{60}=\frac{2}{5}$라는 사실을 이용하여 $2\times\frac{1}{5}$ 등과 같이 매우 간략히 만드는 학생들도 있을 수 있다. 이때 주어진 질문에 다양한 조건을 더 추가하면 보다 높은 수준의 과제가 만들어질 수 있다. 예를 들자면 다음과 같다.

- 두 분수 모두 진분수인 경우 $=\dfrac{1}{2}\times\dfrac{24}{30},\ \dfrac{2}{3}\times\dfrac{12}{20}$ 등

- 두 분수 모두 기약분수인 경우 $=\dfrac{3}{4}\times\dfrac{8}{15}$

소수의 곱셈

본 단원은 소수 곱셈의 알고리즘을 기능적으로 익혀 답을 구하는 것을 목적으로 하지 않는다. 또한 실생활에의 적용 사례에 집착할 필요도 없다. 왜냐하면 소수는 분수의 또 다른 형태이기 때문에 실생활 속 사례는 이미 분수의 곱셈 과정에서 다룬 바와 크게 다르지 않기 때문이다. 오히려 본 단원의 목적은 소수를 분수로 나타내어 값을 구하는 과정에서 깨닫게 되는 소수점 위치에 대한 이해에 두는 것이 단원 학습에 훨씬 더 큰 도움이 된다고 볼 수 있다.

⊕ ⊖ 단원 지도의 핵심 ⊗ ⊙

1. 소수 곱셈의 계산 원리 이해
2. 자연수의 십진 기수법에 기초한 소수의 위치적 기수법에 집중하기
3. 소수점의 위치 정하기 ⇨ 분수로 바꾸어 계산하는 과정에서 소수점의 위치가 결정되는 패턴의 발견
4. 소수 곱셈의 알고리즘 익히기
※ 너무 복잡한 소수의 계산을 학생들에게 제시하지 않기 ⇨ 이런 계산은 계산기에 맡기는 것이 더 좋음

본 단원 지도를 위해 반드시 고려해야 할 사항은 다음과 같다.

- 대소수(1보다 큰 소수)의 경우 분배법칙이 적용됨을 중요하게 다루기
- 가로셈보다는 세로셈으로 해결할 수 있도록 안내하기 ⇨ 이를 위해 □칸 노트를 적극 활용

소수의 곱셈 연산 능력 향상을 위한 팁

소수점의 위치

▶ 소수와 자연수의 곱에서는 소수점 아래 자릿수만큼 소수점 찍기
▶ 소수에 10, 100, 1000을 곱하면 소수점을 오른쪽으로 옮기기 : 곱하는 수의 0의 개수만큼 소수점을 오른쪽으로 옮기기
▶ 자연수에 0.1, 0.01, 0.001을 곱할 때는 소수점을 왼쪽으로 옮기기 : 곱하는 소수의 소수점 아래 자릿수만큼 소수점을 왼쪽으로 옮기기

소수끼리의 곱셈 익숙해지기

▶ 소수를 자연수로 생각하여 자연수의 곱을 구한 뒤에 소수점을 찍는다. 이때 곱한 결과의 소수점의 위치는 맨 오른쪽으로부터 두 소수의 소수점 아래 자릿수의 합과 같은 수만큼 옮겨 찍는다.

- 0.8×0.6의 계산

[방법 1] 분수를 소수로 고쳐서 계산하기

$$0.8 \times 0.6 = \frac{8}{10} \times \frac{6}{15} = \frac{48}{100} = 0.48$$

[방법 2] 자연수의 곱을 먼저 하고 소수점 찍기

$$\begin{array}{r} 0.8 \\ \times\ 0.6 \end{array} \Rightarrow \begin{array}{r} 8 \\ \times\ 6 \\ \hline 48 \end{array} \Rightarrow \begin{array}{r} 0.8 \\ \times\ 0.6 \\ \hline 0.48 \end{array}$$

- 3.2×2.4의 계산

[방법 1] 분수를 소수로 고쳐서 계산하기

$$3.2 \times 2.4 = \frac{32}{10} \times \frac{24}{10} = \frac{768}{100} = 7.68$$

[방법 2] 자연수의 곱을 먼저 하고 소수점 찍기

$$\begin{array}{r} 3.2 \\ \times\ 2.4 \end{array} \Rightarrow \begin{array}{r} 32 \\ \times\ 24 \\ \hline 128 \\ 64 \\ \hline 768 \end{array} \Rightarrow \begin{array}{r} 3.2 \\ \times\ 2.4 \\ \hline 7.68 \end{array}$$

[원리] 0.8은 분수로 고칠 때 분모가 10, 0.6도 분수로 고칠 때 분모가 10이 된다. 그래서 $\frac{8}{10} \times \frac{6}{10}$을 하게 되면 분모가 100이 되어 소수로 생각할 때 소수점 아래 두 자리까지 나타나게 된다.(소수점 위치 결정)

[소수점의 위치가 결정되는 원리]

분모가 10인 분수를 만듦

$$\begin{array}{r} 0.5 \\ \times\ \ 3 \\ \hline 1.5 \end{array} \longleftrightarrow \frac{15}{10}$$

연산 결과도 분모가 10인 분수를 만듦 ⇨ 소수점이 왜 그 자리에 찍히는지 이유 알기

분모가 10인 분수를 만듦

$$\begin{array}{r} 4.31 \\ \times\ \ \ 2 \\ \hline 8.62 \end{array} \longleftrightarrow \frac{862}{100}$$

연산 결과도 분모가 100인 분수를 만듦 ⇨ 소수점이 왜 그 자리에 찍히는지 이유 알기

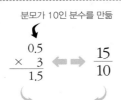

왜 이 경우 답이 소수 둘째 자리까지 나타난 0.24가 되었는지에 대한 원리 이해하기(분모가 100이기 때문에)

$$0.6 \times 0.4 = \frac{6}{10} \times \frac{4}{10} = \frac{6 \times 4}{10 \times 10} = \frac{24}{100} = 0.24$$

소수 곱셈의 원리 이해

문제 아래 사례를 통해 소수의 곱셈에서 소수점이 어떤 자리에 찍히는지 그 원리를 발견하여 설명해 보시오.

[예시 1] $0.5 \times 3 = \dfrac{5}{10} \times 3 = \dfrac{5 \times 3}{10} = \dfrac{15}{10} = 1.5$

[예시 2] $1.4 \times 3 = \dfrac{14}{10} \times 3 = \dfrac{14 \times 3}{10} = \dfrac{52}{10} = 5.2$

소수를 분수로 고치면 분모가 10인 분수가 된다는 것, 따라서 두 수의 곱에 대한 결과도 소수 첫째 자리까지 표현된다는 것을 이해할 수 있도록 돕기 위한 발문이라 할 수 있다. 4.31×2의 경우, 0.3×0.9 등의 경우도 마찬가지다. 4.31은 분모가 100이기 때문에 소수 둘째 자리까지 표현된다는 것, 0.3×0.9는 분모가 10인 두 분수를 곱하면 분모가 100이 되기 때문에 결과는 소수 둘째 자리까지 표현된다는 것을 이해할 수 있도록 돕는 것이 본 단원의 핵심이라 할 수 있다. 0.3×0.9와 같은 경우 소수점이 어떤 자리에 찍히는지 스스로 탐구할 수 있도록 돕기 위해 바로 이어지는 250쪽 핵심 발문같이 학생들에게 질문을 제시해 보는 것도 한 가지 방법일 수 있다.

소수 곱셈의 원리 이해

문제 주어진 계산 결과를 바탕으로 다음 문제를 해결하시오.

3×7=21	0.6×25=15
30×0.7=	6×25=
0.03×7=	600×0.25=
0.3×0.7=	0.6×0.25=
0.03×70=	6×0.025=

소수 및 자연수에서 각 자리마다의 배수 관계를 이해한다면 이와 같은 상황에서 곱의 소수점 위치를 결정하는 데 필요한 내용을 스스로 알아낼 수 있도록 하기 위해 개발한 과제라 할 수 있다. 모둠 토의토론을 통해 10, 100, 1000 또는 $\dfrac{1}{10}$, $\dfrac{1}{100}$, $\dfrac{1}{1000}$을 곱할 때 소수점 위치가 어떻게 이동하는지에 대한 원리를 충분히 찾아낼 수 있을 것이라 기대해도 좋다.

아울러 왼쪽의 사진에서 보는 바와 같이 단원 학습을 위한 별도의 연산 노트 및 개념 이해를 돕는 판서를 통해 소수의 곱셈 지도를 꾸준히 해 나가야 한다는 점 또한 잊지 말아야 한다.

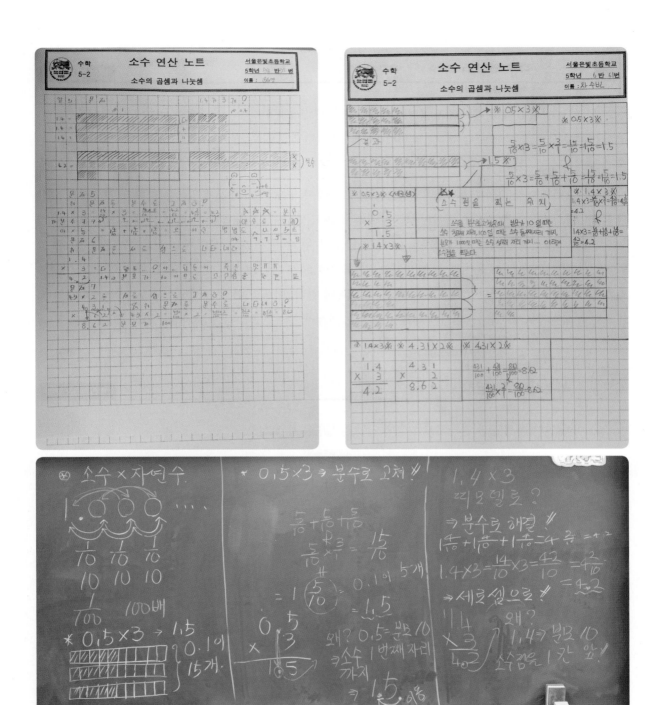

별도의 소수 연산 노트 및 칠판 판서 사례

소수 곱셈의 원리 이해

문제 20 이상~30 이하 사이의 두 수가 있는데, 그 가운데 1개의 수는 다른 1개의 80%에 해당되는 수이다. 두 수는 몇인지 모두 구해보시오.(참고로 80%를 소수로 나타내면 0.8이 됨)

이 질문은 2□인 어떤 수와 그 수에 대응하는 다른 수와의 관계가 0.8배 관계에 있음을 이해할 수 있도록 개발한 과제이다. 이를 위해 20~30 사이의 특정한 수를 먼저 선택하여 0.8을 곱해 본 뒤에 원하는 결과 값이 아니라면 1씩 더해가면서 문제를 해결(25부터 0.8을 곱했을 때 두 수 모두 20 이상의 수가 나온다는 것을 알 수 있음)하거나 1씩 내려가면서 문제를 해결(30에 0.8을 곱하면 24가 된다는 것을 알 수 있음, 그 외에도 더 가능한 경우가 있는지 1씩 내려가면서 살펴보면 됨)할 수 있어야 한다. 아울러 이전 단원에서 학습은 이상, 이하의 개념 또한 복합적으로 이해할 수 있어야 해결할 수 있는 과제라 할 수 있다. 답은 24와 30, 20과 25 두 쌍이 된다.

소수 곱셈의 원리 이해

문제 아래 연산 과정을 잘 관찰하고 질문에 알맞은 설명을 해 보시오.

$$\begin{array}{r} 2 \\ \times\ 0.\ 7 \\ \hline 1.\ 4 \end{array}$$

답의 소수점은 0.7과 같은 소수 첫째 자리에 찍었다.

➡

$$\begin{array}{r} 0.\ 6 \\ \times\ 0.\ 4 \\ \hline 2.\ 4 \end{array}$$

이 경우도 답의 소수점은 앞의 것과 마찬가지로 0.6, 0.4와 같은 소수 첫째 자리에 찍는 것이 맞다.

⇨ 위의 설명은 맞는가? 맞다고 생각하는 이유는? 또는 틀리다고 생각하는 이유는?(정확히 설명해 보시오.)
⇨ 소수점이 몇째 자리까지 나타나는가? 왜 그렇게 되는지 설명해 보시오.

$6 \times 4 = 24$이지만 0.6×0.4은 $\frac{6 \times 4}{10 \times 10} = \frac{24}{100}$이어서 분모가 100이 되므로 소수점은 2 앞에 찍힌다는 것, 답은 소수 둘째 자리까지 나타나게 된다는 것을 학생들이 발견할 수 있도록 돕기 위해 개발한 발문이라 말할 수 있다.

| 5학년 2학기 4단원 |

합동과 대칭

이전 교육과정에서 본 단원은 합동인 삼각형 그리기 내용을 포함하고 있었으나 2015 개정 교육과정으로 바뀌면서 학생들이 힘들어하는 '합동인 삼각형 그리기' 관련 내용은 중학교 1학년 과정으로 이동하게 되었다. 이는 매우 다행이라 말할 수 있다.

5학년 합동과 대칭 단원의 지도 목표는 매우 간단하다.

단원 지도의 핵심

	도형의 합동	도형의 대칭
표면적 교육과정 목표	1. 도형의 합동에 대한 이해 2. 작도 도구 활용 능력 기르기	1. 용어에 대한 명확한 이해(대칭, 대칭이동, 대칭도형) 2. 합동과 대칭 간의 관계 연결 짓기 3. 대칭이동하기 및 대칭도형 이해
잠재적 교육과정 목표	1. 도형(평면과 공간) 감각 및 그와 관련된 능력 기르기 2. 평면과 공간에 대한 직관적 사고력 기르기 3. 평면과 공간에 대한 학생들의 논리적 추론 능력 기르기	

1. 도형의 합동에 대한 이해 ⇨ 모양과 크기가 같음
2. 도형의 대칭에 대한 이해 ⇨ '합동 이동'
3. 대칭도형 : 도형의 대칭이동의 결과로 만들어진 도형

  5학년에서는 뒤집기에 의한 이동(선대칭도형), 회전에 의한 이동(점대칭도형 : 180° 회전)만 공부하게 된다.
  ⇨ 두 가지 모두 합동 이동이다.

⇨ 그렇다면 대칭이동을 먼저 이해하는 것이 순서 : 그 과정에서 대칭축, 대칭점, 대응각, 대응변의 위치, 대응각 및 대응변의 크기와 길이, 대칭축 또는 대칭점까지의 거리 및 관계 등을 자연스럽게 알아나갈 수 있음 ⇨ 이후에 대칭도형 지도하는 것이 바른 순서일 것
4. 개념에 대한 이해를 바탕으로 체계적인 지도 순서 마련이 필요 ⇨ 교육과정 재구성이 필수
5. 도형의 합동 ⇨ 도형의 대칭 학습을 위한 선개념이 됨을 꼭 이해
6. '대칭도형의 대응변, 대응각의 길이 측정은 꼭 필요한가?'에 대한 고민 : 합동 이동의 결과로 만들어진 결과인데 굳이 측정하라고 할 필요는 없지 않은가?('합동'을 제대로 이해하고 있다면 합동 이동한 도형에서 각의 크기, 변의 길이가 같다는 것을 얼마든지 추론할 수 있어야 하지 않을까?

본 단원 교육과정의 재구성 및 지도 방향을 제시해 본다면 다음과 같다.

(1) 조작활동을 통한 직관적 사고에 기반을 두고 수업 디자인하기 : 초등 기하학에서의 목표가 도형 감각 기르기에 있다면 이는 직관적 사고가 바탕이 되어야 하기 때문

직관적 사고 : 경험, 추리, 판단 등에 의하지 않고 대상을 직접적으로 파악하는 것을 말함(보는 즉시 이해함 ⇨ 감으로 느낄 수 있어야 함)

예 합동인 도형을 감으로 느끼기

  ▶ 도형을 이동시키거나 돌리거나 뒤집어도 같은 모양이 된다는 것을 직관적으로 알아내는 힘

  ▶ 이를 위해서는 조작적 사고가 기반이 되어야 한다. 조작적 사고를 통해 모양과 크기가 같음을 이해하는 과정이 반드시 필요하다.

개념 이해

  ⇨ **조작적 사고** : 2개의 도형을 겹쳐서 완전히 포개어진다는 것을 이해 또는 확인하기

  ⇨ **직관적 사고** : 눈으로 도형을 보는 것만으로 포개어지는 것을 이해 또는 판단하기

  ⇨ **추상적 사고** : 조작 또는 직관에 의하지 않고 논리적 추론과 판단을 바탕으로 모양과 크기가 같다는 것을 이해하고 밝히는 것

따라서 단원 학습 초반에는 조작적 사고가 가능한 활동을 제일 먼저 제시하고 이를 통해 학생들이 〈합동＝모양과 크기가 같음〉을 이해할 수 있도록 해야 한다.(도형을 여러 번 겹쳐 그리기, 투명 종이에 본을 떠보기 등) 같은 맥락에서 합동에 대한 기본 이해를 바탕으로 반례를 통해 합동에 대한 이해의 깊이를 더할 수 있는 활동도 나쁘지 않다.

(2) 합동 개념 이해 이후에는 작도에 필요한 도구를 이해하는 시간을 갖도록 할 필요가 있음

① 컴퍼스에 대한 이해

컴퍼스란 흔히들 원을 그리는 도구라고 알고 있다. 하지만 이는 컴퍼스 기능 가운데 하나일 뿐이고 엄격히 말하자면 원을 그리는 도구가 아니라 한 개의 점으로부터 같은 거리에 있는 무수히 많은 점들을 만들어 내는 도구라고 해야 맞다.(원이란 한 개의 점으로부터 같은 거리에 있는 점들의 집합 － 점들을 연결한 것) 또한 컴퍼스는 하나의 직선 위에서 똑같은 간격으로 점을 찍어나갈 때(divide-분할) 또는 2개의 점 사이 거리나 간격을 다른 곳에 똑같이 옮기고자 할 때도 쓰인다.

② 각도기에 대한 이해

각도기란 흔히들 각을 재는 도구라고만 알고 있다. 하지만 각도기의 기능은 한 가지 더 있다. 각도와 관련하여 하나의 직선을 그을 수 있는 도구라는 점이다.

그런데 학생들은 각도기를 사용해 본 경험이 그리 많지 않아 각을 재는 모습을 보면 굉장히 서

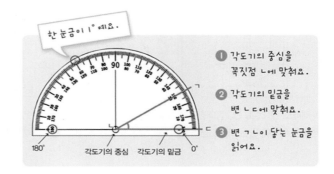

툴다. 특히 각도기의 중심을 꼭짓점에 맞추는 일부터 각도기의 밑금에 맞추는 일을 잘하지 못하는 학생들이 꽤 많다. 그 외에도 각도기의 눈금 가운데 어디를 읽거나 해당되는 각도에 점을 찍은 후 직선을 그어야 할지 혼란스러워하는 학생들도 꽤 있다. 충분한 활용을 통해 익숙해지도록 하는 시간이 필요하겠다.(빈 종이에 주어진 각을 표현하려면 먼저 한 변을 그리는 일이 필요하다는 것부터 알게 해야 한다.)

(3) 도형의 대칭을 지도할 때는 대칭, 대칭이동, 대칭도형에 대한 명확한 개념 정리 및 그에 대한 이해를 돕는 것부터 시작해야 함

대칭[對稱]	1. 사물들이 서로 동일한 모습으로 마주보며 짝을 이루고 있는 상태 2. 점, 선, 면 또는 이들로 이루어진 도형이 기준이 되는 점이나 직선 또는 평면을 사이에 두고 서로 같은 거리에 맞서는 일 3. 대(對) : 짝을 이룬다는 의미, 칭(稱) : 저울을 의미 4. 양팔저울처럼 양쪽이 짝을 이루어 서로 똑같은 모습으로 균형을 이루어 평평하게 마주보고 있는 모양
대칭이동 (합동 이동)	주어진 도형을 모양이나 크기가 변하지 않게(합동이 되도록) 뒤집거나 회전시켜 이동시키는 활동(조작활동)
대칭도형	대칭이동(조작활동)의 결과로 만들어진 도형

• 합동을 결정하는 세 가지 이동의 종류

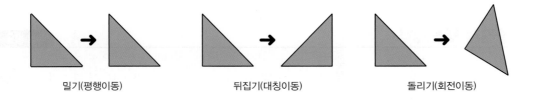

밀기(평행이동)   뒤집기(대칭이동)   돌리기(회전이동)

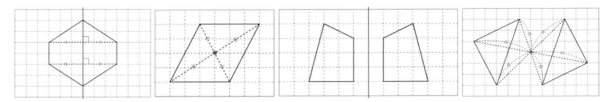

차례대로 선대칭도형, 점대칭도형, 선대칭 위치에 있는 도형, 점대칭 위치에 있는 도형
선대칭 위치에 있는 도형, 점대칭 위치에 있는 도형은 초등에서는 다루지 않음

(4) 이후에 선대칭이동과 선대칭도형에 대하여 알아보는 것이 바른 순서

도형을 한 직선을 중심으로 대칭이동시키는 활동을 경험, 그 결과로 만들어진 선대칭도형 살피기, 대칭이동 전의 도형과 모양, 크기가 변함없음을 확인해보는 시간을 갖기(대칭축을 중심으로 접었을 때 포개어짐), 선대칭도형에서 대칭축이 가지는 의미, 대응점, 대응변과의 관계도 함께 살필 수 있도록 수업을 디자인하기

(5) 다음으로 점대칭이동과 점대칭도형에 대하여 알아보는 것이 바른 순서

도형을 한 점을 중심으로 대칭이동시키는 활동을 경험, 그 결과로 만들어진 점대칭도형을 살피기, 대칭이동 전의 도형과 모양, 크기가 변함없음을 확인해 보는 시간 갖기(대칭이동 전과 비교하여 공통점과 차이점 찾기 : 180° 회전하였다는 점만 다름을 이해 ⇨ '대칭의 중심'을 중심으로 180° 돌렸을 때 포개어짐), 점대칭도형에서 대칭의 중심이 가지는 의미, 대응점, 대응변과의 관계도 함께 살필 수 있도록 수업을 디자인하기

선대칭도형	하나의 도형을 반으로 접으면 합동인 두 도형이 만들어진다.(또는 대칭축을 중심으로 뒤집는다.) 이때 접은 선이 바로 대칭축이다.
점대칭도형	도형의 중심을 찾아 고정시키고 180° 회전시켜서 만든다. 이때 회전의 중심이 되는 축이 바로 대칭의 중심이다.

 출발점 행동 점검 핵심 발문 사례

문제 1. 색종이 2장을 겹쳐서 오려낸 다음 색종이를 밀거나 뒤집거나 돌려(회전)보면서 관찰하여 정리하기

같은 점	달라진 점

▶ 두 도형이 같다는 것은 어떻게 증명할 수 있는가?

▶ 이 활동의 결과로 알 수 있는 사실은 무엇인지 설명해 보시오.

 2. 아래 주어진 도형 사례는 합동이라 말할 수 있는가? 그렇게 생각하는 이유를 설명해 보시오.

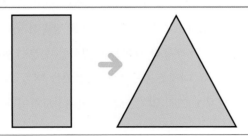
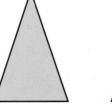

[답]	[답]
[그렇게 생각하는 이유]	[그렇게 생각하는 이유]

1. 합동이 아니다.	2. 합동이 아니다.
크기는 같지만 모양이 다르다. 포개어지지 않는다.	모양은 같지만 크기가 다르다. 포개어지지 않는다.

본 발문은 도형을 뒤집거나 돌려도 모양과 크기는 달라지지 않는다는 것(합동 이동 개념의 기초)에 대한 이해를 바탕(같음의 증명 : 포개어보기, 또는 투명종이 활용)으로 반례를 통해 합동의 필수 요소인 크기, 모양을 학생들이 정확히 인지하고 있는지 알아보기 위하여 개발한 발문이라 말할 수 있다.

단원 도입 과정 칠판 판서 사례

선대칭도형에 대한 이해

핵심 발문 사례

 1. 대칭축이 두 대응점 사이를 2등분하는 이유를 설명해 보시오.

 2. 대칭축을 중심으로 접었을 때 두 도형이 포개어지지 않았다. 이것이 의미하는 것은 무엇인가?

 3. 두 대응점 사이를 연결한 선분과 대칭축은 어떻게 만나는가?(두 선분이 만나 이루는 각도의 크기는 얼마인가?

 4. 만약 두 대응점 사이를 연결한 선분과 대칭축이 위와 같은 관계로 만나지 않는다는 것은 무엇을 의

미하는 것인가? 그렇게 생각하는 이유는 무엇인지 설명해 보시오.

본 발문은 선대칭도형을 정확히 이해하고 있는가에 대한 여부를 묻고 있다. 선대칭도형은 대칭축을 중심으로 합동을 이루는데, 대칭축을 중심으로 접었을 때 2등분되지 않으면 서로 합동이 아니라는 것을 의미한다는 것, 합동일 경우 대칭축을 중심으로 접게 되면 서로 만나게 되는 점들이 바로 대응점이라는 것을 정확히 이해하고 있다면 위의 질문에 정확히 답을 할 수가 있다. 또한 만일 대칭축과 두 대응점 사이를 연결하는 선분이 90° 관계로 만나지 않으면 대칭축이 삐뚤어져 있다는 것, 그리고 이것은 곧 대칭축을 중심으로 접었을 때 두 도형은 서로 포개어지지 않는다는 것, 그래서 두 도형은 서로 합동인 관계에 있지 않기 때문에 선대칭도형이라 말할 수 없다는 것을 학생들은 정확히 추론해 낼 수 있을 것이다.

 ## 선대칭도형 종합 정리 　　　　　　　　　　　　　　　　　　　**미션 과제 사례**

 1. 아래 도형에 대칭축을 1개씩만 그어 선대칭도형으로 만들어 보시오.

문제 2. 위에 제시된 각각의 도형은 대칭축을 몇 개나 그릴 수 있는가?
[답] 정삼각형 3개, 이등변삼각형 1개, 정사각형 4개, 직사각형 2개, 정오각형 5개, 정육각형 6개, 원 무수히 많이.

종합적으로 선대칭도형에 대한 이해를 정확히 하고 있는지 알아보기 위해 개발한 발문이라 할 수 있다. 반으로 접었을 대 포개어진다면 선대칭도형이 된다는 것, 그때 접은 선이 대칭축이라는 것을 잘 이해하고 있다면 본 과제를 수월하게 해결할 수 있을 것이라 생각된다.

 ## 선대칭도형과 점대칭도형 종합 　　　　　　　　　　　　　　　　　**미션 과제 사례**

문제 다음과 같이 10개의 정사각형을 이용하여 만든 도형이 있다. 여기에 같은 크기의 정사각형 1개를 더 놓았을 때 선대칭도형, 점대칭도형이 몇 개 만들어지는지 헤아려 봅시다. 그때의 모양도 정확히 그림으로 표현해 보시오.(점대칭도형의 경우 대칭의 중심점을 찍어 보시오. 선대칭도형의 경우 대칭축도 그려 보시오.)

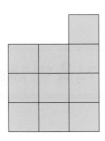

선대칭도형(뒤집기 이동)의 특징과 점대칭도형(180° 회전 이동)의 특징을 잘 이해하고 있다면 어떤 곳에 정사각형 조각을 놓아야 점대칭도형이 되는지, 선대칭도형을 이룰 수 있는지 파악할 수 있다. 점대칭도형을 이룰 수 있는 방법은 오른쪽의 그림에서 보는 바와 같이 한 가지 방법밖에 없다. 이 위치에 놓지 않으면 어떻게 180° 회전을 해도 똑같은 모양이 나오지 않는다. 그런데 선대칭 도형을 만들 수 있는 방법은 매우 많다. 이 문제를 학생들에게 제시할 때는 □칸 종이(격자 활동지)를 나누어 주고 모둠원과 함께 찾은 경우의 수를 최대한 많이 찾아보게 하는 것이 좋다.(모든 그림에 대칭축을 반드시 그려 넣도록 한다.)

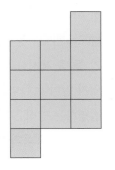

직육면체

초등 기하학 영역의 지도 목적은 도형과 관련된 지식의 습득이 아니라 공간 감각의 향상(공간 지각 능력 발달)에 있다. 여기에서 말하는 공간 감각(공간 지각 능력)은 지식이 아니다. 쉽게 말하자면 느끼는 힘인 것이다. 또한 이러한 목적을 달성하기 위해 교과서에서는 3차원 사물(입체)을 2차원적(평면)으로 표현하게 하거나(예 : 겨냥도, 전개도 등) 2차원적으로 제시된 입체를 3차원적으로 사고하도록 만드는 활동(바르게 그려진 전개도 찾기 등)을 제시하고 있다. 따라서 직접 조작활동을 통해 눈으로 관찰하고 만져보는 과정은 꼭 필요하다는 것을 잊지 말아야 한다.(교과서 속에 제시된 그림이나 전개도, 겨냥도만을 살펴보면서 설명하고 추론하고 증명하고 설명하는 방식은 학생들의 사고를 2차원적, 평면적으로 제한하게 만들기 때문이다.)

본 단원 교육과정의 재구성 및 지도 방향을 제시해 본다면 다음과 같다.

① 직육면체 모양의 사물을 교실로 가져와 눈으로 직접 관찰할 수 있도록 하기

② 전개도를 다룰 때는 직육면체 모양의 상자를 직접 잘라 펼쳐가면서 여러 가지 모양의 전개도가 나올 수 있다는 것을 직접 체험할 수 있도록 지도하기

③ 겨냥도 및 직육면체의 전개도를 그리는 작업은 먼저 모눈종이에 충분히 그려 보는 활동을 한 이후에 빈 종이에 그릴 수 있도록 하기

④ 3차원 사물(입체)을 2차원적(평면)으로 표현하게 하거나(예 : 겨냥도, 전개도 등) 2차원적으로 제시된 입체를 3차원적으로 사고하도록 만드는 활동(바르게 그려진 전개도 찾기 등)을 충분히 제공하면서 머릿속으로 사물의 모양을 상상할 수 있는 공간 지각 능력을 향상시킬 수 있도록 하기(잘되지 않으면 직접 전개도를 오려서 조립할 수 있도록 하기)

문제 · 직육면체와 정육면체를 서로 비교하면서 공통점과 차이점을 정리해 보시오.

		직육면체	정육면체
공통점			
차이점	면의 모양		
	면의 크기		
	모서리의 길이		
	기타		

실제 수학 교과서는 정육면체와 직육면체를 따로 지도하도록 되어 있지만 굳이 그럴 필요는 없다는 생각이 든다. 아울러 국어과 교육과정에서 글쓰기 방법 가운데 비교, 대조하기 및 이 내용을 정리하는 방법에 대하여 벤다이어그램으로 제시되어 있기는 하지만 차이점을 가르는 명확한 기준을 몇 가지 제시하고 그것을 중심으로 대상을 집중적으로 관찰하고 생각해 보도록 함으로써 핵심에서 벗어나지 않게 해 주고 불필요한 시간 낭비를 줄여 줄 수 있다는 점에서 표의 형태로 변화를 준 벤다이어그램의 변형을 고려해 볼 필요가 있다.

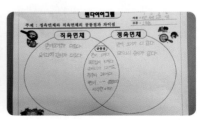

실제로 직육면체와 정육면체 모양의 교구를 살펴보면서 공통점과 차이점을 정리하는 장면

문제 직육면체를 직접 관찰하면서 다음 문장의 (   )안에 들어갈 알맞은 수를 넣어 보시오.

직육면체를 직접 관찰해 보면 면의 수, 모서리의 수가 가장 많이 보이는 시각(방향, 각도)이 분명히 있다. 그 시각에서 바라보면 보이는 면은 최대 (   )개가, 보이는 모서리는 최대(   )개가 보인다. 그리고 보이지 않는 면은 (   )개, 보이지 않는 모서리는 (   )개이다.

겨냥도는 사물을 바라보는 시각(방향, 각도)에 대한 이야기다. 겨냥도를 그리기 위해서는 사물을 바라보는 적절한 시각이 필요하다는 것, 왜 그 시각에서 바라보아야 하는지를 이해하는 것이 필요하다. 겨냥도를 본격적으로 학습하기에 앞서 사물을 바라볼 때 왜 그 시각에서 바라보는 것이 좋은지를 이해할 필요가 있다. 본 발문은 그 이유를 이해할 수 있도록 돕기 위해 개발한 발문이라 할 수 있다. 이를 위해 다음과 같이 직접 사진을 찍어 PPT로 제시하고 학생들이 같은 방향에서 직육면체를 직접 관찰하게 하면서 질문을 주고받는 것도 좋은 방법이라 생각된다.

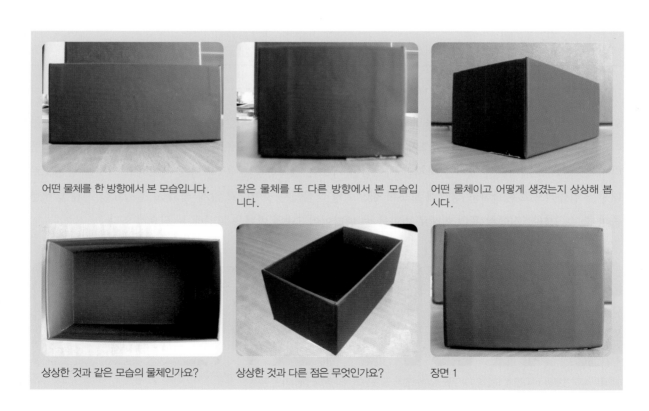

어떤 물체를 한 방향에서 본 모습입니다.

같은 물체를 또 다른 방향에서 본 모습입니다.

어떤 물체이고 어떻게 생겼는지 상상해 봅시다.

상상한 것과 같은 모습의 물체인가요?

상상한 것과 다른 점은 무엇인가요?

장면 1

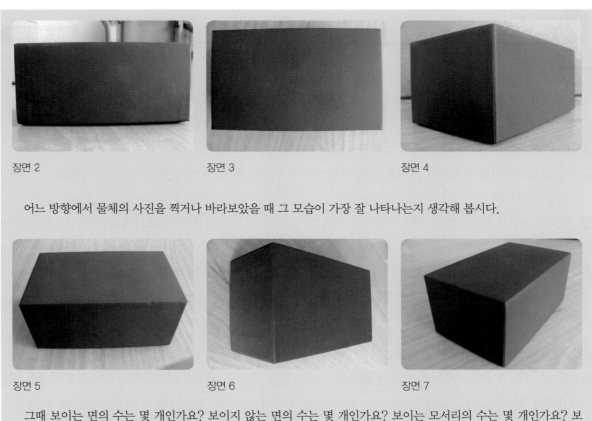

장면 2　　　　　　　　장면 3　　　　　　　　장면 4

어느 방향에서 물체의 사진을 찍거나 바라보았을 때 그 모습이 가장 잘 나타나는지 생각해 봅시다.

장면 5　　　　　　　　장면 6　　　　　　　　장면 7

　　그때 보이는 면의 수는 몇 개인가요? 보이지 않는 면의 수는 몇 개인가요? 보이는 모서리의 수는 몇 개인가요? 보이지 않는 모서리의 수는 몇 개인가요?

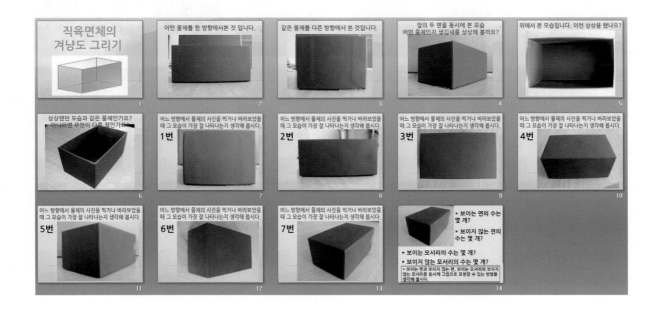

겨냥도 그리기

문제   지금부터 겨냥도를 직접 함께 그려 보도록 하겠는데 어떤 순서로 어떻게 겨냥도를 그려야 제대로 그릴 수 있을지 순서 찾기 활동을 모둠활동으로 해 보도록 하시오.(모둠별로 4절 도화지 1장, 모눈종이 4장, A4용지 4장을 나누어 줌)

① 큰 도화지에는 겨냥도를 그리는 방법 및 과정, 주의할 점을 정리하기

② 먼저 모눈종이를 활용하여 그리는 방법을 확실하게 알아본 뒤 빈 종이에 한 번 더 그려서 겨냥도 그리는 방법 알아보기

③ 나머지 4장의 활동지에는 각자 겨냥도를 연필로 그려가면서 모둠원과 함께 협의해 보고 겨냥도를 그리는 방법 탐구하기

④ 모든 모둠원이 확실히 제대로 정리하였다고 생각되면 선생님에게 와서 확인받도록 하기 ⇨ 점검 받으면서 수정해야 할 것이 있으면 수정한 후 다시 점검을 받도록 하기

- -

본 과제는 학생들이 겨냥도를 관찰하면서 겨냥도 그리는 방법을 직접 탐구하고 알아나갈 수 있도록 하기 위해 개발한 것이다. 겨냥도 그리는 방법 또는 순서를 교사가 직접 가르쳐 주어도 좋지만 학생들이 직접 시행착오를 겪어가면서 겨냥도 그리는 방법을 알아내는 것이 훨씬 더 의미가 크다고 생각하여 본 과제를 개발해 보았다.

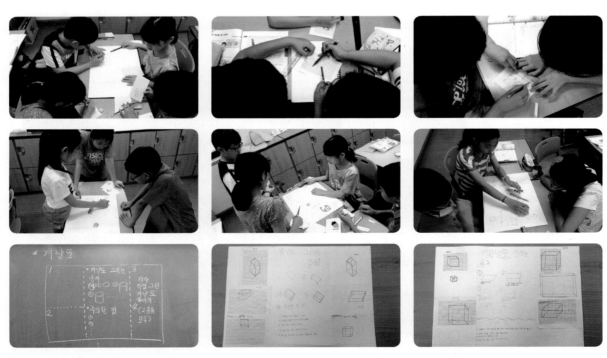

필자의 교실에서 진행했던 직육면체 겨냥도 그리기 모둠별 협동학습 활동 과정 및 결과 1

필자의 교실에서 진행했던 직육면체 겨냥도 그리기 모둠별 협동학습 활동 과정 및 결과 2

 정육면체의 전개도 미션 과제 사례

 정육면체의 전개도를 그리는 방법은 11가지가 있다. 최대한 많은 방법을 직접 찾아 표현해 보시오.

정육면체 전개도를 그리는 방법은 아래에서 보는 바와 같이 11가지가 된다. 학생들이 이 모든 방법을 다 알아야 하는 것은 아니지만 11가지 방법을 모두 찾아보게 하는 것도 도전적인 과제로서 충분한 가치를 지닌다고 말할 수 있다.

개인 또는 모둠별 정육면체의 전개도 찾기 장면

모둠별로 정육면체의 전개도를 찾아보기 위해 색종이로 정육면체 모형을 만들어 조립하거나 분해할 수 있게 해 보도록 하거나 다양한 조립식 블록 또는 자석 교구 등을 활용하여 정육면체의 전개도를 찾아보게 할 수도 있다.(사진과 같은 교구들이 집에 있는 학생들도 꽤 있을 수 있다.)

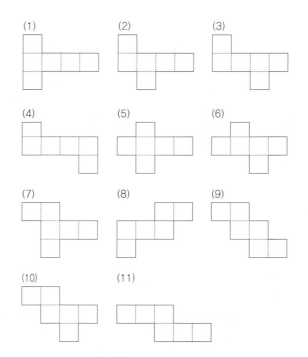

(1)　(2)　(3)

(4)　(5)　(6)

(7)　(8)　(9)

(10)　(11)

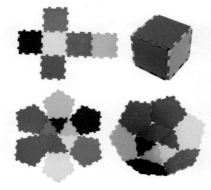

지오콘 블럭 교구

러닝맥 사각형 자석교구

정토이즈 자석 블록 교구

평균과 가능성

이전 교육과정에서 본 단원은 가능성의 표현을 1/4(~이 아닐 것 같다)과 3/4(~일 것 같다)에까지 확장하여 지도하였지만 그 개념이 모호하고 확실성이 떨어진다고 생각하였는지 2015 개정 교육과정에서는 가능성을 수로 표현할 때 0, 1/2, 1의 수만 다루도록 그 내용을 최소화시켰다. 따라서 이 단계에서 가능성에 대한 표현은 불가능(0), 반반(1/2), 확실(1) 이렇게 세 가지만 학습하게 되었다. 아울러 그림그래프와 그림그래프 그리기 내용은 6학년 2학기 여러 가지 그래프 그리기 단원으로 이동하여 학생들의 학습부담을 비교적 많이 줄였다고 볼 수 있다.

본 단원 교육과정의 재구성 및 지도 방향을 제시해 본다면 다음과 같다.

① 실생활 속에서 평균을 구하는 이유 및 그의 활용에 중점을 두어 지도하기 : 평균을 구한다는 것은 뒤에 이어질 내용인 '평균을 활용하여 앞으로 어떤 사건이 일어날 가능성 및 앞으로의 일에 대한 예상, 예측하기를 통해 문제 해결하기' 등과 더 깊은 관련성을 맺고 있다. 예를 들어보면 다음과 같다.

> (1) 내가 치킨 전문점을 개업하였다. 다음 날 몇 마리 정도를 미리 준비해 두어야 되는지 예상하고자 할 때 평균을 이용할 수 있다. 무조건 미리 생닭을 많이 준비해 둘 수는 없는 일이다. 따라서 개업 후 상당 기간 동안 매일 판매한 수의 평균값을 구하여 그에 비슷한 수만큼의 생닭 주문을 꾸준히 해 나가게 된다.
>
> (2) 내가 일하면서 받는 봉급에서 매달 조금씩 고정된 일정 금액을 빼서 저축하고자 할 때 평균적으로 매달 지출되는 돈이 얼마이고 남는 돈이 얼마인지 알아야만 저축액을 산출해 낼 수 있다. 이를 위해 몇 개월 정도는 실제 사용된 금액을 바탕으로 평균액을 뽑아 보아야 어느 정도 금액을 고정적으로 저축할 수 있을지 정할 수 있다. 이를 위해 가계부 또는 금전출납부 작성은 꼭 필요한 일이다.
>
> (3) 농구 선수를 실제 시합에 뛰게 할 때 각 개별 선수가 여러 시합에서 얻은 점수를 바탕으로 하여 평균 득점이 높은 사람을 감독은 더 선호한다. 평균 득점은 그에 대한 믿음이기도 하고 실제 시합에서도 그 정도의 점수를 낼 수 있는 확률이 높기 때문이다.

실제 생활 속에서 평균값은 이런 식으로 앞으로 일어날 일이나 상황에 대한 예측, 예상하기에 더 많이 이용되고 있다는 사실을 안다면 실제 수업 시간에 다루는 일도 보다 피부에 와 닿는 상황을 설정하거나 실제 삶속의 자료를 교실로 가져와 학생들이 직접 표를 만들고 수치를 기록하고 평균값을 구한 뒤 앞으로 일어날 일이나 그 일에 대한 대책, 대안 모색하기 등의 활동을 해 보는 것이 더 좋지 않을까 생각한다.

> [예 1] 우리학급 친구들의 한 달 평균 독서량, 우리 학교 학년별 학생들의 평균 독서량, 학급별 평균 독서량, 월별 독서량 등 ⇨ 이를 통해 독서교육에 대한 대안 또는 프로그램 마련 등의 계획 세우기 등이 가능할 수 있다.

② 평균을 구하는 방법을 짧은 시간 안에 확실히 지도하고 이를 바탕으로 실생활 속에서 평균을 꼭 구할 필요가 있는 사례를 찾아 평균을 구하고 왜 평균을 구하고자 하였는지, 그 결과를 통해 우리가 알 수 있는 사실 등을 학생들이 직접 설명해 볼 수 있도록 수업을 디자인하기(1주일 정도 시간을 갖고 모둠원끼리 틈틈이 모여 실제 자료를 수집, 정리, 평균값 구하기, 해석하기 등의 과정을 거친 뒤 전시물로 최종 결과물이 산출될 수 있도록 하는 것도 필요)

③ 단순히 평균을 구하는 것에 중심을 두기보다 평균값의 활용 및 해석에 중심을 두어 수업을 디자인하기

④ 확률의 기초 개념으로서 사건이 일어날 가능성에 대한 이해를 중심으로 학생들이 서로 생각을 나누며 '가능성을 수치로 표현하기'라는 다양한 활동 경험을 제공할 수 있도록 하기(단, 이 활동에 할애하는 시간은 1시간 정도면 충분)

평균값 구하기

핵심 발문 사례

문제 1. 철수의 최근 5주 동안의 독서량은 다음과 같다.

1주	2주	3주	4주	5주
3	6	4	5	6

▶ 위의 자료를 보고 철수의 주당 평균 독서량이 얼마인지 계산해 보시오.

▶ 이 평균값이 의미하는 것은 무엇인지 설명해 보시오.

▶ 철수는 앞으로도 매주 책을 몇 권 정도 읽을 것이라 예상하는가? 그렇게 생각하는 이유는 무엇인가?

문제 2. 영희네는 매월 소득이 500만 원으로 고정되어 있다. 최근 5개월간의 총 지출을 계산한 결과는 다음과 같다. 영희네는 매월 똑같은 금액을 은행에 저축하고자 한다. 저축액을 얼마로 정해야 하는가?

1월	2월	3월	4월	5월
450만	410만	460만	440만	430만

▶ 매월 지출액의 평균값은 얼마인가?

▶ 평균값이 의미하는 것(평균값의 해석)은 무엇인지 설명해 보시오.

▶ 영희네는 매월 얼마 정도의 금액을 저축액으로 정하는 것이 좋겠는가?

 3. 민수네는 지난 1년 동안 매월 전기 사용료를 구해 보았더니 평균 12,000원이 나왔다. 그런데 이번 달에는 전기 사용료가 1만 원이 나왔다. 이것을 어떻게 해석할 수 있는가? 이 결과를 통해 민수네는 어떤 생각을 할 수 있을까?

사실 평균값을 구하는 것은 그리 어려운 일이 아니다. 그리고 평균값을 구할 때는 계산기를 학생들이 적극 활용할 수 있도록 한다면 훨씬 더 쉽게 문제를 해결할 수 있다. 중요한 것은 평균값 자체가 아니라 평균값이 갖는 의미라 할 수 있다. 본 발문은 평균값이라는 의미 해석에 중심을 두고 개발한 발문이라 할 수 있다.

평균을 이용한 문제 해결

핵심 발문 사례

 1. 여러분이라면 어떤 농구 선수를 경기에 선발로 출전시키겠는가?

	철수와 영민의 최근 7경기 득점 상황						
철수	6	24	8	10	32	5	20
영민	18	16	19	16	15	15	15

▶ 그 이유는 무엇인가?

▶ 이 상황에서 평균값은 무엇을 의미하는가?

 2. 우리가 여러 상황에서 평균을 구하는 이유를 생각나는 대로 모두 정리해 보시오.

이 상황에서 평균값이 의미하는 것은 다음과 같다.

- 그 사람이 매일 경기에서 보여 주는 득점 가능성과 믿음
- 철수는 득점이 꾸준하지 못한 반면 영민은 꾸준하게 득점을 하고 있어 감독 입장에서 철수보다는 영민이가 더 믿음이 간다.

평균을 구하는 이유 알기 수업 칠판 판서 내용

우리가 평균을 구하는 이유는 다음과 같다고 할 수 있다.

- 자료나 통계를 분석할 때 쓸모가 있기 때문이다.
- 현재까지의 상황이 어떤지 파악을 하는 데 아주 유용하다.
- 현재까지의 상황을 바탕으로 앞으로 일어날 상황에 대한 예측이 가능해진다.
- 의사결정에 도움을 준다.

평균의 함정

문제　캐나다 사람인 샤론은 대한민국에 대하여 다음과 같은 정보를 바탕으로 8월에 약간 두꺼운 옷과 긴 바지, 긴 팔의 상의를 준비하여 방문하였다.

> 대한민국의 연평균 기온은 12℃ 정도가 된다.

▶ 샤론에게 어떤 어려운 점이 발생하였겠는가?

▶ 이런 일이 일어난 까닭은 무엇인지 써 보시오.

우리나라의 연평균 기온은 12℃ 정도가 된다. 평균 기온만 생각한다면 우리나라는 매우 생활하기 좋을 것으로 생각된다. 하지만 실제로 우리나라는 봄, 여름, 가을, 겨울 4계절이 뚜렷하게 나타나며 계절마다 기온차가 매우 크다. 여름에는 기온이 40℃ 가까이 오르는가 하면 겨울에는 영하 10℃ 이하로 떨어지는 날도 많다. 이 과제는 평균에 어떤 함정이 도사리고 있는지를 이해할 수 있도록 하기 위해 개발한 과

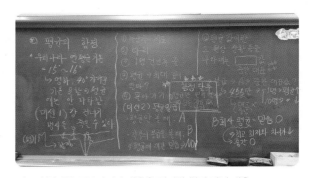
평균의 함정을 공부하면서 내용을 정리한 칠판 판서 내용

제라 할 수 있다. 평균은 전체의 중간에 해당되는 값이기 때문에 전체를 있는 그대로 보여 주지 못한다. 때문에 평균값을 있는 그대로 믿어서는 안 될 것이며, 평균값에 바탕을 두고 어떤 자료나 상황을 살펴볼 때는 그 안에 숨은 함정을 항상 주의 깊게 살펴보아야 함을 인식할 수 있는 단초를 제공하는 질문으로서 충분한 가치를 지닐 수 있을 것이라 판단된다. 이와 관련된 영상물을 학생들에게 보여 주는 것도 나름의 가치가 있다. 다음의 인터넷 주소를 참고하기 바란다.

- 지식채널e 평균의 함정 : https://youtu.be/Pp_Pd6GZLOE
- EBS 지식 너머 초등수학 평균의 함정 : http://www.ebs.co.kr/tv/show?prodId=10294&lectId=3122685

문제   모둠별로 한 가지 주제를 정하여 직접 조사하고 표로 정리, 평균값 구하기, 그에 대한 해석하기 ⇨ 발표하기

• 모둠별 협의 : 모둠별로 주변에서 직접 조사해야 할 자료 선정하기

①   왜 그 자료를 조사하려고 하는지 생각해 보기

②   조사를 위해 어떤 준비를 하고 어떻게 조사해야 할지 생각해 보기

③   조사를 위한 역할 분담 및 날짜 계획 세우기

④   자료 조사 후 해야 할 일 협의하기

      조사한 자료 표로 정리하기 ⇨ 평균값 구하기 ⇨ 그에 대한 해석하기 ⇨ 발표

프로젝트 수업으로 이와 같은 과제 수행 활동을 해 보는 것도 좋을 것이라 생각된다. 필요하다면 다른 교과와도 연계하여 교과 통합 프로젝트 수업으로 진행해 보는 것도 좋을 것 같다. 학생들이 관련된 주제를 쉽게 선정하지 못하거나 시간이 부족할 경우 다음과 같은 주제 또는 자료를 학생들에게 직접 제공하고 이후 활동을 학생들에게 맡겨보는 것도 나쁘지는 않을 것이다.

오른쪽 사례는 이전 교육과정에서 실제로 활동했던 사례(그림그래프도 함께 다루었던 교육과정 내용)이다. 2015 개정 교육과정에서는 그림그래프 관련 내용이 6학년으로 올라가게 되어서 부담은 줄었다.

• 학년별 총 독서량 및 1인당 평균 독서량에 대한 자료를 통계표로 만들기
• 5학년 학급별 총 독서량 및 1인당 평균 독서량에 대한 자료를 통계표로 만들기

이와 관련된 자료는 학교마다 있는 도서관에 부탁하면 쉽게 구할 수 있다. 이 자료를 바탕으로 다음과 같은 활동을 해 본다면 좋은 경험이 될 것이라 판단된다.

• 통계표 만들기
• 평균값 구하기
• 현재까지의 상황에 대한 해석
• 이런 결과가 나오게 된 원인 분석
• 바람직한 해결방안 제시

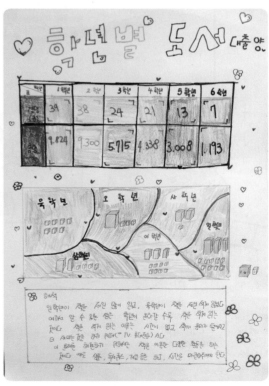

미션 과제 & 핵심 발문

지면 관계상 모든 핵심 발문, 미션 과제를 싣기에 무리가 있어 각 단원별로 4개 내외의 사례만 남겨두었다. 나머지 핵심 발문, 미션 과제는 아래 인터넷 다음 카페에서 다운로드 받을 수 있다.

http://cafe.daum.net/-coop-math-discuss

(카페명 : 협동학습 토의토론 초등수학교육을 혁신하다)

| 6학년 1학기 1단원 |

분수의 나눗셈

분수의 나눗셈은 실생활 속에서 활용되는 빈도는 낮지만 수학적 지식을 다루는 도구로서 중요한 역할을 한다. 분수 곱셈의 역연산으로 연산 기능, 수학적 과학적 자료의 계산, 정확한 계산이 필요할 때 소수의 나눗셈보다 효과적일 수 있는 경우, 중학교에서 유리식의 계산을 다룰 때 기초 기능 등이 분수 나눗셈의 역할이라 말할 수 있다. 그런 분수의 나눗셈 단원 지도에 가장 중점을 두어야 할 점은 다음과 같다.

⊕ ⊖ 단원 지도의 핵심 ⊗ ÷

분수 나눗셈의 의미를 이해하고 그 원리를 발견하기

(자연수÷자연수, 분수÷자연수 범위만 다룸)

※ 자연수로 나눌 때 그 자연수를 분모로 하는 단위분수의 곱으로 표현하기(역수)가 목적이 아니라 왜 역수로 바꾼 후 나눗셈을 곱셈으로 바꾸어 계산하는지를 설명할 수 있도록 하는 일이 핵심(이전 교육과정에서는 5학년에 배정되어 있었음)

그런데 현재의 교과서는 계산 방법(소위 알고리즘) 안내 위주로 되어 있어서 실제 수업은 계산 방법에 치중한 기능 중심 교육, 문제 풀이 위주의 교육으로 흐를 수밖에 없게 된다. 따라서 학생들이 분수 나눗셈 상황이 갖는 의미를 이해하고, 분수 나눗셈의 원리를 탐구하여 발견할 수 있도록 하기 위해서는 분수 모형을 활용하여 조작활동을 하면서 원리를 발견하고 깨달아 나갈 수 있도록 돕는 내용으로 실제 수업을 디자인해야 한다. 그 방안을 제시해 보면 다음과 같다.

① 분수 나눗셈의 원리를 분수 모형을 통해 이해할 수 있도록 하기

- $\square \div 4$이 어떻게 $\square$의 $\frac{1}{4}$배$=\square \times \frac{1}{4}$가 되는지 분수 모형을 통해 원리 이해 돕기

2015 개정 교육과정에 의한 교과서는 1, 2차시 '자연수÷자연수' 과정에서만 그 원리를 분수모형으로 다음과 같이 제대로 표현하고 있다.

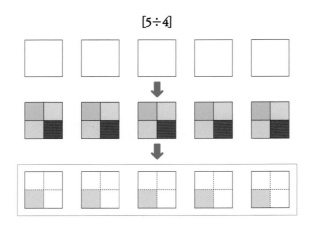

[5÷4]

그런데 '분수÷자연수'과정으로 가면 다음과 같이 바뀌어 그 원리를 분수 모형 속에서 짐작할 수 없게 해 놓았다.

$$\left[\frac{6}{8}\div 3\right]$$

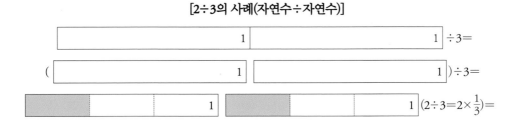

$$\frac{6}{8}\div 3 = \frac{6}{8}을\ 3등분한\ 것 \Rightarrow \frac{6\div 3}{8} = \frac{2}{8}$$

$$\left[\frac{3}{4}\div 2\right]$$

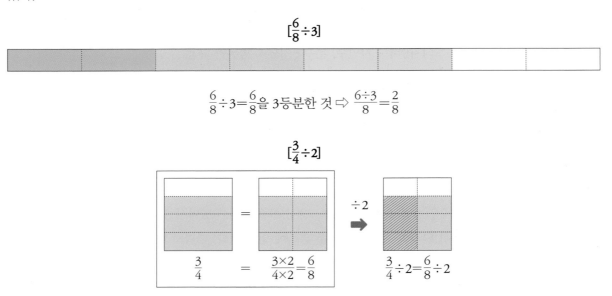

여러분들은 교과서 속에 제시된 위의 두 가지 사례 속에서 일관된 분수 나눗셈 원리를 발견할 수 있겠는가? 그 원리가 느껴지는가?(이후의 내용도 모두 이런 방식으로 제시되어 있어 매우 아쉽다.) 나는 전혀 원리가 느껴지지 않는다. 필자가 제시한 다음의 일관된 방식과 한 번 비교해 보기 바란다.

[2÷3의 사례(자연수÷자연수)]

나누는 수 3을 분모로 하는 단위분수의 곱으로 전환된다는 것을 이해하고 설명할 수 있어야 한다.

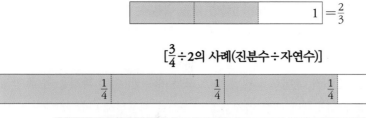

$$[\frac{3}{4} \div 2의 \ 사례(진분수 \div 자연수)]$$

▶ $\frac{3}{4}$은 $\frac{1}{4}$이 3개 있는 것

▶ $\frac{3}{4} \div 2$는 각각의 $\frac{1}{4}$ 조각을 2등분한 것 $= \frac{3}{4}$의 $\frac{1}{2} = \frac{3}{4} \times \frac{1}{2} = \frac{1}{8}$이 3개 있는 것

▶ $\frac{1}{8} \times 3 = \frac{3}{8}$

▶ $\frac{3}{4} \div 2$(2를 분모로 하는 단위분수의 곱으로 전환)$= \frac{3}{4} \times \frac{1}{2}$가 되는 과정의 이해 및 설명이 가능해야 한다. 필자가 제시한 이 방식대로라면 어떤 분수의 나눗셈이든 일관된 방식으로 설명이 가능하다. 이것이 바로 분수 나눗셈의 원리인 것이다.

왜 '□÷2'가 '□×$\frac{1}{2}$'이 되는지를 일관된 방식으로 설명할 수 있어야 그것이 원리!!

② 단원의 핵심 명확히 하기=분수 나눗셈 원리 이해가 바탕이 된 연산 능력 향상

단원 학습의 최대 목표는 '분수 나눗셈 원리 이해를 바탕으로 한 연산 능력 향상'이 되어야 하며 이 과정을 통해 학생들은 자기 스스로 인지구조를 재구성해 나갈 수 있도록 해야 한다. 교사의 임무는 이를 적극적으로 도울 수 있는 방안을 강구하는 것이 본 단원에서 제일 중요한 과제라 할 수 있다.

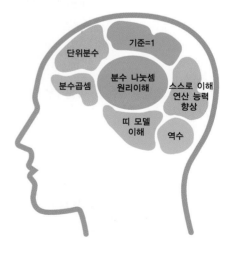

| 일방적 전달
NO! | → | 스스로 원리 터득하기
YES! |

③ 현재 발달 수준(이미 알고 있는 분수 곱셈의 원리 : 5학년 학습 내용)을 토대로 Scaffolding(재구성된 내용, 또래 학생들, 교사, 핵심 발문, 미션 과제, 협동학습 토의토론 등)을 확실하게 세워 학생들이 서로 도움을 주고받으면서 근접 발달 영역(분수 나눗셈의 원리 이해)에까지 도달할 수 있도록 내용을 재구성해야 한다.(학습이 발달을 선도한다는 진리가 그대로 드러날 수 있도록 재구성) 이런 과정을 통해 학생들은 분수 곱셈의 원리를 기반으로 한 분수 나눗셈에 대한 인지구조를 스스로 재구성해 나갈 것이다. 이것이 바로 배움의 과정인 것이다.

④ 교과서에 없지만 이런 내용도 함께 다루면 Good!

분수를 가장 먼저 사용하였다고 알려진 고대 이집트 사람들은 생산물들을 똑같이 분배하기 위해 분수를 활용하였다고 한다. 그런데 그들의 분수를 사용하는 방법은 오늘날과 매우 달랐다는 것이다. 이집트에서는 단위분수와 $\frac{2}{3}$만을 사용하였다고 알려져 있다. 왜냐하면 생산물들을 나누는 데(분배) 있어서 단위분수만 사용해도 무리가 없기 때문이다. 예를 들자면 다음과 같다.

밭에서 캐낸 커다란 호박 3덩이를 4명이 똑같이 나누어 가지려 한다고 가정을 하자. 한 덩어리씩 가질 수 없으니 이렇게 나누어 분배할 수밖에 없다.

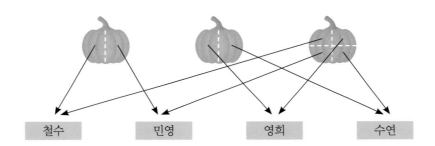

위와 같이 생각한다면 호박 3덩이를 네 사람이 똑같이 나누어 가질 때 한 사람이 갖게 되는 양은 $\frac{1}{2}+\frac{1}{4}$이 된다. 이를 식으로 정리하면 다음과 같다.

$$3 \div 4 = \frac{1}{2}+\frac{1}{4}$$

하지만 오늘날에는 $3 \div 4$를 간단하게 $\frac{3}{4}$으로 나타내고 있다. 몇 개의 사례를 더 살펴보면 다음과 같다.

$$2 \div 5 = \frac{1}{3}+\frac{1}{15} \qquad 2 \div 7 = \frac{1}{4}+\frac{1}{28}$$

이런 내용을 교육과정에 반영하여 1~2차시 정도의 내용으로 수업을 디자인해 보는 것도 매우 의미 있고, 학생들에게 흥미로운 과정이었을 것이라는 생각이 든다. 필자는 실제로 이렇게 수업을 해 본 적이 있다. 다른 과정보다 훨씬 더 흥미로운 모습을 보였던 기억이 있다.

문제 1. 민수가 빵 1개를 갖고 있습니다. 늘 베풀며 살라는 부모님 말씀을 기억하며 주변에 있는 3명의 친구들과 빵을 나누어 먹으려고 합니다. 그러면 한 사람은 얼마씩 먹게 될까요?

문제 2. 민수가 빵 3개를 갖고 있습니다. 4명의 친구들과 빵을 나누어 먹으려고 합니다. 그러면 한 사람은 얼마씩 먹게 될까요?

① 한 사람이 먹을 양을 1개의 분수로 나타내 보시오.

② 한 사람이 먹을 양을 2개의 단위분수의 합으로 나타내 보시오.

※ 모두 그림으로 설명해 보시오.

고대 이집트 사람들이 생산물들을 똑같이 분배하기 위해 활용하였다고 알려진 방식을 이용하여 문제를 해결해 보도록 하기 위해 본 과제를 개발하였다. 왜냐하면 현실적으로 이런 방식을 더 많이 사용하고 있을 뿐만 아니라 사물들을 공평하게 나누는 데 있어서 단위분수만 사용해도 아무런 무리가 없기 때문이다. 아울러 분수의 나눗셈 원리를 본격적으로 이해하기 전에 학생들의 호기심과 흥미를 끌기에 충분한 활동으로 손색이 없기 때문이라는 장점도 갖고 있다. 이 활동을 통해 앞으로 분수 나눗셈의 원리를 탐구하기 위해 일관된 방식으로 적용하게 될 방법을 ①번 방식으로 통일시켜 보자는 제안과 합의를 이끌어 내면 된다. 왜냐하면 결과 값을 한 개의 분수로 표현하는 것이 두 개의 분수로 표현하는 것보다 훨씬 간편하고 깔끔하기 때문이라는 것을 학생들이 이해할 수 있도록 하면 되기 때문이다. 이후에는 모두 ①번 방식으로 문제를 해결하면서 분수 나눗셈 원리를 차근차근 추론해 낼 수 있도록 돕기만 하면 본 단원 학습 목표는 자연스럽게 달성해 나갈 수 있게 된다.

 자연수÷자연수=분수   핵심 발문 사례

문제 3L의 오렌지 주스를 4명이 똑같이 나누어 먹으려고 한다. 한 명이 몇 L의 오렌지 주스를 먹을 수 있는지 그림으로 그려서 알아보는 과정에서 철수는 다음과 같은 방법으로 해결하였다. 이 방법에 대하여 어떤 부분에 문제가 있는지, 어떻게 바로잡아주어야 하는지 설명해 봅시다.

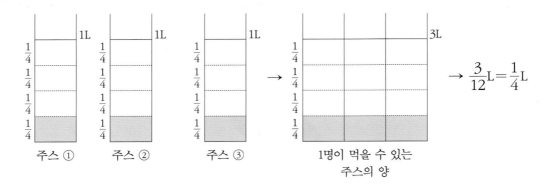

[철수의 설명]

① 주스 ①과 주스 ②, 주스 ③을 합하여 오른쪽 그림과 같이 붙여놓고 보면 전체 3L를 4등분한 것과 같이 된다.

② 전체 주스 3L를 4등분한 후 하나의 덩어리가 1명이 먹을 수 있는 주스의 양이 된다.

③ 그러므로 결론은 $\frac{3}{12}=\frac{1}{4}$이 답이 되어야 한다.

본 과제는 분수 연산의 이해에 있어서 어떤 상황이 오더라도 기준량(전체=1)의 크기는 절대로 변하면 안 된다는 것을 돕기 위해 개발하였다. 위에서 1L 주스 3개를 합하여 3L를 기준량 1로 하게 되면 기준량의 크기가 합하기 전과 달라지기 때문에 이런 방법으로 문제를 해결하면 안 된다는 것을 학생들이 이해해야만 본 과제를 정확히 해결할 수 있게 된다.

실제로 진행했었던 과제에 대한 학생들의 토의토론 및 발표 장면, 칠판 판서 사례

이전 시간까지의 원리가 이후의 모든 과정에 일관되게 적용된다는 사실을 이해할 수 있도록 하고 이와 관련된 기초를 좀 더 다져보자는 차원에서 왼쪽의 사례에서 보는 바와 같이 짝 점검 활동으로 종합 정리를 해 보는 것도 매우 의미 있는 활동이 된다. 늘 그렇지만 어떤 과정을 진행해도 100% 모든 학생들이 목표에 도달하기는 참으로 힘들다는 생각이 든다. 무엇을 해도 잘 이해하지 못하거나 어려워하는 학생들이 발생하기 때문이다. 그렇더라도 이렇게 할 때가 문제 풀이 방법 설명, 암기, 반복 학습 중심으로 수업을 진행할 때보다 훨씬 낫다는 점은 분명한 사실이다.

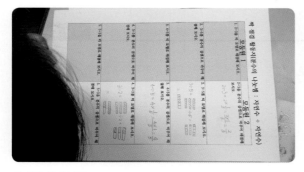

사례 및 활동 장면

짝 점검 활동지(분수의 나눗셈 : 자연수÷자연수)

모둠원 1	모둠원 2
1. 2÷3을 띠 모델로 해결해 보시오.	1. 2÷3을 분수의 곱셈으로 바꾸어 해결해 보시오.
2. 3÷5를 분수의 곱셈으로 바꾸어 해결해 보시오.	2. 3÷5를 띠 모델로 해결해 보시오.
3. 4÷5를 띠 모델로 해결해 보시오.	3. 4÷5를 분수의 곱셈으로 바꾸어 해결해 보시오.
4. 3÷2를 분수의 곱셈으로 바꾸어 해결해 보시오.	4. 3÷2를 띠 모델로 해결해 보시오.
5. 5÷3을 띠 모델로 해결해 보시오.	5. 5÷3을 분수의 곱셈으로 바꾸어 해결해 보시오.

짝 점검 활동지

1. $\frac{3}{2}÷2$를 그림(분수 막대)으로 그려서 설명해 보시오.

| $\frac{1}{2}$ | $\frac{1}{2}$ | | $\frac{1}{2}$ | |

 2. $1\frac{1}{2}÷4$를 그림(분수 막대)으로 그려서 설명해 보시오.

대분수 또는 가분수÷자연수에도 지난 시간까지 알아보았던 원리가 그대로 적용된다는 사실을 이해할 수 있도록 돕기 위해 개발한 발문이라 할 수 있다. 시간이 지날수록 학생들은 본 단원 학습의 취지를 확실히 이해해 나가게 된다.

　이와 같은 방식으로 단원 활동을 차근차근 해결해 나가게 되면 교과서 단원 차시 구분처럼 복잡하게 상황을 나누어 해결하지 않아도 어떤 상황에서든 일관된 분수 나눗셈 원리가 적용되고 있음을, 이를 통해 분수 나눗셈 원리에 대한 학생들의 확실한 이해를 도울 수 있다는 사실을 깨닫게 된다. 이와 같은 방식으로 단원 교육과정을 체계적으로 재구성하려는 노력이 필요하다.

'가분수÷자연수' 해결을 위한 모둠별 토의토론 장면 및 칠판 판서 사례

'대분수÷자연수' 해결을 위한 모둠별 토의토론 장면 및 칠판 판서 사례

문제 리본 3m를 5명이 똑같이 나누어 가졌다. 한 명이 가진 리본은 몇 m인지 알아보는 방법을 세 가지로 설명해 보시오.

① 2개의 단위분수의 합으로 답을 구해 보시오.

② 그림으로(분수 막대) 그려서 답을 구해 보시오.

③ 수식으로 해결해 보시오.

본 단원에서 학습한 내용을 종합적으로 이해하고 있는지를 알아보기 위해 개발한 과제라 할 수 있다. 단원 학습 목표가 ③번처럼 답을 구하기 위한 방법 또는 절차적 지식의 습득이 아님을 이해한다면 이와 같은 과제가 얼마나 중요한지 이해할 수 있을 것이라 생각된다.

각기둥과 각뿔

이 단원을 지도할 때는 중요한 것은 공간 감각이다. 각기둥, 각뿔 등의 실제 사물들을 다양하게 제시하고 시각적으로 관찰 및 조작, 구분할 수 있도록 하며 2차원적인 평면 그림과 3차원 공간 도형을 연결 짓도록 하는 것이 가장 이상적이라 할 수 있다. 이를 위해서는 충분한 사례 및 관찰과 탐구 시간, 의사소통 과정이 필요하다. 수업을 디자인하는 단계에서 이것을 어떻게 반영시킬 것인지 고민해 보도록 해야 한다.

다만 구체적 조작 단계에 있는 초등학교 학생들에게 평면도형, 입체도형이라는 용어를 구분하여 사용할 필요는 있지만 '입체도형'에 대한 정의를 내리지 않고 직관적 의미에서 구분하여 사용하도록 지도하는 것이 좋다는 것이 필자의 견해다. 단원의 중점 지도 내용이 다양한 입체도형 가운데 극히 일부분인 각기둥, 각뿔이라는 특수한 상황에만 국한되기 때문이기도 하고 아직 학생들의 수준이 입체도형에 대한 개념적 정의를 이해할 만큼의 수준에 해당되지 않기 때문이기도 하다.

⊕ ⊖ 단원 지도의 핵심 ⊗ ÷

1. 각기둥과 각뿔의 특징 이해하기
2. 각기둥의 전개도 이해하기 및 전개도 그리기(각뿔의 전개도는 다루지 않음)
3. 공간감각 기르기(2차원 평면 위에 제시된 겨냥도, 전개도를 보고 3차원 입체도형 상상하기, 3차원 입체도형을 보고 2차원 평면 위에 나타내거나 상상하기)

---

① 각기둥 및 각뿔의 구성 요소에 대한 이해에는 최소한의 시간 배정 : 단원 내용을 살펴볼 때 각기둥의 전개도를 그리는 것에 중점이 있다고 볼 수 있다. 그런데 여기에 단지 2시간만 배정해 놓고 있다. 그와 달리 각기둥과 각뿔 및 구성 요소의 이해에는 너무나 많은 시간을 배정해 놓고 있다.(5시간 정도) 지금까지의 수학 교육 경험으로 비추어 볼 때 각기둥과 각뿔의 특성 및 구성 요소의 이해는 3시간 정도면 충분하다.(블록 수업으로 진행하면 공통점 및 차이점을 동시에 이해할 수 있어서 도움이 될 수 있음) 여기에서 감축된 시간들을 각기둥의 전개도를 다양한 방법으로 직접 그려 보는 활동에 배정한다면 학생들은 각기둥과 각뿔의 전개도 그리기를 보다 확실하게 할 수 있을 것이라 판단된다.

② 개념 정의를 분석적 방법(위아래의 면이 평행하고 합동인 다각형으로 이루어진 기둥 모양의 입체도형을 각기둥이라고 한다.) 또는 예시적 방법(각기둥의 다양한 사례를 그림으로 제시 ▯ ▯ ▯ ▯ ⇨ 이러한 도형을 각기둥이라고 한다.)으로 제시하거나 두 가지 모두를 절충하여 제시하는 식의 방법은 큰 도움이 되지 않는다. 초등 기하학에서 문장으로 서술된 정의를 기억하거나 외우는 일이 핵심은 아니다. 중요한 것은

공간 감각이다. 각기둥, 각뿔 등의 실제 사물들을 다양하게 제시하고 시각적으로 관찰 및 조작, 구분할 수 있도록 하며 2차원적인 평면 그림과 3차원 공간 도형을 연결 짓도록 하는 것이 더 좋다고 할 수 있다. 이를 위해서는 사례에 대한 충분한 조작적 관찰과 탐구, 의사소통 과정이 필요하다.

③ 본 단원에서 가장 중요한 부분은 각기둥의 전개도를 그리는 부분이라 할 수 있다. 이미 5학년에서 직육면체의 전개도에 대한 학습이 이루어졌다고는 하지만 직육면체는 4각기둥에만 한정되어 있을 뿐이며 다양한 종류의 각기둥 가운데 특히 학생들이 어려워하는 삼각기둥의 전개도 그리기에 있어서는 시간적으로 매우 부족함을 느낄 수밖에 없는 실정이다. 왜냐하면 삼각기둥의 전개도 그리기에서 컴퍼스를 사용해야 하기 때문이다.(교과서 속 모눈종이에는 0.5cm 길이를 1cm로 제시하여 실제 자의 길이와 다름으로 인하여 생기는 혼란스러움도 학생들의 어려움을 한층 더 높게 만들고 있다.) 따라서 이 부분의 학습을 위해 충분한 시간을 확보하고 다양한 전개도를 제시하여 3차원 공간도형을 상상할 수 있도록 하거나 만들어 보기, 2차원 평면 위에 제시된 각기둥 그림을 보고 전개도를 직접 그려 보는 활동이 충분히 이루어질 수 있도록 수업을 디자인해야만 한다.

④ 주의할 점 한 가지가 있다면 밑면이나 옆면을 약속하는 사례로서 사각기둥이나 정사면체는 적절하지 않다는 점을 감안해야 한다. 사각기둥의 경우 밑면이 될 수 있는 것이 3쌍이 있고(5학년 단계에서 직육면체를 공부할 때 밑면, 옆면을 구분하지 않고 그냥 '면'이라고만 지도한 것도 바로 이런 이유 때문이다.), 각뿔에서 정사면체의 경우 밑면에 따라 옆면이 정해지기 때문이다.

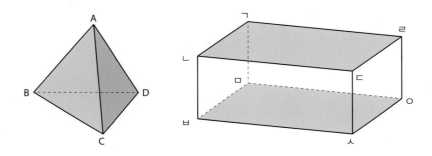

⑤ 충분한 활동이 이루어진 이후에 1시간을 할애하여(미술 수업과 연계) 체험활동으로 정사면체를 활용한 시어핀스키 피라미드 만들기 체험 또는 창의적인 입체도형을 만들어 볼 수 있도록 하는 것도 좋다.

• 시어핀스키 피라미드 : 폴란드 수학자 바츨라프 시어핀스키의 이름이 붙은 프랙탈[자기복제 : 작은 구조가 전체 구조와 비슷한 형태로 끝없이 되풀이되는 구조를 가진 것으로 프랑스 수학자 만델브로트(Benoit B. mandelbrot)가 '쪼개다'라는 뜻을 가진 그리스어 프랙투스(fractus)에서 처음 따와 만들었다. 프랙탈의 속성은 자기 유사성과 순환성이다.] 도형으로 시어핀스키 삼각형을 공간으로 확장시킨 피라미드 모양의 입체 모형이다.

• 본래 이 과정은 규칙성과 함수 영역에 관련된 내용이지만 삼각뿔이라는 독특한 정사면체를 규칙적으로 배

열하여 아름다운 3차원 공간도형을 만들어보는 경험을 제공해 보고자 시도해 보았다. 이 밖에도 정사면체를 창의적으로 연결하여 독특한 입체도형을 만들어 볼 수도 있다.

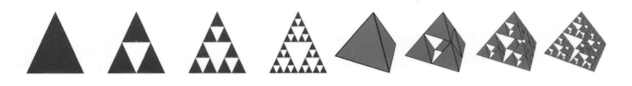

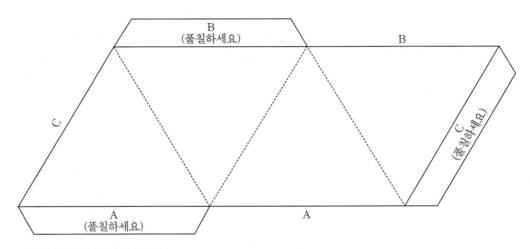

정사면체 전개도를 활용하여 만들기

[색종이 접기를 활용한 정사면체 만들기]

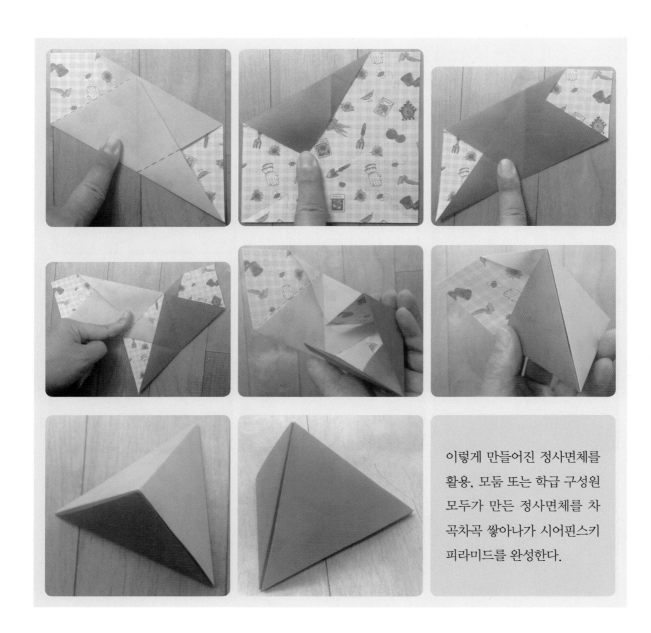

이렇게 만들어진 정사면체를
활용, 모둠 또는 학급 구성원
모두가 만든 정사면체를 차
곡차곡 쌓아나가 시어핀스키
피라미드를 완성한다.

미술시간에 학생들에게 색종이 접기를 하겠다고 하였다. 그랬더니 몇 명의 학생들이 시큰둥한 반응을 보인다. "에이, 재미가 없어요. 다른 것 하면 안 되나요?" "무얼 하는지 구체적으로 들어보지 않고 무조건 싫다고 하면 곤란한데?"라고 말하며 뒷이야기를 이어갔다. "수학 시간과 연결 지어 각뿔을 이용한 예술적 활동을 해 볼 생각이다. 시어핀스키 피라미드 만들기를 할 것이다." 그랬더니 "그게 뭐지?"라는 표정으로 흥미와 호기심을 보이기 시작하였다. "시어핀스키 피라미드는 ⋯."하고 간략히 설명해 주었다. "와, 멋있겠는데요!"라고 벌써 의욕을 보이는 학생도 생겼다. 색을 통해서도 정삼각뿔을 활용한 입체도형의 예술성을 엿볼 수 있도록 하기 위해 빨강, 초록 2종류의 색으로 통일하여 색종이를 나누어 주었다. 1인당 초록 2장, 빨강 2장을 나누어 주었다. 1인당 초록 1장, 빨강 1장이면 1개의 정삼각뿔을 접을 수 있고, 1인당 2개의 정삼각뿔을 만든 뒤 4명의 모둠원들이 8개의 정삼각뿔로 가장 기초 단계의 피라미드를 만들 수 있도록 하였다. 그런 뒤 모든 모둠에서 만든 기초 단계의 피라미드를 수합하여 보다 큰 단계의 피라미드로 점차 크기를 확장시켜나가고자 하였다.

색종이 접기를 한 단계씩 차근 차근 밟아 나갔다. 약간의 시간은 더 걸렸지만 속도를 맞추기에는 그게 가장 효율적이었다. 중간 중간에 접는 방법이 잘 이해가 안 가는 학생들은 주변의 친구들에게 도움을 요청하라고 하였더니 큰 어려움이 없이 마무리되었다. 드디어 각 개인이 만든 정삼각뿔을 모아 기초적인 피라미드를 완성하였고 그것들을 모아 보다 큰 피라미드를 만들었다. 여기까지 약 65분 정도의 시간이 사용되었다.

각 개인별, 모둠별 시어핀스키 피라미드 만들기 활동 장면

2단계 시어핀스키 피라미드 만들기 — 색의 통일성이 제대로 이루어지지 않은 사례

3단계 시어핀스키 피라미드 만들기 — 색의 통일성까지 제대로 이루어 완성해 나가는 과정

일단 의도한 바는 이루었다. 그런데 갑자기 이런 반응이 나왔다. "여기서 끝내나요? 더 만들면 안 되나요? 더 큰 것 만들면 좋겠는데요." 그러자 여기저기에서 "더 해요. 더 큰 것 만들어요. 멋있을 것 같아요."등의 반응이 터져 나왔다. "시간이 얼마 남지 않았는데 더 큰 것 만들려면 아주 많은 시간이 필요하단다. 오늘 다 할 수가 없을 뿐더러 이것을 만드는 데 다른 수업 시간을 더 쓰기에는 무리가 있을 것 같은데 어쩌지?"라고 했더니 "쉬는 시간, 점심시간에 만들면 됩니다. 색종이만 더 주세요. 오늘 못하면 집에서도 더 만들어 오고 내일도 만들 것입니다." 이렇게까지 의욕을 보이며 말하는데 막을 길이 없었다. 내심 속으로는 무척 잘된 일이라 여기기도 하였다. 물론 모든 학생들이 쉬는 시간, 점심시간까지 이 활동에 참여한 것은 아니다. 수업시간이 끝나고 나니 많은 학생들은 자기 활동 시간을 가졌다. 1/3 정도의 학생들만이 여기에 동참하여 보다 큰 피라미드를 보고 싶은 마음을 실행에 옮겼다. 만들어가는 과정에서 요령도 생겨서 나름 역할을 분담하여 협동적으로 분업을 하였다. 색종이 접는 과정도 단계별로 분업을 이루어 만들었고, 누군가는 삼각뿔을 만들면 다른 쪽에서는 그것을 모아 1차 피라미드를 만들고. 이렇게 나누어 일하면서 속도도 더 빨라졌다. 자기들도 그것이 자랑스럽고 대단한 듯 수다도 떨면서 활동을 계속 이어갔다. 5교시 시작 전까지 만들기 활동을 이어가면서 3단계 피라미드 2개를 만들고 1개를 더 만들다가 내일로 미루고 작업을 멈추었다. 몇 명 학생들은 집에서 더 만들어오겠다고 약속하기도 하였다. 오늘 활동이 참으로 재미가 있었다는 말도 함께 늘어놓았다. 매번 수학교육활동이 이런 모습을 보인다면 정말 좋겠다는 생각을 뒤로 하며 앞으로도 좀 더 열심히 연구하고 노력하여 학생들이 힘들지 않게 수학수업을 디자인해 나가야겠다고 다시 한 번 다짐해 본다.

쉬는 시간, 점심시간까지 보다 큰 피라미드 만들기 활동에 참여하고 있는 학생들 모습
오른쪽 사진에서 보는 크기의 피라미드(3단계)가 4개 있어야 보다 큰 피라미드(4단계)가 완성된다.

이틀 동안 놀이시간, 점심시간을 이용하여 완성시킨 4단계 피라미드 — 여러 각도에서 본 모습

자신들이 더 노력하여 완성시킨 4단계 피라미드를 보며 자랑스러운 마음에 찍은 기념사진 한 컷

 각기둥과 각뿔 비교하기 핵심 발문 사례

 제시된 두 입체도형 그룹을 살펴보면서 자신들이 갖고 있는 입체도형을 똑같이 분류하도록 해 보자.

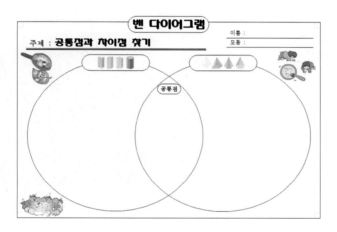

① 보는 바와 같이 A그룹과 B그룹으로 나누어 보았다. 지금부터 분류된 입체도형을 관찰하면서 A, B 각 그룹만의 고유한 특징(두 그룹 간의 차이점) 및 두 그룹의 공통점을 찾아 정리해 보도록 하자.(아직 명칭은 이야기하지 않기, 특징을 찾은 후 자연스럽게 명칭과 연결 지을 수 있도록 함)

② 벤다이어그램 활동지 해결하기(10분 정도 동안 개인 생각 ⇨ 15분 정도 동안 짝 또는 모둠원들과 자신의 생각을 공유하며 공통점과 차이점 정리하기) ⇨ 전체 공유하기 및 정리

실제 조작활동 및 관찰을 통해 각기둥과 각뿔의 차이점 및 공통점을 살펴보고 각 입체도형의 특성을 경험적으로 이해할 수 있도록 돕기 위해 개발한 발문이라 할 수 있다. 개별 활동 및 모둠 활동을 마무리하고 전체 공유하는 과정에서 오답도 나올 수 있지만 그 생각들을 다른 학생들과 연결 지어 주면서 스스로 오답을 수정해 나갈 수 있기 때문에 오히려 긍정적으로 볼 필요가 있다.(실제 사례 : "공통점에서 모든 면이 다각형이다."라는 의견이 있었다. 이것을 함께 생각하면서 학생들 스스로 "모든 면은 다각형이 아니라 밑면만 다각형이고 A그룹은 옆면이 직사각형, B그룹은 옆면이 삼각형이다."라고 정리해 나갔다.) 물론 발표하는 과정에서 중요한 용어 및 그 개념에 대한 정리도 함께 이루어졌던 경험이 있다.(예 : 합동 ⇨ 모양과 크기가 같다.) 하지만 관찰 및 탐구 과정에서 어떤 학생들은 주어진 입체 모형을 가지고 블록 쌓듯 쌓아가며 조작활동을 해 놓고도 각기둥 모양은 쌓을 수 있지만 각뿔 모양은 쌓아가기가 어렵다는 것을 발견해 내지 못하여 아쉬운 마음을 가졌었다.

한편 시간적으로 여유가 있다면 원기둥과 원뿔도 제시하면서 위의 그룹에 낄 수 없는 이유를 생각해 보도록 하는 것도 고민해 볼 필요가 있다.

짝과 함께 입체도형 관찰 및 공통점, 차이점 찾는 수업 장면

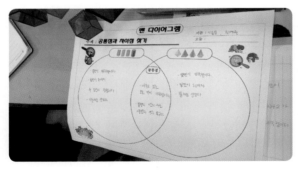 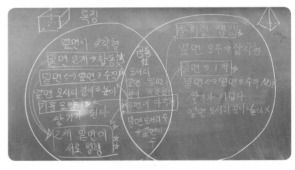

짝끼리 관찰하고 발견한 내용을 정리해 나가는 과정의 활동지 및 함께 정리한 칠판 판서 내용

 ## 각기둥 모양의 특성 이해

핵심 발문 사례

문제 기둥 모양 입체도형의 특징을 다시 한 번 생각해 보기(각기둥 모양을 제시)

① 이런 모양의 입체도형이 갖추어야 할 필수 조건 두 가지를 다시 한 번 생각해 봅시다.(모두 일어서서 나누기 활동)

② 이렇게 생긴 입체도형을 무엇이라고 부르는가? 그런 이름을 붙이게 된 이유는 어디에 있을까?

아직까지 공식적으로 학생들과 각 입체도형의 명칭은 정의하지 않았다. 이 활동을 통해 각기둥의 특성을 다시 한 번 되짚어보고 각기둥이라는 도형의 이름이 어떤 면을 보고 정해진 것인지 이해할 수 있도록 하기 위해 개발한 발문이라 할 수 있다. (1)번의 답은 다음과 같다. ① 위와 아래에 있는 2개의 면이 서로 평행 ② 두 개의 밑면이 합동. (2)번의 답은 '밑면이 다각형이며 기둥모양으

노트 기록 사례 : 1차적으로 자신의 생각 기록하기 ⇨ 다른 사람의 의견을 듣고 자신의 생각을 수정해야 할 곳은 다른 색깔 펜으로 다시 기록하며 생각의 변화 과정이 그대로 드러날 수 있도록 한다.

로 생겼기 때문이다.'와 같다. 이와 같은 질문을 던졌을 때 각 학생들은 스스로 자신의 생각을 있는 그대로 먼저 노트에 기록해 두고 다른 학생들의 생각과 비교해 나가면서 자신의 생각을 키워 나가는 과정이 꼭 필요하다. 그 과정에 협동학습 수학 토의토론이 있다는 것을 잊지 말아야 한다.

　실제로 각기둥 모양의 특성을 전체와 공유하는 과정에서 어떤 학생은 이렇게 자신의 생각을 말하였다. "옆면이 다각형이어야 한다." 이에 대하여 다른 학생이 "옆면은 모두 직사각형이고, 밑면의 모양이 다각형이어야 한다는 것으로 수정되어야 합니다."라고 이견을 제시해 주었다. 그러자 자신의 생각을 말한 학생이 "아하!"라고 하며 자신의 생각의 오류를 발견하였다는 반응신호를 보였다. 그러나 이에 대하여서도 또 다른 학생이 "지난 시간에 알아보았던 다른 모양의 입체도형에서도 밑면은 다각형이었으니 밑면이 다각형이어야 한다는 것은 필수조건이라 말하기 어렵습니다."라고 자신의 생각을 이어나가기도 하였다. 결국 몇 명의 생각을 거치면서 (1) 위와 아래에 있는 2개의 밑면이 서로 평행이고 (2) 2개의 밑면은 서로 합동이어야 한다는 조건을 공유하게 되었다.

 ## 각기둥 모양 상상하기　　　　　　　　　　　　　　　 미션 과제 사례

　문제　아래 제시된 장면을 보고 물음에 답을 하시오.(모둠에 주어진 다양한 각기둥 모양을 관찰해 보면서 모둠원들과 토의토론하기)

이런 질문을 던지면 학생들은 다양한 각기둥 모양을 손바닥 위에 올려놓고 자신의 눈높이보다 높게 두어 관찰하거나 책상 위에 올려놓고 바닥에 앉아 올려다 보며 여러 각도에서 관찰하기도 하는 모습을 보인다. 실제 수업을 해 보면서 학생들은 관찰 및 모둠 토의 토론 끝에 여러 의견들을 내 놓았다. 한 가지 도형만 답을 하는 모둠도 있었고, 두 가지 도형을 말하는 모둠도 있었고 그 이상을 말하는 모둠도 있었다. 그래

질문에 대한 답을 찾기 위해 입체도형을 관찰하는 모습

서 나는 이렇게 힌트를 주었다. "수학에서 도형 단원의 학습을 위해 꼭 필요한 배움의 조건은 날카로운 관찰력 이란다. 여러분들 가운데 상당히 많은 사람들은 제시된 장면을 제대로 관찰하지 않았을 가능성이 높고, 그로 인하여 어떤 각도에서 어떤 도형을 바라보아야 저런 모습이 관찰될지 연결 지어 생각하지 못하였을 가능성이 높다."라고 말해 주었다. 그러자 학생들은 다시 관찰 및 모둠원들과 토의토론 모드에 들어갔다. 그러다가 결국 에 가서 많은 학생들이 삼각기둥, 사각기둥이라는 답을 찾기에 이르렀다. 제시된 그림에서 위쪽의 왼편 모서리 와 오른편 모서리 길이가 다르다는 것을 바탕으로 각기둥을 어떤 각도에서 바라보아야 하는지를 깨닫게 되었 던 것이다.

 다양한 각기둥 전개도 그리기　　　　　　　　　　　　　　　　　　　　　　　　 미션 과제 사례

문제　1. 각자 준비한 각기둥 모양의 상자 모서리를 잘라서 전개도 만들기(잘못 자른 부분은 투명테이프로 다시 붙인 뒤 다른 부분을 자르도록 하기)

문제　2. 나누어 준 모눈종이에 주어진 조건(밑면의 가로 8cm, 세로 5cm, 높이 3cm인 각기둥)을 만족시키는 사각기둥 모양의 전개도를 그린 뒤 직접 잘라서 입체도형을 만들어 보기 ⇨ 입체도형이 만들어지는지 확인, 만 들어지지 않았다면 어떤 부분이 잘못된 것인지 확인 후 다시 수정하여 전개도 그리기

문제　3. 나누어 준 인쇄물(사각기둥, 오각기둥의 전개도)을 활용하여 각자 서로 다른 사각기둥 전개도, 오각 기둥 전개도(나누어준 전개도와 다른 것)를 세 가지씩 만들어 보도록 하기(만들어 본 뒤 접었을 때 각기둥이 완 성되는지 꼭 확인해 보도록 합니다.) ⇨ 완성된 전개도는 검은 도화지에 붙이기

- -

본 미션 과제는 학생들 스스로 각기둥 모양의 전개도를 직접 탐구해 나가면서 전개도를 그릴 줄 아는지 알아보 기 위해 개발한 과제라 할 수 있다. 1번 및 2번 과제는 학생들이 그리 어렵지 않게 잘 해결해 나간다. 3번 과제 의 경우는 꽤 많은 시간이 필요한데 대부분의 학생들은 꽤 흥미를 가지고 집중하는 모습을 보이기도 한다.

주어진 삼각기둥, 오각기둥의 전개도를 오려내어 또 다른 모양의 전개도 만들어가는 과정

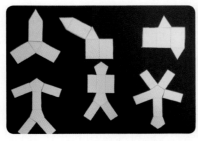

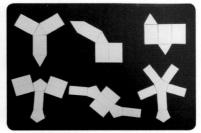

학생들이 만들어 본 각기 다른 삼각기둥, 오각기둥 전개도 : 여러 모양이 떠오르는지 생각해 보자.

　실제 수업에서 어떤 학생들은 위에서 보는 바와 같이 복잡하면서도 재미있는 모양의 전개도를 만들어 다른 학생들로부터 칭찬과 격려를 받기도 하였다. 그 가운데 어떤 특정 모양을 관찰하면서 학생들은 "꽃 모양처럼 생겼어요. 사람처럼 생겼어요. 미사일 모양입니다. 우주선 모양입니다. 로봇 모양도 있어요. 인공위성 모양도 있습니다."와 같은 생각들을 던졌다. 여러 가지 전개도 모양을 생각해 보면서 상상하는 힘을 기를 수도 있고 공간에 대한 이해능력을 키울 수 있다는 것이 바로 이런 상황을 두고 하는 말이라 여겨지는 대목이다. 이를 위해서는 다음과 같은 활동지 및 전개도 모양을 여러 장 복사하여 학생들에게 나누어 주는 일이 꼭 필요하다.

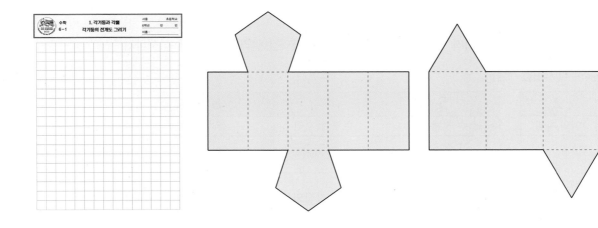

소수의 나눗셈

6학년에서 소수의 나눗셈은 1학기와 2학기로 나누어진다. 1학기에는 소수÷자연수 범위 내에서 이루어지고(이전 교육과정에서는 5학년 2학기에 학습하였음) 2학기에는 소수÷소수의 범위까지 확장되어 소수의 나눗셈 원리 학습이 완성된다. 또한 이전 교육과정에서는 몫을 반올림하여 나타내기 활동도 있었는데 이 부분은 생략되었고 대신에 몫의 소수점 위치를 확인하는 과정에서 어림하기 활동이 추가되었다. 물론 나눗셈 과정에서 계산실수가 있었는지를 확인하는 차원에서 어림하기는 매우 중요한 의미를 갖지만 이 부분에 너무 큰 비중을 둘 필요는 없다는 생각이 든다. 왜냐하면 본 단원학습의 목적은 소수 나눗셈 원리의 이해이기 때문이다.

본 단원은 소수 나눗셈의 알고리즘을 기능적으로 익혀 답을 구하는 것을 목적으로 하지 않는다. 또한 소수의 나눗셈이 실생활에서 많이 활용되고 있는 것 또한 사실이지만 그렇다고 하여 실생활 속의 적용 사례에 집착할 필요는 없다. 오히려 본 단원의 목적은 소수를 분수로 나타내어 값을 구하는 과정에서 깨닫게 되는 소수점 위치에 대한 이해에 두는 것이 단원 학습에 훨씬 더 큰 도움이 된다고 볼 수 있다.

단원 지도의 핵심 및 재구성 방안을 살펴보면 다음과 같다.

⊕ ⊖ 단원 지도의 핵심 ⊗ ÷

소수÷자연수 범위 내에서 세로셈을 통한
소수 나눗셈 필산 과정 원리 이해 및 적용에 집중하기

1. 소수의 나눗셈도 위치적 기수법으로 십진법에 따른 자릿값 원리가 적용됨을 이해하기

[소수의 자릿값 개념]

2	·	5	4	8
일의 자리		소수 첫째 자리	소수 둘째 자리	소수 셋째 자리
		$\frac{1}{10}$의 자리	$\frac{1}{100}$의 자리	$\frac{1}{1000}$의 자리

2. 소수의 나눗셈에서 몫의 소수점 위치가 어떻게 결정되는지 분수와 연결 지어 지도하기

---

① 소수의 나눗셈 원리에 기초하여 체계적으로 수업 설계하기

개정된 교과서의 차시 시작 내용을 보면 '(소수)÷(자연수)'을 지도하면서 오히려 학생들의 혼란을 가중시키는 사례를 볼 수 있다. '36.6cm÷3'을 위해 36.6cm를 366mm로 고쳐서 계산한 뒤 다시 cm단위의 소수로 고쳐 보

게 하거나 '3.66m÷3'을 위해 366cm로 고쳐서 계산한 뒤 다시 m단위의 소수로 고쳐 보게 하여 답을 구해 보라고 제시되어 있다. 그런 뒤에 다음과 같이 뜬금없이 질문을 던지고 있다.

※ 36.6÷3을 계산하는 방법을 말해 보시오.

※ 3.66÷3을 계산하는 방법을 말해 보시오.

※ 366÷3을 이용하여 36.6÷3과 3.66÷3의 계산 방법을 말해 보시오.

※ 나누어지는 수가 $\frac{1}{10}$, $\frac{1}{100}$배가 되면 몫의 소수점 위치는 어떻게 변하는지 말해 보시오.

매우 당황스럽지 않을 수 없다. 필자는 어떤 의도를 가지고 이런 질문을 제시하였는지 이해가 되지 않는 것은 아니지만 무척 아쉬운 생각이 든다. 따라서 본 단원을 지도하는 교사가 직접 깊이 있게 고민하여 처음부터 체계적으로 교육과정을 살펴보고 수업 설계 및 차시별 수업 디자인을 해야만 한다.

몫이 소수 1자리인 경우이든 몫이 소수 2자리인 경우이든 원리는 모두 똑같다. 소수의 나눗셈도 위치적 기수법으로서의 십진법 적용 및 자릿값 개념을 그대로 따른다는 것이다. 이것의 이해를 돕기 위해 처음부터 끝까지 일관된 활동을 통해 소수도 자연수처럼 나눌 수 있으며(등분의 개념) 그 결과는 소수가 된다는 것, 몫의 소수점 자리가 왜 그렇게 정해지는지를 자연스럽게 터득할 수 있도록 해야 한다. 이를 위해 분수로 고쳐서 해결하기, 분수 모형을 활용한 조작활동을 매우 중요하게 다루는 것이 좋다. 예를 들자면 자연수로 나누어지지 않을 때 1을 0.1짜리 10개로 바꾸어 조작활동을 해 보는 경험은 소수의 나눗셈 이해에 매우 큰 도움이 된다는 것이다. 굳이 현재 개정 교과서처럼 그렇게 제시할 필요까지는 없다고 보는 것이 필자의 견해이다.

$$3.4 \div 2 = \frac{34}{10} \div 2 = \frac{34}{10} \times \frac{1}{2} = \frac{17}{10} = 1.7 \text{(이 과정을 아래 띠 모델과 연결 짓기)}$$
$$3.4 \div 2 = (2 + 1.4) \div 2 = (2 \div 2) + (1.4 \div 2) = 1 + 0.7 = 1.7 \text{(이 과정을 분수 모형과 연결 짓기)}$$

1=0.1이 10개									
0.1	0.1	0.1	0.1	0.1	0.1	0.1	0.1	0.1	0.1
0.1	0.1	0.1	0.1						

위에서 보는 바와 같이 2로 나누어질 수 있는 부분은 직접 나누고 나누어지지 않는 부분인 1.4는 0.1짜리 조각으로 나누어 2등분해 보는 조작 활동을 해 보도록 해야 한다. 이런 과정을 거치면 1과 0.1짜리 조작 7개로 등분이 된다는 사실을 알

$$3.4 \div 2 = \frac{34}{10} \div 2$$
$$= \frac{34}{10} \times \frac{1}{2}$$
$$\boxed{= \frac{17}{10}}$$
$$= 1.7$$

둘의 비교를 통해 소수점 자리가 어떻게 결정되는지를 이해할 수 있도록 연결 짓기

$$\begin{array}{r} 1.7 \\ 2\overline{)3.4} \\ 2 \\ \hline 1\,4 \\ 1\,4 \\ \hline 0 \end{array}$$

게 된다. 그 결과 답이 1.7이라는 것을 알게 된다. 분수로 해결하는 과정과 이 과정의 연결 짓기를 통해 소수 나눗셈의 원리(특히 소수점의 위치 결정)를 충분히 이해하게 되면 몫이 소수 2자리인 경우도 그 원리를 이용하여 보다 쉽게 해결할 수 있게 된다. 또한 위와 같이 같이 분수로 해결하기와 세로셈과의 연결 짓기 및 비교를 통해 몫의 소수점 자리가 어떻게 결정되는지 보여 주는 일, 종국에 가서는 몫의 소수점은 나누어지는 수와 같은 자리에 위치하게 된다는 사실을 학생들 스스로 시행착오를 경험하게 하면서 터득하게 하는 일은 수학 수업의 가장 중요한 원칙이 아닐까 생각한다. 이를 위한 교사의 번뜩이는 생각을 바탕으로 한 교과서 내용 재구성은 필수가 아닐 수 없다.

② 몫의 소수점 위치를 결정하는 원리 이해 및 설명하기에 집중하기

각 차시별로 수업을 디자인할 때 일관되게 분수로 고쳐서 이해하기, 세로셈과 연결 짓기 등의 과정을 충분히 거쳐 소수 나눗셈 원리 및 몫의 소수점 위치를 결정하는 원리를 설명할 수 있도록 해야 한다.

③ 위치적 기수법으로 십진법에 따른 자릿값 원리가 적용됨을 이해할 수 있게 하기

1을 0.1짜리 10개로 바꾸어 이해하기, 0.1을 0.01짜리 10개로 바꾸어 이해하기 등을 통해 소수의 나눗셈을 확실하게 이해할 수 있도록 돕는다. 이 과정에서도 역시 분수로 바꾸어 계산하는 것과 함께 연계하여 지도해야 한다는 점을 잊지 말자.

④ 소수 나눗셈을 세로셈으로 해결하는 데 집중하기

소수 나눗셈의 알고리즘(자연수의 나눗셈과 비슷하지만 중요한 차이점은 몫의 소수점의 위치를 정하는 원리 이해가 매우 중요하다는 것)을 충분히 이해하고 익힐 수 있도록 해야 한다. 왜냐하면 실생활 속에서 많이 활용되기 때문이다. 이를 위해 □칸 노트를 적극 활용하는 것도 잊지 말자.

⑤ 알고리즘 습득 자체보다 알고리즘 원리 이해가 선행되어야 함을 잊지 않기

연산 영역의 단원이라서 연산에 대한 숙달이 목적인 것은 사실이지만 알고리즘의 습득 자체보다 알고리즘의 이해가 확실하게 선행되어야 한다는 것 또한 부정할 수 없는 일이다.(특히 소수점의 위치가 결정되는 원리 이해)

⑥ 이 과정을 학생들이 충분히 이해한다면 2학기 과정도 그리 어렵지는 않을 것이라 판단된다.

소수 나눗셈 상황 이해하기

미션 과제 사례

> 문제   여기에 3.6m의 끈이 있다. 이를 3명이 나누어 가진다면 1명이 가질 수 있는 끈의 길이는 얼마나 될지 그림으로 그려서 알아보려고 한다. 여러분이라면 어떻게 그림으로 해결하겠는가?

본 단원 학습의 도입 질문으로서 출발점 행동 차원에서 제시할 수 있는 미션 과제라 할 수 있다. 그림으로 해결하면서 전체를 0.1단위로 등분하거나 1m씩은 먼저 나누어 주고 나머지 0.6m만 0.1단위 6개로 생각하여 3명에게 나누어 줄 수도 있다. 이 과정에서 학생들이 위치적 기수법으로 십진법에 따른 자릿값 원리를 어느 정도까지 이해하고 있는지도 파악할 수 있다.

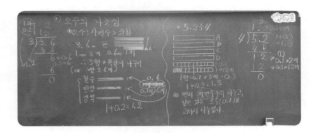

소수의 나눗셈 1차시 단원 도입 활동에 대한 판서

이를 토대로 이전 학년까지 소수 학습 관련 내용을 어느 정도까지 보충해야 할지 결정해야만 한다. 경험상으로는 그리 많은 시간을 필요로 하지 않을 가능성이 높다. 본 과제에 대한 결과를 공유한 뒤 비슷한 과제를 3~4개 정도(소수 둘째자리까지 나눗셈도 포함) 더 제시하면서 기초적인 원리 이해를 위한 워밍업 활동을 해 나가면 좋다. 이것을 발판 삼아 다음 시간부터 적극적으로 분수로 해결하기와 연결 지어 수업을 디자인해 나가야 한다는 것을 잊지 말자.

단원 도입 활동 : 혼자 생각 ⇨ 모둠 토의토론 및 도움 주고받기 활동 장면

 ## 소수 나눗셈에서 몫의 소수점 위치

핵심 발문 사례

> 문제   1. 15.24÷4를 분수로 고쳐서 계산해 보시오.

> 문제   2. 세로셈으로 해결해 보시오.

▶ 왜 몫의 소수점이 그 자리에 찍힌 것인지 설명해 보시오.

선행학습을 받은 수많은 학생들뿐만 아니라 교사들도 몫의 소수점이 왜 그 자리에 찍히는지에 대한 설명을 정확히 하지 못하는 경우가 대부분이다. 왼쪽에서 보는 바와 같이 그냥 나누어지는 수와 같은 자리에 찍는 것(나누어지는 소의 소수점을 그대로 몫의 위치로 올려서 같은 자리에 찍는 것)으로 알고 있고, 학생들에게 그렇게 설명하고 그것을 원리라 알려주기도 한다. 그러나 이것이 원리가 아니다. 그것은 그냥 알고리즘이고 방법일 뿐이다. 만일 학생들이 선행학습을 통해 그렇게 알아왔다면 "왜 그 자리에 찍어야 할까? 왜 나누어지는 수와 같은 자리에 찍어야 할까?" 하고 질문을 다시 던져보아야 한다. 몫의 소수점 위치가 정해지는 원리는 분수로 고쳐서 계산하는 과정에서 자연스럽게 발견할 수 있어야 하고, 그렇게 발견한 규칙을 세로셈에 적용해야 하는 것이 맞는 것이라 한다면 본 단원 학습에서 분수로 고쳐서 계산하는 과정은 매우 중요한 활동이라는 것을 잊지 말아야 한다.

$$15.24 \div 4 = \frac{1524}{100} \div 4 = \frac{1524}{100} \times \frac{1}{4} = \frac{381}{100} = 3.81(\text{분모가 } 100\text{인 것에 주목})$$

※ 소수의 나눗셈 원리 : 자연수의 나눗셈 원리와 동일 ⇨ 일단 자연수와 똑같은 방법으로 나눗셈을 함 ⇨ 나누어지는 수가 소수 두 자리 수라면 결과도 분모가 100이라는 것을 알 수 있다. 따라서 몫도 소수 둘째 자리까지 나타난다는 것을 이해할 수 있도록 지도하는 것이 중요하다.

'분수로 해결하기'와 '세로셈'의 비교를 통해 소수점의 위치가 결정되는 원리를 이해할 수 있도록 하기

한편 교과서에 보면 다음과 같이 제시되어 있는데 이것은 원리에 대한 이해가 아니라 귀납적 추론을 통해 소수점 위치를 알려주는 방법일 뿐이라는 사실을 잊지 말자.

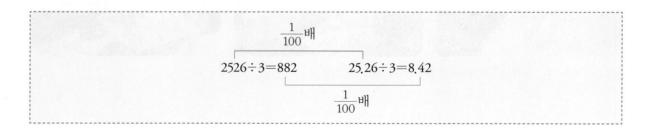

2526의 $\frac{1}{100}$가 25.26이라서 몫도 소수 둘째 자리까지 나타나는 것이 아니라 분수로 고쳐 계산했을 때 그 결과가 소수 둘째 자리까지 나타나는 것을 통해 원리를 이해할 수 있도록 지도해야 한다. 이후의 모든 수업도 이와 같은 과정을 반복하여 지도할 수 있도록 한다면 본 단원 학습은 큰 무리가 없겠다. 몫이 1보다 작아도 원리는 같아진다. 아울러 아래와 같이 학생들에게 연산 노트를 복사하여 나누어 주고 그곳에 세로셈 계산을 할 수 있도록 하는 것이 좋다는 점도 잊지 말자.

소수의 나눗셈에서 연산노트를 활용한 활동 사례

 소수 나눗셈에서 몫의 소수점 위치

핵심 발문 사례

 1. $8.6 \div 5$를 분수로 고쳐서 계산해 보시오.

 2. 세로셈으로 해결해 보시오.

▶ 왜 0이 생겨나는지, 몫의 소수점이 그 자리에 찍히는 것인지 설명해 보시오.

분수를 소수로 고칠 때 분모는 10, 100, 1000으로 만들어 준다는 것을 바탕으로 분자와 분모에 같은 수 2를 곱하여 크기가 같은 분수를 만들어 분모를 100으로 만들어 주어야 한다는 사실을 이해하고 있는지 알아보기 위해 개발한 발문이라 할 수 있다.

$$8.6 \div 5 = \frac{86}{10} \div 5 = \frac{86}{10} \times \frac{1}{5} = \frac{86}{50} = \frac{172}{100} = 1.72$$

(분모가 최초 10에서 100으로 바뀐 것에 주목)

$$\begin{array}{r} 1.72 \\ 5{\overline{)}8.60} \\ 5 \\ \hline 36 \\ 35 \\ \hline 10 \\ 10 \\ \hline 0 \end{array}$$

$8.60 = \frac{860}{100}$이라는 것을 이해할 수 있도록 돕는 것도 매우 중요한 일

0.6=0.1이 6개=0.01이 60개=0.60이라는 사실을 이해하기

분수로 해결하기 과정에서 $\frac{86}{10} = \frac{860}{100}$으로 바뀐 것에 주목하기

$\frac{860}{100}$의 분모에 100이 있기 때문에 소수 둘째 자리까지 나타나게 된다는 사실 이해

소수점 아래 0을 내려 계산한다는 것은 분모의 크기가 10배, 100배 늘어난다는 것을 의미

맨 마지막 차시에 몫의 소수점 위치 확인하기 과정에서 몫을 어림해 보는 내용이 나온다. 어림이라는 활동이 매우 중요한 것은 사실이지만 본 단원에서 몫의 어림은 계산 실수를 확인하는 차원에서 이루어진다는 점을 감안한다면 본 단원에서 그렇게 중요하게 다루어야 할 내용은 아니라는 것이 필자의 생각이다. 이를 어떻게 지도할 것인가에 대해서는 교사 스스로의 판단에 맡기고 싶다. 어찌 되었든 본 단원 학습의 목표는 소수의 나눗셈 원리 이해라는 점을 잊지 말자.

비와 비율

이 단원을 지도할 때 교사들은 (1) 초등에 이어 중등 과정에서 학습하게 될 매우 중요한 내용인 1차 함수 개념에 중요한 밑바탕이 된다는 것 (2) 실제 삶 속에서 매우 많이 활용되는 개념이라는 것을 염두에 두고 비의 의미, 비의 개념을 학생들이 정확히 파악하여 받아들일 수 있도록 수업을 디자인하려고 노력해야만 할 것이라 생각된다. 이를 위해서는 교사 자신도 비에 대한 개념을 명확히 갖고 있어야만 한다. 본 단원의 재구성 방향 및 지도 방안을 제시하면 다음과 같다.

(1) 비의 개념 명확히 하기

교과서를 보면 갑자기 두 수를 비교하기 위해 뺄셈으로 비교하기 및 나눗셈으로 비교하기를 제시한 뒤 느닷없이 '비란 두 수를 나눗셈으로 비교하는 것'으로 한정 지어 놓고 있다. 이에 대한 적절한 설명도 없이 말이다. 이 대목에서 다음과 같이 다양한 궁금증이 생길 수 있다.

교과서 속 비의 정의

두 수를 나눗셈으로 비교하기 위해 기호 ' : '를 사용하여 나타낸 것을 비라고 합니다. 두 수 3과 2을 비교할 때 3 : 2라 쓰고 3 대 2라고 읽습니다. 3 : 2는 "2에 대한 3의 비", "3의 2에 대한 비", "3과 2의 비"라고도 읽습니다.(교과서 예시 : 물 3컵과 포도 원액 2컵을 섞어 포도주스 1병을 만듦)

- 두 수의 비교는 무엇을 의미하는지에 대한 설명이 있는가?
- 두 수를 비교한다고 했는데 두 수의 무엇을 비교하는지 설명이 있는가?
- 두 수를 나눗셈으로 비교한다는 것은 어떤 의미인지 설명이 있는가?
- 두 수를 비교할 때 두 수의 차를 알아보는 방법도 있다고 했는데 비의 정의에서는 왜 갑자기 나눗셈만을 사용한다고 하는지에 대한 설명이 있는가?
- "물은 카레 가루보다 6컵이 더 많이 들어간다." 또는 "카레 가루는 물보다 6컵이 적게 들어간다."라고 비교하면 잘못된 것인가에 대한 설명이 있는가?
- 위의 "질문과 같은 반응의 비교 외에 어떻게 다른 비교가 가능한가? 그것은 무엇을 의미하는 것인가? 왜 그런 비교가 필요한가?" 등에 대한 설명이 있는가?
- "물과 카레 가루 사이의 관계를 7 : 1이라고 나타내고 있는데 1 : 7이라고 하면 안 되는가? 그 이유는 무엇인가?" 등에 대한 설명이 있는가?

- 왜 뒤의 수가 기준이 되어야 하는지에 대한 설명이 있는가?
- 여기에서 말하는 기준이란 무엇을 의미하는지에 대한 설명이 있는가?
- 본 단원에서 말하는 비는 나눗셈 차원에서의 비교만 다루는데 왜 그런 의미에서의 비교가 필요한가에 대한 설명이 있는가?

이에 대한 아무런 설명이나 설득도 없이 학생들에게 그냥 받아들이라고만 한다. 그래서 그런지 학생들은 본 단원을 매우 힘들어한다. 물론 교사들도 말이다. 따라서 본 단원을 지도할 때는 다른 어떤 단원보다도 완벽한 재구성을 필요로 한다. 본 단원의 핵심부터 제시해 본다면 다음과 같다.

⊕ ⊖ 단원 지도의 핵심 ⊗ ⊙

1. '비' 개념에 대한 정확한 이해 및 '비' 개념 형성
2. 학생 개개인마다 머릿속에 비에 관한 자신만의 개념지도 그리기
3. 비에 대한 개인별 개념지도를 바탕으로 비와 관련된 사고력을 갖추기

이를 위해서는 '비'란 과연 무엇을 의미하는지부터 명확히 짚어 보아야 한다.

 비 1 : 2개 변수를 동시에 다루면서 두 양 사이에 관계를 비교하여 나타낸 것

① 2개의 수량을 동시에 고려한다.
② 두 요소 간의 관계에 대하여 합리적인 추론을 이끌어 낸다.
③ 이후에 비례식, 1차 함수 개념의 초석이 된다.($y=2x$ ⇨ x, y간의 관계에 대한 이해) ⇨ 운동경기 스코어 등은 비례, 함수 개념과 거리가 멀다. 그래서 단순한 숫자의 가감(加減)에 의한 비교는 본 단원에서 다루지 않는 것이다.

[비 개념을 다루기 위한 기초적인 질문 1]

이를 통해 비 개념에 대한 기초가 갖추어져 있는지를 판단할 수 있다.
- 이와 같은 오렌지 농축액에 물을 타서 오렌지 주스를 만든 후 크기가 다른 2개의 컵에 나누어 따랐다.

(컵 A)　　(컵 B)

※ 농축액이란 아무것도 섞이지 않은 순수한 오렌지 원액을 졸여서 매우 진하게 만든 것을 말한다. 여기에 적당한 양의 물을 섞으면 오렌지 주스가 된다.

[질문 1] 두 컵에 있는 오렌지 주스의 맛은 다를까? 아니면 같을까?

[질문 2] 두 컵 중 더 진한 맛이 나는 컵이 있을까? 있다면 어떤 컵인가? 그렇게 생각하는 이유는 무엇인가?

⇨ 비 개념의 기초가 갖추어져 있지 않은 학생은 아래와 같이 답변할 가능성이 있다.

[답변사례 1] A컵의 맛이 더 진하다. 왜냐하면 A컵은 크기가 크기 때문에 오렌지가 더 많이 들어갔을 것이기 때문이다.(2개의 변수 중 오렌지만 생각한 사례)

[답변사례 2] B컵의 맛이 더 진하다. 왜냐하면 B컵은 크기가 작기 때문에 물이 더 적게 들어갔을 것이기 때문이다.(2개의 변수 중 물만 생각한 사례)

⇨ 위와 같이 대답을 하는 이유는 오렌지 주스의 맛을 결정하는 농축액과 물(2개의 변수) 사이의 관계를 동시에 고려하여 합리적인 생각을 이끌어 내지 못하였기 때문이다. 두 개의 변수 중 어느 한 가지만 생각하였을 가능성이 높다.

위에서 보는 바와 같이 어떤 학생들에게는 2개의 변수를 동시에 다루면서 두 변수 사이의 관계를 한꺼번에 이해한다는 것이 매우 어려운 일이다. 그래서 어느 한쪽에만 사고의 중심을 두게 되어 합리적인 추론을 이끌어 내지 못할 가능성이 높다. 따라서 본 단원의 지도를 위해서는 두 수 의 비, 비율(비의 값)만 구하면 된다는 식의 생각에서 한층 더 깊이 들어가 학생들의 사고 과정(두 변수 사이의 관계를 동시에 고려하여 합리적으로 생각하기)까지 면밀하게 살피려는 교사의 노력이 절대적으로 필요하다.

비 2 : 2개 변량을 하나의 묶음으로 다룬다는 것

① 두 변량을 동시에 다룬다.

② 두 변량을 동시에 다루기 위해 각각의 수량을 하나로 묶어 반복되는 기준 단위량으로 인식한다.

③ 그 기준 단위 묶음을 몇 배하였느냐의 문제와 같다.

[비 개념을 다루기 위한 기초적인 질문 2]

두 변량을 동시에 다루되 하나로 묶어 반복되는 기준 단위량으로 인식할 수 있는 질문을 제시해 본다.

[문제 상황] 민수는 1분에 50m씩 걷고 있다. 민수 아버지도 같은 속도로 함께 걷고 있다. 민수와 아버지가 몇 분 동안 얼마의 거리를 이동했는지에 대하여 다양하게 설명해 보시오.(단 설명할 때 이동한 시간은

10분 이내로 예를 들어 보시오.) ⇨ 민수와 아버지는 ○분에 ○m 이동하였습니다.

[답변 사례] 3분에 150m를 이동하셨습니다.

⇨ (반복되는 기준 단위량으로 인식하고 있는지에 대한 질문) 어떻게 해서 3분에 150m 이동하셨다는 것을 알 수 있는가?

[답변 사례] 1분이 3분이 되었으니 3배, 그러니까 거리도 50m를 3배 해서 150m가 나온 것입니다.

여기에서 이 학생이 두 변량을 하나의 묶음으로 다루었는지 확인하려면 그림으로 그려 보라고 하면 알 수 있다. 만약에 그림으로 그려서 정확히 설명할 수 없다면 단순한 수식 계산처럼 생각하여 정답에 이르렀을 가능성이 높다.

[그림으로 설명한 예시 사례] 1분에 50m 갔음 ⇨ 이것이 하나의 묶음

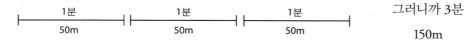

그러니까 3분

150m

⇨ 위의 그림에서 시간과 거리 두 변량을 동시에 다루었음이 잘 나타나 있음

⇨ [1분, 50m] 묶음을 하나의 기준 단위량 묶음으로 인식하였음이 잘 나타남

⇨ 기준 단위량 묶음이 반복적으로 사용되고 있음을 알 수 있음 : 여기에서 곱의 개념(배)이 잘 드러남

🌿 비 3 : 승제(乘除)적 사고(배의 개념)가 필요

① 두 변량 간의 관계를 곱(배)의 개념으로 인식하여 비교한다.

② 가감(加減)적 사고는 다루지 않는다.(예 : A가 B보다 ○cm 길다, 짧다 등) 왜냐하면 가감(加減)적 사고에서는 두 변량 사이의 차이에 해당되는 값만 얻으면 끝나기 때문이다. 그래서 두 변량을 하나의 묶음으로 볼 필요도 없게 된다.

[비 개념을 다루기 위한 기초적인 질문 3]

두 변량 간의 관계를 배의 개념으로 인식하여 다룰 수 있는 질문을 제시한다.

[문제 상황] 두 개의 나무 막대가 있다. A막대는 길이가 6cm, B막대는 길이가 4cm이다.

　[질문 1] 막대 A는 막대 B보다 몇 배 더 긴가?(막대 B를 기준으로 표현)

　　　　⇨ A는 B를 기준으로 할 때 길이가 B의 1.5배이다.

　[질문 2] 막대 B는 막대 A의 몇 분의 몇인가?(막대 A를 기준으로 표현)

　　　　⇨ B는 A를 기준으로 할 때 길이가 A의 배이다.

※ "A는 B보다 2cm 길다.(B는 A보다 2cm 짧다.)"와 같은 표현은 다루지 않는다. 왜냐하면 비의 개념에

가감적 사고는 맞지 않기 때문이다.

　　위의 경우를 '비'로 나타내는 방법은 다음과 같이 다양하다.

　　(1) A막대를 기준, B막대를 표현할 때 : 2 : 3, $\frac{2}{3}$, 4 : 6, $\frac{4}{6}$, 1 : $1\frac{1}{2}$

　　(2) B막대를 기준, A막대를 표현할 때 : 3 : 2, $\frac{3}{2}$, 6 : 4, $\frac{6}{4}$, $1\frac{1}{2}$: 1

　　지금까지 '비'의 개념을 이해하는 데 꼭 필요한 것 세 가지를 바탕으로 '비'란 무엇인지 살펴보았다. 이렇게 이해를 돕는다고 하여도 학생들은 쉽게 받아들이기 힘들 터인데 교과서나 지도서에는 위와 같은 상세한 설명이 부족하여 학생들의 비 개념 형성에 어려움이 발생한다. 따라서 교사가 먼저 비에 대한 개념을 확실히 갖춘 뒤에 학생들이 실생활 속의 사례를 통해 대상 간의 관계를 파악하면서 경험적으로 비의 개념지도를 차근차근 완성시켜 나갈 수 있게 하고 체계적인 발문을 통해 비와 관련된 사고력을 향상시킬 수 있는 방향으로 수업을 설계하고자 하는 지혜와 노력이 함께 뒤따라야 할 것이라 생각된다.

 비 4 : 비의 값(비율)과 분수는 반드시 같은 것이 아니다

① 분수는 전체를 1로 보고, 그것을 똑같이 등분하였을 때 부분의 값을 나타내는 것이다.

② 비는 (부분-부분)의 관점에서 나타낼 수도 있고 (부분-전체)의 관점에서 나타낼 수도 있다.[1] 전체가 아닌 부분끼리 서로 비교하여 분수로 나타낸 것일 경우에는 분수와 의미가 달라진다.[2]

③ 비에서의 변량은 3개 이상도 있을 수 있다. 이 경우 비는 2 : 3 : 4와 같이 나타낸다. 그러나 3개 변량이 모두 나타난 분수는 표현할 수 없다.

[비의 값(비율)과 분수가 다름을 설명할 수 있는 예시 자료]

분수는 전체 중 일부를 나타내지만 비의 값(비율)에서는 부분끼리의 관계를 분수로 나타낸 것이기 때문에 비의 값과 분수는 반드시 똑같은 것이라 말할 수는 없다.

---

1 ① (부분-부분)의 사례는 다음과 같다. 쌀 5컵에 물 6컵을 넣어 밥을 지을 때 쌀 양에 대한 물의 양의 비와 비율 ⇨ 6 : 5 = $\frac{6}{5}$, 이 경우 쌀 10컵이면 물 12컵이 필요하게 되므로 두 변량 사이의 비는 그대로 유지된다.

② (부분-전체)의 사례는 다음과 같다. 걷기대회 참가 학생 50명, 완주한 학생 36명일 때 참가 학생에 대한 완주 학생의 비와 비율 ⇨ 36 : 50 = $\frac{36}{50}$, 이 경우 참가 학생이 100명일 때 완주한 학생이 72명이라고 장담할 수는 없게 되어 두 변량 사이의 비는 그대로 유지된다고 보기 어렵다.

2 A그룹에는 사과 2개 배 3개, B그룹에는 사과 4개, 배 5개가 있다고 가정하자. 배를 기준을 두 대상을 비교할 때 A그룹은 2 : 3($\frac{2}{3}$의 비율), B그룹은 4 : 5($\frac{4}{5}$의 비율)의 비와 비율이 만들어진다. 그런데 두 그룹을 합하였을 때 사과 : 배 = 6 : 8($\frac{6}{8}$의 비율)의 비와 비율이 만들어져 합하기 전에 만들어진 두 비율의 합 $\frac{2}{3} + \frac{4}{5} = \frac{22}{15} = 1\frac{7}{15}$과 달라진다는 것을 알 수 있다. 이처럼 (부분-부분)의 관점에서 다룬 비율의 경우 비율 간의 결합(비율의 덧셈)은 항상 분수의 덧셈처럼 이루어지지 않는다는 것을 이해할 필요가 있다.

[예시 자료] 바구니에 사과 10개와 배 15개가 있다. 과일 전체는 25개이다.

⇨ (부분-전체의 관점에서 비를 다룰 경우) 분수 개념과 거의 같은 맥락에서 다루어진다. 사과 : 전체= 10 : 25, $\frac{10}{25}$로 표현, 배 : 전체=15 : 25, $\frac{15}{25}$로 표현, 여기에서 분모 25는 전체를 의미, 분자 10, 15는 부분을 의미, 이 경우 비율의 결합과 분수의 합은 같아진다. $\frac{10}{25}$과 $\frac{15}{25}$의 결합=$\frac{10}{25}+\frac{15}{25}$과 같은 결과를 볼 수 있다.

⇨ (부분-부분의 관점에서 비를 다룰 경우) 비의 값(비율) 개념에서 배를 기준으로 한 사과의 비=$\frac{10}{15}$, 사과를 기준으로 한 배의 비=$\frac{15}{10}$로 표현, 여기에서 분모 10, 15는 전체가 아니라 비교의 기준을 의미, 분자 15, 10은 비교의 대상을 의미, 이와 같은 경우 분수 개념에서와 달리 비의 값(비율) 개념에서는 분모와 분자를 합해야 전체를 가리키는 값이 된다.

위의 사례 외에도 비의 값과 분수가 반드시 같지만은 않다는 증거는 여러 사례 속에서 나타난다.(수직선상에서 나타난 분수 값 ⇨ 이는 유리수로서의 의미로 고유한 위치를 갖는 값, 어떤 대상의 길이를 측정한 값 등도 비의 값과 거리가 멀다.) 따라서 무작정 비의 값(비율)을 분수와 같은 맥락으로 이해해서 지도해서는 안 된다는 사실을 잊지 말아야 한다.[3]

(2) 실생활 속 경험의 맥락에서 지도하기

본 단원은 다른 어떤 단원보다도 실생활 속에서 많이 활용되고 있기 때문이다. 음식에서 동일한 맛내기, 용액의 농도, 속도 등이 바로 대표 사례라 할 수 있다.

[사례 1 : 두 변량의 단위가 같은 경우] 오렌지 주스 만들기

- 오렌지 원액 1컵과 물 4컵을 섞어서 오렌지 주스를 만듦(두 변량이 한 묶음)
- 오렌지 원액 3컵에는 물 12컵이 필요
- 두 사례의 경우 직접 맛을 보지 않아도 같은 맛임을 알 수 있다.

[사례 2 : 두 변량의 단위가 다른 경우] 속도에 관련된 사례

- 자동차는 1시간에 80km를 이동(두 변량이 한 묶음)
- 2시간에는 160km, 3시간에는 240km 이동
- 이런 경우 속도는 같다는 것을 알 수 있다.

---

3 비는 보는 관점에 따라 다른 비를 만들 수 있으므로 비를 다룰 때는 비교되는 대상과 상황이 무엇인지를 세심하게 살피는 것이 매우 중요한 일이라는 것을 학생들이 먼저 인식할 수 있도록 해야 한다.

이처럼 추상적인 성질을 가진 '비' 개념이 학생들에게 의미 있는 것으로 다가서게 만들기 위해서는 주어진 상황이나 맥락이 학생들에게 현실적인 경험을 통해 피부에 와 닿을 수 있을 만큼의 것이어야 한다. 이런 원칙이 지켜지지 않는다면 비 개념을 이해하고 주어진 수학적 문제를 해결할 수는 있을는지 모르겠지만 실생활 속에서 활용을 하지 못할 가능성이 높다.

예 라면 1개를 끓이는 데 물 550mL(약 3컵)가 적당량이라고 봉지에 적혀 있다. 그런데 라면 2개를 끓이는 데 물을 5컵만 냄비에 담았다면 그 라면의 맛은 짠 맛이 강하게 느껴질 수밖에 없다.

⇨ 이런 현상이 벌어지는 이유 : '비' 개념이 내면화되지 못한 채 비의 값만 구하는 식의 문제 풀이에만 집중한 결과일 것이다.

(3) 비의 값(비율)에 대한 정확한 이해도 필요

교과서에서는 비율에 대하여 다음과 같이 정의하고 있다.

비 10 : 20에서 기호 ' : '의 오른쪽에 있는 20은 기준량이고, 왼쪽에 있는 10은 비교하는 양입니다. 기준량에 대한 비교하는 양의 크기를 비율이라고 합니다.

$$비율＝(비교하는 양)÷(기준량)＝\frac{(비교하는 양)}{(기준량)}$$

비 10 : 20을 비율로 나타내면 $\frac{10}{20}$ 또는 0.5입니다.

여기에서 다음과 같은 궁금증을 갖지 않을 수 없다.

[궁금증 1] 비를 비율로 표현할 수 있다고 하여 '비'의 개념, '비율'의 의미를 이해하였다고 말할 수 있는가?

[궁금증 2] 비와 분수는 같은 개념이라 말할 수 있는가?

우선 (궁금증 1)과 같은 생각을 하는 이유는 다음과 같다. 야구 선수 A가 100번 타석에 들어서서 35번 안타를 쳤다고 가정할 때 이 선수의 타율은 0.28, $\frac{28}{100}$로 표현할 수 있다. 그렇다고 하여 이 숫자가 의미하는 것이 무엇인지 설명할 수 있다고 판단할 수는 없는 일(설명하지 못한다는 것은 비율에 대한 이해가 부족하다는 증거)이다. 단순히 식에 대입하여 결과 값을 얻는 것과 그 수치가 갖는 의미를 설명할 줄 아는 것은 전혀 다른 차원의 이야기다. 비와 비율을 공부하는 목적 중 하나는 결과 값만을 얻기 위함이 아니라 그 수치가 갖는 의미를 설명할 수 있는가 하는 점에 있다. 따라서 실제 수업 시간에도 비의 값을 구하는 것과 함께 그 수치가 갖는 의미의 해석에도 충분한 시간을 할애하여 학생들이 비와 비율의 이해에 좀 더 확실하게 다가설 수 있도록 수업을 디자인해 보고자 노력하였다. (궁금증 2)에 대해서는 이미 앞에서 설명한 바가 있으므로 생략하고자 한다.

(4) 비의 값(비율)에 대한 해석도 매우 중요

비의 값(비율)의 해석에는 두 가지 방식이 있다.

> [예시 사례]
>
> 맛있는 카레 만들기 레시피 ― 카레 가루와 물의 비는 1 : 7

우선 첫 번째 방식은 다음과 같다.

예시에 나타난 1 : 7이라는 것은 정해진 양을 의미하는 것이 아니라 카레에 들어가는 두 변량(재료 : 카레 가루와 물)의 상대적인 양을 의미하는 것이다. 실제 양은 상황에 따라 얼마든지 달라질 수 있다.(예 : 카레 가루 1컵에 물 7컵, 카레 가루 2컵에 물 14컵 등) 이를 전제로 해석하자면 다음과 같다.

- 비율 이란 물의 양을 기준으로 따져볼 때 물 전체의 만큼에 해당되는 양이 카레의 양이라는 의미
- 물이 7컵일 때 $7 \times \frac{1}{7} =$ 카레 1컵, 물이 14컵일 때 $14 \times \frac{1}{7} =$ 카레 2컵
- **[해석 1]** 물 7컵 중 1컵에 해당되는 만큼의 양이 카레의 양이라고 해석

두 번째 방식은 다음과 같다.

두 재료 간의 비 1(카레 가루) : 7(물)에서 물에 해당되는 비의 값을 1로 나타낼 때 카레에 해당되는 비의 값은 7등분이 된다. 다시 말해서 물과 카레 가루에 해당되는 비의 값을 각각 7등분해도 그 비율은 그대로 유지된다.(물은 7컵 ⇨ 1컵으로, 카레 가루는 1컵 ⇨ $\frac{1}{7}$컵으로 바뀜. $\frac{1}{7}$: 1 ⇨ 그러나 두 변량 사이의 비율은 변함이 없다.)

- 1 : 7이라는 비를 한 묶음으로 인식한다.
- 비율 $\frac{1}{7}$이란 물과 카레 각각을 7등분하였을 때에 해당되는 분수 값으로 표현한 것 ⇨ 7등분한 이유는 물을 비의 값 1로 나타내기 위함이다.(기준으로 정한 변량의 값을 1로 하였을 때 비교하는 대상의 값을 의미)
- **[해석 2]** 물 1컵에 해당되는 카레 가루의 양은 $\frac{1}{7}$컵이라고 해석

(5) 백분율(퍼센트)에 대한 이해 강화하기

TV나 신문 등을 보면 매우 흔하게 볼 수 있는 것들 중 하나가 바로 백분율이기 때문이다. 그만큼 실생활 속에서 백분율은 많이 활용되고 있지만 제대로 활용되거나 정확히 이해하고 있는 사람들은 그리 많지 않다고 여겨

진다. 그래서 자칫하면 백분율이 나타내는 수치에 속기도 한다. 예를 들자면 다음과 같다.

[사례 1]

새봄맞이 특가 세일, 폭탄 세일 !! 상품 가격을 100% 인하하였습니다.

이런 광고를 보면 누구나 한 번 정도는 눈길을 줄 수밖에 없다. 얼핏 보면 '물건 값이 0원, 공짜라는 것인가!!' 하는 생각을 할 수밖에 없는 문구다. 그러나 여기에는 판매자의 판매 전략이 숨어 있다. 실제로는 가격을 50%만 인하해 놓고 100%로 고객들 사고의 허점을 파고 들었다고 보면 틀림이 없다. 예를 들어 10,000원짜리 상품을 할인하여 5,000원에 판매할 경우 할인된 가격 대비 100% 할인율이 발생한다는 것은 조금만 생각해 보면 잘 알 수 있는 일이다. 하지만 사람들의 생각은 쉽게 여기까지 생각이 이르지 못한다. 그래서 어떤 사람들은 문구에 이끌려 매장에 가서 '속았다'고 생각하고 발길을 돌리는가 하면 어떤 사람들은 매장에 들어가 오히려 더 비싼 물건까지 충동구매를 하곤 한다.

[사례 2]

대한민국 80%의 가정주부가 강력 추천한 ○○전기 압력 밥솥!!

이런 광고를 보면 전기 압력 밥솥을 구매하려는 사람들에게는 매우 솔깃한 광고문구가 아닐 수 없다. 회사 입장에서 이런 광고 문구는 매우 강력한 판매 전략일 수 있다. 하지만 소비자 입장에서는 겉으로 드러난 수치에만 관심을 둔다면 진정으로 원하는 물건을 구매하지 못할 가능성이 높다. 왜냐하면 실제로 '80%라는 수치가 나오기까지 얼마나 많은 가정주부가 그 물건을 사용해 보았을까?' 하는 점에 의문점을 먼저 가져야 하는데 그렇지 못하였기 때문에 문구에 속아서 제품을 구매할 가능성이 높기 때문이다. 만일 제품을 만들어 내는 회사가 고작 5명 정도만 사용해 보게 한 뒤 4명이 만족한다는 답변을 얻은 후 그것을 대한민국 80% 가정주부가 강력 추천한 것이라고 하였다면 여러분은 과연 그 수치에 대하여 신뢰할 수 있겠는가? 이처럼 백분율은 어떤 과정을 통해 구하였느냐에 따라 신뢰성을 가질 수도 있지만 상황에 따라서 현실을 왜곡시킬 수도 있다는 점을 반드시 명심해야만 한다.

사실 퍼센트(백분율)라는 것은 100을 기준으로 한 비의 값이며 모든 비의 값 가운데 가장 널리 사용되고 있다. 이렇게 생각해 본다면 백분율은 소수 및 분수와도 연계될 수 있다.[4] 이러한 백분율에 대하여 학생들이 개념을 이해하였다고 한다면 그것은 백분율을 능숙하게 활용할 수 있다는 것을 가리키는 것이라 말할 수 있다. 이런 수준까지 끌어올리기 위해 기호화를 통한 백분율 구하기보다는 실생활과 관련된 구체적인 모델을 통해 퍼

---

4 예를 들어 20%는 비 20 : 100, 비율 $\frac{20}{100}$, 소수 0.25, 분수 $\frac{2}{10} = \frac{1}{5}$ 등과 연계될 수 있다.

센트 개념에 대한 다양한 경험을 쌓는 일부터 차근차근 진행되어 나가야 할 것이라 여겨진다. 그 단계를 제시해 보면 다음과 같다.

① **실생활과 연계된 구체적인 모델을 통해 백분율 관련 경험 이끌어 내기**

퍼센트는 100개 중에 일부를 의미한다는 것을 이해할 수 있도록 돕기 위해 최초 단계에서 다음과 같이 일상생활과 친숙한 모델을 제시한다면 보다 쉽게 다가설 수 있을 것이다.

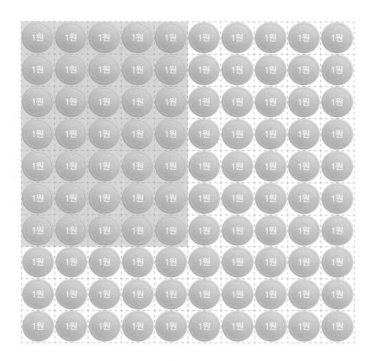

100원은 1원이 100개이기 때문에 백분율, 분수, 소수와 자연스럽게 그리고 매우 쉽게 연결될 수 있다. 예를 들어 35원은 100원의 35%, $\frac{35}{100}$, 100원짜리 1개를 기준으로 0.35개라고 표현할 수 있다. 이 모델은 1%부터 5%, 10%, 50%, 90%, 99%, 200% 등 다양한 백분율 값을 표현하는 데 용이하게 활용될 수 있다. 이 모델 외에도 1m 길이의 자도 쉽게 활용될 수 있는 사례라 할 수 있다.[5]

② **백분율 상황에 대한 감각 형성하기**

백분율을 이해할 때 보통 1%, 10%, 25%, 50%, 75% 등을 기준 삼아 퍼센트에 대한 감각을 기르도록 하고 이에 대한 분수 값, 소수 값을 함께 생각할 수 있도록 한다면

---

5 1mm가 100개 있으면 1m이므로 35mm는 0.35m, 즉 $\frac{35}{100}$m이며 1m의 35%라 할 수 있다. 1m 길이의 자를 활용하여 일부분을 종이로 가리고 100% 가운데 몇 %가 종이로 덮여 있는지, 덮여 있지 않은 부분은 몇 %인지 등을 이해할 수 있도록 하고, 그 과정에서 부분의 합은 100%가 된다는 것을 동시에 깨달을 수 있도록 도울 수 있다.

주어진 문제 상황의 해결이나 일상생활 속에서 백분율을 보다 쉽게 사용할 수 있게 된다.

$$백분율=38\%, \ 분수=\frac{38}{100}, \ 소수=0.38$$

③ 백분율 ⇨ 분모를 100으로 하는 분수로의 변환활동 경험하기

백분율에 대한 기본 단위를 100으로 이해하는 것은 굉장히 중요한 일이며 백분율을 분수 또는 소수로 변환시키는 활동에 매우 익숙해질 수 있도록 하는 과정이 꼭 필요하다. 그것이 가능해진다면 소수 $0.57=\frac{57}{100}=57\%$이고 소수 $0.9=\frac{90}{100}=90\%$로 올바르게 나타낼 수 있게 된다.(분수, 소수, 백분율 간의 관계에 대한 이해가 보다 명확해진다는 것을 의미한다.) 또한 백분율을 분수로 표현할 때 무수히 많은 동치분수들이 존재한다는 것을 이해하는 것도 매우 중요한 과정 중 하나라 할 수 있다.[6]

④ 창의적인 방법으로 백분율 관련 문제 해결하기 : 수 감각적 해결

25%, 50%, 75% 등을 기준으로 삼아 백분율 관련된 감각을 발달시키면 관련 상황에 놓였을 때 이를 활용함으로써 이해를 보다 잘할 수 있게 되며 문제 해결에도 큰 도움이 된다. 예를 들어 5%, 10% 정도는 작으며 50%는 절반에 해당되고 90%는 거의 전부에 가깝다는 것을 어림에 의해 직관적으로 이해하게 됨으로써 상황 판단을 보다 쉽고 빠르게 할 수 있게 된다. 이런 것이 익숙해지면 굳이 공식을 활용하지 않아도 얼마든지 백분율 관련 문제를 해결할 수 있게 된다. 예를 들면 다음과 같다.

[사례 1]

철수는 이번 달에 주말 편의점 아르바이트를 통해 600,000원을 벌었다. 다음 달에는 이번 달보다 10%를 더 받게 된다. 그렇다면 다음 달에 벌게 되는 돈은 얼마가 되는가?

⇨ 공식을 통한 해결 : 600,000×10%(0.1)+600,000=660,000원

　(백분율×전체=비율×전체=부분)

⇨ 수 감각적인 해결 : 100의 10%는 10, 600,000원의 10%는 60,000원, 그러므로 다음달에는 600,000+
　60,000=660,000원을 받게 된다.

---

6 예를 들어 50%는 1%가 50개 있는 것으로 분수 $\frac{50}{100}$($50\times\frac{1}{100}$, $\frac{1}{100}$이 50개 있는 것)과 동일하다는 생각을 바로 떠올릴 수 있어야 하며 $\frac{1}{2}=\frac{2}{4}=\frac{3}{6}\cdots\frac{5}{10}\cdots\frac{50}{100}$과 동치라는 것(50%를 나타냄)을 이해할 수 있도록 도와야 한다.

[사례 2]

○○초 야구단은 이번 야구 리그전에서 20번의 시합 중 15번 승리를 하였다. 승률은 몇 %인가?

⇨ 공식을 통한 해결 : $\frac{15}{20} \times 100 = 75\%$

⇨ 수 감각적인 해결 : $\frac{15}{20}$라는 비율은 $\frac{3}{4}$과 같은 값이고, $\frac{1}{4}$은 25%이니까 $\frac{3}{4}$은 75%라고 할 수 있다.

[사례 3]

50% 할인한 신발의 가격이 80,000원이었다. 원래의 가격은 얼마인가?

⇨ 공식을 통한 해결 : 50%(0.5)×원래 가격＝40,000원, $\frac{50\%}{100\%} = \frac{40,000}{원래\ 가격}$에 의하여 원가는 80,000원이라는 것을 알 수 있다.

⇨ 수 감각적인 해결 : 50% 할인된 가격이라는 것은 원래 가격의 50%를 깎아 주었다는 것이다. 따라서 원래 가격은 할인된 가격의 2배가 된다는 것을 직관적으로 알 수 있다. 50%는 $\frac{1}{2}$과 같으며 그 값이 40,000원. 40,000원은 80,000원의 반이니까 원가는 80,000이라는 것을 알게 된다. 또한 예상에 의해서 원가가 60,000원일 경우 50% 할인된 가격은 30,000원이니까 60,000원보다 원가가 높다는 것을 알 수 있다. 이렇게 예측을 통해 80,000원이 원가일 경우 50% 할인하면 40,000원이 된다는 것을 구할 수 있게 된다.

⑤ 기호화를 통해 백분율 관련 문제 해결하기

앞의 활동들이 충분하게 이루어진 뒤에 공식을 활용하여 백분율 관련 문제 해결을 할 수 있도록 하면 학생들이 스스로 문제를 이해하고 다양한 방법으로 해결할 수 있으며 별 생각 없이 공식만 무조건 적용하게 되는 문제점을 해결할 수 있게 된다.

(6) 별도의 시간 확보가 필요

위에서 안내한 바와 같이 체계적으로 지도하기 위해서는 지도서에 제시된 시간보다 더 많은 시간 확보가 필요하다는 것이 필자의 견해다. 다만 이에 대한 판단은 어디까지나 교사 자신의 몫인 만큼 신중한 고민과 결정을 내려 보기 바란다.

비의 개념 이해

문제 가루로 된 오렌지 주스 포장의 겉면에 있는 내용 설명을 보니 가장 적당한 맛을 내기 위한 비는 1인분에 〈오렌지 가루 : 물=가루 5스푼 : 물 1컵〉으로 적혀 있다. 이것이 의미하는 것은 무엇인가? 이것을 통해 더 알아낼 수 있는 정보는 무엇이 있을까? ⇨ 이와 비슷한 사례나 상황을 2~3가지만 더 찾아와 봅시다.

- -

비의 개념을 지도하기 전 실제 삶 속에서 비의 개념이 포함되어 있는 상황을 통해 이미 많은 사례에서 비의 개념이 적용되고 있음을 이해할 수 있도록 돕기 위해 개발한 과제라 할 수 있다. 이를 통해 본격적으로 '비' 개념 이해 관련 발문과 토의토론 활동으로 넘어가면 될 것이라 판단된다.

 비의 개념 이해

문제 1. 물 1컵에 가루 5스푼을 넣은 후 잘 저어서 오렌지 주스를 만든 후 아래와 같은 2개의 컵에 나누어 담았습니다.

컵 A   컵 B

① 2개의 컵에 담긴 오렌지 주스의 맛은 각각 어떠한가?
② 그렇게 생각하는 이유는 무엇인가?(두 컵을 비교해 볼 때 같은 점은 무엇이고 달라진 점은 무엇인가?)
③ 컵 A에 담긴 오렌지 주스의 맛이 컵 B에 담긴 맛보다 더 흐리고 연하지 않을까?(거꾸로 컵 B에 담긴 주스의 맛이 더 진한 것은 아닐까?) ⇨ 그렇게 생각하는 이유는 무엇인가요?
④ 오렌지 주스 가루와 물 사이의 관계를 비로 나타내 보시오.

문제 2. 컵 A의 오렌지 주스는 가루 5스푼 물 1컵을 넣어 만들었고, 컵 B의 오렌지 주스는 가루 10스푼, 물 2컵을 넣어 만들었다. 두 컵에 담긴 오렌지 주스의 맛을 비교하면 어떤 결과가 나올까? ⇨ 그렇게 생각하는 이유는 무엇인가요?
① 컵 B에 담긴 오렌지 가루와 물 사이의 관계를 비로 나타내 보시오.
② 컵 A와 컵 B에 담긴 오렌지 가루, 물 사이의 관계를 각각 비로 나타낼 때 2개의 비는 어떠한가?
③ 오렌지 가루 20스푼이 있습니다. 가장 적당한 맛을 내기 위해서 물은 몇 컵이 필요할까? ⇨ 그렇게 생각하는 이유는 무엇인가요?

- -

비의 개념 가운데 '2개의 변수(대상)를 동시에 다루면서 두 양 사이에 관계를 비교하여 나타낸 것'에 대한 이해를 돕기 위해 개발한 발문이라 할 수 있다.

이후에 다음과 같은 정리 발문을 추가하여 개념 이해를 돕는 것이 바람직하다.

발문 라면 1개를 끓이는 데 가장 적당량의 물은 컵으로 5컵이라고 약속한다. 라면 3개를 1개의 큰 냄비에 동시에 끓이려면 물이 얼마만큼 필요할까?[라면을 조금 싱겁게(또는 조금 짜게) 먹으려고 한다. 어떻게 물의 양을 맞추어야 할까?]

- -

실제 수업했던 사례에 대한 소감

주스 가루 5스푼을 물 1컵에 넣어 잘 섞으면 맛있는 주스가 만들어진다는 상황을 제시하고 이를 통해 알아낼 수 있는 다양한 정보들을 생각해 보고 모둠원들과 의견을 공유하라고 안내하였다. 그런데 학생들은 주어진 조건 범위 내에서만 생각하려 하고 그 조건을 바탕으로 다양한 상황에 대한 예측이나 추론은 하지 못하였다. 여기에서 힌트 하나를 주는 것이 좋다고 판단하여 "이 맛과 똑같이 만들려면 물

비 개념 형성을 위한 도입 차시 판서 내용

2컵일 때 가루가 얼마나 필요할까?"와 같은 생각들로 확장시켜 보자고 하였다. 그랬더니 몇 가지 생각들을 내놓았다. 그러나 그런 생각에도 역시 한계를 드러냈다. 1과 5의 배수 범위 내에서만 생각하려 했고 그 틀을 벗어나지 못하였다. 그래서 "물 1컵에 주스 4스푼을 넣는다면 어떻게 될까?

"물 1컵에 주스 9스푼을 넣는다면?" 하고 질문을 하였다. 그랬더니 "싱거워집니다. 맛이 별로입니다.(너무 진한 맛이 나서 먹기 불편할 것 같습니다.)" 등의 답변이 나왔다. "그래, 바로 이런 다양한 상황까지 예상하여 말할 수 있어야만 비의 개념을 정확히 이해할 수 있게 됩니다. 그렇다면 한 걸음 더 깊이 들어가 질문을 제시해 보도록 하겠습니다. 이렇게 만든 주스를 큰 컵과 작은 컵에 나누어 담았습니다. 이 때 두 컵에 담긴 주스의 맛은 같을까요? 아니면 다를까요?" 하고 물었다. 그랬더니 순간 교실에 침묵이 흘렀다. 학생들은 쉽게 답변을 하지 못했다. 일단 짝끼리 생각을 공유해 보라고 하였다. 잠시 뒤에 〈맛이 다를 것이라 생각하는 사람, 맛이 같을 것이라 생각하는 사람〉으로 나누어 손을 들어보게 하였다. 물론 같을 것이라 생각하는 학생들이 월등히 많았다. 하지만 맛이 다를 것이라 생각하는 학생들도 소수 있었다. 그래서 각각 왜 그렇게(같다 또는 다르다는 생각) 생각하는지에 대한 이야기를 해 보라고 하였다. 그랬더니 선뜻 나서는 학생들이 없었다. 그래서 이렇게 질문을 바꾸었다. "큰 컵에는 물이 많이 들어가 있으니 주스의 맛은 좀 싱겁지 않을까요? 이 의견에 찬성하는 사람?" 그랬더니 역시나 맛이 다

를 것이라 생각한 학생들이 모두 손을 들었다. 심지어는 맛이 같을 것이라 생각한 학생 가운데도 1명이 생각이 바뀌었는지 이 의견에 손을 들었다. "그렇다면 손을 들지 않은 사람들은 왜 생각이 다른지 잠시 동안 자신의 생각을 정리한 뒤 말해 볼까요?" 그렇게 잠시 침묵이 흘렀다. "누가 말해볼까요?" 그러자 몇 명의 학생이 손을 들었다. 그 중 한 학생을 지목하였다. "네, 큰 컵에는 물도 많이 들어있지만 그 속에는 가루도 그 만큼 많이 들어있다고 볼 수 있습니다. 그러니까 맛은 달라지지 않습니다. 우리가 많이 마시는 음료수도 병에 들어있는 것을 서로 크기가 다른 컵에 나누어 담았다고 하여 맛이 달리지지 않는 것과 같습니다."라고 말하였다. 이 학생은 두 대상을 동시에 다루어 생각하고 있다는 것을 알 수 있었다. 이어서 "그렇다면 맛이 달라질 것이라 생각했던 사람들은 방금 ○○이 한 말에 대해 어떻게 생각하지?"라고 질문하였다. 그랬더니 한 명도 빠짐없이 자신의 생각이 바뀌었고 방금 발표한 친구의 생각과 같아졌다고 하였다. 이제 두 대상을 동시에 다루면서 비교할 수 있는 토대가 마련되었다는 생각이 들었다. 이제 한 걸음 더 들어간 질문을 제시하여 두 대상을 동시에 다루면서 비교할 수 있는 상황을 한 번 더 제시해 보고자 하였다. "이번에는 물 2컵을 하나의 그릇에 담고 그곳에 가루 10스푼을 넣었습니다. 그렇다면 처음 물 1컵, 가루 5스푼을 넣어 만든 주스와 맛이 달라질까요? 아니면 같아질까요?"라고 질문을 하였다. 그랬더니 이번에는 전원이 같아진다고 손을 들었다. 그래서 무작위로 한 학생을 지목하였다. "네, 맛이 같아지는 이유는 1컵 5스푼으로 주스를 2번 만들어 섞으면 2컵 10스푼이 되니까 그렇습니다."라고 대답을 하였다. 이제야 두 대상을 동시에 다루면서 대상 간의 관계를 살피는 눈이 생겼다고 나는 판단하였다. 혹시나 하여 이렇게 질문해 보았다. "물이 2컵이나 되는데 맛이 같아진다구요?" 그랬더니 많은 학생들이 이구동성으로 "오렌지 주스 가루도 10스푼으로 늘어났잖아요."라고 답변을 해 주었다. "그렇습니다. 이제 여러분들은 비의 개념을 잡아나가기 시작하였습니다." 이렇게 활동은 잘 마무리되었다.

비의 개념 이해

미션 과제 사례

문제 철수는 1분에 50m씩 걷는다. 아버지는 1분에 100m씩 걷는다. 이 두 가지 사실만으로 우리가 알 수 있는 것은 무엇인가?(2~3가지 이상 생각해 보시오.)

- -

비의 개념 가운데 '2개의 변량을 하나의 묶음으로 생각하여 동시에 다룬다는 것'에 대한 이해를 돕기 위해 개발한 발문이라 할 수 있다. 이 발문에 대한 생각을 공유하면서 수업을 열어나가면 좋다.

비의 개념 이해

핵심 발문 사례

문제 철수와 아버지가 같은 시간 동안 간 거리에 대한 내용을 아래 표로 정리해 보시오.
① 두 사람이 같은 시간 동안 간 거리를 가장 간단한 자연수의 비로 나타내어 보시오.

	1분	2분	3분	4분	비	
					철수	아버지
철수	50m				( )대( )	
아버지	100m					

② 아버지는 500m를 걸어가셨다. 그동안 철수는 몇 m를 걸어갔겠는가?

③ 두 사람의 움직임을 두 손으로 표현하여 봅시다. (예 : 오른손은 아버지의 움직임, 왼손은 철수의 움직임)

- -

미션 과제 2번에 대한 후속 질문으로 같은 맥락(2개의 변량을 하나의 묶음으로 생각하여 동시에 다룬다는 것 : 하나의 변량이 2배, 3배 … 늘어나면 다른 변량도 똑같이 2배, 3배 …로 늘어난다는 것)에서 비의 개념에 대한 이해를 돕기 위해 개발한 핵심 발문이라 할 수 있다.

실제 수업했던 사례에 대한 소감

먼저 철수가 1분에 50m 걷는 상황을 통해 추론해 낼 수 있는 상황을 생각해 보게 하였다. 혼자 생각을 바탕으로 짝 끼리 생각을 공유하는 시간을 1차적으로 가진 뒤 전체 발표에 들어갔다. 어떤 학생은 2분에 100m를 간다는 식의 배수 개념을 적용하여 추론하였다. 그런데 어떤 학생은 이런 추론도 내놓았다. '철수가 속력을 2배로 빨리 한다면 1분에 100m를 갈 수 있다.'는 것이었다. 학생들 수준에서 쉽게 생각할 수 있는 추론은 아니라는 생각이 들어 적극 칭찬해 주었다. 아울러 아버지에 대한 상황도 같은 맥락에서 생각해 보게 한 뒤 본 발문의 핵심이라 할 수 있는 부분으로 파고 들어갔다. 철수와 아버지가 각각 1분에 50m, 100m 갈 때 두 사람의 움직임을 각각 수직선 위에 따로 나타내어 보라고 하였다. 각자의 노트에 표현한 뒤 짝과 점검해 보도록 하고 적당한 시간이 흐른 뒤에는 1명에게 발표를 부탁하였다. 나름 잘 표현하였다. 나는 학생이 칠판에 그린 수직선 위에 하나의 '묶음'으로 다룬다는 것이 어떤 것인지 보여 주었다. 그리고 그렇게 수직선을 활용하여 묶은 것을 도표로 정리하여 묶으면 아래 칠판 판서 사례와 같이 나타낼 수 있음을 보여 주었다. 지금까지 학생들이 그려왔던 도표가 바로 그것이었다.

 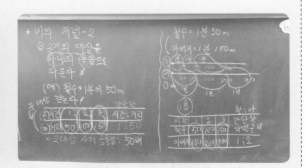

아버지와 아들의 시간별 움직임을 수직선에 표시하고 있는 장면 및 판서 결과

　이렇게 직접 보여 주고 이해할 수 있도록 돕자 학생들은 비의 의미를 보다 더 깊이 이해할 수 있게 되었다는 표

정이었다. 가장 간단한 자연수의 비로도 어렵지 않게 표현하였다. 후속 질문에 상황 이해를 실제적으로 할 수 있는지 알아보기 위해 아버지와 철수의 움직임을 두 손으로 표현해 보게 하였다. 철수를 오른손으로, 아버지를 왼손으로 표현하게 해 보았다. 그랬더니 어떤 학생은 표현이 어렵다는 눈치였고 어떤 학생은 나름 적극적으로 표현해 보기도 하였다. 어떤 학생은 어떻게 하는지는 알겠는데 두 손이 동시에 생각처럼 움직여지지 않는다고 하소연하기도 하였다. 그래도 몇 명 학생의 발표를 통해 두 손으로 직접 움직임을 보여 주면서 제대로 된 표현인지 수정이 필요한지 판단하는 데 도움을 주었다. 이 활동까지 더해지면서 대상을 동시에 다루어 비교한다는 점, 하나의 묶음으로 다룬다는 점을 훨씬 더 실감나게 이해할 수 있는 시간이었다고 판단된다.

여러 가지 그래프

본 단원은 통계 영역에 해당되는 내용을 다루고 있다. 본 단원을 재구성하여 지도할 때는 (1) 통계 영역이라는 보다 넓은 차원에서 이전 학년까지 공부했던 다양한 그래프를 한 번 종합적으로 정리해 주기 (2) 5학년에서 올라온 그림그래프를 핵심만 추려서 체계적으로 다루기 (3) 이전 단원에서 학습했던 백분율을 다시 한 번 점검해 보기 (4) 원그래프와 띠그래프를 동시에 다루되 그 표현방식에 따라 띠 모양, 원 모양으로 달라질 뿐이라는 점 (약간의 차이점은 있겠지만 그것이 두 가지를 따로 배워야 할 만큼 크게 부각될 필요는 없다는 것이 필자의 견해)을 스스로 추론할 수 있도록 도와주기 (5) 그래프 해석하기 및 문제 해결하기 과정을 차근차근 밟아 가면 큰 무리가 없을 것이라 판단된다. 이를 위해 학생들 사고의 흐름에 맞게 교과서 내용 재구성 방향을 제시해 본다면 다음과 같다.

(1) 통계의 가치를 이해할 수 있도록 하기

자료 분석, 통계는 학생들의 문제해결력과 비판적 사고력(특히 자료 분석 및 해석)을 증진하고 의사소통 능력을 강화하며 수 감각을 개발하고, 연산능력을 활용할 수 있는 기회를 제공할 수 있는 매우 유용한 활동이다. 이런 주제에 대한 학습은 수학을 하는 과정에서 문제해결식 접근이나 탐구를 바탕으로 한 접근방식을 요구한다. 그렇기 때문에 초등교육과정에서 매우 유용한 주제 가운데 하나라고 할 수 있다.

실제로 학생들은 매일 실제 생활 속에서 매우 다양한 통계와 관련된 자료를 접한다. 텔레비전, 인터넷 등은 우리에게 수많은 통계자료를 수시로 쏟아내고 있다. 예를 들어 여론조사, 일기예보, 금융, 정치, 경제 등의 영역에서 수많은 통계자료를 볼 수 있다. 그리고 우리는 그런 통계자료를 바탕으로 나름대로의 판단과 의사결정을 하게 된다. 이런 내용들을 수학 수업과 연결 지을 때 우리가 얻게 되는 몇 가지 중요한 가치를 정리해 보면 다음과 같다.

- [중요 가치 1] 자료 분석, 통계는 모든 교과 활동과 관련이 있다. 자료 분석, 통계 관련 내용은 수학, 사회, 국어, 과학 등 모든 교과 활동에 자주 등장한다. 이런 이유 때문에 문제해결 학습이나 프로젝트 수업, 주제통합 수업 등이 가능하게 된다. 예를 들어 다양한 그래프를 학년별로 공부한 뒤에 독서량을 막대그래프로 나타내기, 여러 사람들의 독서량을 평균값으로 나타내기, 인구나 어떤 지역 등에 대한 정보를 표나 그래프로 나타내기, 신체적 특성을 평균값, 그래프 등으로 나타내기, 생활 속에서 발생하는 다양한 관심사, 탐구할 내용 등을 직접 조사하고 자료를 수집하고 정리한 뒤 그래프로 그리고 해석하기 등 여러 활동이 가능하다.

- [중요 가치 2] 자료 분석, 통계는 학생들에게 자신들이 갖고 있는 수에 대한 개념을 바탕으로 의미 있는 연산 활동을 수행할 기회를 제공한다. 예를 들어 90이라는 수는 관련된 상황이 주어지지 않는다면 그냥 의미 없는 기호에 불과하

다. 하지만 어떤 일이 일어날 가능성이 90%라고 한다면 여기서 갖는 90이라는 기호의 의미는 크기에 대한 중요한 의미가 포함되어 있음을 우리는 알 수 있다. 이처럼 자료 분석, 통계 영역에서 제시되는 각종 수치들은 학생들에게 수의 의미 이해, 수의 가치 이해, 수의 활용 능력, 수의 의미에 대한 다양한 해석 기회, 수 감각의 개발 기회 등을 제공해 준다. 그리고 이런 모든 것들은 수학적 사고력과 직결된다.

- **[중요 가치3] 자료 분석, 통계는 분석적, 논리적, 비판적 사고를 개발할 수 있는 기회를 제공한다.** 학생들이 자료를 직접 수집, 통계, 분석 및 해석하는 과정을 경험하면서 스스로 다양한 질문을 찾고 그에 대한 답을 추론하거나 나름의 결론을 도출해 내는 경험을 하게 된다. 그 과정에서 자신들의 생각, 주장, 관점 등에 대해 확신을 갖거나 정당화하거나, 타인을 설득하는 데 강한 힘을 발휘하는 근거를 갖게 될 것이다. 이런 사례들은 우리 생활 곳곳에서 나타나고 있다. 특히 정치, 경제, 사회 영역 전반에 걸쳐서 말이다. 따라서 학교 교육은 학생들을 이런 기회에 더 자주 노출시킴으로써 논리적, 분석적, 비판적 사고력을 개발할 수 있는 기회를 충분히 제공해야만 한다.

(2) 통계에 기반을 둔 탐구 활동은 매우 유용

자료의 수집, 분석, 통계, 해석을 위해서는 반드시 지켜야 할 절차가 있다. 그것들을 단계별로 간단히 짚어 보면 다음과 같다.

[1단계] 탐구 주제 설정
탐구 주제는 다음과 같은 성격의 것이어야 가치가 있다.
① 정답이 없어야 한다.
② 학생들의 흥미(학습 및 탐구 동기)를 끌 수 있어야 한다.
③ 자료 수집, 분석, 결과 해석에 가치가 있는 것이어야 한다.

예 6학년 학생들의 평균 용돈은 어느 정도, 6학년 학생들이 좋아하는 교과, 6학년 학생들의 직업 선호도, 핸드폰 사용량, 꼭 여행하고 싶은 나라, 공부하는 시간, 잠자는 시간, TV시청 시간, 학원에서 공부하는 시간 등

[2단계] 자료 수집하기
주제가 결정되면 탐구 계획 수립 및 자료를 어떤 방법으로 수집할 것인가에 대한 충분한 논의가 이루어져야 한다. 이 과정에서 의사소통은 매우 중요한 가치를 지닌다.
① 누구를 대상으로 할 것인가?
② 어떤 방법으로 자료를 수집할 것인가?(설문, 질의-응답, 관찰 등)
③ 표집 대상을 얼마나 잡을 것인가?(자료의 양)
④ 자료 수집 기간은 얼마나 할 것인가?(언제부터 언제까지)
⑤ 수집한 자료의 정리 기간, 방법은?(어떤 도표를 사용할 것인가)
⑥ 자료 수집에서 꼭 고려해야 할 점들은 없는가?

[3단계] 자료 분석 및 표현하기

자료를 수집하면 계획에 따라 정리, 분석하고 알맞은 도표에 정확히 나타낸다.

[4단계] 결과 해석하기

가장 중요한 단계라 할 수 있다. 통계 결과를 바탕으로 자신만의 독특한 시각과 관점을 내세워 논리적, 분석적, 비판적 해석을 내놓아야 한다. 이렇게 만들어진 결과는 자신의 생각이나 주장, 논리에 설득력을 제공할 것이며 그 과정에서 논리적 사고력, 비판적 사고력, 분석적 사고력, 추론 능력 등이 점점 향상되어 가는 것을 느낄 수 있게 된다.

(3) 그림그래프 이해하기

면적을 가지는 그림(수량을 그림의 크기로 나타냄)으로 변수의 분포를 시각적으로 한 눈에 알아보기 쉽게 나타내고자 할 때 효과적으로 사용된다. 이러한 그림그래프는 활용 및 해석이 매우 쉽고 용이하지만 시각적으로 오류(시각적으로 사실을 왜곡할 가능성이 높음)를 불러일으킬 수 있다는 점에서 주의가 요구된다. 따라서 그래프에 제시된 그림에 대한 면밀한 관찰과 세심한 이해가 꼭 필요하다고 말할 수 있다.

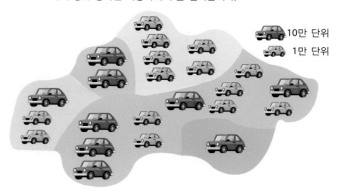

그림은 2002년도 어느 시의 구청별 자동차 등록대수를 10만 단위는 🚐, 1만 단위는 🚗로 나타낸 것입니다. 각 구청에 등록된 자동차의 수를 알아봅시다.

🚐 10만 단위
🚗 1만 단위

(4) 원그래프(파이차트, 때에 따라서는 도넛 모양으로 나타내기도 함)

전체에서 부분의 비율을 나타낼 때 효과적으로 사용된다. 원 전체를 100으로 보고 각 부분의 비율을 부채꼴 면적으로 표현한다. 일반적으로 시계 방향으로 크기 순서대로 배열한다.

원그래프는 해석과 활용이 용이하며 직접 그리기는 어렵지만 컴퓨터 등을 활용하면 그리기에 큰 어려움이 없다. 이에 대한 몇 가지 사항을 보충하면 다음과 같다.

① 이를 그리기 위해서는 분수, 백분율, 비율, 각의 측정 등에 대한 종합적인 지식이 필요하다.

② 원그래프를 띠그래프로, 띠그래프를 원그래프로 나타낼 수도 있다.

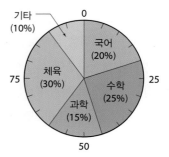

[좋아하는 과목]

기타 (10%)
국어 (20%)
체육 (30%)
수학 (25%)
과학 (15%)
0
25
50
75

전체에 대한 각 부분의 비율을 원모양으로 나타낸 그래프를 원그래프라고 합니다.

③ 백분율에 관련된 결론을 이끌어 내는 데는 띠그래프(그리기 쉽고 길이를 이용하여 자료의 크기를 비교)보다 원그래프(중심각의 크기를 이용하여 자료의 크기를 나타냄, 전체와 부분 — 부분과 부분 사이의 비율을 한눈에 알아보기 쉬움, 중심각을 100 등분해야 하므로 띠그래프보다 그리기 어려움)에서 보다 더 분명하게 나타난다.

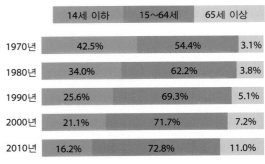

	14세 이하	15~64세	65세 이상
1970년	42.5%	54.4%	3.1%
1980년	34.0%	62.2%	3.8%
1990년	25.6%	69.3%	5.1%
2000년	21.1%	71.7%	7.2%
2010년	16.2%	72.8%	11.0%

연령별 인구 구성의 변화

④ 오른쪽의 사례와 같이 같은 분야, 주제와 관련하여 비율의 변화 상황을 나타내고 비교할 때는 띠그래프가 훨씬 효과적이다. 비교하고자 하는 것에 대한 변화가 한눈에 들어와서 원그래프보다 이해하기 쉽다.

⑤ 이해를 돕기 위해 보통 각 항목별로 색깔을 달리하여 표현하는 것이 보통이다.

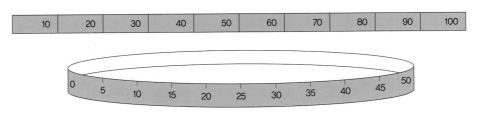

원그래프와 띠그래프 간의 상호 변환 아이디어

위와 같이 생긴 띠그래프를 원 모양으로 둥글게 만들면 그대로 원그래프가 된다.

(5) 통계는 신뢰성이 곧 생명 — 신뢰도

보통 여론조사를 한 뒤 그 결과를 백분율 및 비율그래프로 많이 제시한다. 그 내용 가운데 오차범위, 신뢰수준이라는 말들이 귀에 자주 들어온다. 오차가 작고 신뢰수준이 높다면 믿음이 가겠지만 오차가 크고 신뢰수준이 낮을수록 믿음이 가지 않게 된다. 물론 조사 대상 모두를 조사하였고 응답자가 솔직하게 답변하였다면 오차는 0이고 신뢰수준은 100라고 할 수 있겠지만 그렇게 하기는 시간, 인력, 예산 문제를 생각한다면 어렵다고 볼 수 있다. 이런 문제점을 극복하기 위해 통계학에서는 적당한 수의 대상을 조사하되, 어느 정도의 수를 조사하면 오차범위와 신뢰수준이 각각 어떻게 되는지를 다음과 같이 제시하고 있다.[7]

가장 일반적으로 행하여지는 여론조사를 보면 오차범위 ± 3%, 95% 신뢰수준을 제일 많이 이용한다. 그래서 조사 대상을 최소 1,068명으로 정하고 여기에 남녀 비율, 연령대, 지역 배분 등을 고르게 한 후 조사하여 발

---

7 1만 명을 조사할 때와 10명을 조사할 때의 신뢰도 및 오차는 굉장히 큰 차이를 보이게 된다. 조사 대상의 수가 클수록 신뢰도는 높아지고 오차는 작아진다. 하지만 조사 대상의 수 말고도 오차 및 신뢰도에 영향을 미치는 것이 또 있다. 그것은 바로 성별, 연령대, 지역(시도별), 유선전화-무선전화 등과 같은 것이다. 이것들을 어떻게 조사에 반영시켰느냐에 따라 신뢰도는 달라질 수 있다.

표를 하게 된다.

그러나 여기에도 반드시 잊지 말아야 할 점이 한 가지 있다. 여론조사와 같이 백분율 형태로(비율그래프) 제시되는 통계자료는 100% 신뢰하면 안 된다는 것이 바로 그것이다. 조사를 통해 알려지는 수치는 어디까지나 가능성일 뿐이다. 수치가 높다고 하여 반드시 그렇다고 말할 수는 없는 일이다.(수치가 높을수록 그럴 가능성이 높다는 것일 뿐, 통계 수치와 실제 결과가 다른 사례는 주변에서 얼마든지 볼 수 있다.) 특히나 어떤 두 대상 간의 당락을 결정하기 전에 알아본 여론 조사 예측 결과가 오차 범위 내에 있거나 오차 범위를 약간 벗어나더라도 큰 차이가 나지 않는다면 신뢰도는 더욱 더 떨어질 수밖에 없으며, 조사 대상이 달라지면 그 결과가 얼마든지 달라질 수 있기 때문에 100% 신뢰하면 안 된다.(의도에 따라 사람들을 속이기 위해 여론 조사 결과를 조작하여 어떤 이익을 보려는 사례들도 얼마든

오차범위	신뢰수준	
	95%	99%
± 1%	9,604명	16,590명
± 2%	2,401명	4,148명
± 3%	1,068명	1,844명
± 4%	601명	1,037명
± 5%	385명	664명
± 6%	267명	461명
± 7%	196명	339명
± 8%	151명	260명
± 9%	119명	205명
± 10%	97명	166명

지 있을 수 있기 때문에 더욱 더 그렇다.) 이런 자료나 수치는 어디까지나 판단이나 결정에 도움을 줄 수 있는 참고자료일 뿐이라는 것을 반드시 기억해야만 한다. 그런 자료만 믿고 중대한 결정을 하였을 때 낭패를 볼 수도 있으며 그 결과에 대한 책임을 여론 조사 기관이나 발표자에게 미룰 수는 없는 일이기 때문이다.

그림그래프의 함정 극복하기

미션 과제 · 핵심 발문 사례

 오른쪽에 제시된 그림그래프를 보고 물음에 알맞은 답을 하시오.

전담인력 및 참여노인수 현황
2016년 기준 / 단위 명

① 2016년 기준 노인 일자리 사업과 관련하여 일처리를 위한 전담인력 수가 2,685명으로 나타나 있다. 그림그래프에 나타난 그림의 크기로 볼 때 참여 노인 수는 몇 명으로 예상되는가?('?' 안에 들어갈 수치는 얼마로 예상되는가?)

② 그렇게 생각하는 이유는 무엇인가?

▶ ②번까지 충분히 토의토론하고 이야기 나눈 뒤에 ③번 질문을 제시한다.

(여기서부터는 핵심 발문 사례에 해당됨)

③ 참여 노인 수는 실제로 41만 6,934명이라고 한다. 왜 이런 차이(오류 : 약 155배)가 생겨나게 된 것일까?

④ 이런 문제점을 극복하기 위해서는 어떤 대책이 필요한지 생각해 보시오.

통계와 관련하여 그래프를 비판적으로 검토하고 제시된 자료를 올바르게 해석하는 능력은 매우 중요하다고 말할 수 있다. 본 과제는 이와 관련하여 학생들이 올바른 비판적 능력을 가질 수 있는 계기를 마련하기 위해 개발하였다고 볼 수 있다. 주어진 그림의 폭과 높이를 보면 참여 노인 수가 전담인력 수의 약 9배 정도가 되는 것처럼 보인다. 그런데 실제 수를 보면 약 155배가 넘게 차이가 나고 있다는 것을 알 수 있다. 사람들은 자칫하면 그

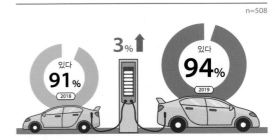

향후 **전기차 구매 의사는?**

시각적 오류 가능성이 높은 그림그래프 사례

림에만 초점을 두고 그래프에 나타난 수치자료는 무시하는 오류를 범할 가능성이 크다. 따라서 주어진 그림그래프를 주의 깊게 탐구하고 관찰하도록 돕는 데 초점을 두도록 지도할 필요성 또한 크다고 볼 수 있다.(위의 전기차 구매 의사 관련 그림그래프에서도 구매 의사 차이는 3% 정도밖에 되지 않지만 이미지상의 자동차 크기는 꽤 큰 차이가 나는 것처럼 보이고 있음을 알 수 있다.)

이 외에 그림그래프와 관련해서는 교과서 내용 수준 정도로 다루어 주어도 큰 무리는 없다는 생각이 든다. 그보다 비율그래프에 더 신경을 쓸 필요가 있다는 것이 필자의 견해이다.

 비율그래프 이해하기　　　　　　　　　　　　　　　**핵심 발문 사례**

 표집을 적게 할 경우 문제점은 무엇이고 많이 할수록 어려운 점은 무엇인지 생각해 보시오.

- -

어떤 통계이든 전수조사를 하면 제일 좋다. 하지만 그럴 수 없는 경우가 많다. 이럴 경우 표본 집단의 크기에 따라 다양한 문제점이 발생한다. 본 발문은 학생들이 이에 대하여 이해할 수 있도록 돕기 위해 개발한 것이라 할 수 있다.

학생들은 질문에 대한 의미를 잘 이해하고 모둠원들과 토의토론을 통해 나름의 생각을 잘 정리하고 발표하였다. 학생들이 생각한 내용을 정리하면 다음과 같다.

- **표집을 적게 할 경우 대표적인 문제점** : 통계 결과에 대한 신뢰가 떨어진다. 통계 결과가 전체 집단에 대한 특성을 제대로 나타냈다고 볼 수가 없다.
- **표집을 크게 할 경우 대표적인 문제점** : 시간과 비용, 인력이 많이 든다. 통계 내는 데 시간이 많이 걸린다. 그러나 좋은 점은 전체 집단에 대한 특성을 잘 나타낼 수 있어서 통계 결과에 대한 신뢰가 높아진다는 장점을 갖고 있다.

문제 　각 모둠별로 적절한 주제를 정하고 직접 자료 조사, 통계, 그래프 그리기 및 해석하기, 보고서 제출을 기한 내에 할 수 있도록 합니다.

- 비율그래프 작성을 위한 주제 및 조사 대상 선정을 위한 모둠 협의
- 비율그래프 작성을 위한 모둠 협의
  - ▶ 자료 조사 방법 및 시간, 설문 문항 작성
  - ▶ 비율그래프 작성 및 해석, 뉴스 기사 쓸 계획서 작성
- 비율그래프 해석하기
  - ▶ 비율그래프를 보고 알 수 있는 다양한 사실에 대하여 이야기 나누기 : 개인 생각 ⇨ 모둠 공유 ⇨ 전체 공유
  - ▶ 1차적으로 교과서 속 비율그래프를 활용하여 해석하기 연습
  - ▶ 2차적으로 뉴스 기사 속 비율그래프를 활용하여 해석하기 연습
- 비율그래프 해석 결과를 바탕으로 뉴스 기사문 쓰기

- -

교과서 중심 수업보다 국어과와 연계하여 프로젝트 수업으로 진행하는 것이 더 낫겠다고 생각하여 개발한 과제라 할 수 있다. 실제로 진행했던 수업 소감을 제시해 보았다.

실제 수업했던 사례에 대한 소감

학생들이 직접 자료를 수집하고 통계를 낸 후 비율그래프로 표현함과 동시에 해석까지 하여 뉴스기사로 만들 주제를 선정하는 데 많은 시간을 할애하였다. 수학시간에 앞서 국어시간에 미리 뉴스와 관련된 단원을 공부하면서 수학시간과 연계하여 비율그래프를 그리고 그와 관련된 뉴스 기사를 모둠별로 작성하는 데 필요한 여러 가지 사항들을 짚어 보았다. 특히 뉴스 기사로 쓰인다는 것은 그 주제가 여러 사람들에게 흥미와 관심을 끄는 주제나 사회적 현상이어야 한다는 것, 사람들에게 좋은 정보가 되어야 한다는 것을 말하는 것이기 때문에 각 모둠별로 주제를 정할 때는 이에 해당되는 것인지 먼저 살펴야 한다는 것을 매우 강조해 주었다. 그냥 통계를 내고 그래프를 그려서 끝나는 것이 아님을 정확히 짚어 주었다. 모둠별로 회의가 시작되자 학생들은 다양한 의견을 내어 놓았고 각각의 의견마다 뉴스 기사로 쓰기에 적합한 주제인지에 대한 의견을 심도 깊게 나누면서 열띤 토의토론을 해 나갔다. 그렇게 모둠별로 결정된 주제를 가지고 나와 협의한 뒤 확정을 하게 하였다. 각 모둠마다 협의가 끝나는 대로 내게 와서 점검을 받았다. 어떤 모둠은 주제는 정하였지만 그것이 뉴스 기사로 만들어질 때 과연 여러 사람들에게 흥미로운 것이 될 수 있는지 확신이 들지 않는다고 내게 의견을 달라고 말하기도 하였다. 물론 도움을 주기도 하였다. 그렇게 6모둠에서 모두 6개의 주제가 만들어졌다.

1. 중·고학년을 대상으로 학원에 다니는 개수에 대한 실태 조사(중·고학년 구분하여 비교 분석)

2. 1~6학년까지 핸드폰 사용 시간 및 사용 내용에 대한 실태 조사(각 학년별 비교 분석)

3. 1~6학년까지 학생들을 대상으로 어떤 나라 음식을 좋아하는지에 대한 실태 조사

4. 5학년과 6학년을 대상으로 컴퓨터 또는 핸드폰 게임 시간과 공부시간과의 상관관계에 대한 조사

5. 1~6학년까지 학생들을 대상으로 1주일간 아침밥을 몇 번 먹고 오는지에 대한 실태 조사

6. 저·중·고학년을 대상으로 SNS 사용 실태 조사

  물론 그 과정에서 필요한 경우 표집을 해야 하는데 몇 % 신뢰도와 오차 범위를 어떤 구간으로 할 것인지, 각 주제별로 몇 명 정도를 표본 집단으로 정하여 자료를 수집하고 통계를 낼 것인지 등에 대한 이야기도 함께 나누었다. 그리고 모두 점검을 마친 후 모든 학생들에게 비율그래프를 그리고 뉴스 기사를 쓰는 활동까지 딱 1주일만 주겠다고 공지하면서 오늘 수업을 마무리하였다.

위의 소감문은 주제 선정 과정만 제시된 것이다. 이후로도 여러 차례 협의회 시간이 마련되었고 그 시간에 학생들은 조사 이유와 목적 공유하기, 질문 만들기 협의, 조사 대상 및 방법 협의, 이 설문을 통해 어떤 점을 이야기하고 싶었는지, 언제까지 자료를 수집하고 통계는 언제 어떻게 낼 것인지 등에 대한 협의 등을 꾸준히 이어나갔다. 물론 협의 내용과 관련하여 궁금한 것이나 도움이 필요한 모둠이 있으면 적극 개입을 하여 해결해 주었다. 제일 많이 도움을 준 것은 설문 문항 제작이었다.

어떤 모둠은 달랑 1문항만 갖고 와서 설문을 하겠다고 하였다. 예를 들자면 이런 것이었다.

학원을 다니는 개수는 몇 개인가?

  이런 설문을 하였을 때는 그 결과를 바탕으로 뉴스 기사를 쓰면서 어떤 관점을 가지고 나름의 생각을 독자들(신문 기사를 읽는 사람들)에게 전하고 싶은 것인지를 고민해 보고, 위와 같은 질문에 더하여 몇 가지 후속 질문을 더 제시해야만 설문에 응하는 사람들도 제대로 대답할 수 있을 것이라는 설명을 해 주었다. 후속 질문의 예도 아래와 같이 들어서 설명해 주었다.

1. 학교 공부와 관련된 학원은 몇 개 다니는가?
2. 학교 공부 외에 취미 등과 관련된 학원은 몇 개 다니는가?
3. 스스로 다니고 싶어서 다니는 것인가?
4. 학원에서 있는 시간은 총 몇 시간 정도 되는가?

수행평가 Rubric

수학과 수행평가 목표

1. 자료를 수집한 후 목적에 맞는 비율그래프로 나타낼 수 있다.
2. 비율그래프를 해석하고 특징을 설명할 수 있다.

국어과 수행평가 목표

1. 뉴스 기사가 될 수 있는 사회적 현상에 대하여 직접 조사를 하고 기사문을 쓸 수 있다.
2. 좋은 기사문이 갖추어야 할 조건을 모두 충족시켜야 한다.

	국어과		수학과	
상	사람들의 흥미와 관심을 끄는 현상에 대하여 직접 자료 조사를 하였다.	기사문이 갖추어야 할 조건을 모두 충족시켜 기사문을 잘 작성하였다.	자료를 충분히 수집하고 목적에 맞는 비율그래프로 잘 나타냈다.	비율그래프를 잘 해석하고 특징을 충분히 설명하였다.
중	직접 자료를 조사하였으나 사람들의 흥미와 관심을 끄는 면에서는 부족함이 있다.	기사문이 갖추어야 할 조건 가운데 한 가지 정도가 충족되지 못하였다.	목적에 맞는 비율그래프로 나타내었으나 자료의 수집이 충분히 이루어지지 않았다.	비율그래프 해석 및 특징 설명에 약간의 부족함이 있다.
하	주제가 사람들의 흥미와 관심을 끌지 못하고 자료 조사가 충분하지 못하였다.	기사문이 갖추어야 할 조건 가운데 두 가지 이상이 충족되지 못하였다.	자료 수집이 충분치 않고, 목적에 맞는 비율그래프로 나타내지 못하였다.	비율그래프 해석에 부족함이 많고, 특징을 제대로 설명하지 못하였다.

통계 및 분석 결과, 기사문 쓰기 사례 : 실제 주제통합 수업의 결과로 학생들이 작성하여 제출한 수행평가 과제 사례 몇 개를 가감 없이 그대로 실어본다.

제목 : 혁신학교 학부모들은 과연 혁신학교를 믿는 걸까?

6학년 해솔반 김○○

[학년별 현재 다니는 학원의 개수]

개수/학년	3~4학년	5~6학년
0개(다니지 않음)	38명(18%)	22명(11%)
1~2개	80명(37%)	56명(29%)
3~4개	63명(29%)	88명(46%)
5개 이상	35명(16%)	26명(14%)
합계	216명(100%)	192명(100%)

3~4학년(단위 : %)

5	10	15	20	25	30	35	40	45	50	55	60	65	70	75	80	85	90	95	100

0개 (18%) (다니지 않음) / 1~2개 (37%) / 3~4개 (29%) / 5개 이상 (16%)

5~6학년(단위 : %)

5	10	15	20	25	30	35	40	45	50	55	60	65	70	75	80	85	90	95	100

0개 (11%) / 1~2개 (29%) / 3~4개 (46%) / 5개 이상 (14%)

[학원을 다니는 학생을 대상으로 한 주로 다니는 학원의 종류]

종류/학년	3~4학년	5~6학년
공부	82명(46%)	117명(69%)
예체능(취미)	96명(54%)	53명(31%)
합계	178명(100%)	170명(100%)

3~4학년(단위 : %)

5	10	15	20	25	30	35	40	45	50	55	60	65	70	75	80	85	90	95	100

공부 (46%) / 예체능(취미) (54%)

5	10	15	20	25	30	35	40	45	50	55	60	65	70	75	80	85	90	95	100
공부 (69%)														예체능(취미) (31%)					

[학원을 다니는 학생을 대상으로 한 학원에 다닌다고 마음먹었을 때에 가장 많은 비중을 차지한 이유]

계기/학년	3~4학년	5~6학년
자발적	103명(58%)	57명(34%)
부모님 강요	75명(42%)	113명(66%)
합계	178명(100%)	170명(100%)

3~4학년(단위 : %)

5	10	15	20	25	30	35	40	45	50	55	60	65	70	75	80	85	90	95	100
자발적(자신이 원해서) (58%)												부모님 강요 (42%)							

5~6학년(단위 : %)

5	10	15	20	25	30	35	40	45	50	55	60	65	70	75	80	85	90	95	100
자발적(자신이 원해서) (34%)							부모님 강요 (66%)												

- 조사기관(조사자) : 6-해솔 김○○, 안○○, 장○○, 김○○
- 조사기관 : 2017년 11월 20일~ 2017년 11월 22일
- 조사대상 : 서울은빛초 3~4학년 216명, 5~6학년 192명(총 408명)
- 응답률 : 100%   • 신뢰도 : 95%   • 오차범위 : ±5%

　6-해솔반 김○○, 안○○, 장○○, 김○○은 11월 20일부터 22일까지 서울은빛초에서 직접 돌아다니며 3~4학년과 5~6학년, 두 그룹으로 나눠서 학생들에게 학원에 대해 조사하였다. 조사 목적은 서울은빛초 학생들이 학원에 대해 전반적으로 어떻게 생각하는지, 또 학년에 따라 학원의 개수와 수강 과목이 왜 달라지는지 등을 분석하고 그 속에서 발견되는 문제점에 대해 고민해 보기 위함이다.

　먼저 학년별 현재 다니는 학원의 개수를 보면 3~4학년은 조사 결과 1~2개, 3~4개, 0개(다니지 않음), 5개 이상 순으로 1~2개가 37%로 가장 높게 나왔고, 5개 이상이 16%로 가장 적게, 또 예상한 결과와 같은 순서대로 나타났다.

　1~2개도 높게 나왔지만, 그다음인 3~4개도 적지 않은 29%를 차지하였다. 0개(다니지 않음)와 5개 이상도

그다지 적진 않지만 1~2개의 절반에 그쳤다.

반면 5~6학년은 조사 결과 3~4개, 1~2개, 5개 이상, 0개(다니지 않음) 순으로 3~4개가 46%로 가장 높게 나왔고, 0개가 11%로 가장 적게 나왔다.

하지만 예상한 바와 달리 5개 이상이 3~4개 뒤를 따를 것으로 예상하였으나 1~2개가 5개 이상을 제치고 2위를 차지하였다.

3~4학년과 5~6학년을 같이 보면 3~4학년에서는 0개(다니지 않음)가 적지 않은 수치를 차지하였으나, 5~6학년에서는 0개(다니지 않음)가 10%밖에 차지하지 못하였다. 이를 보면 5~6학년에는 공부에 대한 난이도가 높아지면서 학원을 더 많이 다니게 되는 것으로 추측할 수 있겠다.

학원을 다니지 않는 학생들을 제외한 학원에 다니는 학생들을 대상으로 주로 다니는 학원의 종류를 살펴본 결과는 다음과 같이 3~4학년은 공부가 46%, 예체능이 54%로 그다지 차이가 나지 않았다. 그러나 5~6학년은 공부가 69%로 절반을 훌쩍 넘는 수치를 차지했고, 예체능은 공부의 3분의 1 수준도 되지 않는 31%를 차지했다.

3~4학년과 5~6학년을 비교해 보면 3~4학년은 공부와 예체능이 별로 차이가 나지 않았지만 5~6학년 같은 경우에는 엄청난 차이가 난 걸 보니 5~6학년은 부족한 공부와 중학교 공부를 대비하기 위해 공부에 관련된 학원을 더 많이 다니는 것으로 추측해 볼 수 있겠다.

학원에 다닌다고 한 학생들에게 학원에 다닌다고 마음먹었을 때 가장 많은 비중을 차지한 이유에 대해 물어본 결과는 다음과 같다. 3~4학년에서는 자발적, 즉 자신이 원해서 학원에 다니는 학생들은 58%, 부모님에 강요 때문에 학원에 다니는 학생들은 42%로 자발적으로 학원에 다니는 학생들이 좀 더 많았다. 그렇지만 5~6학년 같은 경우 자발적으로 학원에 다니는 학생들은 34%, 부모님의 강요에 의해 학원에 다니는 학생들은 66%로 부모님의 강요 때문에 억지로 학원을 다니는 학생들은 자발적으로 다니는 학생들에 2배로 3~4학년과 비교했을 때 굉장히 상반되는 결과가 나타났다.

조사를 하면서 5~6학년 학생들은 우리가 이 질문을 했을 때 3분의 2의 학생들은 "당연히 부모님 강요 때문에 학원에 다니는 거 아니냐. 설마 우리가 원해서 다니겠냐?"라는 말을 했을 정도로 많은 학생들이 자신의 의지와는 상관없이 학원에 다니고, 학원에 대해 부정적인 관점을 가지고 있는 것으로 확인되었다.

이 세 가지 질문의 결과를 유추해 보면 종합적으로 3~4학년은 학원에 대해 만족도가 높았으나, 5~6학년은 만족도가 그리 높지 않은 것으로 나타났다.

우리 은빛초는 혁신학교로 혁신학교의 주목표는 창의적인 수업과 사교육 절감이다. 그러나 조사한 결과 사교육 절감의 효과는 학년이 높아질수록 그리 높지 않거나, 아예 효과가 없는 것으로 나타났음이 확인되었다.

그리고 학원에 다니기로 마음먹었을 때 가장 많은 비중을 차지한 이유를 조사했을 때 부모님 강요는 3~4학년과 5~6학년 둘 다 절반에 가까운 수치로 나타났다. 이는 부모님들이 자녀들을 걱정해서 학원을 보내기도 하겠지만 요즘 대부분의 부모님들은 혁신학교를 나온 뒤 중학교에 가면 성적이 안 좋아진다는 소문이나 생각 때문에 학교 교육을 믿지 못하고 공부를 위한 학원에 보내는 것으로 추측된다. 그로 인해 학생들은 원치 않는 학원을 억지로 다니며 오히려 학원에 다니는 효과를 제대로 보지 못하고, 오히려 학업 스트레스가 늘어나는 것으로 드러났다. 결국 여기에는 학부모님들의 줄어들지 않는 걱정, 불안이 가장 큰 몫을 하고 있다는 점에서 고민

되는 바가 크다.

앞으로 이런 문제가 계속된다면 학교 교육 및 학원 교육에 대한 학생들의 생각은 부정적으로 바뀌게 될 것이다. 또한 억지로 학원에 다니는 것이기 때문에 학원 학습에 의한 성적 향상이라는 결과도 기대할 수가 없어 돈만 낭비할 가능성이 높아질 것으로 예상된다.

이를 해결하기 위해서는 단지 부모님의 강요에 따라 학원에 다니는 것보다 부모님에게 자신의 생각을 확실히 얘기하고 자신의 원하고 꿈꾸는 것을 당당히 밝힐 수 있어야 이런 문제도 해결할 수 있을 것이라 생각한다.

부모님 또한 일단 학교 교육 믿는 것이 중요하다고 생각을 하고, 또 아이의 미래를 위해 학원을 보낸다고 생각하시겠지만 그렇지 않을 수도 있기 때문에 현재 아이에게 필요한 것이 무엇인지, 이것은 불필요하진 않는지, 아이가 흥미를 느끼는지 등 여러 가지를 아이와 같이 상의하며 학원에 다닐지 다니지 말지를 정하는 것이 좋을 것이라 판단된다.

과제 제출물 사례 2

제목 : 먹느냐 마느냐! 그것이 문제로다!

6학년 해솔반 김○○

서울은빛초등학교 6학년 해솔반 김○○, 장○○, 이○○, 이○○은 2017년 11월 20일부터 11월 22일까지 서울은빛초 1학년부터 6학년까지 총 294명을 조사하였다. 이 4명은 학생들에게 직접 찾아가서 설문지를 돌리며 은빛초 학생들의 일주일 동안의 아침식사 비율을 조사하였다. 이 조사의 목적은 은빛초 학생들의 아침식사 사례를 알아보고 학생들에게 아침식사를 해야 하는 이유, 먹지 않으면 안 되는 이유 등의 중요성을 일깨워 주기 위함이었다.

다음 표에 보이는 것처럼 우리 모둠이 조사한 설문 결과는 이렇게 나타났다.

- 조사 기관 : 6-해솔반 김○○, 장○○, 이○○, 이○○
- 조사 기간 : 2017년 11월 20일~11월 22일
- 조사 대상 : 서울은빛초 1학년 52명, 2학년 56명, 3학년 49명, 4학년 23명, 5학년 52명, 6학년 62명
- 응답률 : 98%   • 신뢰도 : 95%   • 표준오차 : ±6%

[조사 대상 아이들의 1주일당 아침식사 일수]

(단위 : 명)

매일	1~2일	3~4일	5~6일	전혀	합계
199	24	17	36	18	294

위의 표에서 보는 바와 같이 아침을 매일 먹는다는 학생이 294명 중 199명으로 거의 대부분을 차지했고 다음으로는 하루 정도 빼고는 다 먹는다는 학생이 36명, 1~2일 정도만 먹는다가 24명, 전혀 먹지 않는다는 18명, 일주일 중 3~4일만 먹는다가 17명으로 이 순서대로 나타났다.

이 표를 백분율로 고치면 다음과 같다.

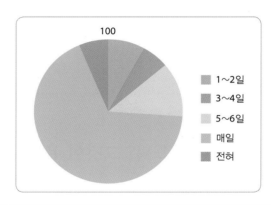

1~2일	3~4일	5~6일	매일	전혀	합계
8.3%	5.78%	12.2%	67.6%	6.12%	100%

위의 원그래프를 보면 "아침식사를 매일 한다.", "5~6일 정도 먹는다.", "1~2일 정도 먹는다.", "전혀 먹지 않는다.", "3~4일 정도 먹는다." 순으로 나타났다. 그중에서 "아침을 매일 먹는다."가 67.6%로 가장 높았고, "3~4일 정도 먹는다."가 5.78%로 가장 낮았다. 조사를 시작하기 전에 예상했던 바로는 매일 먹는다가 30% 정도 되고 전혀 먹지 않는다가 매일 먹는다와 비슷할 거라고 예상했었으나 나의 예상과 달리 매일 먹는다가 확연히 압도적으로 많이 나타났다는 것을 볼 수 있었다. 그러나 "매일 먹는다."와 "전혀 먹지 않는다."만 보면 차이가 10배 정도 나고 있다는 점도 눈 여겨 볼 필요가 있다고 판단된다. 또한 그래프에서 "매일 먹는다."를 제외하면 나머지는 꾸준히 먹지 않는다는 이야기가 된다. 그러므로 30%나 아침을 먹지 않는다고 해석할 수 있다. 또, 일주일 동안 절반 정도인 3~4일 정도만 어중간하게 먹는 사람이 거의 없을 거라고 생각했는데 오히려 그보다 전혀 먹지 않는다는 사람이 예상한 것보다 많아서 의외였다.

우리 모둠은 우리 학교 학생들이 왜 아침을 먹지 않는지에 대한 문제점을 파악하기 위해 매일 먹는다고 응답한 사람을 제외하고 먹지 않는 이유도 함께 조사하였다.

[조사 대상 학생들이 아침식사를 하지 않는 이유]

(단위 : 명)

늦잠	귀찮음	맞벌이	입맛 없음	기타	합계
27	20	9	17	22	95

이를 백분율로 나타내면 다음과 같이 나타난다.

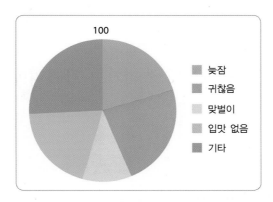

늦잠	귀찮음	맞벌이	입맛 없음	기타	합계
18.4%	21%	9.7%	17.8%	23.1%	100%

이 원그래프를 살펴보면 서울은빛초 학생들이 아침을 먹지 않는 이유로 늦잠, 기타, 귀찮음, 입맛 없음, 부모님 맞벌이 순으로 나타났다. 내가 예상했던 것과 같이 늦잠을 자기 때문에 밥을 먹지 못한다는 의견이 가장 많았고 부모님이 맞벌이라 챙겨 줄 사람이 없다는 이유로 아침을 굶는 사람이 가장 적게 나타났다. 이번 통계 자료를 정리하는 과정에서 가장 놀라웠던 것은 '기타'에 해당되는 내용이었다. 주로 기타의 내용을 살펴보면 고학년 중에는 다이어트를 한다는 이유가 가장 많았고 두 번째는 맛있는 반찬이 없어서, 마지막으로 교회에 간다는 이유 순서로 나타났다.

의학 잡지에 따르면 우리 몸과 뇌가 원활하게 움직이기 위해서 음식물을 섭취하면 우리 몸에서는 포도당을 만들어 낸다고 한다. 이 포도당은 우리의 뇌가 기억하고 생각하는 일을 잘할 수 있도록 도와준다고 한다. 그러나 우리가 아침을 먹지 않는다면 저녁을 먹은 이후에 아침을 건너뛰고 점심을 먹게 되기 때문에 우리의 몸은 약 15시간 넘게 음식을 기다려야 한다. 또한, 우리 몸은 아침밥을 먹지 않으면 포도당을 만들 수 없기 때문에 기억력과 사고력이 떨어지게 된다. 그 결과 공부에 집중하는 힘이 떨어지게 되고 그 결과로 학습 과정 및 결과도 좋지 않아 결국 성적도 떨어지게 된다. 그렇기 때문에 아침을 먹는 것이 매우 중요한 것이다.

한편 위의 그래프에서 늦잠을 자기 때문에 아침을 먹지 못한다는 이유가 가장 많았는데 이 문제는 자신이 평소보다 30분만 일찍 일어난다면 아침을 충분히 먹을 수 있는 일이라 판단된다. 또한 기타에서 다이어트를 한다는 학생이 꽤 있었는데 다이어트를 위해 굶는다면 아침보다 저녁을 굶는 것이 우리 몸에 무리가 가지 않는 방법이다. 아침에는 앞에서 말했듯이 우리 몸과 뇌의 활발한 활동을 위해 식사가 필수이고 저녁시간 이후는 우리 몸이 쉬어야 할 시간이기 때문에 저녁을 늦게 먹거나 과식을 하게 되면 우리 몸이 휴식을 취할 수 없어 힘들 뿐만 아니라 먹고 움직이지 않기 때문에 오히려 살이 더 찔 수도 있다. 앞으로는 이런 사실들에 대해 바르게 알고 이를 바탕으로 더 건강하고 나은 생활을 하는 서울은빛초등학교 학생이 되면 좋겠다.

과제 제출물 사례 3

제목 : 5~6학년 학생들은 왜 쓰레기를 길거리에 함부로 버리나

6학년 해솔반 한○○

- 조사기관 : 이○○, 추○○, 한○○, 황○○
- 조사기간 : 2017년 11월 20일~ 2017년 11월 22일
- 조사대상 : 서울은빛초등학교 5학년 학생 20명, 6학년 학생 84명
- 응답률 : 100%   • 신뢰도 : 95%   • 오차범위 : ±10%

학교를 오갈 때 관심을 가지고 관찰해 보면 아이들이 길거리에 쓰레기를 함부로 버리는 일을 자주 목격하게 된다. 이렇게 쓰레기통을 놔두고 쓰레기를 버리는 데는 이유가 있지 않을까 의문을 느껴 이○○, 추○○, 한○○, 황○○ 학생이 직접 돌아다니며 2017년 11월 20일부터 22일까지 서울은빛초등학교 5학년 학생 20명, 6학년 학생 84명을 상대로 설문을 해 보았다.

[쓰레기를 버린 적 있다, 없다]

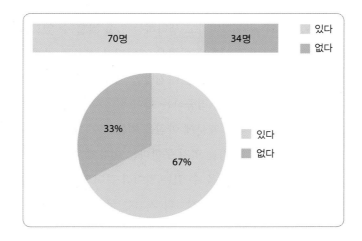

우선 길거리에 쓰레기를 버린 적 있는지부터 조사했다. 104명의 학생 중 '쓰레기를 버린 적 있다'고 응답이 70명으로 조사되었고, 이 '쓰레기를 버린 적이 있다' 학생의 비율이 67.3%를 차지했다. 이 수치는 예상대로, '버린 적 있다'라고 응답한 학생 수가 그렇지 않은 학생 수보다 거의 2배가 넘어가는 수준으로 매우 높은 수치를 나타내고 있다는 것을 알 수 있다. 특히나 '있다'가 '없다'의 2배 정도 많은 것도 문제이지만 다른 관점에서 바라본다면 길거리에 쓰레기를 버려본 적이 없다는 사람의 수가 많지 않다는 것을 보여 주는 것이기도 해서 우리들의 도덕적 양심이 현재 어느 정도 수준에 머물러 있는지 알 수 있다는 점에서 고민되는 바가 크다.

다음은 위의 설문에서 쓰레기를 버린 적이 있다고 응답한 70명을 상대로 추가 설문을 한 결과이다.

[쓰레기를 버린 이유는 무엇입니까?]

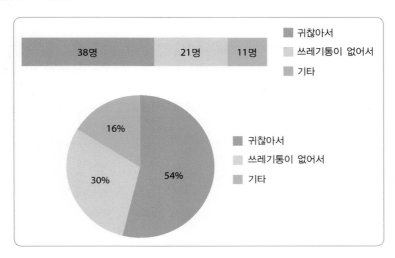

설문을 준비하면서 '귀찮아서', '쓰레기통이 없어서'라는 항과 나머지 기타 항목 중에서 '쓰레기통이 없어서'가 가장 높게 나올 것이라고 예상했지만 결과는 나의 예상을 벗어났다. '귀찮아서' 쓰레기를 길거리에 마음대로 버린다는 학생 수가 무려 54.3%로 반을 넘어 갔다. 가장 높을 것이라고 예상했던 '쓰레기통이 없어서'는 30%로 1/3도 못 미쳤다.

이 조사를 통해 쓰레기를 길거리에 함부로 버리는 문제는 꼭 해결하고 가야 할 중요한 문제라는 것을 깨닫게 되었다. 쓰레기를 길거리에 버리는 것은 엄밀히 따져보면 환경오염이고 개개인의 도덕성의 문제와도 연관되어 있기 때문이다. 이 문제가 해결된다면 누군가가 힘들게 바닥에 떨어진 쓰레기를 쓸고 담을 필요가 없어질 뿐만 아니라 작은 것에서도 도덕적인 행동이 나타나는 것이어서 그런 사회가 행복한 사회일 가능성이 높다는 점에서 우리는 이 문제를 깊이 고민하며 바라볼 필요가 있다고 판단된다.

이 문제를 해결할 수 있는 방법으로 첫째, 자신의 쓰레기는 자신이 가지고 있다가 쓰레기통에 버리는 방법이다. 누구나 얼마든지 실천할 수 있는 방법이고 가장 쉬운 방법이다. 하지만 이 방법은 비율이 가장 높게 나왔던 '귀찮아서'와 관련된 부분이라 쉽게 해결될 수 없다고 생각할 수도 있다. 그러나 조금만 생각을 달리한다면 이 방법은 매우 쉽고 자원이나 예산의 낭비 없이도 충분히 가능하다는 점을 알 수 있을 것이다.

두 번째 방법은 쓰레기통을 곳곳에 설치하는 것이다. 이 방법은 '귀찮아서'와 '쓰레기통이 없어서'를 동시에 해결할 수 있는 방법이다. 하지만 쓰레기통을 만드는 데 사용되는 자원이 많이 필요하고, 예전에도 쓰레기통을 곳곳에 두었다가 지금처럼 없애 왔던 점을 생각해 본다면 이 방법도 문제점은 분명히 있다.

세 번째 방법은 표지판을 써 붙이는 방법이다. 쓰레기가 많이 버려지는 곳이나 쓰레기가 버려져서는 안 되는 곳 등에 '쓰레기를 버리지 말라'는 표지판을 써 붙이는 것이다. 물론 이 방법 또한 사람들이 신경을 쓰지 않을 가능성도 크고, 자원낭비이기도 하다.

가장 좋은 방법은 가장 먼저 제시한 '자기 쓰레기는 자기가' 처리하는 방법이라 할 수 있다. 더도 덜도 말고 자신부터 실천해 보는 것이다. 다 같이 한 명 한 명 실천하는 사람이 늘면 지금처럼 거리에 쓰레기가 굴러다니는 일은 더 없을 것이다.

기사문 쓰기 활동이었지만 실제 작성된 글들을 보면 기사문의 성격과 논설문(신문에서는 사설이 될 것이다.)의 성격을 함께 갖고 있는 글이 작성되었다. 이렇게 학생들이 글을 써 온 이유는 내가 이와 같은 방식으로 글을 쓸 수 있도록 지도하였기 때문이다. 단순히 기사문처럼 써오기만 할 것이 아니라 그 속에서 느꼈던 문제의식 및 대안을 함께 생각하여 작성할 것을 요구하였기에 학생들은 이런 기사문을 써 왔던 것임을 밝혀둔다.

직육면체의 부피와 겉넓이

본 단원의 핵심은 여러 가지 물건의 겉넓이와 부피를 어림해 보고 실제로 확인하는 경험을 통해 부피에 대한 양감을 기르는 것이라 할 수 있다. 그러나 실제로 교과서 내용을 살펴보면 실제로 사물이나 공간의 부피를 측정해 보는 활동은 거의 없고, 그림이나 문장으로 된 상황을 통해 필산으로 부피를 구하는 활동만 제시되어 있어 아쉬운 마음이 많이 든다. 이런 문제점을 극복하기 위한 단원 지도의 방향성과 수업 디자인 방안을 살펴보면 다음과 같다.

⊕ ⊖ 단원 지도의 핵심 ⊗ ÷

1. 직육면체의 겉넓이를 구하는 다양한 방법을 설명할 줄 아는 것
2. 직육면체의 부피를 구하기 위해서 왜 가로×세로×높이를 하는지 설명할 줄 아는 것
3. 부피의 측정 및 그와 관련된 실제적인 양감 기르기

① 다양한 방법으로 직육면체 겉넓이를 구할 수 있다는 것을 이해하기

개별 활동도 좋지만 모둠원들과 토의토론을 통해 다양한 방법으로 겉넓이를 구하는 방법에 대하여 이야기 나눌 수 있도록 하는 것도 좋은 방법이라 할 수 있다.

직육면체의 여섯 면의 넓이의 합을 직육면체의 겉넓이라고 합니다.

(직육면체의 겉넓이)=(여섯 면의 넓이의 합) ································· ①
=(합동인 세 면의 넓이의 합)×2 ················· ②
=(한 밑면의 넓이)×2+(옆넓이) ················· ③

(예) 직육면체의 겉넓이 구하기

① $(2×3)+(2×4)+(3×4)+(2×3)+(2×4)+(3×4)=52(cm^2)$

② $[(2×3)+(2×4)+(3×4)]×2=52(cm^2)$

③ $(2×3)×2+(2+3+2+3)×4=52(cm^2)$

정육면체의 여섯 면의 넓이의 합을 정육면체의 겉넓이라고 합니다.

(정육면체의 겉넓이)＝(여섯 면의 넓이의 합) ·························· ①

＝(한 면의 넓이)×6 ································· ②

(예) 정육면체의 겉넓이 구하기

① $(3×3)+(3×3)+(3×3)+(3×3)+(3×3)+(3×3)=54(cm^2)$

② $(3×3)×6=54(cm^2)$

이 과정에서 협동적 문제해결, 다양한 전략 세우기, 효과적인 의사소통이 이루어질 수 있도록 한다.

② 표준 단위 부피인 1cm³가 무엇인지를 이해할 수 있도록 하기

표준 단위 부피가 필요한 상황의 이해를 통해 표준 단위 부피인 $1cm^3$를 도입하고 그 이해를 도우면 된다. 이 과정에 긴 시간을 할애할 필요는 없다. 오히려 실제 $1cm^3$ 크기의 쌓기나무 조작 활동 및 관찰 활동을 통해 부피를 구하는 원리를 체험적으로 이해하며 그 과정에서 실제 크기에 대한 양감을 익힐 수 있도록 하는 것이 더 좋을 것이라 판단된다.

③ 부피의 측정과 관련된 다양한 문제 상황을 제시하기

이 문제를 해결하는 과정에서 협동적 문제해결력, 다양한 전략 세우기 능력, 효과적인 의사소통능력이 향상될 수 있도록 한다.

④ 실제적인 양감을 기르는 활동 충분히 제공하기

불필요한 질문이나 활동은 과감히 생략하고 실제적인 측정을 통해 부피에 대한 양감을 기르는 활동 시간을 충분히 확보할 필요가 있다. 왜냐하면 다양한 상황에서 직육면체의 부피와 관련된 실제적인 문제를 해결해 보는 경험의 기회나 시간이 너무나 부족하기 때문이다. 간단하게 직육면체의 부피를 구할 수 있는 경험을 몇 차례 가진 뒤 실생활 속 문제에 대하여 토의토론을 통해 창의적으로 문제를 해결해 나가는 경험을 충분히 갖도록 하는 것이 본 단원에서 제일 중요하다고 생각된다.

⑤ 직육면체의 부피를 구하는 과정에서의 올바른 개념 정립이 필요

교과서 속에는 직육면체의 부피 구하는 방법을 다음과 같이 제시하고 있다.

1. 표준 단위 부피를 활용한다.

2. 가로의 길이, 세로의 길이, 높이의 길이를 활용한다.

	가로(cm)	세로(cm)	높이(cm)	부피(cm³)
도형 가				
도형 나				

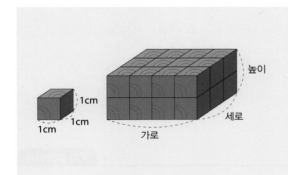

① 밑면에 놓인 쌓기나무는 가로로 4줄, 세로로 3줄 이므로 4×3＝12(개)입니다.

② 12개씩 2층으로 쌓았으므로 쌓기나무는 모두 12×2＝24(개)입니다.

③ 쌓기나무 1개의 부피가 1cm³이므로 직육면체의 부피는 24cm³입니다.

그런데 여기에서 한 가지 명확히 짚고 넘어갈 것이 있다. 부피의 표준 단위를 사용하여 부피를 측정할 때 그 개념을 엄밀히 따지자면 가로의 길이가 아니라 가로의 '칸', 세로의 길이가 아니라 세로의 '줄', 높이의 길이가 아니라 높이의 '층'이라 할 수 있다. 그래서 위의 표도 다음과 같이 제시되어야 마땅하지 않을까 생각한다.

	가로(칸)	세로(줄)	높이(층)	부피(cm³)
도형 가				
도형 나				

그래서 위에 제시된 입체도형의 넓이를 구하자면 다음과 같다.

- 1cm³ 표준 단위부피가 가로 4칸, 세로 3줄, 높이 2층
- 4×3×2＝24개, 1cm³가 24개 있으므로 넓이는 24cm³이다.

이런 개념이 정확히 학생들에게 전해져야만 마땅한 일이라 여겨진다.

직육면체의 부피를 구하는 방법에 대한 보충

표준 단위 부피를 사용하는 방법보다는 기준면(밑면)의 넓이와 높이를 곱하는 방법이 더 일반화되어 있다.

- 밑면의 넓이가 높이만큼 쌓여 있다는 의미
- 기준면의 넓이가 A이고 높이가 c라고 할 때 부피 V는 다음과 같다.

$$V = Ac$$

그러나 엄밀히 따지자면 이 경우 표준 단위 부피가 사용된 것이 아니라 직육면체의 밑넓이가 기준면이 되고 그것이 쌓인 만큼의 높이를 곱하여 부피를 계산한 결과라 할 수 있다. 이는 표준 단위를 활용하여 넓이를 측정하는 것과 분명히 다른 방식이라 할 수 있다. 따라서 표준 단위 부피를 활용하여 직육면체의 부피를 계산한다는 것의 정확한 개념과 의미, 그러나 결국은 그것이 가로의 길이, 세로의 길이, 높이의 길이와 어떻게 연결되는지를 명확히 학생들에게 안내를 하는 것이 옳은 것이라 사료된다. 이럴 것이 아니라면 표준 단위 부피를 도입할 이유가 없으며 그 과정은 불필요한 과정일 수밖에 없게 된다.

출발점 행동 점검

핵심 발문 사례

 1. 직사각형의 넓이란?

[답] 주어진 직사각형을 단위넓이로 빈틈이 없이 채우려고 할 때 필요한 단위넓이의 개수를 말한다.

 2. 직사각형의 넓이를 구하는 방법은?

[답] (가로로 1줄에 들어있는 단위넓이의 칸 수)×(세로의 줄 수)

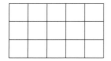 왼쪽의 직사각형은 $1cm^2$ 단위넓이가 가로로 5칸이 있고, 세로로 3줄이 있다. 따라서 이 직사각형의 넓이는 5칸×3줄=$15cm^2$이 된다는 것을 정확히 이해할 수 있도록 해야 한다. 그래야 단위 부피를 활용한 부피 이해의 기초가 마련될 수 있다.

직육면체의 겉넓이 구하기

미션 과제 사례

 다음과 같은 직육면체의 겉넓이를 구하는 방법을 모두 알아보시오.

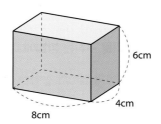

겉넓이를 구하는 방법은 한 가지만 있는 것이 아니다. 이에 대하여 모둠원들이 함께 탐구하면서 다양한 방법을 찾아낼 수 있도록 하기 위해 개발한 과제라 할 수 있다. 어떤 학생은 겨냥도만 보고도 겉넓이를 구하기도 하고, 어떤 학생은 전개도처럼 펼쳐보아야만 비로소 이해가 가능하기도 하다. 때문에 다양한 방법을 경험해 보게 하는 것은 매우 중요한 일이라 할 수 있다. 학생들에게서는 보통 다음과 같은 방법들이 발견된다.

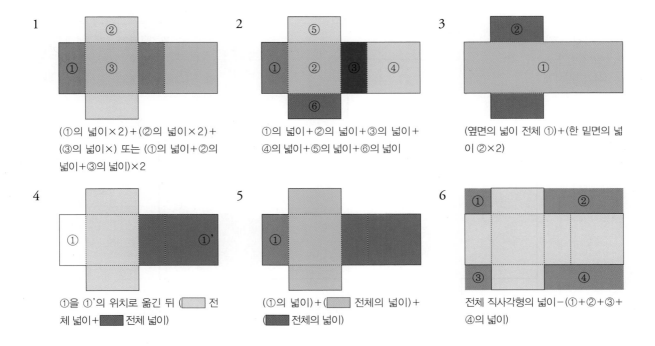

1
(①의 넓이×2)+(②의 넓이×2)+(③의 넓이×) 또는 (①의 넓이+②의 넓이+③의 넓이)×2

2
①의 넓이+②의 넓이+③의 넓이+④의 넓이+⑤의 넓이+⑥의 넓이

3
(옆면의 넓이 전체 ①)+(한 밑면의 넓이 ②×2)

4
①을 ①'의 위치로 옮긴 뒤 (▭ 전체 넓이+▮ 전체 넓이)

5
(①의 넓이)+(▭ 전체의 넓이)+(▮ 전체의 넓이)

6
전체 직사각형의 넓이－(①+②+③+④의 넓이)

- 위의 방법 가운데 1번, 3번의 방법이 가장 보편적으로 쓰인다고 볼 수 있다.
- 6번과 같은 사고를 하는 학생들도 소수가 있을 것이라 생각된다.

이때 전개도를 나누어 주고 다양한 방법으로 겉넓이를 구해 보게 하는 것이 좋다.

□ 1칸은 가로 세로의 길이가 2cm인 정사각형!!

교과서 176쪽 직육면체 겨냥도에 대한 전개도

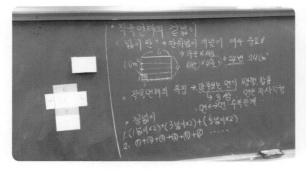

직육면체의 겉넓이를 구하는 다양한 방법 찾기 토의토론 장면 및 발표에 따른 칠판 판서 내용

직육면체의 겉넓이를 구하는 다양한 방법 찾기 중 특이한 사례 및 발표 장면

 직육면체의 겉넓이 구하기　　　　　　　　　　　　　　　미션 과제 사례

문제　1. 다음과 같은 떡 상자 4개를 1열, 4층으로 쌓아올린 뒤 그대로 박스에 담아 포장하려고 한다. 이 박스의 겉넓이는 얼마나 되겠는가?

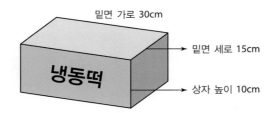

밑면 가로 30cm
밑면 세로 15cm
상자 높이 10cm
냉동떡

문제　2. 정육면체 모양의 치즈 6개를 직육면체 모양으로 포장하려고 합니다. 어떻게 쌓아 포장을 해야 포장지를 가장 적게 사용할 수 있는지 알아보시오.

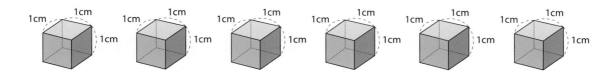

▶ 가장 적게 사용하여 포장하는 경우의 직육면체 모양을 그림으로 나타내 보시오.

▶ 해결 과정을 표로 정리해 보시오.

문제 3. 우리 교실 1칸의 안쪽만 벽면과 천정을 백색 페인트로 칠하려고 합니다. 1m²당 0.3kg의 페인트가 사용된다면 우리 교실을 칠하는 데에는 얼마만큼의 페인트가 필요하겠는지 계산해 보시오.(단, 창문, 교실문, 바닥만 페인트를 칠하지 않습니다.)

▶ 계산 과정이 잘 나타나게 정리해 보시오.(천장, 앞면, 뒷면, 옆면 등으로 구분하여 계산하시오.)

직육면체의 겉넓이 구하기와 관련하여 다양한 문제 상황을 경험할 수 있도록 하기 위해 개발한 과제라 할 수 있다. 특히 어떤 학생들은 1번 및 2번 과제와 같은 문제를 만나면 어떻게 해야 할지 몰라 아예 포기하기도 한다. 왜냐하면 3차원적인 사고에 어려움을 많이 느끼기 때문이다. 그 학생들은 대체로 (상자 1개의 겉넓이)×4 란 방법을 이용하여 문제를 해결하려고 한다. 상자를 위-아래로 포개었을 때 위에 있는 상자의 아랫면과 아래에 있는 상자의 윗면은 겉넓이에서 제외된다는 점을 미처 생각하지 못한다. 그러나 모둠원들과 문제 해결 과정을 공유하면서 조금씩 이해를 할 수 있게 된다. 그래서 협동학습 토의토론이 필요한 것이다.

미션 1을 각자 해결한 뒤 모둠원들과 과정 및 결과를 서로 비교해 보면서 수정해 나가는 장면

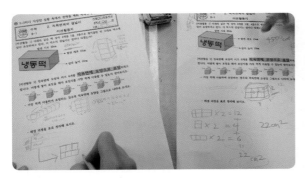
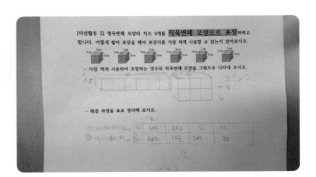

미션 1과 2를 해결한 결과물 사례

길이 변화에 따른 부피의 변화 이해

문제 오른쪽과 같이 생긴 떡의 가로, 세로, 높이의 길이를 각각 2배로 늘리려고 한다. 그렇다면 떡을 만드는 재료는 현재의 양보다 몇 배가 더 필요할까? 어떻게 하여 그런 결과를 얻게 되었는지 설명해 보시오. ⇨ 정말로 그런지 한 번 쌓기나무를 이용하여 그 변화를 살펴보도록 하자.

▶ 개인별로 1cm³ 쌓기나무를 이용하여 선생님이 주문하는 내용에 맞게 쌓을 수 있도록 한다.(모둠별로 충분한 쌓기나무 제공하기)

발문 1. 쌓기나무 1개를 먼저 놓는다. 여기에서 가로의 길이만 2배로 늘린다면 부피는 어떻게 변할까?

발문 2. 쌓기나무 1개를 먼저 놓는다. 여기에서 세로의 길이만 2배로 늘린다면 부피는 어떻게 변할까? ⇨ 2배로 변한다. 2cm³

발문 3. 쌓기나무 1개를 먼저 놓는다. 여기에서 가로의 길이와 세로의 길이를 각각 2배로 늘린다면 부피는 어떻게 변할까?

발문 4. 쌓기나무 1개를 먼저 놓는다. 여기에서 높이만 2배로 늘린다면 부피는 어떻게 변할까?

발문 5. 쌓기나무 1개를 먼저 놓는다. 여기에서 가로의 길이, 세로의 길이, 높이를 각각 2배로 늘린다면 부피는 어떻게 변할까?

발문 6. 제일 처음 질문으로 돌아가 떡을 가로의 길이만 2배 늘리면 재료는 몇 배가 늘어나나? ⇨ 떡을 가로와 세로의 길이만 2배씩 늘리면 재료는 몇 배가 늘어나나? ⇨ 떡을 가로, 세로, 높이 각각 2배씩 늘리면 재료는 몇 배가 늘어나나?

정리 발문 이 활동을 통해 알 수 있는 사실은 무엇인가?

- -

부피와 관련하여 길이 변화에 따른 부피의 변화가 어떻게 나타나는지 실제적, 경험적으로 이해할 수 있도록 하기 위해 조작활동을 전제로 개발한 발문이라 할 수 있다.

학생들은 모둠원들과 함께 자신의 이해가 맞는지 혹은 오류가 어디에서 발생하였는지를 함께 확인하면서 쌓기나무의 변화를 관찰해 나가게 된다. 그 과정에서 결국 학생들은 부피의 변화에 대한 식을 발견하고 그 원리도 이해하게 된다.

처음 떡

가로만 2배

가로, 세로 2배

가로, 세로, 높이 2배

가로, 세로, 높이의 길이 변화에 따른 부피의 변화를 쌓기나무로 확인해 보는 활동 장면

분수의 나눗셈

본 단원의 핵심은 분수 나눗셈 원리의 완성과 이해라 할 수 있다. 6학년 2학기에 비로소 분수와 관련된 모든 연산 원리 이해 과정이 마무리된다. 그렇기 때문에 본 단원의 목표가 분수의 나눗셈 문제 해결에 맞추어져서는 안 된다.

⊕ ⊖ 단원 지도의 핵심 ⊗ ⊙

1. 분수의 나눗셈 과정에서 왜 나눗셈이 곱셈으로 바뀌는지 설명할 줄 아는 것
2. 분수의 나눗셈 과정에서 제수(나누는 수)의 분자와 분모의 위치가 왜 바뀌는지 설명할 줄 아는 것

분수 나눗셈 알고리즘 원리 이해 및 설명

그런데 교과서를 살펴보면 덜어내기 방식으로 분수 나눗셈을 해결(1시간)하게 하거나 분자끼리의 나눗셈으로 해결(1시간)하게 하거나 분모를 같게(통분)하여 분자끼리 나눗셈으로 해결(1시간)하게 하거나 제수를 1로 만들어 해결(2시간)하게 하는 방식 등 다양한 내용이 제시되어 있어서 오히려 학생들이 혼란스러움을 느낄 수밖에 없다. 또한 이런 과정 속에서 학생들이 분수 나눗셈 알고리즘 원리를 이해하기에는 무척 어려움이 많다. 원리는 어떤 상황에서도 똑같이 적용되어야 한다면 처음부터 이 원리를 전제로 차근차근 체계적으로 접근하여야 한다는 점을 잊지 말아야 한다. 효과적인 본 단원 지도 방향 및 수업 디자인 방안을 제시해 보면 다음과 같다.

① 분수 나눗셈 알고리즘 원리 이해에 무슨 포함제?

덜어내기 방식의 해결이 제수의 역수를 곱한다는 분수 나눗셈 알고리즘을 어떻게 증명해 주지? 그리고 이 방식이 모든 분수 나눗셈 해결에 적용될 수 있는가?

예를 들면 다음과 같다.

1) 자연수÷진분수 : $2 \div \frac{1}{4}$

$\frac{1}{4}$				1				2

2에는 $\frac{1}{4}$이 8번 들어있다.(8번 덜어낼 수 있다.) 그러므로 $2 \div \frac{1}{4} = 2 \times 4$와 같다. 그러나 이런 방식에는 제수의 역

수를 곱한다는 원리 설명이 들어 있지 않다.

① 1 안에는 $\frac{1}{4}$이 4번 들어 있다. ⇨ 1×4

② 그런 1이 2개 있다. ⇨ 2×4

2) 분모가 같거나 다른 경우 통분을 통해 분자끼리의 나눗셈으로 해결하기

① 분모가 같은 경우 : $\frac{6}{7} \div \frac{2}{7}$

$\frac{6}{7}$에는 $\frac{2}{7}$가 3번 들어있다.(3번 덜어낼 수 있다.) 그러니 분자끼리의 나눗셈으로 바꾸어 6÷2로 바꾸어 생각해도 된다는 식이다. 6÷2도 결과상으로만 3일 뿐 여기에도 제수의 역수를 곱한다는 원리 설명은 들어 있지 않다.

② 분모가 다른 경우 1: $\frac{4}{5} \div \frac{4}{15}$(피제수가 제수보다 큰 경우)

위의 상황은 $\frac{4}{5}$에서 $\frac{4}{15}$를 몇 번 덜어낼 수 있느냐 하는 것으로 설명하고 있다. 이를 위해 분모가 달라 바로 덜어내기 어려우니 분모를 통분하는 과정을 먼저 안내하고 있다.

이렇게 통분하면 $\frac{4}{5}$가 $\frac{12}{15}$로 바뀐다. 그 결과로 $\frac{4}{5} \div \frac{4}{15} = \frac{12}{15} \div \frac{4}{15} = 12 \div 4$로 바꾸어 계산해도 된다는 식으로 설명하고 있다. 역시 여기에도 제수의 역수를 곱한다는 원리 설명이 들어 있지 않다.

③ 분모가 다른 경우 2: $\frac{2}{3} \div \frac{5}{7}$(피제수가 제수보다 작은 경우)

이 경우에는 바로 위의 피제수가 제수보다 큰 경우처럼 분수 모형(띠 모델 등의 그림)을 이용하여 덜어내기 방식으로 설명하기에는 어려움이 있어 현재 교과서는 다음과 같이 통분하는 과정을 통해 수식으로 안내하고 있는 것처럼 보인다.[8]

---

8 제수가 피제수보다 클 경우 피제수에서 제수만큼 덜어낼 수가 없기 때문에 덜어내기(포함제) 방식으로는 설명이 불가능하여 분수 모델의 제시도 없이 오직 통분하는 과정으로만 설명할 수밖에 없게 된다.

$$\frac{2}{3} \div \frac{5}{7} = \frac{2 \times 7}{3 \times 7} \div \frac{5 \times 3}{7 \times 3} = (2 \times 7) \div (5 \times 3) = \frac{2 \times 7}{5 \times 3} = \frac{2 \times 7}{3 \times 5} = \frac{2}{3} \times \frac{7}{5}$$

따라서 $\frac{2}{3} \div \frac{5}{7} = \frac{2}{3} \times \frac{7}{5}$와 같다는 것이다. 그런데 이런 방식 또한 통분하여 분자끼리의 나눗셈으로 바꾸어 계산하다 보니 결과적으로 제수의 역수가 만들어졌다는 식의 설명일 뿐 왜 제수의 역수를 곱하게 되는지에 대한 논리적인 설명은 될 수 없다.

② 단위 비율 결정 상황에서 분수의 나눗셈 지도? 이건 뭐지?

이 상황에 대하여 지도서에서는 등분제 상황으로 소개하고 있다. 분수 나눗셈 알고리즘 원리 이해에 무슨 등분제? 포함제든 등분제는 나눗셈 원리는 다 같은 것 아닌가? 포함제 상황에 대한 나눗셈 원리가 다르고 등분제 상황에 대한 나눗셈 원리가 다르다는 것인가? 자연수를 예로 들어 보더라도 등분제 상황과 포함제 상황이 서로 다른 것이지만 결국 나눗셈은 똑같은 과정, 원리로 이루어진다. 그런데 왜 포함제 상황과 등분제 상황으로 나누어 원리를 지도해야 한다는 말인가? 이것은 굉장히 잘못된 것이라 할 수 있다. 원리는 어떤 상황이든 똑같이 적용되어야만 한다는 것이 필자의 견해이고 주장이다.

물론 이전 교육과정에서는 이에 대한 과정이 지도서 및 교과서에 없었지만 2015 개정교육과정에 의하여 개발된 교과서에는 5차시, 6차시에 이 과정에 의한 지도 내용이 수록되어 있고, 지도서에도 '단위 비율 결정 상황에서 분수의 나눗셈 지도'라는 제목으로 소개되어 있어서 매우 다행스럽기는 하다. 그런데 마치 특수한 상황에서만 적용되는 원리처럼 소개되어 있어 아쉽기만 하다.

단위 비율 결정 상황

[예시 1] 지혜네 반 학생들이 조개 6kg을 캐는 데 $\frac{3}{4}$시간이 걸렸다. 지혜네 반 학생들이 1시간 동안 캘 수 있는 조개의 무게를 알아보자.

[예시 2] 준기가 캔 조개 $\frac{4}{5}$kg을 통에 담아 보니 통의 $\frac{2}{3}$가 채워졌다. 한 통을 가득 채울 수 있는 조개의 무게를 알아보자.

위에서 보는 바와 같이 억지로 1시간 또는 1통이라는 조건을 제시하여 제수가 1일 경우를 만들어 봄(단순화 전략이라 소개됨)으로써 분수의 나눗셈이 성립될 수 있도록 하고, 분수인 제수를 간단한 자연수 1로 만들기 위해 어떤 연산이 필요한지 알아보는 과정에서 제수의 역수가 만들어진다고 소개하고 있다. 그런데 굳이 이런 특수한 상황(등분제 상황)이 아니더라도 모든 분수의 나눗셈 상황(포함제 상황도 동일)에서 이 원리는 그대로 적용될 수 있다는 점을 필자는 간과하고 있는 것이 아닌가 하는 생각이 든다. 필자는 처음부터 이 원리를 적용하여 지도해야 한다고 주장하는 바이다. 왜냐하면 본 단원 학습의 핵심이 바로 분수 나눗셈 원리의 완성과 이해에 있기 때문이다. 굳이 이런 특수한 상황이 아니더라도 모든 분수 나눗셈 상황에 한결같이, 일관되게 적용될 수 있는 원리라는 사실을 지금부터 안내해 보고자 한다.

③ 분수 나눗셈 원리에 대한 이해 : 등분제, 포함제를 가리지 말자

처음부터 일관된 방식으로 분수 나눗셈 원리를 완성하기 위해서는 본격적인 분수의 나눗셈 지도에 앞서 잠시 짬을 내어 나눗셈의 의미를 보다 명확히 할 수 있는 시간을 가져야 한다.

나눗셈의 의미

1. 제수에 대한 피제수의 비율(비의 값)을 가리킨다.
2. 몫(나눗셈 결과)이란 제수가 단위량 1일 때의 값을 말한다.

(예 1) 12개의 빵(**피제수**)이 있다. 3명(**제수**)이 나누어 먹는다면 1명(**제수의 단위량**)은 몇 개를 먹을 수 있는가?

⇨ 12(피제수)÷3(제수)=4(몫 : 1명이 먹을 수 있는 빵의 양)

⇨ 이 나눗셈의 의미는 제수가 1일 때의 값을 묻는 질문이다. 즉 1명은 4개의 빵을 먹을 수 있다는 뜻이다.

(예 2) 2÷10=0.2 ⇨ 제수가 1일 때의 값은 0.2라는 의미

3. 나눗셈의 결과(몫)는 제수를 1로 만들었을 때 피제수의 양을 가리킨다는 것을 명확히 이해해야 한다.
4. 나눗셈을 해결하는 과정은 주어진 제수를 단위량(1)으로 만들어 나가는 과정이라고 말할 수 있다.

위의 내용에 대한 학생들의 이해가 충분(이미 1학기 과정에서 비와 비율에 대하여 공부하였기 때문에 이를 이해하기에는 큰 무리가 없을 것이다.)하다면 본격적인 분수 나눗셈 원리 이해 과정으로 넘어갈 수 있다.

이 원리를 이해하기에 앞서 '나눗셈=제수를 1로 만들어 나가는 과정'이라는 것의
선제적 이해가 모든 과정에 꼭 필요하다.

1) $1 \div \frac{1}{4}$(자연수÷단위분수)

▶ 피제수 1은 제수가 $\frac{1}{4}$일 때의 값이다. 제수가 1일 때의 값을 구하려면 1의 4배가 필요하다. 왜냐하면 1은 $\frac{1}{4}$의 4배($\frac{1}{4}$이 4개)이기 때문이다.

▶ 1×4($\frac{1}{4}$의 역수)로 과정이 만들어진다.

▶ $\boxed{1} \div \frac{1}{4} = 1 \times 4 \ \boxed{1}\ \boxed{1}\ \boxed{1}\ \boxed{1} = 4$

2) $\frac{2}{3} \div \frac{1}{3}$(분모가 같은 진분수÷단위분수)

▶ 피제수 $\frac{2}{3}$는 제수가 $\frac{1}{3}$일 때의 값이다. 제수가 1일 때의 값을 구하려면 $\frac{2}{3}$의 3배가 필요하다. 왜냐하면 1은 $\frac{1}{3}$의 3배($\frac{1}{3}$이 3개)이기 때문이다.

▶ $\frac{2}{3} \div \frac{1}{3} = \frac{2}{3} \times 3$($\frac{1}{3}$의 역수)로 과정이 만들어진다.

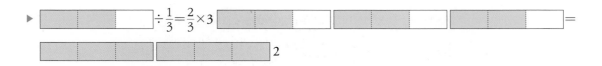

$\div\frac{1}{3}=\frac{2}{3}\times3$ =

                2

3) $\frac{3}{4}\div\frac{2}{4}$(분모가 같은 진분수÷진분수)

▶ 제수가 1이 되려면 먼저 $\frac{2}{4}$가 $\frac{1}{4}$일 때의 값(단위분수일 때의 값)이 필요하다. 제수를 단위분수로 만든 후 분모의 크기만큼 곱해 주는 과정이 바로 분수의 나눗셈 과정이다. $\frac{3}{4}\div2(\frac{2}{4}$가 $\frac{1}{4}$일 때의 값을 알려면 피제수 $\frac{3}{4}$을 2로 나누어야 한다. 왜냐하면 $\frac{2}{4}$는 $\frac{1}{4}$이 2개이기 때문이다.$)=\frac{3}{4}\times\frac{1}{2}$('$\div2$'가 '$\times\frac{1}{2}$'로 바뀌는 것은 5학년 과정에서 학습한 내용)

                $\div2=$ $=$

▶ $\frac{3}{4}\times\frac{1}{2}$은 제수가 $\frac{1}{4}$일 때의 값이다. 여기에 4배를 하면 제수가 1일 때의 값을 구할 수 있게 된다.

$$(\frac{3}{4}\times\frac{1}{2})\times4=\frac{3}{4}\times\frac{1}{2}\times4=\underline{\frac{3}{4}\times\frac{4}{2}}=\frac{12}{8}=\frac{3}{2}=1\frac{1}{2}$$

분수 나눗셈의 알고리즘 원리(제수의 역수)가 나타난 과정

                                $\times4=$

                                                        $=$

                $=\frac{12}{8}=\frac{3}{2}=1\frac{1}{2}$

▶ $\frac{3}{4}\div\frac{2}{4}=(\frac{3}{4}\div2)\times4=(\frac{3}{4}\times\frac{1}{2})\times4=\frac{3}{4}\times\frac{1}{2}\times4=\frac{3}{4}\times\frac{4}{2}=\frac{3}{2}$

4) $\frac{3}{4}\div\frac{2}{3}$(분모가 다른 진분수÷진분수)

▶ 제수가 1이 되려면 먼저 $\frac{2}{3}$가 $\frac{1}{3}$일 때의 값(단위분수일 때의 값)이 필요하다. 제수를 단위분수로 만든 후 분모의 크기만큼 곱해 주는 과정이 바로 분수의 나눗셈 과정이다. $\frac{3}{4}\div2(\frac{2}{3}$가 $\frac{1}{3}$일 때의 값을 알려면 피제수 $\frac{3}{4}$을 2로 나누어야 한다. 왜냐하면 $\frac{2}{3}$는 $\frac{1}{3}$이 2개이기 때문이다.$)=\frac{3}{4}\times\frac{1}{2}$('$\div2$'가 '$\times\frac{1}{2}$'로 바뀌는 것은 5학년 과정에서 학습한 내용)

                $\div2=$ $=$

▶ $\frac{3}{4}\times\frac{1}{2}$은 제수가 $\frac{1}{3}$일 때의 값이다. 여기에 3배를 하면 제수가 1일 때의 값을 구할 수 있게 된다.

$$(\frac{3}{4}\times\frac{1}{2})\times3=\frac{3}{4}\times\frac{1}{2}\times3=\underline{\frac{3}{4}\times\frac{3}{2}}=\frac{9}{8}$$

분수 나눗셈의 알고리즘 원리(제수의 역수)가 나타난 과정

▶ $\frac{3}{4} \div \frac{2}{3} = (\frac{3}{4} \div 2) \times 3 = (\frac{3}{4} \times \frac{1}{2}) \times 3 = \frac{3}{4} \times \frac{1}{2} \times 3 = \frac{3}{4} \times \frac{3}{2} = \frac{9}{8} = 1\frac{1}{8}$

- 자연수÷분수, 대분수의 나눗셈 예시과정은 생략한다. 이 경우도 원리는 위의 과정과 동일하기 때문이다.
- 위의 과정을 알기 쉽게 순서대로 나타내기 위해 다음과 같이 표에 정리하면 좋을 것이다.

최초의 식	제수를 단위분수로 만들었을 때 피제수의 값	제수를 단위량 1로 만들었을 때 피제수의 값	최종 정리
$\frac{3}{4} \div \frac{2}{3}$	$\frac{3}{4} \div 2 = \frac{3}{4} \times \frac{1}{2}$	$\frac{3}{4} \times \frac{1}{2} \times 3 = \frac{3}{4} \times \frac{3}{2}$	$\frac{3}{4} \times \frac{3}{2} = \frac{9}{8} = 1\frac{1}{8}$

- $\frac{3}{4} \div \frac{2}{3}$를 보다 간략히 정리해 보면 다음과 같다.

제수가 $\frac{2}{3}$일 때 피제수가 $\frac{3}{4}$	'÷2'를 하여 제수가 $\frac{1}{3}$일 때의 상황으로 만들어 줌(제수를 1로 만들기 위한 중간 단계 과정) ⇨ 이 과정은 1학기에 공부를 한 내용임

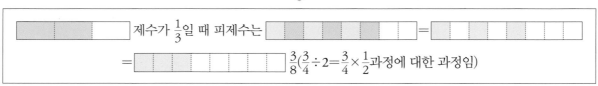

제수가 $\frac{1}{3}$일 때 피제수는 $\frac{3}{8}$ ($\frac{3}{4} \div 2 = \frac{3}{4} \times \frac{1}{2}$ 과정에 대한 과정임)

제수 $\frac{1}{3}$을 1로 만들기 위해서는 3을 곱해야 한다. 이에 따라 피제수에도 똑같이 3을 곱하면 제수가 1일 때 피제수의 값을 구할 수 있게 된다.

$\frac{3}{4} \times \frac{1}{2} \times 3 = \frac{3}{4} \times \frac{3}{2}$가 되는 과정(제수의 역수를 곱함)을 나타낸 것임

지금까지 알아본 바와 같이 포함제 상황이든 등분제 상황이든, 분모가 같든 분모가 다르든 모두 상관없다. 원리는 한 가지다. 상황에 상관없이 위와 같은 방식으로 일관되게 지도해야만 학생들은 덜 혼란스러울 것이다. 실제가 실제로 지도하였을 때도 역시 그러하였다.

 ## 나눗셈의 이해(비의 개념)

핵심 발문 사례

 8개의 사과를 4명에게 나누어 주면 1명은 몇 개의 사과를 갖게 되는가?

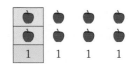

▶ 8개(피제수)=(   )명(제수)에게 나누어 줄 수 있는 양

▶ 2개(피제수)=(   )명(제수)이 가질 수 있는 양

⇨ 위의 상황으로 볼 때 '몫'의 의미는 어떻게 설명할 수 있는가?

몫이란 비의 개념으로 볼 때 '제수가 1일 때 해당되는 피제수의 값'이라 말할 수 있다. 이것의 이해를 돕기 위해 개발한 발문이라 할 수 있다. 이것을 통해 분수 나눗셈 원리 이해를 위한 본격적인 과정 탐구가 이루어지게 된다.

'8m 길이 막대는 4m 길이 막대의 몇 배인가?'와 같은 상황도 마찬가지 맥락에서 이해될 수 있다.(등분제, 포함제 모두 같은 맥락이다.)

주어진 상황 읽기 : 제수가 4일 때 피제수의 값은 8	
8(피제수)	4(제수)
제수를 4로 나누었으므로 피제수도 똑같이 4로 나눔	1로 만들기 위해 4로 나누었음
2	1

 ## 분수 나눗셈 원리 이해

핵심 발문 사례

문제 $1 \div \frac{1}{4}$ 에서 제수가 1일 때의 값을 알기 위해서는 어떤 과정이 필요한가? ⇨ 알아본 과정에 따라 그림으로 해결과정을 설명해 보시오.

▶ $2 \div \frac{1}{3}$, $\frac{5}{6} \div \frac{1}{6}$ 도 같은 과정으로 해결해 보시오.(그림으로 해결하기 포함) ⇨ 비슷한 문항 추가 제시 및 짝 점검 활동 진행

제수 $\frac{1}{4}$ 이 1이 되기 위해서는 '×4'가 필요하다는 것의 이해, 제수에 '×4'를 하였으니 피제수 1에서 '×4'를 해야 한다는 사실을 이해할 수 있도록 돕기 위해 개발한 발문이라 할 수 있다. 이렇게 하면 $1 \div \frac{1}{4} = 1 \times \frac{4}{1}$ (역수를

곱함)=1×4이 된다는 것을 이해할 수 있게 된다. 이것이 바로 분수 나눗셈 원리 이해의 첫 단추인 것이다. 이 과정을 분수 모형으로 설명하면 다음과 같다.

$$1 \div \frac{1}{4} = 1 \times 4 \quad \boxed{1}\ \boxed{1}\ \boxed{1}\ \boxed{1} = 4$$

한 번의 활동으로 완벽히 이해하는 학습은 많지 않다. 그래서 추가로 몇 번의 질문을 계속 던지면서 학생들이 차근차근 익숙해질 수 있도록 해야만 한다.(상황이 허락된다면 같은 종류의 문제를 활동지로 만들어 짝 점검 활동으로 진행하거나 교과서 문제를 같은 방법으로 짝끼리 1문제씩 번갈아 가면서 해결하여도 좋다.) 첫 단추를 꿰는 활동이기 때문에 이 활동과 관련하여 2시간 정도 시간 배정이 필요하다.

본격적인 분수 나눗셈 원리 활동 과정에서 학생 간의 토의토론 및 칠판 나누기 발표 활동 장면

모둠원들끼리 분모가 같은 (진분수÷단위분수) 과정을 그림으로 해결해 나가는 장면

각 모둠별로 1명씩 나와 칠판 앞에서 활동 결과를 공유하는 장면 − '칠판 나누기' 구조 활동

덜어내기 방식의 분수 나눗셈 해결

문제 철수는 5m 길이의 막대가 $\frac{3}{4}$m 길이 막대의 몇 배가 되는지 측정해 보려고 한다.

▶ (철수의 해결)는 아래와 같이 5m 길이의 막대를 $\frac{3}{4}$m씩 계속 잘라나갔다.

	1		2		3		4		5m

| $\frac{3}{4}$ | | $\frac{3}{4}$ | | $\frac{3}{4}$ | | $\frac{3}{4}$ | | $\frac{3}{4}$ | | $\frac{3}{4}$ | $\frac{1}{4}$ | $\frac{1}{4}$ |

그 결과 위와 같이 $\frac{3}{4}$m 길이의 막대 6개를 얻었고 $\frac{2}{4}$m가 남게 되었다.

▶ (철수가 얻은 답) $6\frac{2}{4}$배

[질문] 철수가 얻은 결과가 옳다고 할 수 있는가?

▶ 잘못되었다고 한다면 무엇이 왜 잘못되었는지를 설명해 보시오.

분수의 나눗셈 상황에서 덜어내기 상황으로 해결하려면 이런 상황에 대한 정확한 개념 이해가 필요하다. $\frac{3}{4}$을 기준량(1)으로 하였기 때문에 나머지 $\frac{2}{4}$는 $\frac{3}{4}$을 기준으로 할 때 $\frac{2}{3}$만큼에 해당된다는 것을 학생들이 이해할 수 있어야만 정확한 설명이 가능하다. 이것을 탐구하여 이해할 수 있도록 돕기 위해 개발한 과제라 할 수 있다.

철수가 얻은 결과는 잘못된 것이다. 측정을 위해 막대 전체를 $\frac{1}{4}$m씩 등분을 한 후 $\frac{3}{4}$m씩 덜어내고 남은 것이 $\frac{2}{4}$m라는 것을 알았다. 하지만 실제 측정 과정에서 5m 길이의 막대를 측정하기 위해 단위량(기준) 1로 사용한 것은 $\frac{1}{4}$m가 아니라 $\frac{3}{4}$m $\boxed{\quad \frac{3}{4} \quad}$ 였던 것이다. 이렇게 $\frac{3}{4}$m를 단위량 1로 본다면 실제로 남아 있는 $\frac{2}{4}$m $\boxed{\frac{1}{4}}\boxed{\frac{1}{4}}$는 $\frac{3}{4}$m의 $\frac{2}{3}$에 해당된다. 따라서 철수가 얻은 답은 $6\frac{2}{4}$배가 아니라 $6\frac{2}{3}$배이어야 한다는 것이다. $5 \div \frac{3}{4} = 5 \times \frac{4}{3} = \frac{20}{3} = 6\frac{2}{3}$(6번 덜어내고 남은 나머지가 왜 $\frac{2}{4}$가 아니라 $\frac{2}{3}$가 되어야 하는지를 정확히 설명할 수 있어야 제대로 이해하였다고 말할 수 있다.)

소수의 나눗셈

본 단원은 소수의 나눗셈 상황 맥락에 대한 이해를 바탕으로 계산 알고리즘에 대한 이해를 완성하여 소수 나눗셈 상황 관련 문제를 해결할 수 있도록 함을 목표로 한다. 여기에서 핵심 알고리즘은 나누는 수와 나뉠 수의 소수점 위치를 적절히 이동하여 자연수 나눗셈의 계산 원리를 적용하는 것이라 할 수 있다. 본 단원 지도의 방향과 수업 디자인 방안을 제시해 본다면 다음과 같다.

⊕ ⊖　단원 지도의 핵심　⊗ ⊘

1. 소수의 나눗셈 연산 원리의 완성 및 이해

   제수가 소수인 경우 소수점을 이동시켜 자연수로 만든 후 계산

2. 원리를 이용하여 능숙하게 세로셈으로 필산하기

---

① 1학기 소수의 나눗셈 과정 돌아보기 과정 1시간은 꼭 필요

본 단원 학습을 위해 1학기 과정을 돌아보는 일은 꼭 필요하다. 왜냐하면 1학기 과정과 다른 점이 있다면 '소수 ÷자연수'가 '소수÷소수'로 바뀐 것뿐이라는 점이기 때문이다. '소수÷소수'는 1학기 과정에서 익힌 원리에 한 가지 과정만 더 추가되는 것이기 때문에 큰 어려움은 없다고 볼 수 있다. 그래서 1학기 과정 점검이 꼭 필요했던 것이라 할 수 있다.

② 제수를 소수점으로 고쳐주는 과정 이해에 초점 맞추기

이 과정만 이해하면 5학년에서 공부한 내용과 다른 점이 없다는 것을 깨닫도록 도와주면 된다.

예 1　　$2.4 \div 0.4 = 24 \div 4$와 같음(자연수의 나눗셈과 동일 ─ 5학년 과정)

예 2　　$3.68 \div 0.46 = 368 \div 46$와 같음(자연수의 나눗셈과 동일 ─ 5학년 과정)

예 3　　$19.98 \div 5.5 = 199.8 \div 55$와 같음(자연수의 나눗셈과 동일 ─ 5학년 과정)

예 4　　$14 \div 3.5 = 140 \div 35$와 같음(자연수의 나눗셈과 동일 ─ 5학년 과정)

③ 나머지 구하기 및 몫을 반올림하기 관련 내용은 최소화

많은 시간을 필요로 하는 내용이 아니기 때문에 최소한의 시간을 배정하고 활동 과정에서 자연스럽게 접근할 수 있도록 수업을 설계하려는 노력이 필요하다.

④ 분수로 고쳐서 계산하는 과정은 최소화

1학기 과정과 달리 2학기 원리 완성 과정에서 분수로 고쳐서 계산하는 과정은 어디까지나 소수 나눗셈의 원리를 이해하기 위함일 뿐이다. 분수 나눗셈으로 해결하기 자체가 중요한 것이 아니라는 것을 교사와 학생 모두가 명확히 하고 이 부분에 너무 많은 시간을 할애하지 않도록 주의하는 것이 좋다. 아울러 다음 사례에서 보는 바와 같이 동수누감을 하여 답을 구해보라는 식의 질문은 단원 학습의 핵심과 거리가 먼 질문이라는 생각이 들기 때문에 실제 수업을 디자인할 때 반드시 고민이 필요하다. 답을 구하는 것 자체가 목적은 아니기 때문이다.

<u>예 1</u> 길이가 2.4cm인 테이프, 0.4cm씩 자르면 몇 개가 되는가?

<u>예 2</u> 길이가 3.68m인 나무, 0.46m 막대 길이의 몇 배인가?

[예시] 6.67÷2.3에서

1. $\dfrac{66.7}{10} \div \dfrac{23}{10}$ $23\,\overline{)66.7}$ 두 과정을 동시에 비교하며 이해하기

2. $\dfrac{667}{100} \div \dfrac{230}{100}$ $230\,\overline{)667}$ 두 과정을 동시에 비교하며 이해하기

▶ 위의 두 과정 중 어떤 과정이 더 복잡하고 어떤 과정이 더 수월한지 비교하기

▶ 분수로 해결하기와 세로셈의 과정을 서로 비교하면서 소수점의 위치가 어떻게 변하고 몫의 소수점이 어떤 위치에 찍히는지 그 원리를 이해하기

 출발점 행동 점검   핵심 발문 사례

문제 1. 8.56÷4를 분수로 바꾸어 해결해 보시오. ➪ 개인별 모둠 칠판에 해결 ➪ 모둠원들과 공유 및 확인, 도움 주고받기

문제 2. 8.56÷4를 세로셈으로 해결하기 ➪ 개인별 모둠 칠판에 해결 ➪ 모둠원들과 공유 및 확인, 도움 주고받기

- -

1학기에서 공부했던 소수 나눗셈 원리를 정확히 이해하고 있는지를 알아보기 위해 제시한 발문이라 할 수 있다. 이해가 부족하거나 다 잊었다면 1시간 정도 내내 충분히 기억 및 이해를 되살릴 수 있도록 최선을 다해야만 한다.

소수 나눗셈 원리 이해

문제 1. 2.4÷0.4를 그림으로 해결해 보시오.

- 2.4cm 길이의 테이프를 0.1cm 크기로 잘라서 해결하기

0.1							1							2			

문제 2. 2.4÷0.4를 분수로 해결하여 봅시다.

문제 3. 위의 두 가지 문제 해결 과정의 공통점과 차이점은 무엇인가?

문제 4. 위의 과정에서 발견하게 된 원리를 바탕으로 2.4÷0.4를 세로셈으로 해결해 보시오.

자릿수가 같은 소수의 나눗셈이 자연수의 나눗셈으로 바뀐다는 사실의 발견을 바탕으로 세로셈으로 해결하는 과정에서도 원리를 그대로 적용하여 문제를 해결할 수 있음을 깨달을 수 있도록 도와주기 위해 개발한 과제라 할 수 있다.

$$0.4\overline{)2.4} \Rightarrow 04.\overline{)24.} \Rightarrow 4\overline{)24}$$

소수점을 이동 (제수를 자연수로 만들기 위함) | 제수와 피제수 모두 소수점이 같은 자리만큼 오른쪽으로 이동

  소수 나눗셈의 완성

문제 1. 11.5÷3의 몫을 세로셈으로 해결하되 몫을 자연수까지만 구하고 나머지를 알아보시오.

① 몫은 얼마인가?

② 나머지는 얼마인가?

③ 계산 결과가 맞는지 검산은 어떻게 할까?

▶ 예시 문제 해결하기 : 교사가 문제 제시 ⇨ 모둠칠판에 개별적으로 문제 해결 및 모둠원들과 결과 공유하며 도움 주고받기(또는 교과서 속 마무리 문제만 해결해 보도록 안내하고 모둠원들과 서로 확인할 수 있도록 하기)

문제 2. 아래 주어진 질문에 적절한 답을 하시오.(나누어 떨어지지 않으면 몫은 모두 반올림하여 소수 둘째 자리까지 나타내시오.)

국가	넓이(천 km²)	인구(백만 명)
잉글랜드	130.42	50.71
북아일랜드	14.14	1.73
스코틀랜드	78.77	5.1
웨일즈	20.76	2.97

① 잉글랜드는 스코틀랜드보다 약 몇 배 정도 넓은가?

② 네 나라 넓이의 합은 약 몇 km² 정도인가?

③ 네 나라 인구의 합은 약 몇 명 정도인가?

④ 웨일즈의 인구는 북아일랜드 인구의 몇 배 정도 되는가?

⑤ 잉글랜드의 넓이는 북아일랜드, 스코틀랜드, 웨일즈 넓이의 몇 배 정도 되는지 각각 어림하여 말해 보시오.

⑥ 잉글랜드의 인구는 북아일랜드, 스코틀랜드, 웨일즈 인구의 몇 배 정도 되는지 각각 어림하여 말해 보시오.

어림하기 관련하여 교과서 문제를 그대로 확인하기보다는 보다 실제적인 사례를 바탕으로 있을 법한 상황을 설정하여 학생들에게 활동지로 제시하고 어림하기 활동을 할 수 있도록 하였다. 필요 시 위와 같은 도표를 읽는 방법을 잠시 안내해 주는 것도 나쁘지는 않겠지만 처음부터 무조건 설명해 주는 것 또한 생각해 볼 일이다.

 소수 나눗셈 단원 종합 활동 미션 과제 사례

문제 1. 동그란 빵 하나 굽는 데 밀가루 9.8g이 필요하다. 집에 밀가루가 117.9g 있다면 빵을 몇 개 정도 구울 수 있을지 어림하고 그 이유를 쓰시오.

[답] 약 (   )개

[이유]

_____

_____

문제 2. 여러 나라의 생태 발자국을 나타낸 표이다.

① 대한민국의 생태 발자국 수치는 중국 및 인도 수치의 약 몇 배인가? 각각 소수 첫째 자리에서 반올림하여 구하시오.

▶ 중국의 (   )배, 인도의 (   )배

② 미국의 생태 발자국 수치는 지구 전체 수치의 약 몇 배인가? 대략적인 수치를 어림하고 왜 그렇게 생각하였는지 이유를 쓰시오.

▶ 지구 전체의 (　　　　)배

[이유]

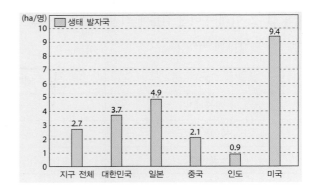

※ 생태발자국이란, 인간이 지구에서 삶을 영위하는 데 필요한 자원의 생산과 폐기에 드는 비용을 토지로 환산한 지수를 말한다. 즉, 면적이 넓을수록 환경문제가 심각하다는 의미이다.

③ 미국의 생태 발자국 수치는 지구 전체 수치의 약 몇 배 정도인지 반올림하여 소수 첫째 자리까지 구하시오.

▶ 지구 전체의 (　　　　)배

[문제] 3. 현재 100엔(일본 화폐)의 가치가 우리나라 돈으로 1,014.13원(2017년 6월 4일자 기준)일 때, 100,000원으로 몇 엔까지 바꿀 수 있는가? 그리고 그때 남는 우리나라 돈은 얼마인가?

▶ (　　　　)엔, 남는 돈(　　　　)원

▶ **[검산]** ＿＿＿＿＿＿＿＿＿＿＿＿＿＿＿＿＿＿＿＿＿＿＿＿＿＿＿＿＿

[문제] 4. 빛은 1초에 300,000km를 이동하므로 번개가 쳤을 때 거의 동시에 번개를 목격하지만, 소리는 공기중에서 1초에 0.34km를 이동하기 때문에 장소에 따라 번개가 친 조금 후에 천둥소리가 들린다.

번개는 • 지점에서 쳤고, 진우는 X 지점에 서 있었다. 진우는 번개를 보고 몇 초 후에 천둥소리를 들었을 것인지 소수 셋째 자리에서 반올림하여 나타내시오.

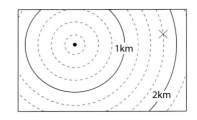

▶ 약 (　　　　)초

- -

어림하기와 관련하여 실제 생활 관련 미션 활동지를 제시하고 각자 문제를 해결한 뒤 모둠원 또는 짝끼리 확인 및 도움 주고받기를 할 수 있도록 하기 위해 개발한 과제라 할 수 있다.

개인별 미션활동지 해결 및 모둠원들과 해결 과정 공유, 도움 주고받기

공간과 입체

본 단원은 학생들의 공간 지각력, 공간 감각을 향상시키고자 함에 목적을 두고 있다. 그러나 아직도 쌓기나무 개수 헤아리기 활동에 집중되어 있는 것처럼 보이는 것은 문제가 아닐 수 없다. 물론 2015 개정 교육과정에 의해 새롭게 집필된 교과서는 많이 개선되었다고는 하나 아직도 비슷한 맥락의 질문들이 계속되고 있다. 이런 문제점을 극복하기 위한 재구성 방향성 및 수업 디자인 방안을 살펴보면 다음과 같다.

1 단원 학습 목표

최상위 목표는 공간 지각력, 공간 감각의 향상에 있지만 실제 활동과 관련된 구체적인 목표는 밑도안 및 평면도의 필요성을 인식하고, 여러 각도에서 바라본 3차원 공간의 쌓기나무 모형을 2차원 평면인 밑도안에 정확히 표현하거나 밑도안을 보고 실제 쌓기나무 모형을 떠올리거나 조작할 줄 아는 능력 향상에 있다.

2 단원의 주요 활동 내용

제시된 목표에 따라 실제 수업 속에서 학생들이 활동하게 될 내용을 간략히 정리하면 다음과 같다.

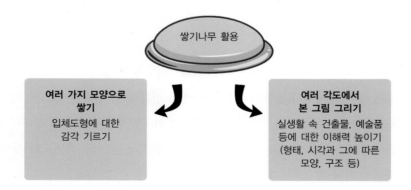

3 활동을 통한 학생들 사고 과정의 흐름

주요 활동 내용을 학생들 사고 과정의 흐름에 따라 보다 세세하게 제시해 보면 다음과 같다. 다음 내용은 실제 수업 설계를 위한 차시 구성에도 직접적인 영향을 줄 것이다.

도입	삶 속의 다양한 사물들을 다양한 각도에서 바라본 사진을 보여 주면서 바라보는 방향에 따라 보이는 모양도 달라진다는 것을 깨달을 수 있는 내용
1단계	1. 겨냥도 관찰 ⇨ 이것만으로 3차원 공간에서 쌓기나무 모양의 전체 모습을 정확히 파악하기 어려움을 인식 (2차원 평면을 통한 3차원 공간의 이해) ※ 이 과정에서 개수 세기가(전체 개수, 층별 개수, 자리별 개수 등) 등장 ⇨ 개수 자체가 활동의 목표가 되어서는 안 됨 ※ 겨냥도의 문제점 ⇨ 주어진 사물을 하나의 방향(시각)에서만 제시, 방향 및 공간감각 향상에 지장, 다양한 시선이 존재하며 그에 따라 보이는 모양도 다를 수 있음을 이해하는 것은 매우 중요
2단계	1. 겨냥도를 대신할 수 있는 새로운 표현 방식이 필요함을 깨달음 ⇨ 위의 1단계는 이를 위한 하나의 과정이라는 것에 의미가 있음 ※ 새로운 표현 방식은 여러 방향(시선)에서 사물을 바라보고 표현할 수 있는 것이어야 함 ⇨ 사물의 정확한 모양 이해에 도움
3단계	1. 새로운 표현 방식으로 밑도안을 제시 ⇨ 쌓기나무 조작 활동 및 밑도안 그리기 | (평 면 도)2차원 평면 ⇦⇨ 3차원 공간(쌓기나무)	
밑도안 ⇨ 쌓기나무 모형 만들기	쌓기나무 모형 ⇨ 밑도안 그리기 | ※ 밑도안 : 위에서 내려다 본 쌓기나무 모습을 그림으로 표현한 것, 각 자리별로 쌓기나무의 높이를 숫자로 제시
4단계	1. 밑도안을 이용하여 앞, 옆에서 본 그림 그리기(또 다른 2개의 시선, 방향에 주목하기) ※ 밑도안 자체가 위에서 본 그림임을 이해
5단계	1. 여러 방향에서 바라본 3차원 공간 쌓기나무 모형 ⇨ 2차원 평면에 나타내기 2. 2차원 평면에 나타난 그림을 보고 실제로 쌓기나무 모형 만들기 ※ 특히 '위, 앞, 옆' 3방향에 주목 ⇨ 건축설계 도면과 연결(평면도, 정면도, 측면도가 항상 함께 제시됨)
6단계	1. 4개 또는 5개의 연결큐브로 다양한 건물 모양 만들어 보기(쌓기나무로 해도 무방함) ※ 실제 삶의 다양한 건축물과 유사함 ⇨ 규격화된 틀을 이용하여 조립식 건물을 짓는 경우도 많음

④ 반드시 쌓기나무로 지도하기 : 조작적 경험과 관찰을 통해 이해 돕기

각각의 쌓기나무가 실제 생활 속에서의 건물과 같은 맥락에서 생각해 볼 필요가 있도록 지도할 필요가 있다. 쌓기나무를 활용하여 초등학생 수준에서의 가장 일반적이고 보편적인 범위 내에서의 형태나 모양을 하고 있는 건물의 구조나 배치를 이해하고 이를 표현할 수 있는 방안으로 평면도, 정면도, 측면도를 제시하였던 것이라는 점을 교사가 먼저 이해해야 한다.

위와 같은 사실을 근거로 하여 본 단원의 목적을 달성하기 위해서 쌓기나무로 조작활동 시작 전에 다음과 같은 규칙을 정확히 짚어 주어야 함이 마땅하다. 하지만 지도서 그 어디에서 그런 부분은 등장하지 않는다.

1

2

3

4

5

만일 쌓기나무 대신 연결큐브를 활용을 하고 싶다면 다음과 같은 점에 주의하여 학생들에게 미리 공지 또는 꼭 약속을 하고 활동에 임하도록 해야만 한다.

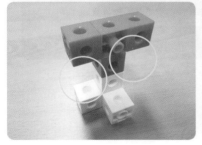

사례에서 보는 바와 같이 블록 아래 뜬 공간이 없어야 한다. 이런 모양은 쌓기나무로 표현할 수 없을 뿐만 아니라 밑 도안으로도 표현이 불가능하다. 그런 모형은 본 단원에서 다루는 범주의 한계를 넘어선다고 볼 수 있다.

⑤ 실제 삶 속 사물을 통해 단원 도입하기

생활 속 사물을 한 방향에서 바라본 사진을 통해 이해하고, 수업이 진행되면서 차츰 의도하고자 하는 수학적 상황과 그에 맞는 내용으로 학생들의 사고를 이끌어 나가면 최상이라 할 수 있다.

> 실제 삶 속의 상황(생활 주변 사물) ⇨ 수학적 상황으로 들어가기 위한 워밍업(다양한 입체도형) ⇨ 단원 활동에 맞는 특수한 수학적 상황(쌓기나무)

⑥ '모듈'이라는 개념과 쌓기나무 활동 연결 짓기

실제 삶과 쌓기나무 활동이 어떤 상관관계가 있는지, 어떻게 우리 삶에 적용되는지를 학생들이 깨달을 수 있도록 도와주어야 한다.

참고로 쌓기나무 또는 연결큐브처럼 규격화된 건물을 다른 곳에서 제작한 뒤에 집을 지을 장소로 옮겨와 다양한 형태로 배치하거나 쌓아올려 집을 완성하는 방식을 모듈러 주택이라고 하는데 건축 방식이 훨씬 쉽고 공사 기간도 단축되고 공사비도 훨씬 저렴하여 많이 이용되고 있다. 다음 안내는 그 사례이다.

🌲 모듈러 홈

모듈러 홈은 모듈화된 주택을 공장에서 생산하여 현장으로 이동, 크레인을 이용하여 조립하여 완성하는 주택을 말합니다.

모듈러주택은 공업화주택의 일종으로 품질향상 및 활성화를 위해 1992년 공업화 주택 인정제도를 정부에서 도입하였으며 주택법(법률 제 11590호)과 주택건설기준 등에 관한 규정, 규칙에 그 기준안을 마련해 놓고 있습니다.

모듈러 홈이 최근 새로운 건축의 대안으로 떠오르는 이유는 현장건축에서 오는 한계와 문제점을 극복하기 위한 것입니다. 규격화되고 표준화된 제품을 대량생산하여 원가를 낮추고 품질을 향상시키며 공사기간을 단축하여 효율성을 높이는 데 있습니다.

출처 : 셔터스톡

[모듈러 홈의 장점]
1. 규격화와 품질의 균일화
2. 건축원가의 절감
3. 대량생산이 가능
4. 공사기간의 단축
5. 이축이 가능, 수출도 가능

단점으로는 디자인의 한계와 고층건축의 어려움 등이 있으며 현재 실용 가능한 범위는 소형주택에서부터 5층 이내의 건물, 기숙사, 원룸, 오피스텔, 임대형 아파트, 다가구주택 등 다양하게 적용이 가능합니다. 스마트하우스는 공장에서 80~90% 이상의 공정을 진행하여 출고가 되며 화물차를 이용하여 현장에 도착하며 크레인으로 조립을 하여 완성을 합니다.

본 단원과 관련해서는 핵심 발문, 미션 과제 형식으로 발문을 제시하지 않고 실제가 필자가 수업 설계했던 내용 그대로 제시해 본다. 본 단원과 관련하여 이전과 같은 방식으로 질문만 제시해서는 바람직한 이해를 돕기 어렵다는 판단을 하였기 때문이다.

1차시 이것이 무엇인고?-PPT로 수업 진행

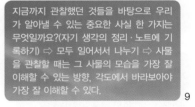

앞의 두 면을 동시에 본 모습
어떤 물체인지 생김새를 상상해 볼까요?

13

위에서 본 모습입니다. 어떤 모습이 그려지나요? 이런 모습?

14

상상했던 것과 같은 모습의 사물인가요? 아니면 무엇이 다른 점인가요?

15

어느 방향에서 물체의 사진을 찍거나 바라보았을 때 그 모습이 가장 잘 나타나는지 생각해 봅시다.

1번

16

어느 방향에서 물체의 사진을 찍거나 바라보았을 때 그 모습이 가장 잘 나타나는지 생각해 봅시다.

2번

17

어느 방향에서 물체의 사진을 찍거나 바라보았을 때 그 모습이 가장 잘 나타나는지 생각해 봅시다.

3번

18

어느 방향에서 물체의 사진을 찍거나 바라보았을 때 그 모습이 가장 잘 나타나는지 생각해 봅시다.

4번

19

어느 방향에서 물체의 사진을 찍거나 바라보았을 때 그 모습이 가장 잘 나타나는지 생각해 봅시다.

5번

20

어느 방향에서 물체의 사진을 찍거나 바라보았을 때 그 모습이 가장 잘 나타나는지 생각해 봅시다.

6번

21

어느 방향에서 물체의 사진을 찍거나 바라보았을 때 그 모습이 가장 잘 나타나는지 생각해 봅시다.

7번

22

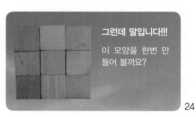

왜 이 시선(방향, 각도)인가?
사물의 면을 가장 많이 볼 수 있는 시선이기 때문.

이런 사실과 관련하여 5학년 때 공부한 것은?

겨냥도

23

그런데 말입니다!!!

이 모양을 한번 만들어 볼까요?

24

다른 시선(방향, 각도)에서 본 것입니다. (겨냥도 각도)

여러분이 처음에 생각한 것과 같은 모습인가요?

25

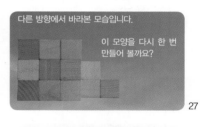

그런데 말입니다!!!

이 모양이 정말 맞을까요?

26

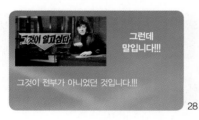

다른 방향에서 바라본 모습입니다.

이 모양을 다시 한 번 만들어 볼까요?

27

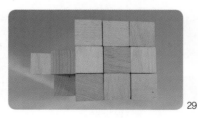

그런데 말입니다!!!

그것이 전부가 아니었던 것입니다.!!!

28

29

바로 지금의 경험을 통해 우리는 새로운 중요한 사실을 한 가지 더 깨닫게 되었습니다. 다른 시선(방향, 각도)만으로는 사물을 정확하게 이해할 수 없다. 사물을 좀 더 정확히 이해하려면 …
여러 방향으로 바라본 것을 함께 생각해 볼 필요가 있다.

30

다음 편을 기대하시라!!

31

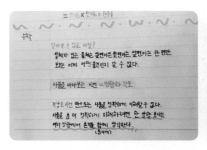

1차시 수업 활동에 대한 노트 기록 사례

질문에 대한 자신의 생각을 먼저 노트에 기록한 후 다른 사람들과 공유하는 모습

2~3차시   쌓기나무와 공간감각-1(쌓기나무와 앞, 옆, 위에서 본 그림-밑도안)

[PPT로 수업 진행, 쌓기나무 준비]

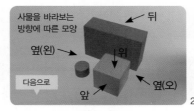
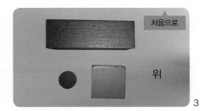

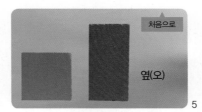
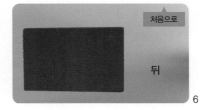

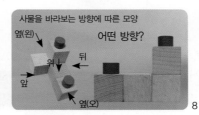
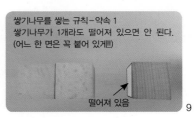
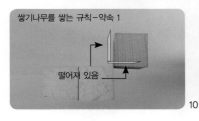

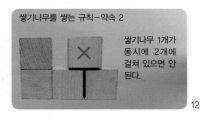

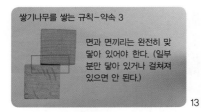

쌓기나무를 쌓는 규칙-약속 3

면과 면끼리는 완전히 맞
닿아 있어야 한다. (일부
분만 닿아 있거나 걸쳐져
있으면 안 된다.)

13

옆에서 본 모양만으로 구별하기

14

앞에서 본 모양만으로 구별하기

15

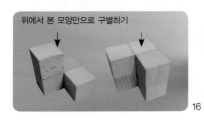

위에서 본 모양만으로 구별하기

16

살펴본 바와 같이 쌓기나무로 만든 모형은
다르지만 앞, 옆, 위에서 본 모습을 종이 위
에 그린 모양은 같은 것이 있다. 이 문제를
해결하려면 어떤 방법이 있을까요?

17

(답) 위에서 본 그림 위에 각 칸 별로 층 수를
써 넣는다.

1	2
	1

18

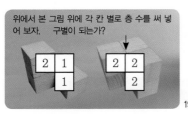

위에서 본 그림 위에 각 칸 별로 층 수를 써 넣
어 보자.   구별이 되는가?

19

쌓기나무를 건물이라 생각할 때 옆(앞)에서
본 모양의 장점

형태를 그리기 쉽다.

쌓기나무를 건물이라 생각할 때 옆(앞)에서
본 모양의 단점

건물 모양의 구별이 어렵다.

20

쌓기나무를 건물이라 생각할 때 위에서 본
모양의 장점

건물 배치를 잘 알 수 있다.

쌓기나무를 건물이라 생각할 때 위에서 본
모양의 단점

건물 모양의 구별이 어렵다.

21

쌓기나무를 건물이라 생각할 때 층 수를 넣
은 위에서 본 모양의 장점

건물 배치, 높이를 잘 알 수 있다.

쌓기나무를 건물이라 생각할 때 층 수를 넣
은 위에서 본 모양의 단점

층 수를 각 칸마다 써야 한다.

22

이런 그림을
밑도안이라고 한다.

23

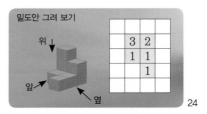

밑도안 그려 보기

24

모둠원과 함께 쌓기나무를 활용하여 돌아가
며 건물 모형을 만들고 밑도안 그려 보기

(주의할 점) 반드시 앞이 어디인지 지정해
준다. (보다 쉬운 이해를 위해)

모둠 번호 1번 6개로, 2번 7개로, 3번 8개
로, 4번 9개로 각각 건물 모형을 만들어
제시한 후 모두 함께 밑도안 그리기

25

다음 편을 기대하시라!!

26

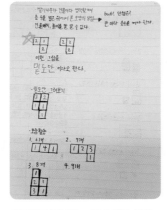

모둠별로 밑도안 그리기 활동 사례

각 모둠별로 돌아가며 쌓기나무 모형을 제시하고 밑도안 그려 보기 협동학습 활동 장면

각 모둠별로 돌아가며 쌓기나무 모형을 제시하고 밑도안 그려 보기 협동학습 활동 장면

쌓기나무와 공간감각-2(쌓기나무와 앞, 옆, 위에서 본 그림-밑도안)

[PPT로 수업 진행, 쌓기나무 준비]

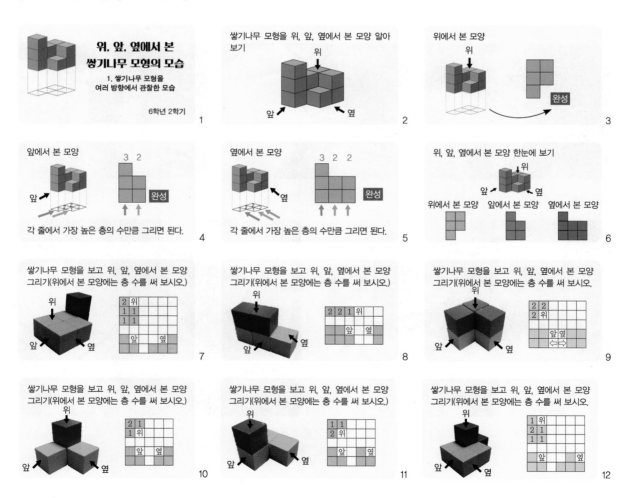

쌓기나무 모형을 보고 위, 앞, 옆에서 본 모양 그리기(위에서 본 모양에는 층 수를 써 보시오.)

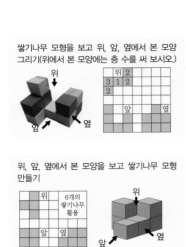
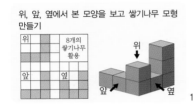

13

위, 앞, 옆에서 본 모양을 보고 쌓기나무 모형 만들기

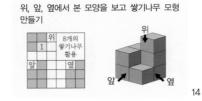
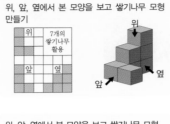
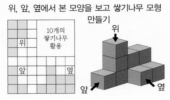

14

위, 앞, 옆에서 본 모양을 보고 쌓기나무 모형 만들기

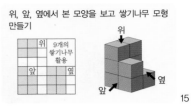

15

위, 앞, 옆에서 본 모양을 보고 쌓기나무 모형 만들기

16

위, 앞, 옆에서 본 모양을 보고 쌓기나무 모형 만들기

17

위, 앞, 옆에서 본 모양을 보고 쌓기나무 모형 만들기

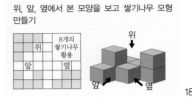

18

위, 앞, 옆에서 본 모양을 보고 쌓기나무 모형 만들기

19

위, 앞, 옆에서 본 모양을 보고 쌓기나무 모형 만들기

20

다음 편을 기대하시라!!

21

□칸 활동지에 위, 앞, 옆에서 본 그림을 그려 보고 짝과 서로 확인해 보는 장면

세 방향에서 바라본 각각의 그림을 보고 쌓기나무 모형 만들기 및 의사소통 활동 장면

쌓기나무와 공간감각-3(건축물의 위, 앞, 옆에서 본 모습 그리기)

[PPT로 수업 진행, 쌓기나무 준비]

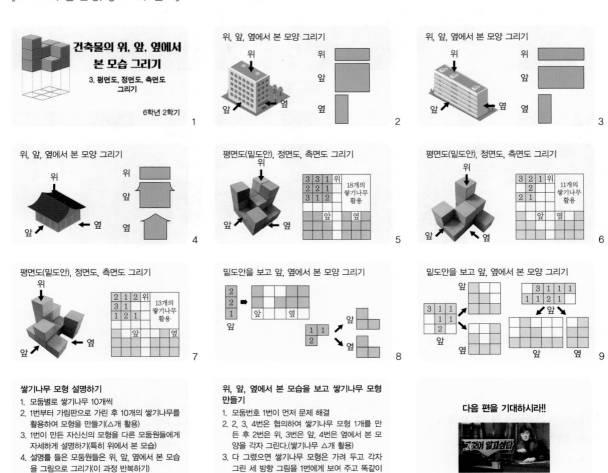

도입 활동으로 실제 건물의 사진을 보고 세 방향에서 본 그림을 그리는 활동 장면

돌아가면서 자신이 만든 쌓기나무 모형을 설명하고 세 방향 그림을 그리는 활동 장면

돌아가면서 세 명의 모둠원이 제시한 위, 앞, 옆에서 본 그림을 보고 쌓기나무 모형을 쌓는 활동

8~9차시　다양한 건물 모양 만들기

건축물의 위, 앞, 옆에서
본 모습 그리기

4. 조건에 따라
여러 가지 모양 만들기

6학년 2학기

1

큐브 블록 활동 시 주의할 점

2

조건에 따라 여러 가지 모양 만들기
※ 쌓기나무 2개를 이용하여 만들 수 있는 모양은
모두 몇 가지?
(뒤집거나 돌려서 모양이 같으면 같은 모양)

에 1개 추가
하면 몇 가지?

3

조건에 따라 여러 가지 모양 만들기

※ 쌓기나무 3개
를 이용하여 만
들 수 있는 모양
은 모두 세 가지

4

조건에 따라 여러 가지 모양 만들기
※ 아래와 같이 쌓기나무 3개로 만든 모형에 1개
를 추가하여 만들 수 있는 모양은 모두 몇 가지?
(돌려서 모양이 같으면 같은 모양으로 간주함)

처음에 주어진 3개짜리
블록은 세울 수 없다.
절대로 블록을 뒤집을
수는 없다.

5

6

조건에 따라 여러 가지 모양 만들기
※ 아래와 같이 쌓기나무 3개로 만든 모형에 1개를
추가하여 만들 수 있는 모양은 모두 몇 가지?
(돌려서 모양이 같으면 같은 모양으로 간주함)

처음에 주어진 3개짜리
블록은 세울 수 없다.
절대로 블록을 뒤집을
수는 없다.

7

8

조건에 따라 여러 가지 모양 만들기
※ 아래와 같이 쌓기나무 4개로 만든 모형에 1개
를 추가하여 만들 수 있는 모양은 모두 몇 가지?
(돌려서 모양이 같으면 같은 모양으로 간주함)

처음에 주어진 3개짜리
블록은 세울 수 없다.
절대로 블록을 뒤집을
수는 없다.

9

10

조건에 따라 여러 가지 모양 만들기
※ 아래와 같이 쌓기나무 4개로 만든 모형에 1개를 추가하여 만들 수 있는 모양은 모두 몇 가지? (돌려서 모양이 같으면 같은 모양으로 간주함)

11

12

모듈을 활용한 건물 모양 만들기
※ 연결 큐브 2개를 1단위 모듈로 생각할 때 2개, 3개, 4개 등의 모듈을 활용하여 건축할 수 있는 건물의 모양을 만들어 봅시다.

모듈을 규격화하여 실제로 건축에 활용하고 있는 사례
13

2개 모듈을 활용한 건물 모양 만들기

14

15

3개 모듈을 활용한 건물 모양 만들기

16

의미 있는 배움의 시간이었기를 바라며!!
17

큐브 블록을 활용하여 조건에 맞는 경우의 수를 찾아나가는 활동 장면

모듈이라는 개념을 도입하여 1번, 2번 과제를 해결하고 있는 학생들 활동 장면

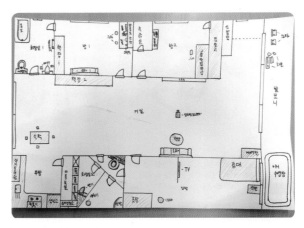

학생들과 함께 해 보았던 '내가 살고 싶은 집 내부 구조 설계하기 — 평면도' 미술 수업 활동 사례

| 6학년 2학기 4단원 |

비례식과 비례배분

본 단원을 지도할 때는 비례식 학습보다 더 근본적인 물음으로 파고들어가 비례식에 대한 이해를 돕는 것에서부터 학습을 시작해야 한다고 주장하는 바이다. 지금부터 그런 과정으로 빠져 들어가 보도록 하겠다.

1 본 단원에서 가장 중요한 점을 질문 형식으로 제시해 보면 다음과 같다.

- 비례란 무엇인가?
- 비례 관련 상황(비례관계[9]에 있는 상황)이란 대체 어떤 상황이란 말인가?
- 비례식이란 무엇인가?(비례식의 의미는 무엇?)

위의 세 가지를 이해하고 설명할 수 있다면 본 단원 목표는 달성한 것이라 볼 수 있다. 그런데 아무리 1학기에서 비와 비율을 공부했다고는 하지만 단순히 비율이 같은 2개의 비를 등식으로 연결한 것이 비례식이라는 식으로 지도해서는 안 되는 이유가 분명히 있다.

2 비례란, 비례식이란 무엇인가?

> 두 개의 비 사이에 [서로 같음 = 비의 값이 서로 같음 = 같은 비]관계가 유지된다는 것을 의미한다.(2개 이상의 비가 같은지〈동치〉를 표현하는 식)

우리는 비례와 관련하여 대표적인 상황으로 흔히 속도를 예로 들 수 있다.

상황
───────────────────────────────

A자동차는 2시간 동안 160km를 이동한다. A자동차와 같은 속도로 B자동차가 4시간 동안 이동했다면 몇 km를 이동하였겠는가?

───────────────────────────────

A자동차의 비를 거리(km) : 시간으로 나타내면 160 : 2가 되고, B자동차의 비를 똑같은 관계로 나타내면 □ : 4가 된다. 그런데 두 자동차의 속도가 같다는 것은 2개의 비 사이에 상등관계(서로 비의 값이 같음=같은

─────────────

9 비례관계를 이해하고 이들 관계를 다루는 것을 비례적 추론이라고 한다면 이 단원 학습 내용은 단연코 초등학교 수학 교육 내용의 '정점'에 있다고 말하고 싶다. 왜냐하면 비례적 추론은 상황에 따라 고등 수준의 사고를 요구하며 많은 대수(대수는 자연수, 소수, 공약수 등 수학의 기본인 수의 특성과 분류를 배우는 수학의 한 분야이다.) 관련 주제와 직접 연결되기 때문이기도 하다.

비)가 존재한다는 것을 의미하는 것이므로 2개의 비를 다음과 같이 등식으로 연결할 수 있게 된다.

$$160:2=\square:4 \Rightarrow \text{이것이 비례식}$$

내항

외항

위와 같이 비례식을 만들어 놓고 비례식의 성질(내항의 곱은 외항의 곱과 같다)을 이용하여 문제를 해결하면 $\square$=320이라는 값을 구할 수 있게 된다.

그러나 2개의 비 사이에 [서로 같음=비의 값이 서로 같음=같은 비]관계가 유지된다는 것에 착안하여 문제를 해결한다면 다음과 같이 해결할 수도 있다.

$$\text{속력} = \frac{\text{거리}}{\text{시간}} \Rightarrow \frac{160}{2} \text{(A자동차)} = \frac{\square}{4} \text{(B자동차)}$$

2배

2배

※ 두 자동차의 속력이 같다면 두 자동차의 비의 값은 서로 같다.

위와 같이 비율의 개념으로 두 자동차의 속력이 같다는 것을 정리해 보면 비의 값이 같다는 점을 이용하여 약분 또는 통분 개념으로 문제를 해결할 수 있다. 이것이 바로 비의 성질(비의 전항과 후항에 0이 아닌 같은 수를 곱하거나 나누어도 비율은 같다)을 이용하여 똑같은 문제를 해결한 사례라 할 수 있다.

그러나 여기에서도 분명히 고민해야 할 점이 한 가지 있다.

위와 같이 문제를 해결하였다(답을 구하였다)고 하여 비례의 의미(비례관계)를 이해하였다고 말할 수 있는 것인가?

위의 상황을 통해 비례의 의미(비례관계)를 이해하였다고 말할 수 있으려면 이렇게 A, B 두 자동차의 상황에 대하여 설명할 수 있어야 한다.

A자동차의 속력=$\frac{\text{거리}}{\text{시간}}$=1시간에 80km씩 이동하는 속도로 달리고 있다는 것이고 B자동차도 같은 속도로 달리고 있다는 것이니 두 자동차의 속력(1시간에 80km씩 이동하는 속도)은 같다는 것이다. 따라서 두 자동차의 속력은 비례 관계에 있다고 볼 수 있다. 이렇게 볼 때 B자동차는 4시간을 달렸으니 이동한 거리는 320km를 갔다고 볼 수 있다.

- 이 상황에서 중요하게 다루어야 할 핵심 사항 : 단원의 도입 단계에서 2개의 요소(여기에서는 시간과 거리)가 변함에도 불구하고 절대로 변하지 않는 사실이 있다는 점을(두 자동차는 모두 1시간에 80km씩 이동한다는 점), 어떤 상황이 주어져도 이런 점들을 정확히 파악해 낼 수 있도록 하는 데 좀 더 많은 시간을 할애할 필요성이 매우 커짐
- 그러나 현재 교과서 구성은 이런 점들을 제대로 인지하거나 반영시키지 못하고 문제풀이 방법에 따라 결과값을 구하는 데만 치중하였다는 비판을 면할 수 없도록 되어 있다는 점에서 문제의식을 가지고 '재구성'이라는 카드를 꺼내 들 수밖에 없었던 것이다.

주어진 문제 상황엣 숫자를 뽑아 등식을 세우고 문제에서 요구하는 답을 찾았다고 하여 비례의 개념, 의미를 이해하였다고 볼 수는 없는 일이다. 분명히 '문제를 풀 줄 안다.'와 '이해하였다. 설명할 줄 안다.'는 것은 분명히 수준과 차원이 다른 상황이라는 것을 우리는 반드시 유념해야 한다.[10]

③ 비례 관계의 이해를 위한 필수 조건

비례 관계를 정확히 이해하기 위해서는 다음과 같은 조건들이 꼭 선행되어야 한다.

제1조건	➡	주어진 상황 속에서 비의 값을 정확히 파악하고 이해해야 한다.
제2조건	➡	비의 값이 의미하는 것에 대한 이해가 반드시 필요하다.
제3조건	➡	비례식에 들어있는 등호(=)에 대한 이해가 반드시 필요하다.

두 요소 간의 단위가 서로 다른 경우	**예1** 속력 : 시간과 거리 A자동차는 2시간 동안 160km를 이동한다. A자동차와 같은 속도로 B자동차는 4시간 동안 320km를 이동한다.

등식(비례식) 160 : 2＝320 : 4의 의미	
A자동차 비의 값＝$\dfrac{거리}{시간}＝\dfrac{160}{2}$	어떤 상황이 주어져도 절대로 변치 않는 사실 하나는 80km/시간!!! ⇨ 등호(=) 개념의 이해
B자동차 비의 값＝$\dfrac{거리}{시간}＝\dfrac{320}{4}$	

---

10 'A자동차는 2시간 동안 160km를 이동한다. 같은 속도로 B자동차는 4시간 동안 320km를 이동한다. 두 자동차 중 어떤 자동차가 더 빠른가?'라고 질문이 제시되었을 때 생각보다 많은 학생들이 대답을 제대로 하지 못하거나 정확히 설명하지 못하거나 심지어 B자동차가 더 빠르다고 말하는 학생들도 있다. 그 이유는 비와 비율에 대한 이해가 부족하고 '같은 속도'라는 조건에 주어졌음에도 불구하고 제시된 상황을 (1) 수식의 계산이 필요한 경우로 인식하였거나 (2) 단순히 수의 크기 비교가 필요한 상황으로 인식하였거나 (3) 비의 개념을 바탕으로 두 대상(속도=시간과 거리 간의 관계를 비율로 나타낸 것)을 동시에 다루지 못하였을 가능성(하나의 대상, 여기에서는 오직 거리만 생각)이 높다.

두 요소 간의 단위가 서로 같은 경우	**예 2** 맛 : 재료의 계량 단위 — 술(계량 수저로 1번) 치킨 무를 만들 때 1인분에는 식초 4술에 설탕 2술이 들어간다. 3인분에는 식초 12술, 설탕 6술이 들어간다. **등식(비례식) 4 : 2=12 : 6의 의미** 1인분 비의 값=$\dfrac{식초}{설탕}=\dfrac{4}{2}$ 3인분 비의 값=$\dfrac{식초}{설탕}=\dfrac{12}{6}$ · · · 어떤 상황이 주어져도 절대로 변치 않는 사실 하나는 맛!!!(식초는 같은 단위로 양을 계산할 때 설탕의 2배를 넣어야 같은 맛은 변함없이 유지된다.) ⇨ 등호(=) 개념의 이해
비의 값에서 나눗셈의 몫이 의미하는 것 알기	비의 값에서 $\dfrac{320}{4}=320\div4=80\left(=\dfrac{80(\text{km})}{1(\text{시간})}\right)$이라는 몫이 의미하는 것은 제수(분모의 값)가 1일 때 피제수(분자의 값)를 말하는 것이라 할 수 있다.(1시간에 80km 속도로 이동한다.)

결론은 이렇다. [A자동차는 2시간 동안 160km를 이동한다. A자동차와 같은 속도로 B자동차가 4시간 동안 이동했다면 몇 km를 이동하였겠는가?]와 같은 상황에서 320km라는 값을 얻었다고 하여 비례 개념을 이해하였다고 볼 수는 없다는 사실을 이해하고, 1학기에 공부했던 비와 비율에 대한 개념을 바탕으로 비례(식)와 어떻게 연결 짓기를 할 것인가, 이를 위해 어떤 내용과 그에 맞는 핵심발문을 개발하여 학생들에게 제시할 것인가, 이를 통해 비례식과 관련된 학생들의 사고력을 향상시키는 데 어떻게 도움을 줄 것인가에 대한 계획을 세밀하게 수립하여 교과서 내용의 재구성 및 수업 디자인에 반영시켜야 한다.

④ 비례관계에 대한 최종 정리

하나	두 대상(요소)을 하나의 묶음으로 다룬다.(예 : 시간과 거리, 설탕과 식초)
둘	똑같은 비는 수도 없이 많이 만들어진다.(두 대상〈요소〉 중 어떤 하나에 어떤 수를 곱하거나 나누면 다른 대상〈요소〉도 똑같은 작업이 이루어져야 함을 의미)
셋	단순한 수 연산에 의한 결과값을 구하면 된다는 것을 의미하는 것이 아니라 그 결과값이 의미하는 것이 무엇인가를 밝혀내는 일이 제일 중요한 핵심이다.(절대로 변하지 않는 관계가 존재한다는 것, 그 관계가 무엇인지를 밝혀내는 것이 핵심 : 맛, 속력 등)

⑤ 비례배분에 대한 개념 및 비례배분이 필요한 상황에 대한 이해

> **비례배분에 대한 사전적 정의 : 전체를 주어진 비로 배분하는 것**
> **比(견줄 비), 例(법식 례), 配(나눌 배), 分(나눌 분)**
> ⇨ 법식에 견주어 나누어 갖는다는 의미
> ⇨ 여기에서 말하는 법식이란 결국 주어진 비를 가리킴

예를 들어 비례배분을 설명하면 다음과 같다.

사탕 10개가 있는데 이를 철수와 영희가 3 : 2의 비로 배분(분배=나누어줌)한다고 할 때 여기에는 이런 의미가 들어 있는 것이라 말할 수 있다.

상황

철수와 영희가 사탕을 각각 3개, 2개씩 번갈아가며 없어질 때까지 가져가면 철수는 철수(3개 1회), 영희(2개 1회), 철수(3개 2회), 영희(2개 2회)와 같이 가져가게 되어 결국 철수는 6개의 사탕을, 영희는 4개의 사탕을 가져가게 된다. 이렇게 주어진 비에 따라 나누어 갖는 것을 우리는 비례배분이라고 한다.

그렇다면 우리는 왜 비례배분을 하게 될까? 그 이유는 다음과 같다.

비례배분이 필요한 상황

살다보면 어떤 것을 공평하게 나누어 가져야 할 상황을 맞이하게 되는데 여기에서 말하는 공평함이란 꼭 1/n을 의미하지는 않는다. 예를 들어 어떤 상황에서 공평함은 그 사람이 일한 만큼의 대가(代價)를 정확히 계산하여 받는 것이라 말할 수 있다.

두 사람이 함께 일을 하여 100만큼의 이익을 얻었는데 한 사람은 60만큼의 기여를 하였고 다른 한 사람은 40만큼의 기여를 하였다면 당연히 두 사람은 6:4의 비에 따라 이익을 배분해야 함이 마땅하다. 그에 따라 각각 60, 40만큼을 가져가야만 공평하다고 할 수 있다.

이와 같이 전체를 주어진 비로 배분하는 것을 우리는 비례배분이라고 말한다.

---

⑥ 비례배분은 주어진 상황에 대하여 비가 갖는 의미, 이때 비 1에 해당되는 양이 얼마인지를 정확히 이해하는 것이 선행되어야 한다.

상황

사탕 100개를 A, B 두 사람이 각각 2(A) : 3(B)의 비로 비례배분하기

전체 양=★, 항 A=●, 항 B=■, 전체 양 ★를 ● : ■로 비례배분하게 되면

A에게 배분되는 양=★ × $\dfrac{●}{●+■}$, B에게 배분되는 양=★ × $\dfrac{■}{●+■}$

A=$100 × \dfrac{2}{2+3}$=40개, B=$100 × \dfrac{3}{2+3}$=60개

교과서는 위와 같이 해결하도록 안내하고 있다. 하지만 이렇게 공식을 기억해서 해결하는 것보다 다음과 같이 비례배분에 대한 이해를 바탕으로 수학적 사고를 통해 문제를 해결하는 것이 훨씬 더 바람직하다고 판단된다.

비례배분에 대한 이해를 바탕으로 수학적 사고를 통해 문제를 해결한 사례

사탕 100개(총량)	A의 몫=2덩어리	사탕 100개를 모두 5덩어리로 나누어야 두 사람에게 주어진 비만큼 나누어 줄 수 있다는 것을 의미한다.
	B의 몫=3덩어리	
주어진 비의 각 항을 합한 값	주어진 대상의 총량이 모두 몇 덩어리로 되어있는지를 의미한다.	
주어진 비의 각 항	주어진 대상의 총 덩어리 수가 각각 몇 덩어리씩 분할되었는지 의미한다.	

사탕 100개 ⇨ 각각 20개씩 5덩어리로 묶여 있음을 의미(주어진 비의 각 항을 합한 값은 5이므로 1덩어리의 값은 사탕 20개) 그 중 A는 2덩어리×20개=총 40개, B는 3덩어리×20개=총 60개를 가져가게 된다.

이를 응용하면 이런 식의 수학적 사고가 가능해진다.

[질문 사례] 사탕이 모두 몇 개인지 알 수는 없지만 A와 B가 2 : 3으로 나누어 가졌다. 그런데 B는 사탕 60개를 가졌다. 그렇다면 A는 사탕을 몇 개 가졌을 것이며 사탕의 총 개수는 모두 몇 개인가?

⇨ B가 가진 60개 사탕은 비 3만큼에 해당된다. 따라 비 1만큼에 해당되는 사탕은 20개가 된다. 따라서 A는 사탕을 비 2만큼, 즉 40개 가졌다고 할 수 있으며 사탕의 총 개수는 40+60=100개가 된다.

⇨ 공식에 대입하여 $\square \times \dfrac{3}{2+3}=60$으로 해결하려 한다면 더 어려워질 수 있다.

이와 같이 비례배분을 이해한다면 교과서에 제시된 것처럼 굳이 공식화하여 기억할 필요가 없게 된다. 위와 같은 이해 없이 그냥 공식만 외워서 문제를 해결하려고 한다면 비례배분에 대한 정확한 이해는 불가능해진다.

 출발점 행동 점검　　　　　　　　　　　　　　　**핵심 발문 사례**

 아래에 나타난 철수의 주장은 옳은가? 아니라면 그렇게 생각하는 이유는 무엇인가?

　　왼쪽 그림에서 오른쪽의 도형은 왼쪽의 작은 도형을 확대 복사한 것이다. 이때 큰 도형의 가로의 길이는 얼마인가?

[철수 의견] 큰 도형 가로의 길이는 13이다. 3+6=9가 되므로 세로의 길이가 6이 커졌다는 것을 알 수 있다. 이에 따라 가로의 길이도 6이 커지면 7+6=13이 되기 때문이다.

비의 개념에는 '곱=배'의 의미가 들어 있다. 그런데 철수는 위의 상황에서 '곱=배'의 상황으로 생각하지 못하였다. '곱=배'의 상황으로 생각한다면 세로가 3의 3배로 확대되었으므로 가로도 7의 3배로 확대되어야 한다. 따라서 가로는 7×3=21이 되어야 한다. 본 발문은 확대 복사하였다는 것의 의미는 대응변이 서로 같은 비의 값을 갖는다는 것이라는 사실을 학생들이 정확히 이해하고 있는지 알아보기 위해 개발한 발문이라 할 수 있다.

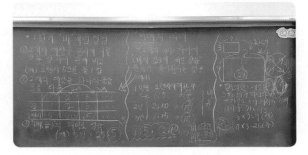
출발점 행동 관련 수업 활동이 나타난 칠판 판서 사례

비례식을 활용한 문제 해결

핵심 발문 사례

문제 동네 2개의 마트에서 똑같은 과자를 각각 다음과 같이 판매하고 있었다. 철수는 두 마트 중 어떤 곳에서 과자를 구입하는 것이 더 싸게 구입할 수 있겠는가? 먼저 개인적으로 해결하기 → 모둠원들과 해결 과정 공유하기 → 전체 발표 후 차근차근 단계적으로 함께 알아보기

A마트	B마트
4봉지에 1,800원	5봉지에 2,200원

▶ 무엇을 묻고 있는 것인가?

▶ 이 문제를 해결하기 위해 무엇을 알아야 할까?

▶ A과자 1봉지의 값을 구하려면 어떻게 해야 할까?

▶ A과자 1봉지 값과 4봉지 값을 각각 비로 나타내 보시오.

▶ 위의 비를 비의 값(비율)으로 나타내면?

▶ 두 비의 값은 서로 같은가 아니면 다른가? 그 이유는?

▶ 2개의 비의 값이 같다면, 2개의 비의 값이 같다는 것을 어떻게 식으로 표현해야 할까?(비례식 세우기)

▶ B과자 1봉지의 값을 구하려면 어떻게 해야 할까?

▶ B과자 1봉지 값과 5봉지 값을 각각 비로 나타내 보시오.

▶ 위의 비를 비의 값(비율)으로 나타내면?

▶ 두 비의 값은 서로 같은가 아니면 다른가? 그 이유는?

▶ 2개의 비의 값이 같다면, 2개의 비의 값이 같다는 것을 어떻게 식으로 표현해야 할까?(비례식 세우기)

[결론] (   )마트에서 사는 것이 더 저렴하다고 할 수 있다.

본 질문은 〈과자 봉지 수가 바뀌고 과자 값이 바뀌어도 절대로 변하지 않는 것, 비의 값이 같다는 것의 의미는 바로 '과자 1봉지의 값'이라는 것〉을 학생들이 이해할 있도록 하는 것에 무게 중심을 두고 학생들의 이해를 돕기 위해 개발한 발문이라 할 수 있다. 먼저 각자의 생각으로 해결하고 모둠원들과 서로의 생각을 공유하며 해결할 수 있도록 하면 좋다.

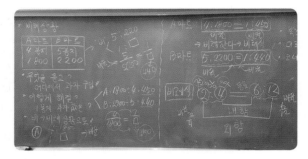

비례식에 대한 개념 이해 및 문제 해결 칠판 판서

비례 배분 이해 및 문제 해결

미션 과제 사례

문제　사탕을 만드는 데 철수는 2시간 일하였고, 민수는 3시간 일하였다. 두 사람이 모두 합하여 100개를 만들었다면 어떻게 나누어 가져야 하겠는가?

① 두 사람이 나누어 공평하게 나누어 갖기 위해 비를 어떻게 세워야 할까?

▶ (　　) : (　　) 그 이유는 ? (　　　　　　　　　　　)

② 다음 (　) 안에 알맞은 낱말이나 숫자를 써 넣으시오.

사탕 100개 (총량)	철수의 몫=(　　)덩어리	사탕 100개를 모두 (　　)덩어리로 나누어야 두 사람에게 주어진 '비'만큼 공평하게 나누어 줄 수 있다는 것을 의미한다.
	민수의 몫=(　　)덩어리	
주어진 비의 각 항을 합한 값	주어진 대상의 총량이 모두 몇 (　　)로 분할(나누어짐)되어 있는지를 의미한다.	
주어진 비의 각 항(전항, 후항)	주어진 대상을 분할한 후 각각 몇 (　　)씩 나누어 갖게 되었는지를 의미한다.	

사탕 100개 ⇨ 비 (　　) : (　　)
① 각각 (　　)개씩 총 (　　)덩어리로 묶여 있음을 의미
② 주어진 비의 각 항을 합한 값은 (　　)이므로 1덩어리의 값은 사탕 (　　)개
③ 철수는 (　　)덩어리×(　　)개=총 (　　)개
④ 민수는 (　　)덩어리×(　　)개=총 (　　)개를 가져가게 된다.

이를 응용하면 이런 식의 수학적 사고가 가능해진다.

[질문 사례]　사탕이 모두 몇 개인지 알 수는 없지만 A와 B가 2 : 3으로 나누어 가졌다. 그런데 B는 사탕 60개를 가졌다. 그렇다면 A는 사탕을 몇 개 가졌을 것이며 사탕의 총 개수는 모두 몇 개인가?

⇨ ① B가 가진 60개 사탕은 비 (　　)만큼에 해당된다.
　② 비 1만큼에 해당되는 사탕은 (　　)개가 된다.
　③ A는 사탕을 비 (　　)만큼 갖게 된다.
　④ A는 사탕 (　　)를 가졌다고 할 수 있다.
　⑤ 사탕의 총 개수는 (　　)개+(　　)개=(　　)개가 된다.

먼저 비례 배분에 대하여 학습을 한 뒤에 관련된 문제를 해결할 수 있도록 하기 위해 개발한 과제라 할 수 있다. 결론적으로 배례 배분을 하는 이유가 공평하게 나누어 갖게 하기 위함이라는 사실을 학생들이 명확히 이해할 수 있도록 하는데 가장 중심을 맞추어야 한다는 것을 잊지 말자.

활동지 해결을 위한 개별학습 활동 및 모둠별 협동학습 활동 장면

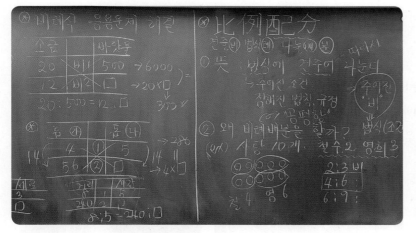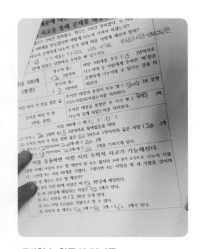

비례 배분의 정의 및 필요한 이유에 대한 안내

개별학습 활동의 결과물

 ## 비례 배분 문제 해결

[문제] 1. 모둠별로 비례 배분 문제 내기(5분 동안 개인별로 비례 배분 상황을 설정하여 1문항 출제하기 ⇨ 모둠원들과 함께 돌아가며 풀어 보기 ⇨ 가장 좋은 문제 1개 뽑아두기)

▶ 모둠별로 문제 '돌려가며 풀기' ⇨ 새로운 문제가 각 모둠에 배달될 때마다 개별적으로 풀어 보기 ⇨ 모둠별로 모둠 내 번호 순서에 따라 풀이한 문제를 먼저 설명하는 방법으로 진행한다.

[문제] 2. 바둑돌 30~35개를 가지고 5:1로 비례배분을 하고자 할 때 가능한 바둑돌 개수는 몇 개가 되겠는가? 그 이유는 무엇인가?

[문제] 3. 철수가 200만 원, 민수가 150만 원 투자하여 100만 원의 이익을 얻었다. 이렇게 얻은 이익금을 철수와 민수가 투자한 금액의 비로 비례배분을 하여 나누고자 할 때, 철수가 받을 수 있는 이익금이 80만 원이 되려

면 철수는 얼마를 투자해야 하겠는가?(단, 철수와 민수의 투자액의 비는 일정하다.)

문제 3번은 이렇게 해결할 수도 있다. 이 상황을 보면 둘이 100만 원 받는 것도 처음에 철수가 200만 원, 민수가 150만 원 투자할 때만 가능한 상황이고 100만 원은 7로 나눴을 때 나누어 떨어지는 수도 아니라서 학생들이 당황하게 된다. 이 문제의 해결을 위해서는 발상의 전환이 필요하다.

일단 두 사람의 투자금에 대한 비는 4 : 3임을 알 수 있다. 이때 철수가 80만 원의 이익금을 받게 되는 것이므로 비 1의 값은 20만 원, 민수는 3에 해당되는 이익금을 가져가게 되는 것이므로 60만 원을 받게 된다. 따라서 두 사람의 이익금 총액은 140만 원이 된다.

철수가 200만 원 투자했을 때 이익금이 100만 원이면 철수가 얼마를 투자해야 이익금이 140만 원 나오겠는가를 알아보는 문제로 상황을 바꾸게 되면 문제 해결의 실마리가 보이게 된다.

$$200만 : 100만 = \square : 140만$$

$$\therefore \square = 280만 원$$

※ (이렇게 해결해도 됩니다.) 4 : 3 = 80만 : □ ⇨ 이익금 총액은 140만 원. 처음 이익금 100만 원의 1.4배가 되었으므로 두 사람의 투자금액도 1.4배가 되어야 한다는 것을 알 수 있다. 따라서 철수의 투자금액 200만 원에 1.4배를 하면 280만 원이 된다는 것을 알 수 있다.

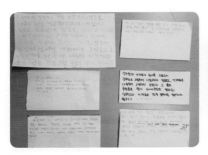  

각 모둠에서 출제한 문제   　　모둠별 문제 다듬기 장면   　　돌려가며 문제 풀기 장면

 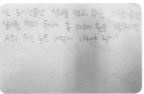 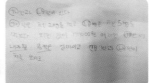

각 모둠에서 협의하여 뽑아낸 문항 출제 사례

원의 넓이

본 단원을 지도할 때는 본격적으로 원주율을 학습하기 전에 지름과 원주의 개념을 먼저 이해하고 원주율을 이해할 수 있도록 해야 한다. 본 단원 학습에 있어서 참으로 좋은 소식 하나는 이번 개정을 통해 그동안 3.14로 계산해 오던 원주율을 3으로 계산해도 되는 것으로 정리되었다.(교과서 속 사례에서 원주율을 3으로 하여 문제 해결하는 상황도 많이 제시되었다.)

한편 초등 기하학에서 가장 중요한 기초는 공간 감각으로서의 관찰과 조작 경험이라고 말할 수 있다. 따라서 수업 디자인을 할 때 이를 적극 반영시켜야 한다. 효과적인 본 단원 지도 방향 및 수업 디자인 방안을 제시해 보면 다음과 같다.

⊕ ⊖ 단원 지도의 핵심 ⊗ ÷

1. 원주율은 왜 필요한가?(원주율의 의미를 이해하는 것이 핵심)
2. 원주율은 어떻게 해서 3.14라는 근삿값을 사용하게 되었는가?
3. 원 둘레의 길이와 넓이 구하는 공식은 어떻게 해서 나온 것인가?
4. 원주와 원의 넓이를 이용한 다양한 문제 해결하기

---

① 관찰과 조작 경험을 중요하게 다루기

초등 기하학에서 수업을 할 때 교사가 잊지 말아야 할 것은 관찰을 바탕으로 생각하거나 조작 활동한 것들에 대하여 있는 그대로 자신의 언어로 많이 말하게 하는 것이라는 점이다. 그 이유는 다음과 같다.

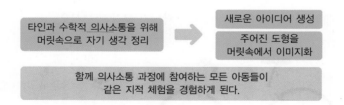

② 원이라는 평면도형에 대하여 실생활과 연결 짓기

[실생활과 수학]이라는 주제로 몇 가지 의미 있는 탐구 및 원의 특성에 대하여 살펴볼 수 있도록 하는 것이 좋다. 예를 들어 자동차 바퀴와 원모양, 피자는 왜 원모양일까? 도로 가운데 있는 맨홀 뚜껑은 왜 원모양일까 등에 대하여 생각해 보면서 실생활 속에 도형과 관련된 원리가 삶의 곳곳에 스며들어 있음을 이해할 수 있도록

하면 될 것이다.

③ 학생들을 꼬마 수학자로 만들기

오랜 세월을 거쳐 오면서 만들어진 수학이라는 인류문화유산을 직접 탐구해 낼 수 있도록 수업 디자인 방향을 설정하는 것이 좋다. 실제로 과거 역사 속에서 수학자들이 행하였던 활동과 비슷한 맥락의 활동을 직접 경험해 보면서 학생들은 원주, 원주율, 지름 간의 관계를 밝혀내고 원주율에 대한 개념을 정확히 이해하고 넘어갈 수 있을 것이라 판단된다. 예를 들어 원주와 지름 간의 관계를 이해하고 실제 원 모양의 작도(나무 막대 2개와 2m 이상의 끈 활용, 운동장에서 활동) 및 측정 활동(고대 이집트인들의 원주율 계산방법 따라잡기)을 통해 원주와 지름 사이의 관계에서 원주율을 알아낼 수 있도록 한다면 수학적 의사소통 및 협동적 활동, 다양한 전략 세우

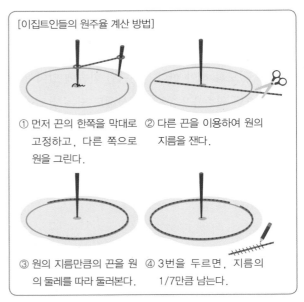

[이집트인들의 원주율 계산 방법]

① 먼저 끈의 한쪽을 막대로 고정하고, 다른 쪽으로 원을 그린다.

② 다른 끈을 이용하여 원의 지름을 잰다.

③ 원의 지름만큼의 끈을 원의 둘레를 따라 둘러본다.

④ 3번을 두르면, 지름의 1/7만큼 남는다.

원주율의 역사(네이버 지식백과 참조)

기 활동이 활발하게 일어날 것이며 수학하는 즐거움, 발견이 기쁨을 느끼게 될 것으로 예상된다.

 원주와 지름 사이의 관계 이해　　　　　　　　　　　　　　**핵심 발문 사례**

문제　1. 정삼각형과 정사각형의 둘레 길이를 생각할 때, 이들의 둘레의 길이는 무엇에 영향을 받을까?(서로 크기가 다른 정삼각형 모양 2개, 정사각형 모양 2개 사례를 제공하기)

문제　2. 아래에 자전거 사진이 제시되어 있다. 자전거 바퀴 사진을 관찰하면서(또는 크기가 서로 다른 2개의 원 모양 종이 등) 원의 둘레의 길이는 무엇에 의해 결정되는지 생각해 보시오.

- -

원의 지름과 둘레의 길이가 서로 관련이 있다는 것을 학생들이 발견할 수 있도록 하기 위해 개발한 발문이라

할 수 있다. 이 활동을 통해 학생들은 원주율 관련 이야기가 시작되어야 함을 이해하는 실마리를 찾을 수 있게 된다. 학생들이 직접 관찰하면서 핵심으로 접근이 안 된다면 다음과 같은 힌트를 계속 제공하면 된다.(정삼각형, 정사각형 모양의 둘레의 길이는 한 변의 길이에 영향을 받음)

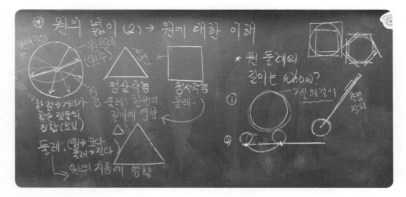

관련된 수업 칠판 판서 사례

- 왜 바퀴가 큰 자전거가 더 멀리 갈까?(둘레의 길이가 더 길기 때문입니다.)
- 바퀴가 크다 혹은 작다는 것은 어떤 의미일까?(둘레의 길이가 길다 혹은 짧다는 것입니다.)
- 둘레의 길이가 길고(바퀴가 크고) 짧음(바퀴가 작음)은 바퀴의 어떤 부분과 관련이 있을까?(바퀴의 지름입니다.)
- 바퀴는 어떤 도형과 비슷한가?(원입니다.)
- 원이란 무엇인가?(한 점으로부터 같은 거리에 있는 점들을 연결한 것입니다.)
- 원과 연관 지어 생각해 보자.(원의 둘레=한 바퀴 돌았을 때 간 거리=반지름 또는 지름의 길이에 따라 달라진다는 것을 이제야 깨달음)
- 원의 둘레는 무엇에 의해 결정되는지 깨닫기

 ## 원의 둘레의 길이와 지름과의 관계
미션 과제 사례

 문제 원 둘레의 길이는 어떻게 잴까?

원 둘레의 길이를 측정할 수 있는 다양한 방법을 생각해 보고 자신들이 생각한 방법을 통해 직접 원 둘레의 길이를 측정할 기회를 제공하기 위해 본 과제를 개발하였다. 왜냐하면 곡선의 길이를 측정하는 것은 처음이기 때문이다. 2015 교육과정에 의해 개발된 교과서에 제공된 조작활동 자료를 보면 원 모양을 자에 대고 굴려가면서 측정할 수 있도록 해 놓았으나 이것만으로는 무엇인가 아쉽다는 생각이 든다. 필자의 경우는 직접 운동장에 나가 원을 그리고 자신들이 원을 그린 그 도구를 활용하여 원 둘레의 길이를 측정해 보는 활동 경험을 제공하는 것이 훨씬 더 큰 도움이 된다고 생각한다.(다음 과제 참고)

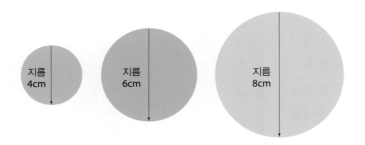

 원주율 구하기

문제 　주어진 도구를 이용하여 운동장에 원을 그리고 원 둘레의 길이와 지금 간의 관계 살펴보기(원 둘레는 지름의 몇 배 정도인가?)

① 주어진 도구로 운동장에서 원을 그리기

② 주어진 줄이 원에서 어떤 부분에 해당되는지 이해하기

③ 줄을 이용하여 원의 둘레 측정하기

④ 그러면 약간 남는 부분이 생긴다.(AE만큼)

⑤ AE만큼의 길이가 단위(기준)길이로 사용했던 실의 길이에 얼마만큼에 해당되는지를 재어 본다.(처음 AB 단위 길이를 기준으로 분수로 표현해도 되고, AB단위 길이는 남은 길이 AE의 몇 배인가로 표현해도 된다.) ⇨ 제대로 측정했다면 약 7~8배, 오차가 더 생겼다면 6~9배까지도 될 것

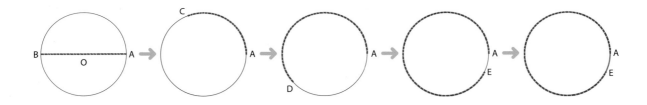

▶ 원의 둘레의 길이와 지름 사이의 관계 정리하기

※ 학생들의 활동 진행 정도에 따라 아르키메데스의 원주율 계산방법 따라잡기 활동을 추가로 경험할 수 있게 하기

- -

본 과제를 통해 원의 둘레의 길이는 원의 지름 길이의 약 3배 정도가 조금 넘는다는 사실을 학생들 스스로 발

견해 나갈 수 있도록 하기 위해 개발한 과제라 할 수 있다. 필자는 아래에서 보는 바와 같이 직접 수업을 한 경험을 갖고 있다. 물론 이 활동을 위해서는 2시간 정도 블록 수업으로 수업을 설계해야만 한다.

각 모둠별로 주어진 도구로 원을 그리는 장면

원을 그린 뒤 줄의 길이(반지름)로 원 둘레의 길이를 측정하는 장면

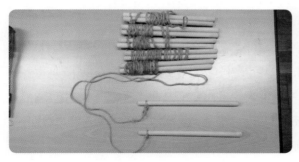

운동장에서 원을 그리기 위해 만든 도구 　　　　　　측정 결과를 표로 정리한 것

실제 수업했던 사례에 대한 소감

오늘 수업의 핵심은 원주율이 어떻게 해서 구해진 것인지를 학생들이 직접 몸으로 이해하고 탐구하고 추론해 나가는 것이다.

　우선은 운동장에서 원을 그리기 위해 내가 직접 만든 도구를 학생들에게 보여 주고 그것을 이용하여 어떻게 원을 어떻게 그리면 되는지 생각해 보게 하였다. 처음에는 학생들이 도구를 보고 어떻게 원을 그릴지 생각해 보더니 금방 알아차렸다. 좀 더 이해를 돕기 위해 질문으로 학생들에게 차근차근 도구에 대한 활용 방법 설명을 이어 나갔다. "2개의 막대와 끈은 컴퍼스 역할을 할 것인데 2개의 막대 가운데 땅에 대고 절대로 움직이지 않도록 고정시키면 된다. 이때 이 막대는 원에서 어떤 역할을 할까?" 학생들은 잠시 생각하더니 원의 중심이라는 답변을 잘 내놓았다. "막대 1개는 원의 중심 역할을 하게 하여 땅에 고정시키고 나머지 막대는 줄을 팽팽하게 하면서 원을 그려나가면 된다. 이때 줄의 길이는 원에서 어떤 부분에 해당되겠는가?" 이에 대한 답변도 쉽게 나왔다. "원의 반지름입니다." "이 줄의 길이가 짧으면 원의 크기와 원주의 길이는 어떻게 되고 줄의 길이가 길면 원의 크기와 원주의 길이는 어떻게 될까?" "네, 길이가 짧으면 원의 크기는 작아지고 원주의 길이도 짧아집니다. 길이가 길면 원의 크기는 커지고 원주의 길이도 길어집니다." "네, 잘 이해하였습니다. 이제 오늘 여러분들이 해야 할 활동들을 차근차근 안내해 보도록 하겠습니다." 우선은 운동장에 나가서 하게 될 활동의 목적이 무엇인지부터 명확하게 짚어 두고자 하였다.

1. 6개의 모둠은 각각 주어진 도구를 이용하여 원을 그리도록 한다.
2. 6개 모둠이 사용하게 될 도구에서 반지름 역할을 하게 되는 줄의 길이는 모두 다르다.
3. 줄을 팽팽하게 당겨서 원을 그리고 나서 원의 둘레의 길이를 측정하는데 측정하는 도구는 반지름으로 사용하였던 줄의 길이다.
4. 반지름의 길이를 이용하여 원 둘레의 길이가 반지름의 몇 배 정도가 되는지 각각 측정해 보도록 한다.
5. 반지름의 2배는 지름이 되므로 원 둘레의 길이는 지름의 몇 배 정도가 되는지 알아보도록 한다.
6. 원의 둘레의 길이와 원의 지름 간에는 어떤 관계가 있는지 측정 결과를 통해 추론해 보도록 한다.

이렇게 먼저 강조를 해 주고 나서 운동장으로 나가서 활동을 한 뒤 교실로 올라올 수 있도록 하였다. 학생들은 조별로 운동장으로 나가 열심히 원을 그리고 측정을 한 뒤 교실로 올라왔다.

이렇게 측정한 결과를 가지고 교실로 들어온 뒤 각 모둠에서 알아낸 값을 칠판에 모아 표로 정리해 보았다. 이를 통해 알 수 있는 사실을 추론해 보도록 시간도 주었다. 학생들은 자신들이 측정한 결과 값을 바탕으로 공통점 추론을 성공적으로 해 냈다. "공통점은 원 둘레의 길이가 원의 지름 길이의 3배보다 크고 3.5배보다는 작습니다." "그렇지. 원의 크기가 크거나 작거나에 상관없이 모두 그렇다는 것을 우리는 알게 되었다. 하지만 여러분들이 측정한 값에는 분명히 오차가 크게 발생한다. 이런 관계를 좀 더 정확히 하기 위해 오차를 최대한 줄여서 측정해 보았더니 원의 크기와 상관없이 3.14159…라는 값을 얻게 되었단다. 우리는 이 값을 '원주율'이라고 약속하였던 것이지. 그렇다면 우리 '원주율'에 대하여 다시 한 번 정리해 보도록 하자. 여러분들은 방금 원주율을 직접 구해 보는 활동을 해 본 것이다. 어떤 과정을 통해 원주율을 구해 보았던 것인가?" 잠시 생각해 볼 시간을 가진 뒤 정리 답변을 들어보았다. "원을 그리고 나서 원의 둘레의 길이를 원의 반지름으로 몇 배가 되는지 알아보았습니다." "좋아요. 원의 지름은 반지름의 2배가 되니까 여러분이 한 활동을 '지름'이라는 용어를 써서 다시 정리하면 어떻게 될까?" "원의 둘레의 길이가 지름의 길이의 몇 배가 되는지 알아본 것입니다." "좋아요. 그렇다면 이를 비의 값으로 표현하면 어떻게 될까요?" 이런 질문에 학생들은 한참을 생각하였다. 갑자기 비로 표현하라고 하니 혼란스러워하였다. "비의 값에서 무엇이 분모가 되었고 분자가 되었는지, 분수로 표현된 비의 값을 나눗셈으로 표현할 때 무엇이 나누는 수가 되었고 무엇이 나누어지는 수가 되었는지 연결 지어 보면 알 수 있다."라고 힌트를 주었더니 금방 답을 찾아내었다. "네. 원의 지름의 길이에 대한 원 둘레의 길이의 비이고 이를 분수로 나타내면

$$\frac{\text{원 둘레의 길이}}{\text{지름의 길이}}$$ 가 됩니다." "네, 맞아요. 이런 과정을 통해 알아본 값은 모두 얼마가 나왔던 것인가?" "약 3.14…입니다." "그렇지. 우리는 이 값을 원주율이라 부르고 기호로는 π로 쓰고 파이라고 읽는단다. 그리고 이 값을 날짜와 연결 지어서 3월 14일을 파이 데이-원주율의 날이라고 기념하기도 한단다." 학생들은 처음 알게 된 사실이라며 기쁨에 찬 표정을 지어 보였다. 여기까지 정리하는데 거의 45분 정도 시간이 사용되었다. 다음 과정으로 아르키메데스가 원주율을 알아냈던 과정도 소개해볼 필요가 있어서 미리 준비한 활동지를 나누어 주고 차근차근 설명해 나갔다. 설명을 듣고 활동지 문제 해결에 들어간 학생들은 이 역시도 자신들이 계산한 결과 값이 3보다 크고 4보다 작다는 사실, 원의 내부와 외부에 접하는 정n각형의 도형에서 n의 값이 클수록 3.14…에 가까워진다는 사실 또한 발견해 내었다. 그러면서 아르키메데스가 얼마다 많은 시간과 노력을 투자해서 알아내었는지 상상해 보는 학생들도 있었다.

아르키메데스의 원주율 구하는 과정 따라잡기 활동 장면 사례

어떤 학생은 "선생님, 그렇게 정 96각형까지 계산해 내는 데 얼마나 시간이 걸렸나요?"라고 질문을 던지기도 하였다. 미리 예상하지 못한 질문이어서 이렇게 답변을 해 주었다. "앗, 선생님이 그런 질문에 대한 답변까지 미리 준비해 두지는 못하였는데? 한 번 직접 집에 가서 찾아보는 것은 어떨까? 직접 알아 와서 다음 시간에 다른 친구들에게 알려주면 좋겠구나." 여기까지 활동을 하는 데 약 20분 정도 시간이 더 사용되었다.

이제 거의 마지막 단계 질문으로 원주율의 응용과 관련하여 질문 하나를 던져보았다. "원의 둘레의 길이를 지름의 길이로 나눈 값은 어떤 원이든 약 3.14가 나온다. 그렇다면 원의 지름의 길이를 알면 원의 둘레의 길이를 구할 수 있겠는가?" 이해력이 있는 학생들은 금방 질문의 의도를 알아차렸다. 그러나 수학적 사고력이 조금 미흡한 학생들 몇 명은 아직도 이 관계를 잘 이해하지 못하는 눈치였다. 그래서 오늘 한 활동을 다시 한 번 돌아보면서 방금 전 질문에 대해 어떻게 답을 내놓아야 하는지, 어떻게 그 값(둘레의 길이)을 구할 수 있는지를 생각해 볼 수 있게 하였다. 물론 모둠원들과 공유할 시간도 가졌다.

마무리로 미리 준비한 루돌프 판 퀼런이라는 독일 수학자에 대한 이야기 사례를 들려주면서 오늘 활동의 최종 마침표를 찍었다. 퀼런의 사례를 이야기로 들려주자 학생들은 깜짝 놀라면서 "선생님, '정461경…'이런 도형을 정말 그릴 수 있을까요?" 하고 호기심 어린 눈초리로 질문을 던졌다. "물론 가능하겠지. 그러나 직접 펜으로 그릴 수는 없겠지? 수학적으로 계산을 통해 알아낼 수 있는 활동이지 않을까? 여러분들이 정삼각형, 정사각형을 이 세상에 그릴 수 없는 것처럼 말이지." 나의 이 말에 대한 의미를 대부분 학생들은 이미 알고 있었기에 이런 답변만으로도 앞의 질문에 대한 호기심은 충분히 풀리고도 남았을 것이라 짐작된다. 이제 남은 시간은 오늘 한 내용까지에 해당되는 교과서 문제 풀이 시간으로 사용하라고 안내를 하고 개별학습 및 짝-모둠 활동시간을 갖게 하였다.

▶ 이 수업은 『파이의 역사』(2002, 페트르 베크만 저, 박영훈 역, 경문사)에서 아이디어를 얻었다.

[결론] 어떤 원을 택하여 지름의 길이로 둘레의 길이를 직접 재어 봄으로써 원주율(π=3.14 : 근삿값)을 알아냈다는 사실에 기쁨을 느끼게 됨(이 원리는 모든 원에 적용됨)

- 원주율이라는 것은 오랜 시간을 거쳐 만들어진 인류의 문화유산이라는 점을 느껴보는 수업
- 무엇인가에 대하여 배운다는 것은 누군가가 땀 흘려 이루어 놓은 시행착오 과정 및 지적 탐구 과정을 그대로 전달받는 것이 아니라 재현해 보면서 스스로 탐구하고 깨닫는 것이라는 사실을 이해할 수 있는 수업(꼬마 수학자 되어보기)

아르키메데스의 원주율 계산방법 따라잡기

고대 그리스의 수학자 아르키메데스는 다음과 같은 원리를 이용, 최초로 수학적인 계산 방법으로 원주율을 구하였다.

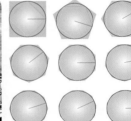

- 곡선보다 직선의 길이를 더 구하기 쉽다는 장점을 이용한다.
- 원의 내부와 외부에 접하는 정n각형을 그리고 그 둘레의 길이를 구한다.
- 이때 원 둘레의 길이는 원 안쪽 도형 둘레의 길이보다 길고 원 바깥쪽 도형 둘레의 길이보다 짧다.
- 여기에서 n이 커질수록 원 둘레와 점점 비슷하게 만들어진다.
- 실제로 아르키메데스는 이런 원리를 이용하여 정96각형까지 계산하였다.

[루돌프 묘비에 새겨진 원주율]

독일의 루돌프 판 쾰런(Ludolph van Ceulen, 1539~1610)은 같은 방법으로 정461경 1686조 184억 2738만 7904각형을 이용해 소수점 아래 35자리까지 구했다고 한다. 이 때문에 π를 루돌프수라고도 부른다.

[지름이 8cm인 원의 안과 밖에 그릴 수 있는 정다각형을 이용하여 원주율 구하기]

도형의 종류	구분	한 변의 길이	둘레의 길이	지름과 비교
정육각형	안	4cm		
	밖	4.5cm		
정팔각형	안	3cm		
	밖	3.5cm		
정십이각형	안	2cm		
	밖	2.2cm		
정십팔각형	안	1.4cm		
	밖	1.5cm		

▶ 원주율의 의미를 이해하고 확인하는 수학적 대화와 사고 활동이 가능한 수업

 ## 원주와 지름 사이의 관계 응용

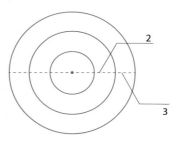

핵심 발문 사례

문제 원의 지름이 2배(3배, 4배⋯)가 되면 원주의 길이는 어떻게 변하는가?(제일 안쪽 원은 반지름이 1cm, 가운데 원은 반지름이 2cm, 바깥쪽 원은 반지름이 3cm)

- -

원의 지름의 길이가 2배, 2배⋯ 로 늘어나면 원주의 길이도 2배(3배, 4배⋯)가 된다는 것을 학생들이 스스로 발견하여 이해할 수 있도록 하기 위해 개발한 과제라 할 수 있다. 그림에서 제일 안쪽 원의 둘레=6.28cm, 가운데 원의 둘레=12.56cm, 바깥쪽 원의 둘레=18.84cm가 된다.

원기둥, 원뿔, 구

본 단원 학습에 있어서 좋은 소식 하나는 원기둥의 겉넓이 및 원기둥의 부피를 구하는 활동이 중학교 교육과정으로 넘어갔다는 점이다. 학생들이 이 부분을 매우 힘들어했는데 매우 다행이라 여겨진다. 내용이 매우 축소되고 단순해진 만큼 부담 없이 지도할 수 있겠다는 생각은 들지만 그리 가벼이 여길 것은 아니라는 생각 또한 가져야만 한다.

효과적인 단원 재구성을 위해 먼저 단원의 특성을 잠깐 살펴보면 다음과 같다.

입체 도형	회전체	원기둥, 원뿔을 따로 다룸, 여기에 구를 포함시켰음	Why?	각기둥, 각뿔과 확연히 다른 점이 있다는 것에 중점을 둠 ⇨ 모두 회전체임을 강조하기 위함일 것
	다면체	각기둥, 각뿔과 별도로 다룸		

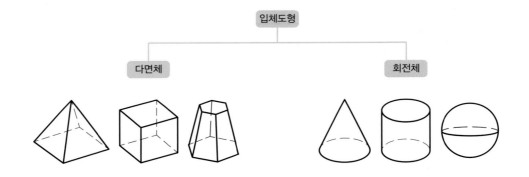

본 단원의 내용 구성을 간략히 살펴보면 다음과 같다.

원기둥	
원뿔	원기둥, 원뿔, 구의 구별, 각 도형의 구성요소와 성질 이해하기
구	
원기둥 전개도	원기둥 전개도의 바른 이해

위와 같이 생각해 본다면 이 단원은 크게 두 부분(① 원기둥, 원뿔, 구의 구성요소와 성질 이해하기 ② 원기둥의 전개도 이해하기)으로 나누어 지도할 수 있을 것이라는 생각이 든다.

보다 깊이 있는 회전체에 대한 학습은 중등 교육과정에서 시작된다. 따라서 6학년 과정에서는 회전하며 만들어진 회전체라는 점만 이해할 수 있도록 하고 특이한 회전체, 회전체를 자른 단면 등은 지도하지 않도록 한다. 참고로 초등학교 수준에서 다루는 입체도형을 간략히 정리하면 다음과 같다.

입체도형	다면체	모든 면이 다각형으로 되어 있다.
	회전체	대부분 원이 들어가 있다.

① 원기둥, 원뿔, 구에 대한 지도는 현재 교과서처럼 각각 따로 1시간씩 지도하기보다는 각기둥, 각뿔 등과 함께 섞어서 동시에 지도하는 것이 좋을 것이다. 반례를 통한 지도는 비교의 대상을 통해 인식하고자 하는 대상을 보다 세세하고도 정확히 감각적으로 이해할 수 있기 때문이다.(원기둥, 원뿔, 구의 동시 비교 또는 원기둥과 각기둥, 원뿔과 각뿔의 비교를 통해 이해 돕기)

② 회전체의 이해를 돕기 위해 빨대 등을 이용하여 조작활동을 하는 것은 좋으나 이 활동을 통해 돌리면서 보이는 모양 그리기 활동은 생략하고, 회전체 만들기 프로그램을 이용하여 여러 번 프로그램 조작활동을 해 보면서 관찰된 점들을 겨냥도 형태로 그려 볼 수 있도록 지도하는 것이 더 좋을 것이라 생각된다.(회전체 '구'는 예외일 수 있으나 원기둥, 원뿔은 반드시 고려해야 할 점이다.)

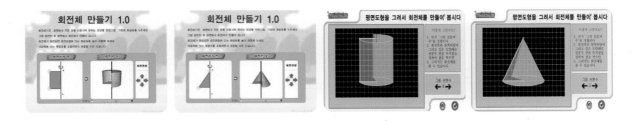

('회전체 만들기 프로그램'이라는 검색어로 찾아보니 여러 사이트가 나오지만 모두 위와 같은 똑같은 프로그램이 업로드되어 있어서 어떤 것을 특별히 다양한 프로그램을 안내할 필요가 없을 것 같다. 김지희, 김정식이라는 이름만 있을 뿐 어디에 계시는 분인지 정확히 알 수 없을 것 같아 이렇게만 소개해 본다.)

3 특히 각 회전체의 구조에 대해서는 단순히 명칭만 지도하지 않도록 한다. 특히 모선이라는 구성 요소는 회전체 맥락 속에서 지도해야 학생들이 정확히 이해할 수 있다.

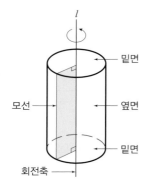

회전축과 원기둥의 높이, 모선을 함께 비교하며 이해(원기둥의 높이와 같은 길이의 모선 ⇨ 회전축과 평행)

회전축과 원뿔의 높이, 모선을 함께 비교하며 이해(원뿔의 높이와 구별되는 모선)

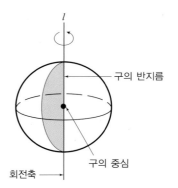

회전축을 중심으로 반원이 1바퀴 회전해서 생기는 구(반원의 중심이 구의 중심, 반원의 반지름이 구의 반지름)

[생각 넓히기 질문] 이 부분을 지도하면서 다음과 같은 질문을 던지는 것은 학생들에게 굉장히 큰 심진(心震)을 일으켜 충분한 의사소통과 확실한 개념 이해를 도울 수 있을 것이라 생각한다.

[심진을 일으키는 질문] 회전체인 구에도 모선이 있는가?

[개념 이해의 폭 넓히기]
⇨ 선분 : 두 점을 곧게 이은 선
⇨ 직선 : 선분을 양쪽으로 끝없이 늘인 곧은 선
⇨ 모선 : 회전체의 옆면을 만드는 선분 (반드시 곧은 선이어야 한다.)
직사각형, 직각삼각형, 반원 등을 회전축을 중심으로 1회전시켜 회전체를 만들 때, 회전체의 옆면을 만드는 평면도형의 다른 한 선분이 모선이다. 따라서 구(보다 정확히 표현하면, 반원)에는 모선이 없습니다. 왜냐하면 구를 만드는 평면도형인 반원은 선분 1개와 곡선으로 이루어져 있기 때문에 선분 1개가 회전축이 되면 모선이 될 선분(곧은 선)은 더 이상 없기 때문이다.

④ 원기둥의 전개도 지도에 충분한 시간을 할애하여 학생들이 보다 확실하게 이해하고 관련된 문제해결을 할 수 있도록 도와주어야 한다.

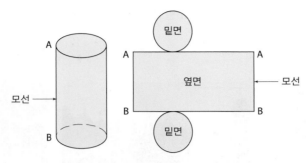

밑면 원 둘레의 길이＝전개도 옆면 직사각형 가로의 길이
모선의 길이＝원기둥의 높이＝전개도 옆면 직사각형 세로의 길이

 생활 속 원기둥, 원뿔, 구의 이용 사례　　　　　　　　　　

 1. 생활 속에서 원기둥 모양이 어떻게 활용되고 있는지 여러 가지 사례를 찾아보자.

 2. 생활 속에서 원뿔 모양이 어떻게 활용되고 있는지 여러 가지 사례를 찾아보자.

 3. 생활 속에서 구 모양이 어떻게 활용되고 있는지 여러 가지 사례를 찾아보자.

1. 원기둥의 이용 사례

건축물의 기둥 : 삼각기둥, 사각기둥, 원기둥일 때와 어떤 것이 더 무게를 잘 견딜까 알아보기 ⇨ A4용지로 실험

[설명]　기둥의 강도는 재료가 중심축으로부터 얼마나 균일한(일정한＝같은) 거리만큼 고르게 떨어져 있느냐에 따라 달라진다. 그런데 원기둥은 중심축으로부터 기둥의 옆면이 어떤 곳이든 같은 거리만큼 떨어져 있어서 강도가 제일 높고 튼튼하다. 그래서 지붕이 높은 건물이나 지붕의 무게가 많이 나가는 건물의 경우 기둥은 대개가 원기둥 모양을 하고 있다.

출처 : 셔터스톡

2. 원뿔의 이용 사례

지붕은 하늘과 맞닿아 있어서 비와 눈을 막아야 한다. 또한 비바람에도 잘 견뎌야 하는데 평면보다 삼각형이, 삼각형보다는 삼각뿔 모양이, 삼각뿔보다는 고깔모양의 원뿔, 원뿔보다는 원형 돔 형태가 훨씬 더 낫다. 문제

는 시공법인데, 이 가운데 시공법이 가장 단순하고 손쉬운 삼각형 형태로 집을 많이 지어 왔다.

• 아프리카에서는 주로 원뿔모양으로, 에스키모인은 돔 형태로, 몽고인들은 원형 고깔 모양으로 집을 많이 지어왔다. 삼각형 모양은 주로 한국, 일본 중국에서 발달한 형태이다. 유럽에서는 원뿔 모양도 많이 볼 수 있다.

• 생활 속 원뿔 모양의 다양한 사례

이탈리아 남부 도시 알베로벨로의 트롤리 지붕(출처 : 셔터스톡)
원뿔 모양에 가까운 새의 알(오뚝이 모양을 하고 있음)

• 메추리알은 달걀에 비해서 원뿔모양에 더 가깝다. 특히 절벽의 바위틈에 둥지를 트는 새들의 알은 더욱 원뿔 모양에 가깝다. 여기에는 나름의 이유가 있다. 이런 모양의 새 알들은 굴려 볼 때 한 방향으로 굴리기가 어렵다. 보통은 원 모양을 그리며 주변을 빙그르르 돌게 된다. 어미 새가 알을 실수로 잘못 굴리더라도 잘 떨어지지 않도록 하기 위함일 것이다. 만약 알이 구와 같은 모양이라면 한번 구르기 시작한 방향으로 계속 굴러갈 수 있기 때문에 떨어뜨릴 확률은 더 높아진다.

• 원뿔은 거꾸로 세워놓고 돌릴 때 도는 힘이 한 점에 집중되어 오래 서서 돌아갈 수 있다. 그 사례가 바로 팽이다.

• 라바콘이 원뿔인 이유는 원뿔의 형태가 아래쪽으로 갈수록 무게가 무거워지는 구조로 되어 있어서 안정적으로 세울 수 있기 때문이다. 라바콘은 속이 비어 있음에도 불구하고 잘 밀려나거나 쓰러지지 않는다.

• 높은 탑이나 건축물일수록 아래가 두꺼운 것이 안정적이다. 이렇게 볼 때 원뿔모양이 가장 안정적인 모양을 하고 있다고 볼 수 있다. 게다가 눈이나 비도 쉽게 흘려보낼 수 있는 형태라서 많이 이용된다.

• 텐트도 원뿔모양에 가까울수록 비바람에 잘 견딘다. 그래서 유목민들은 오래 전부터 원뿔모양의 천막을 이용했다.

• 발효음료의 병이나 캔 음료 등(특히 탄산음료)에도 원뿔이 숨어 있다. 병의 밑바닥을 보면 알 수 있다. 발효음료나 탄산음료의 경우에는 탄산가스나 발효로 인해 내부의 압력이 커져 병의 안쪽에서 바깥쪽으로 밀어내는 힘이 크기 때문에 압력을 가장 많이 받는 바닥을 원뿔모양으로 만든 것이다. 이렇게 만들면 바닥은 압력을 견디는 힘이 매우 커진다.

3. 구의 이용 사례

실생활 속에서 구의 이용 사례 찾기(볼펜, 베어링, 공 등)

• 곰이 공처럼 웅크리고 겨울잠을 자는 이유 생각해 보기

구슬 베어링 사례

[설명] 겨울잠을 자는 뱀, 곰, 다람쥐 등을 보면 모두 구 모양처럼 몸을 동그랗게 웅크리고 잔다. 구는 똑같은 입체 도형 가운데 가장 표면적(겉넓이)이 작다. 그래서 몸을 웅크리고 자면 몸의 열을 공기 중으로 가장 적게 빼앗겨 오랜 시간 동안 체온을 잘 유지할 수 있게 된다. 우리가 잠을 자거나 추울 때 자신도 모르게 본능적으로 몸을 웅크리게 되는 것도 바로 이런 이유 때문이다

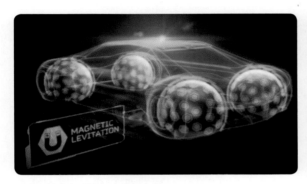

구형 타이어가 장착된 미래 자동차

출처 : http://blog.naver.com/with_msip/221089003935

한국타이어 '더 넥스트 드라이빙 랩'

출처 : http://tndl.hankooktire.com

실제 수업했던 사례에 대한 소감

"선생님, 진짜로 저런 바퀴를 가진 자동차가 있어요?" "어떨 것 같니?" "없을 것 같아요. 저것이 가능한가요?" "물론 가능하지. 하지만 아직은 일반화되지 않았단다. 많은 실험을 하고 있는 중이지. 앞으로 분명히 일반화될 가능성이 높지. 저런 바퀴가 만들어진다면 자동차가 보다 여러 방향으로 자유롭게 움직일 수 있지 않을까? 예를 들자면 주차할 때." 이렇게 말하자 이해가 잘 되지 않는다는 표정이었다. "주차할 때 구 모양의 바퀴가 왜 좋나요?" "누가 이 질문에 대신 답변을 해볼까?" 선뜻 나서는 학생이 없었다. 그래서 설명을 해 주었다. "생각을 해 봐. 지금의 바퀴는 앞, 뒤로만 움직일 수 있지? 그런데 4개의 바퀴가 모두 구 모양이라면 앞, 뒤, 좌, 우 어떤 방향으로도 움직일 수 있겠지? 주차할 때 주차 공간이 겨우 1대 들어갈 정도로 좁은 곳에서도 자동차를 주차 공간과 나란히 세운 뒤 옆으로 이동시키면 그 자리로 어렵지 않게 들어갈 수 있지 않을까?" 그렇게 설명하자 학생들이 "아, 그렇군요."하면서 탄성을 질렀다.

원기둥이 '딱'인 이유

문제 A4 용지를 이용하여 원기둥, 삼각기둥, 사각기둥 모양을 만들어 실험을 해 보자.

① A4용지를 이용하여 높이가 똑같은 삼각기둥, 사각기둥, 원기둥을 만든다.

② 기둥 모양을 만들 때 A4용지 전체가 그대로 기둥모양으로 만들어질 수 있도록 한다.(기둥을 만드는 재료의 양은 똑같음)

③ 만든 후에 교과서를 1권, 2권… 올려보면서 각각의 기둥 모양이 어느 정도 무게까지 견딜 수 있는지 관찰해 보기

④ 이를 통해 알 수 있는 사실 말해 보기

원기둥은 중심축으로부터 기둥의 옆면이 어떤 곳이든 같은 거리만큼 떨어져 있어서 무게가 고르게 분산되지만 다른 모양의 기둥은 그렇지 않다. 그래서 원기둥 모양이 훨씬 더 강도가 높고 튼튼하다고 할 수 있다.(오른쪽 그림을 칠판에 그리면

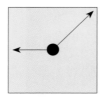 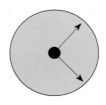 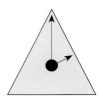

서 설명하면 도움이 된다.) 이를 간단히 증명해 볼 수 있는 실험이라 생각하여 미션 과제로 개발한 것이라 할 수 있다. 직접 해 보면 대체로 같은 실험 결과를 얻게 된다.

A4용지를 이용, 삼각기둥, 사각기둥, 원기둥 모양을 만들어 무게에 견디는 힘의 차이 알아보기

모선이란 무엇일까?

 1. 모선이란 어떤 의미인가? '母線' 한자 뜻풀이를 해 본다면?

 2. 구에는 모선이 있는가? 없다면 왜 그런가?

[여기서 잠깐] 반드시 짚고 넘어갈 필요가 있다. 원기둥에는 모선이 없다?

아래 내용은 네이버 어린이 지식백과에 실려 있는 내용이다. 여기에서 반드시 짚고 넘어가야 할 부분이 있다. 바로 원기둥에 모선이 없다는 점이다. 비단 이곳뿐만 아니라 온라인상에서 검색해 보면 여러 곳에서 원기둥에는 모선이 없다고 소개되어 있다. 특히 초등학생들

> **모선(母線, 어머니 모, 줄 선)**
>
> → 원뿔에서 곡면을 만드는 모체가 되는 직선을 뜻한다.
>
> 원뿔의 꼭짓점과 밑면을 둘러싼 원 둘레의 한 점까지 이은 선이 모선이다. 원뿔의 옆선이라고 생각하면 된다. 수없는 모선들을 연결하면 원뿔의 옆면이 된다. 모선은 원기둥이나 각뿔, 다면체에는 없다. 각뿔이나 다면체일 경우에는 모선이 아니라 모서리라고 부른다.

출처 : 네이버 지식백과

이 가장 많이 믿고 검색하는 네이버 지식 iN에는 원기둥에 모선이 없다는 답변이 참으로 많다. 그래서일까? 현장에서는 참으로 많은 초등 교사들이 6학년 학생들에게 원기둥에는 모선이 없다고 지도하고 있고, 요점정리도 그렇게 해 주고 있으며 시험 문제에도 출제되고 있다.

그런데 중등 수학 1학년 천재교육 지도서를 보면 이렇게 나와 있다.

위의 내용에서 보는 바와 같이 모선이 있다고 나온다. 물론 네이버 지식 iN에는 모선이 있다는 답변도 분명히 있다. 또한 교과서 외에 다양한 어린이 수학교육 서적들을 보면 원기둥에도 모선이 있는 것으로 안내되고 있다.

과연 무엇이 맞는 것일까?

> (주)천재교육 출판사 중학교 1학년 수학교과 교사용 지도서 472쪽(2013년)에 의하면 아래 그림과 같이 모선을 명시하고 있다.
>
>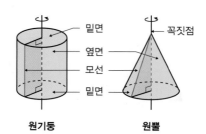
>
> 원기둥   원뿔
>
> 반원을 그 지름을 축으로 하여 한 바퀴 돌리면 구를 만들 수 있다. 이때 원기둥과 원뿔의 옆면을 만드는 선분을 모선이라고 한다.

아래는 네이버 국어사전에 나와 있는 모선의 정의를 옮겨놓은 것이다.

<국립국어원 표준국어대사전> 모선의 정의

1. <수학> 선이 운동하여 면이 생기게 될 때, 그 면에 대하여 그 선을 이르는 말. [비슷한 말] 어미금
2. <수학> 뿔면에서 곡면을 만드는 직선. [비슷한 말] 어미금

국어사전에 나와 있는 정의로 볼 때 초등 단계에서는 (2)번에 해당되는 것을 모선의 정의로 본 것이고 중등 단계에서는 (1)번에 해당되는 것을 모선의 정의로 본 것이라 생각해 볼 수 있다.

지금까지 살펴본 바로 나는 이런 결론을 내리고 싶다. 나는 앞의 수업 소감에서도 밝힌 바와 같이 우리 반 학생들에게 원기둥에도 모선이 있다고 지도하였다. 이에 대한 나의 견해는 다음과 같다.

- 중학교 교육과정 이상을 정상적으로 마친 사람들이라면 원기둥에도 반드시 모선이 있다고 말한다.
- 초등학교에서는 원기둥에 모선이 없다고 배웠다가 중학교에 갔더니 갑자기 모선이 있다고 배운다면 학생들은 혼란을 겪게 될 것이 자명한 사실이며 초등교육 및 초등 교사들에 대한 불신을 초래할 우려가 크다.(선생님이 잘못 가르쳤다고 분명히 생각할 것이다.)
- 초등학교에서는 없다고 가르치다가 중학교에 가서 있다고 가르칠 바에는 차라리 처음부터 있다고 가르치는 것이 맞다.
- 다만 있다고 가르치는 것이 초등 수준에 맞지 않는 것이라면 차라리 원기둥에도 모선이 있는 것이 맞지만 초등에서는 다루지 않는다고 명확히 밝히는 것이 맞다. 물론 그 이유도 지도서에는 안내가 있어야 한다.
- 또한 초등 수준에 맞지 않는 것이라면 '원기둥에는 모선이 없다.(또는 모선은 원뿔에만 있다.)'는 식의 평가 문항이나 선택지는 절대로 없어야 한다.

그런데 현재 6학년 교사용 지도서를 보아도 이에 대한 명확한 설명이나 안내는 전혀 없다. 그리고 지도서에서 원기둥과 원뿔의 차이점을 예시로 써 놓은 내용에도 다음과 같은 점만 나타나 있다. 위에 제시된 논란을 교묘하게 피해갔다.

같은 점	다른 점
• 밑면의 모양이 원이다. • 옆면은 굽은 면이다.	• 원기둥은 기둥 모양인데 원뿔은 뿔 모양이다. • 밑면의 수가 다르다.(원기둥 2개, 원뿔 1개) • 꼭짓점의 수가 다르다.(원기둥 없음, 원뿔 1개)

결국 판단은 교사에게 맡긴다는 의도였을까? 그렇다면 대부분의 교사들은 현장에서 어떻게 가르칠까 의구심이 드는 대목이다.

 ### 원기둥, 원뿔, 구의 특징 이해

핵심 발문 사례

문제 원기둥, 원뿔, 구의 공통점과 차이점 탐구 : 원기둥, 원뿔, 구 모형을 직접 만져 보고 관찰하며 탐구하기
① 벤다이어그램 구조 또는 비교 − 분석표를 이용하여 원기둥, 원뿔, 구의 특성, 공통점과 차이점 알아내기
　(개인 생각 ⇨ 모둠원과 정보 공유 및 정보 수집)
▶ 원기둥, 원뿔, 구 세 가지의 공통점 알아내기

▶ 원기둥과 원뿔의 차이점, 원기둥과 구의 차이점, 원뿔과 구의 차이점으로 나누어 비교하기

② 알아낸 정보 공유하기 — 전체 공유

• 다면체와의 비교를 통한 회전체의 이해

▶ 각기둥과 원기둥의 비교 — 공통점과 차이점

▶ 각뿔과 원뿔의 비교 — 공통점과 차이점

학생들이 직접 원기둥, 원뿔, 구의 특징 및 공통점과 차이점 등을 탐구하여 알아갈 수 있도록 하기 위해 개발한 발문이라 할 수 있다.

모둠별 정보 공유 활동 장면

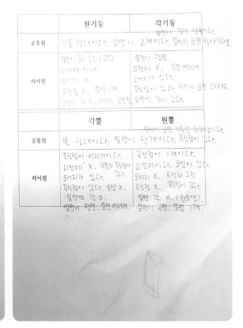

공통점과 차이점 정리 활동지 결과물

협동학습 시리즈

협동학습 살아있네!

이상우 지음
2020년 I 608면 I 46배판 I 반양장 I 값 33,000원

살아 있는 협동학습 ⑤
초등수학 분수 이렇게 가르쳐라 :
Artistic 협동학습 분수 수업

이상우 지음
2019년 I 408면 I 국배판 I 반양장 I 값 25,000원

살아 있는 협동학습 ④
**6학년 수학 수업 협동학습으로
디자인하다**

이상우 지음
2018년 I 400면 I 국배판 I 반양장 I 값 25,000원

살아 있는 협동학습 ③
**5학년 수학 수업 협동학습으로
디자인하다**

이상우 지음
2016년 I 440면 I 국배판 I 반양장 I 값 25,000원

살아 있는 협동학습 2 :
협동학습 수업의 질적 접근

이상우 지음
2015년 I 420면 I 46배판 I 반양장 I 값 22,000원

협동학습, 교사를 바꾸다

이상우 지음
2012년 I 296면 I 46배판 I 반양장 I 값 20,000원

**협동학습으로
토의 · 토론 달인 되기**

이상우 지음
2011년 I 392면 I 46배판 I 반양장 I 값 20,000원

살아 있는 협동학습 :
협동적 학급운영의 이해

이상우 지음
2009년 I 496면 I 46배판 I 반양장 I 값 25,000원